“十二五”普通高等教育本科国家级规划教材
科学版精品课程立体化教材·管理学系列

企业战略管理

ENTERPRISE STRATEGIC MANAGEMENT（第三版）

主　编　胡恩华
副主编　单红梅　张　龙　毛翠云　张　毅

科学出版社
北　京

内 容 简 介

企业战略管理就是制定战略和实施战略的一系列管理决策和行动。本书采用理论与实践相结合的方法，汲取中外人类在社会经济活动中所积累的战略管理思想和战略管理理论的精华，系统地阐释了战略管理的战略分析、战略选择和战略实施的基本理论与方法。为适应时代发展的要求和现代企业发展的需要，本书还特别阐释了企业国际化战略和企业危机管理。结合中国改革开放40多年来，尤其是进入21世纪以来的中国企业管理最新实践，本书在每章选择了有代表性的企业管理的引导案例和综合案例，并在相应章节加入了小案例思考。本书既吸取了当今世界战略管理前沿的最新成果，又紧密结合中国企业实际，既体现了教材的科学性和系统性，又突出了战略管理的时代性和实用性。

本书主要为高等学校经济管理类本科生、研究生和MBA学生所编写，也可作为经济管理类大专班、培训班的参考教材，同时还适合作为有志于从事企业管理人员的自学参考用书。

图书在版编目（CIP）数据

企业战略管理 / 胡恩华主编. —3版. —北京：科学出版社，2023.12

“十二五”普通高等教育本科国家级规划教材

科学版精品课程立体化教材 · 管理学系列

ISBN 978-7-03-076772-1

Ⅰ. ①企… Ⅱ. ①胡… Ⅲ. ①企业战略－战略管理－高等学校－教材 Ⅳ. ①F272.1

中国国家版本馆CIP数据核字（2023）第196983号

责任编辑：方小丽 / 责任校对：张亚丹

责任印制：张　伟 / 封面设计：蓝正设计

科学出版社出版

北京东黄城根北街16号

邮政编码：100717

http://www.sciencep.com

北京九州迅驰传媒文化有限公司印刷

科学出版社发行　各地新华书店经销

*

2010年8月第一版　开本：787×1092　1/16

2017年1月第二版　印张：18 3/4

2023年12月第三版　字数：445 000

2023年12月第8次印刷

定价：48.00元

（如有印装质量问题，我社负责调换）

第三版前言

党的二十大报告指出：“我们要坚持教育优先发展、科技自立自强、人才引领驱动，加快建设教育强国、科技强国、人才强国，坚持为党育人、为国育才，全面提高人才自主培养质量，着力造就拔尖创新人才，聚天下英才而用之。”[①]教材是教学内容的主要载体，是教学的重要依据、培养人才的重要保障。在优秀教材的编写道路上，我们一直在努力。

本书在 2010 年和 2017 年分别进行了第一版和第二版的出版，历经数次重印，被四十余所高等院校选定为指定教材，深受授课教师和学生的好评和肯定。在此期间，本书被确定为“十二五”普通高等教育本科国家级规划教材，并获得“十二五”江苏省高等学校重点教材资助和南京航空航天大学首届教材一等奖。本书第三版在前两版的基础上，结合国外一流大学教学模式和教学过程中的优秀做法，基于中国的基本国情，考察中国宏观经济和微观经济组织面临的文化背景和风俗习惯，研究中国学生特有的学习习惯和逻辑思维方式，以本土化为出发点，力求在知识体系、案例选择、编写体例、语言组织等方面做到以下四点。

（1）知识体系完善，技能涵盖全面。尽量吸收国内外最先进的战略管理理论、方法，以及战略管理研究的最新实践成果。在内容上力求做到科学性、系统性和普遍性的统一，既要涵盖战略管理的理论基础和战略管理实务，还要包括战略管理的最新研究热点和未来发展趋势，力求向读者展示一个完整的战略管理知识体系的全貌。

（2）案例选择力求本土化，贯穿全书。尽量以本土化为原则选择教学案例，或从中国的战略管理视角去分析一些国外的经典案例，并在每章开头和每章结尾分别安排了引导案例和综合案例，根据需要在相应章节放入了小案例思考。

（3）编写体例重点清晰突出，倡导学以致用。通过每章的引导案例来帮助学生尽快进入主题，列举学习目标以突出每章的重点内容。每章结尾安排了本章精要、思考题、综合案例，以便更好地帮助学生理论联系实际。

（4）语言组织生动。教材力争文笔生动、表达活泼，提高可读性。

本书共 12 章，是在长期教学实践的基础上，根据上述思路，由胡恩华、单红梅、张龙、毛翠云和张毅共同完成，具体分工如下：第 1 章、第 2 章、第 8 章和第 10 章由胡恩华编写，第 3 章和第 4 章由张龙编写，第 5 章和第 6 章由毛翠云编写，第 7 章和第 9 章由单红梅编写，第 11 章和第 12 章由张毅编写，书中所有案例由王颖博士编写。全书由胡恩华主编、审阅和定稿。

① 《习近平：高举中国特色社会主义伟大旗帜 为全面建设社会主义现代化国家而团结奋斗——在中国共产党第二十次全国代表大会上的报告》，https://www.gov.cn/xinwen/2022-10/25/content_5721685.htm，2022-10-25。

本书在编写过程中参考了大量国内外文献著作，有的已经在文中标注，有的作为参考文献在书后给出，在此谨向文献原作者表示诚挚的谢意。同时，科学出版社的编辑同志为本书的出版付出了辛勤劳动，在此表示衷心的感谢。

由于水平和能力的限制，本书中的内容和观点如有不足之处，敬请广大读者批评指正。

编　者

2023 年 10 月

目　录

第 1 章 企业战略管理概论

没有战略的企业就像没有舵的船一样只会在原地转圈，又像个流浪汉一样无家可归。

——乔尔·罗斯

引导案例

格兰仕“多元化布局 + 智能制造”的战略转型之路①

广东格兰仕集团有限公司（简称格兰仕）是一家国际化综合性健康家电和智能家居解决方案提供商。自 1978 年创立以来，格兰仕始终致力于制造业创新发展，是“中国制造”在国际市场上的一张亮丽名片。1992 年，随着第一台微波炉的下线，进军家电产业的格兰仕成功将曾经高高在上的微波炉送进千家万户，使其成为一种物美价廉的日常家用产品。如今，格兰仕围绕多品牌、全品类、全渠道、全方位战略，精心研制出微波炉、蒸汽炉、烤箱、空气消毒器、空调、冰箱、洗衣机、电饭煲、热水器等不同细分领域的家电，精准满足了不同消费群体的需求。格兰仕能够在激烈的市场竞争中站稳脚跟，并保持行业领先地位，与其精准的市场定位和企业发展战略是密不可分的。

第一，在创立初期，格兰仕采用的是专业化发展战略和成本领先战略。为了快速获取竞争优势、将优势资源着重分配于核心领域，格兰仕采取专业化发展战略。20 世纪 90 年代初，在羽绒市场发展受阻后，格兰仕看到了小家电行业的发展潜力，同时微波炉行业在国内属于新兴行业，格兰仕集中精力于微波炉行业，围绕成本下功夫，走规模化、集约化道路，通过成本优势、价格优势、市场优势、规模竞争优势，进入良性循环发展道路。发展过程中，格兰仕始终坚持集中一点毫不动摇，积极引进技术和生产线，还把全部精力投入到微波炉的生产与销售上，从而促成格兰仕微波炉的产销量以惊人的速度增长，最终成为微波炉世界销量冠军。

① 杨倩等（2022）。

第二，在转型发展期，随着我国经济社会的快速发展和综合国力的显著增强，居民消费能力明显增强、消费结构不断优化，智能化逐渐成为家电行业发展的新方向，全屋智能化、互联互通的家电产品的发展趋势愈加强劲。面对市场需求和行业发展的巨大变化，格兰仕作为市场领先者必须主动求变，主动迎接智能家居时代的到来，通过产品与服务的全面升级为万千家庭提供先进的智能家居消费体验。成本领先战略已无法支撑格兰仕未来的发展，无法保障格兰仕在后续发展中有足够的研发能力、生产能力和服务能力，为此，格兰仕转型后的新战略为多元化智能制造。作为智能家电产业链“链主”企业，格兰仕开始构建共生共存的产业生态圈。格兰仕通过自主研发数字化供应链系统、制造执行系统和超级选配系统等，构建起打通供应端、制造端和需求端的完善的工业物联网平台，整合上下游供应商与分销商的生产、物流、库存等数据，赋能产业链转型升级。通过“多元化＋智能制造”的构建，格兰仕正以全新的面貌，在国内外激烈的市场竞争中呈现出良好的发展态势。

本章学习目标

· 理解企业战略的内涵及其基本特征。
· 掌握企业战略的三个层次。
· 理解企业战略管理的内涵和过程。
· 熟悉企业战略管理理论的演变及主要学派。
· 理解企业战略与组织结构之间的关系。
· 了解企业战略与管理文化的关系以及中国企业战略管理的文化背景。

1.1　企业战略概述

1.1.1　战略的内涵

历史上，战略是一个与军事密切相关的概念，指作战的谋略。目前，对“战略”的释义主要有两种：一是指军事战略，意为筹划与指导战争全局的方略；二是泛指对全局性、高层次的重大问题的筹划与指导。

在中国，战略思想具有丰富的内容。“战略”一词最早见于西晋司马彪的《战略》一书，中国古代常称战略为谋、猷（yóu）、韬略、方略、兵略等。春秋时期孙武的《孙子兵法》被认为是中国最早对战略进行全局筹划的著作，它标志着中国古代战略思想的基本确立。其后出现的《吴子》《孙膑兵法》《尉缭子》《司马法》《六韬》等兵书，使中国古代战略思想更加完善。在20世纪的革命战争和反侵略战争中，中国的战略理论获得了新的发展，如20世纪30年代毛泽东在《中国革命战争的战略问题》中指出：“战略问题是研究战争全局的规律的东西”①。

① 参见《毛泽东选集第一卷》，人民出版社，1991年，第175页。

在西方，“strategy”一词源于希腊语“strategos”，原意是“将兵术”或“将道”，即军事将领指挥军队作战的谋略。普鲁士军事理论家克劳塞维茨在《战争论》中为战略下的定义是：为了达到战争目的而对战斗的运用。奥地利的卡尔大公认为，“战略拟订整个战争计划，确定整个军事行动的进程。战略是最高统帅的科学。通过战术实现战略计划，是各级指挥员的艺术”。若米尼（Jomini）指出，“战略是在战场上巧妙指挥大军的艺术。凡涉及整个战争区的问题，均属战略范畴”。

18 世纪末，伴随着战争规模和战争技术的变革，军事战略发展成总体战略。随着战略理论的发展，美国等西方国家出现了更高层次的大战略、国家战略、国防战略及相关的发展战略。战略这一概念，已扩大延伸到军事领域以外，为其他许多领域所借用，泛指对全局性重大的、高层次决策的谋略。

由此可以看出，战略包含两方面含义。第一，战略的运用是为了达到某种目的，战略本身是达到目的的手段；第二，战略是从全局的、高层次的角度进行的全盘考虑。

1.1.2　企业战略的内涵

随着企业实践的不断深入，企业战略管理理论在 20 世纪中后期得到快速发展，学者在这一方面取得了大量的研究成果，然而关于企业战略的定义却始终没有统一。

1962 年，钱德勒（Chandler）在他的重要著作《战略与结构：美国工商企业成长的若干篇章》中将企业战略定义为：企业长期基本目标的决定以及为贯彻这些目标所必须采纳的行动方针和资源分配。

1965 年，安索夫（Ansoff）在《公司战略》一书中指出：企业战略由产品与市场范围、成长方向、竞争优势、协同作用四个要素构成。安索夫认为，企业战略是贯穿于企业经营与产品和市场的一条“共同经营主线”，它决定着企业目前所从事的或者计划要从事的经营业务的基本性质。安索夫对战略管理做了许多开创性研究，因此他被管理学界誉为战略管理的鼻祖。

哈佛商学院教授安德鲁斯（Andrews）认为，“企业总体战略是一种决策模式，它决定和揭示企业的目的和目标，提出实现目的的重大方针与计划，确定企业应该从事的经营业务，明确企业的经济类型与人文组织类型，以及决定企业应对员工、顾客和社会做出的经济与非经济的贡献”。

此外，亨利·明茨伯格（Henry Mintzberg）把战略的定义归纳为五种，即战略是计划、模式、定位、观念和策略。

1. 企业战略是一种计划

企业战略是企业为了达到一定的目标而由最高管理层确定的企业计划，它是企业行动的方向、指导或途径。企业战略的制定过程就是一种计划活动，企业通过各种定量或定性的分析方法，通过对外部环境和企业实力的判断，运用科学的方法做出战略计划书，并实施它。

战略作为一种计划的思想在之所以如此的深入人心，是因为战略最初在企业管理中的运用便是以规划的形态出现的。人们从长期预算、趋势分析、差距分析等方法转向战略规划，规划所要做的便是对资源进行最优配置，编制有条理的行动顺序，控制行为并最终实现预定目标。

2. 企业战略是一种模式

企业在过去的实践中实施的一系列行为构成企业的战略，即战略是一种行为模式。例如，一家企业面临极大的竞争压力，为了改善现状，企业尽可能在产品设计、市场营销等各个环节做到与众不同，希望通过特色吸引顾客。这种独特性一旦获得消费者认可，便可帮助企业获得巨大成功。于是这家企业被认为是采取了差异化战略，不管它当初是否做过这样的战略计划。

计划意义上的战略是一种预期的战略，而行为模式意义上的战略是一种已实现的战略。已实现的战略并不一定就是计划的战略，对于一家实施战略管理的企业来说，通常情况下是两者皆有而又有所区别。企业不可能完全抛弃战略计划，也不可能圆满而精确地实施战略计划。图 1-1 表明了企业战略从计划到行为模式的转变过程。

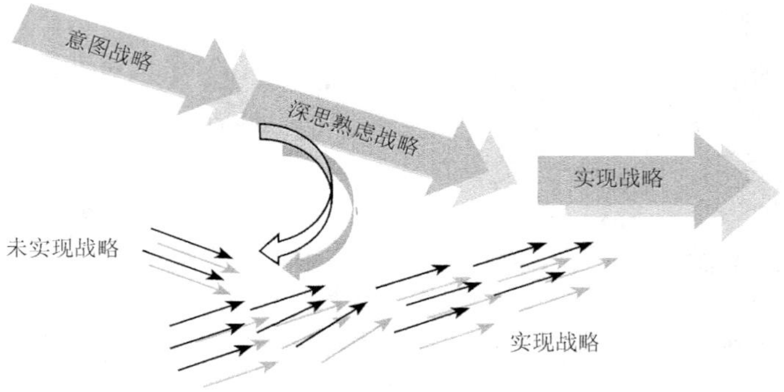

图 1-1　企业战略的转变

3. 企业战略是一种定位

企业在内外经营环境的约束下需要寻找和确定适合自己生存和发展的市场位置。战略定位在很多时候并不是一件容易的事，它需要一定的创造力和洞察力。关于战略定位，迈克尔·E. 波特（Michael E. Porter）做了详细的分析。他指出，战略定位是企业竞争战略的核心内容，其目的在于创造一个独特的、有价值的、涉及不同系列经营活动的地位，其实质就是选择与竞争对手不同的运营活动。

企业可以从产品和服务的角度进行战略定位，如三星的“高档数码”战略。同时，企业也可以从顾客需求的角度进行战略定位，如宜家的产品是为了满足同时注重经济和时尚的年轻消费者的需求。20 世纪八九十年代，美国航空业一直萧条，而当时还是一家小企业的西南航空公司却取得了巨大的成就，西南航空公司从定位上就把自己与其他航空公司区分开来，它将自己的产品定位于低成本、低价格、高频率、多班次的短程航运业务。

4. 企业战略是一种观念

战略是一种观念，是一种理念，是企业生产经营活动所确定的价值观、信念和行为准则。它是一个企业做事的基本方式。战略作为观念，是建立在组织成员的共同信念和理解的基础之上的，它根植于集体意向之中，却不一定会被明确地阐述出来。观念体系不鼓励战略改变，至多在组织的整体战略观念之内做一些立场的改变。

关于战略是一种定位以及战略是一种观念这两个方面，明茨伯格指出，两者对于企业来说都是需要的。企业的定位与观念应该是一致的。在观念不变的情况下改变定位很容易，但是在保持定位不变的情况下改变观念却非常困难。

5. 企业战略是一种策略

战略是一种策略，即为了击败竞争者而采用的特定的计谋。企业目的的实现并不一定全部依靠行动，有时候误导和威慑也能达到效果。1815 年，当反法联军在滑铁卢战役中击败拿破仑时，第一时间获得新闻的英国人奈森·罗斯兹尔德，在交易大厅里佯装得知英国战况不利，故意抛售公债。此举引起连锁反应，公债价格很快跌入低谷。此时，罗斯兹尔德又突然停止抛售，转而以低价大批买进。几天后，英军获胜的消息传出，公债价格暴涨，罗斯兹尔德坐收巨利，这就是一种策略。

关于企业战略的定义还有很多，不同学派观点各异，然而正如明茨伯格所说，战略是如此复杂，具有如此多的属性，以至于很难被全面地概括，我们对战略形成的认识就如同盲人摸象，因为从未有人能够具备完整的审视大象的眼光。在这种情况下，我们只有不断地去理解局部，才能向认识整体更靠近一步。

1.1.3　企业战略的基本特征

虽然企业战略的定义难以统一，但对企业战略的理解在某些主要方面却已达成共识，主要表现为以下基本特征。

（1）全局性。企业战略不是强调某一个事业部或某一个职能部门的重要性或目标，而是通过协调企业各组成部分，将企业内部各子系统有机地结合起来运作，使企业达到整体优化的水平。企业战略是由企业高层管理者做出的决策，涉及整个企业资源的调度和使用，并影响企业的长期发展。例如，企业中存在着不同的事业部，每个事业部经理都希望自己的部门获得最好的发展，但从企业整体战略部署的角度考虑就会有主次之分，有的部门会加大投入，有的部门会减少投入，从企业整体的角度来看，甚至可能会为了某个事业部的发展而牺牲另一个事业部的利益。由此可见，企业战略的目的不是要哪一个部门达到最优，而是通过整体布局实现整个企业的最终目标。

（2）长远性。企业战略不是短期的经营计划，它是对企业在未来较长时期如何生存与发展等问题进行的统筹规划。一般情况下，企业战略着眼于未来 3～5 年，甚至更长时间。海尔用了 7 年时间实施名牌发展战略，在建立了品牌的声誉与信用之后又用了第二个 7 年时间去实施多元化产品战略。为实现长期目标有可能造成短期成本上升，企业管理人员必须在近期与未来之间取得平衡。太注重短期利益，可能会影响长期发展，而为了长期发展不顾短期利益也会给企业带来短期经营风险。

（3）指导性。企业战略管理处于企业管理层次中的最高层。企业战略所确定的战略目标和实现目标的方式是一种原则性和总体性的规定，是对企业未来发展的全局谋划。企业日常经营活动都要以企业战略为依据。企业的经营决策要以战略为指导，如设计部门该如何设计产品取决于企业实施的竞争战略，成本领先战略要求产品简单、易于生产，而差异化战略则要求产品具有特色。另外，企业的管理方式也要以战略为指导，如实施差异化战略的企业可以通过主观评价和激励激发员工的创新积极性，而实施成本领先战略的企业可以通过严格控制的定量化目标去激励员工。

（4）竞争性。企业战略管理的目的是让企业获得竞争优势。因此，企业战略考虑市场竞争态势和企业实力，通过抓住机会，发挥优势，克服弱点，在市场竞争中占据有利位置，从而保证企业的长期生存与发展。战略的竞争性不排除企业间的合作。在当今日益激烈的市场竞争环境中，越来越多的企业通过战略联盟建立起相互合作关系，其中不乏与竞争对手的战略联盟。例如，雀巢与其竞争对手可口可乐（Coca-Cola）联手进军中国茶饮料市场，利用双方的优势互补取得了巨大成功。

（5）风险性。企业战略是对未来发展的规划，考虑的是未来的市场环境和企业的相应策略。未来具有极大的不确定性，在变幻莫测的环境中，任何企业战略都具有风险性。战略风险的概念在管理领域的提出最早始于决策理论，罗伯特·西蒙（Robert Simon）认为，战略风险是指一个未预料的事件或一系列事件，它们会严重削弱管理者实施其原定企业战略的能力。例如，突如其来的金融海啸，令众多企业措手不及。风险是客观存在的，有的风险是没有办法回避或者消除的，但企业可以通过有效的管理尽量降低风险及其可能带来的影响，如建立风险评估体系，增强企业的灵活性与适应能力等。

（6）相对稳定性。企业战略规定了企业的发展目标，具有长远性，对企业成员具有指导作用，在战略中所确定的战略目标、战略方针、战略重点、战略步骤等应保持相对稳定，不应该朝令夕改，否则会令企业成员无所适从。但这并不意味着战略完全不变，一成不变的战略是危险的。企业战略的制定依赖于未来外部环境和企业实力，而环境会发生不可预测的变化，因此在战略期内需要随着环境的变化对战略进行必要的调整。

1.1.4 企业战略的层次

企业总体目标一经确定，就会细分为企业各个层次的具体目标，企业总体目标的实现依赖于企业各个层次子目标的实现。企业战略是为了实现企业的目标，因此它也渗透到企业的各个层级，通过每个层级的战略制定与实施实现各个子目标，进而最终实现企业的总目标。企业战略的层次与企业管理层次相对应，在大中型企业中，特别是多种经营的企业里，战略一般可分为三层，即总体战略、竞争战略和职能战略，如图 1-2 所示。对于一些中小型企业，其内部没有相对独立的经营单位，因此不必刻意划分为三个层次。

（1）总体战略。总体战略又称公司战略，是企业总体的、最高层次的战略，是企业最高管理层指导和控制企业一切行为的最高行动纲领。总体战略的对象是企业整体。总体战略重点解决两方面问题：第一，根据企业的目标，在分析了企业外部环境变化和内部条件的基础上选择企业所从事的经营领域；第二，合理配置企业经营所必需的资源，使各项经营业务相互支持、相互协调，从而实现企业整体的战略意图。总体层面的战略需要关注组织与公众的各种交互关系，以及社会责任的履行，其制定和推行的人员主要是企业的高层管理人员。

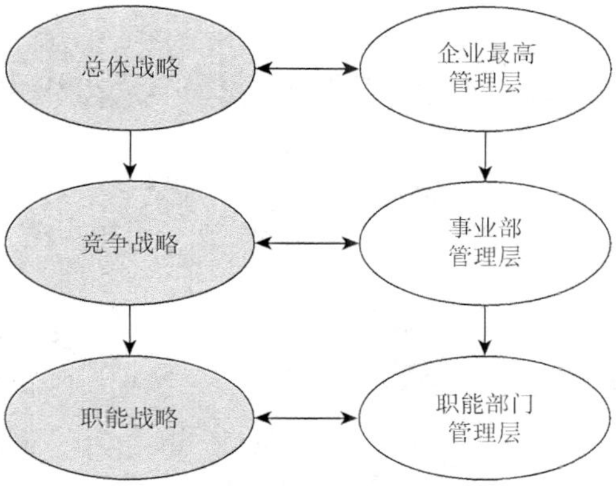

图 1-2　企业战略的层次

（2）竞争战略。竞争战略也称事业部战略、业务战略，它是在总体战略的基础上，特别是在企业共同使命的前提下，根据各个事业部所面临的机会和挑战、自身条件等做出的战略决策。竞争战略的重点是保证战略经营单位在其所从事的行业中或某一细分市场中的竞争地位。事业部一般拥有自己的职能部门，要有效实施竞争战略，需要将其分解到下属的各个职能部门。竞争战略在实施公司总体战略过程中有以下五个要点：①如何贯彻企业使命；②事业发展的机会和挑战分析；③事业发展的内在条件分析；④事业发展的目标和要求；⑤事业发展的重点、阶段和措施。

（3）职能战略。职能战略是为贯彻、实施和支持总体战略与竞争战略而在特定的职能管理领域制定的战略，它是企业职能的战略计划。职能部门应确定所需要完成的工作以配合总体战略和竞争战略的实施。职能战略关注的重点是如何提高企业资源利用效率，它由一系列详细的方案和计划构成，涉及企业的各个职能部门，如营销战略、人力资源战略、研发战略等。职能战略的主要内容包括：①如何贯彻事业发展目标；②职能目标的确定及论证；③职能发展的重点、阶段和主要措施；④职能战略实施中的风险分析和应变能力分析等。

小案例思考

顺丰速运的战略层次[①]

1. 总体战略

（1）成为最值得信赖和尊敬的速运公司。

（2）定位于“成就客户，推动经济，发展民族速递业”。

（3）致力于构建数字时代的智慧供应链生态，为消费者提供更便捷、可靠和贴心的服务，做幸福生活的传递者。

① 万晶（2019）。

2. 竞争战略

（1）以“稳健发展、利润健康、提升双满、竞争领先”为基调的整体经营战略。

（2）聚焦产品和服务领先的差异化战略。

（3）注重提高员工满意度和客户满意度，坚持以科技助力经营效率与服务能力的提升，巩固服务竞争壁垒。

3. 职能战略

（1）用数字科技化作为驱动，构建全球智慧供应链底盘。

（2）聚焦客户多元化需求，构建标准产品、供应链、国际三大服务体系。

（3）提高员工的业务技能和素质，大力推行工作流程标准化。

（4）提高营运能力和网络覆盖能力，保障快递高效运转和准确收派的服务。

1.2 企业战略管理概述

1.2.1 企业战略管理的内涵

企业战略管理是指企业在制定和实施战略中做出的一系列决策和进行的一系列活动，这些决策和活动保证企业目标的实现。乔治·斯坦纳（George Steiner）在 1982 年出版的《企业政策与战略》一书中指出，企业战略管理是确定企业使命，根据企业外部环境和内部经营要素确定企业目标，保证目标正确落实并使企业使命最终得以实现的一个动态过程。此概念包含了三层意思：第一，企业战略管理要时刻关注内外部环境；第二，企业战略管理要以企业的使命和最终目的为中心；第三，企业战略管理是个动态的过程。企业战略管理包括战略制定、战略实施和战略评价，这三个阶段共同构成企业战略管理分析框架，如图 1-3 所示。但实际工作中，企业战略管理的各个阶段并不一定划分得很清晰。企业在战略评价过程中可能会部分实施战略，而在战略实施过程中可能会因为环境发生了变化而重新进行战略评价。

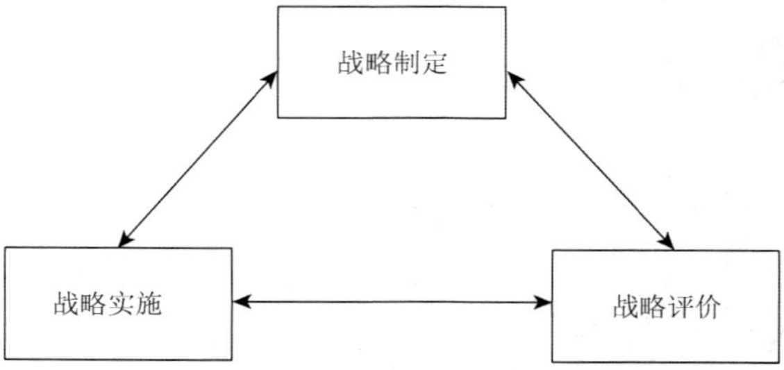

图 1-3 企业战略管理分析框架

1.2.2 企业战略管理过程

企业战略管理是一个连续而又循环的过程，战略管理的三个阶段可以进一步具体化为一系列战略管理的具体环节，如图 1-4 所示。

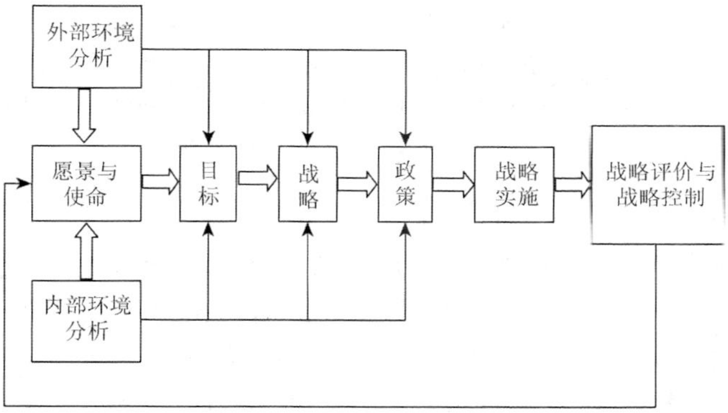

图 1-4　企业战略管理过程

1. 企业战略制定

企业战略制定包括分析企业面临的外部机会和威胁，确定企业内部的优势和劣势，拟定企业愿景与使命，建立企业的长期目标，提出供选择的战略方案，以及确定最终的战略方案。

（1）外部环境分析。分析外部环境是要找出企业面临的机会和威胁，不仅要考虑现在的环境，更要放眼未来的环境变化趋势。企业存在于一定的宏观大环境中，其经济发展、人口特征、社会文化、政治法律、技术进步及政府态度等各方面都会对企业产生影响。这些环境变量又是不断变化的，从而使得新的需求不断地产生，而有些原有需求又在持续地缩减。变化的需求和环境要求企业不仅能识别环境变化所带来的机会，同时也能对可能产生的威胁提出应对措施。企业要时刻关注自己的竞争环境，如是否有竞争者提供了新产品，替代品的出现是否会对企业造成巨大冲击，与自己合作的供应商是否会发生变化等。企业只有对竞争环境时刻保持警觉，灵活应对，适时改变，才能有效降低风险。

（2）内部环境分析。分析企业内部环境就是要找出企业的优势和劣势。企业拥有一定的资源，对这些资源的整合和利用会形成企业独特的能力。这些能力存在于企业管理、营销、财务会计、生产作业以及研究开发等各个具体的环节中。企业要能够识别和评价企业在哪些环节具有优势或劣势，并制定能够发挥优势和弥补劣势的战略。

（3）企业愿景与使命、目标的确定。拟定企业的愿景与使命要解决如下问题：我们的企业是什么？我们的企业应该是什么？我们的企业为什么存在？我们的企业将来会变成什么样子？这些关于企业基本问题的界定需要在企业内部达成共识。企业愿景规定企业的核心理念，描绘企业未来发展的宏伟蓝图。企业使命陈述界定企业的业务范围。企业在确定了愿景与使命的基础之上，在一些关键领域确定各种长期目标。企业的长期目标是企业制定战略的基础。

（4）企业战略方案的提出。通过前面的战略分析过程，企业对所处的外部环境、行业经济特征、竞争结构、竞争对手、自身实力、企业的核心理念以及发展方向等都有了较深入的了解，接下来就是要寻找合适的战略。企业战略的内容包括开发哪些产品和服务、进入哪个目标市场、如何进入目标市场、如何为企业的业务获取和分配资源、如何进行业务竞争以及如何管理业务范围内的职能关系等。

（5）企业战略选择。一般而言，企业会得到多个战略方案。接下来要根据股东、管理人员以及其他利益相关者的期望目标确定战略方案评价标准，并依据标准对各项备选方案加以评价比较。标准应能衡量战略对环境的适应性，战略的优越性、可行性、目标一致性等各方面问题。

2. 企业战略实施

成功的企业战略制定并不能保证成功的战略实施。实际做一件事情（战略实施）总是比决定做这件事情（战略制定）要困难得多。企业战略实施要遵循三个原则，即适度合理性的原则、统一领导与统一指挥的原则、权变的原则。为贯彻实施战略，要建立其贯彻实施战略的组织机构，配置资源，建立内部支持系统，发挥好领导作用，使组织机构、企业文化均能与企业战略相匹配，处理好企业内部各方面的关系，动员全体员工投入到战略实施中来，以保证战略目标的实现。

（1）企业战略实施中的管理问题。企业战略实施的第一个重要任务就是将战略管理的责任从战略制定者向战略执行者转移。如果战略决策与管理者预期的个人收益有较大出入，战略的实施将很难得到保证。在战略实施过程中，最重要的管理问题包括制定年度目标、制定政策、配置资源、调整现行组织结构、企业改组和流程再造、调整奖励和激励计划、减小变革阻力，使管理者适应新的战略、培育支持新战略的企业文化、调整生产作业过程、发展有效的人力资源功能及优化企业规模。

（2）企业战略实施中的营销、财务、研究和开发、计算机信息系统问题。战略的顺利实施依赖于各部门在具体环节上的正确执行。在现实的企业经营中，已制定好的战略中只有不到 10%被成功地实施。造成如此低成功率的原因有很多，如不能适当地细分市场、运营的成本过高、在研究开发方面落后于竞争者、没有充分地认识到先进管理技术的重要性等。

3. 战略评价与战略控制

之所以要进行企业战略实施效果评价是因为：第一，战略环境在不断发生变化，企业内部资源也在时刻变化，企业战略可能会出现不适应环境的情况，在必要的情况下要进行及时调整；第二，对战略实施效果进行评价是战略控制的基础，没有评价就没有控制；第三，对战略实施效果进行评价，可以衡量企业成员的绩效，并依此进行有效激励。

企业战略评价包括三项基本活动，即考察企业战略的内在基础，将预期结果与实际结果进行比较，以及采取纠正措施以保证行动与计划一致。

1.3 企业战略管理理论的演变

1938 年，巴纳德（Barnard）在其著作《经理人员的职能》中提出了战略因素的构想，从这时开始便进入了战略管理理论发展的时代。尤其在 20 世纪 60 年代以后，企业战略管理理论得到了快速发展，形成了各种不同的学派。

1.3.1　设计学派与计划学派

早期战略管理理论以战略规划为主导思想。这一阶段的主要代表人物有钱德勒、安索夫和安德鲁斯等。

20 世纪 50 年代，西方企业迅猛发展，伴随着当时的混合并购浪潮，大量企业实施了多元化策略，企业规模和经营范围发生了巨大变化，内部资源的组织协调难度增大，而外部面临的竞争环境更复杂，同时竞争压力又不断增大，这促使企业开始寻找新的提高竞争力的方法，进而战略规划开始得到企业经理的推崇。

1. 设计学派

1957 年，塞兹尼克（Selznick）出版《经营中的领导能力》一书，书中引入了“特色竞争力”的概念，探讨了整合组织“内部状态”与“外部期望”的必要性，构建了现代战略的雏形。1962 年，钱德勒在《战略与结构：美国工商企业成长的若干篇章》一书中，以杜邦、通用汽车、新泽西标准石油和西尔斯四家企业为主要案例，探讨了企业成长与组织结构的变化过程，提出“结构跟随战略”的观点，即“企业经营战略应当适应环境，而组织结构又必须适应企业战略”。1971 年，安德鲁斯出版《公司战略概念》，首次提出战略分析框架，认为战略就是让企业自身的条件与所遇到的机会相适应，做到能力与环境相匹配，构建了著名的 SWOT（strengths-weaknesses-opportunities-threats，优势-劣势-机会-威胁）分析模型。

设计学派认为战略制定是领导者有意识的但非正式的构想过程，形成战略最重要的因素是对外部因素和组织因素进行匹配。其主要观点包括：①战略形成应该是一个有意识、深思熟虑的思维过程；②进行控制并保持清醒是首席执行官的责任，首席执行官就是战略家；③战略形成的模式必须保持简单和非正式；④战略应当是个性化设计的最佳成果之一；⑤战略制定和战略执行是两个独立的过程；⑥战略应该是明确的，为此它必须保持简单。

2. 计划学派

计划学派与设计学派产生于同一时期。安索夫的《公司战略》是计划学派最有影响力的著作。安索夫在书中对公司战略的概念、战略的制定等问题进行了系统的阐述，指出企业制订战略计划是一项独立而重要的管理活动，并提出了完整的战略决策的步骤。

同设计学派相似，计划学派也把市场环境、定位和内部资源能力视为制定战略的出发点。但其认为企业战略的制定过程应该是一个正规化的计划过程，不应该只停留在经验和概念的水平上。战略制定被划分为一系列具体的行动步骤，并且企业有具体的方法去实施这些步骤，由此得到明确的战略，并可通过细致的目标、预算、程序和各种经营计划来贯彻。计划学派引进了许多数学、决策科学的方法，提出了许多更为复杂的战略计划模型。

1.3.2　定位学派

随着大规模机械化生产的出现，市场结构越来越集中，一些产业组织的力量超越了宏观经济环境的力量，强大的企业通过建立行业的垄断获得高额利润。在有吸引力的行业中，即使是平庸的管理也能使企业获利。在这种情况下，战略管理者纷纷跳出简单适应环境的模式，转而寻找有吸引力的行业。定位学派由此应运而生。定位学派把更多的时间放在探索战略内容本身上，即思考什么战略在什么环境下更有效。

产业组织理论体系是定位学派的基础。传统的产业组织理论约产生于 20 世纪 40 年代，其主要观点是市场结构决定了企业的行为，而这些行为又决定了企业的业绩，由此确立了“结构（structure）-行为（conduct）-绩效（performance）”的 S-C-P 分析框架。传统产业组织理论中衡量市场结构的指标主要包括生产者集中度、需求者集中度、产品差异化程度、市场进入条件和市场透明度等。其研究者认为企业通过策略性行为可以影响市场环境，从而提高利润。由于强调市场结构对企业行为和绩效的决定作用，所以其被称为结构主义学派。

20 世纪八九十年代，波特出版了《竞争战略》、《竞争优势》和《国家竞争优势》三本著作。波特深受传统产业组织理论的影响，其分析正是建立在 S-C-P 的范式上，因此对产业结构做了重点研究。波特在《竞争战略》一书中提出了行业结构分析的五种竞争力和竞争对手分析的四个要素，并总结了通用的企业竞争战略。在《竞争优势》一书中波特又提出了价值链的概念，用来系统识别和分析企业竞争优势的来源。

波特的竞争战略主要关注两个问题：一是选择有吸引力的行业，有吸引力指的是具有较强的长期盈利能力，这方面需要运用五种竞争力分析；二是通过恰当的战略建立企业在行业中的竞争地位。波特认为一个企业只有两种竞争优势来源，即低成本和差异化。将优势来源与企业目标市场的范围相结合，就可以得到三个通用战略，即成本领先、差异化和集中化战略。通用战略正是波特所代表的定位学派与之前的设计学派、计划学派所不同的地方。设计学派和计划学派都认为，每一个企业都有唯一的、量身定做的战略，在既定的环境中，可能实现的战略有无限多种。定位学派认为，在既定的行业中，只有很少数的关键战略是有效的，因此基本战略是有限的，而这些有限的战略被称作通用战略。

1.3.3 资源基础理论学派

20 世纪 80 年代，许多经过混合并购而形成的多元化企业的业绩并不理想，尽管这些企业所涉及的行业本身具有吸引力，但企业并不能从中获得良好收益。企业开始回归主业，而定位学派的理论也因此受到挑战。20 世纪 80 年代早期，鲁梅尔特（Rumelt）的实证研究发现产业内的利润差异比产业间的利润差异要大得多。这一发现推翻了市场结构决定企业盈利水平的论断，人们开始相信，企业的超额利润来源于企业自身的某些独特之处。

资源基础理论把企业的个体差异看作企业竞争优势的基础，企业通过特有的资源条件获得持续的竞争优势或超额利润。资源基础理论构造了“资源—战略—绩效”的基本范式。其含义是：企业的竞争力及所获得的利润不同是因为企业实施了不同的战略，而战略不同是因为企业拥有不同的资源，资源与能力为企业的战略提供了基本的方向，成为企业利润的基本源泉。所以战略制定的过程应该是分析公司的资源、评价公司的能力、分析公司的资源与能力的盈利潜力、选择战略以及扩展与提升公司的资源与能力。

资源基础理论并不排除产业组织理论强调的行业吸引力对企业业绩造成的影响，但它认为行业吸引力同样取决于公司所拥有的有形资源和无形资源。例如，行业的进入壁垒影响着行业的吸引力，进入壁垒又受到行业内的企业的品牌优势、反击能力及专利技术等因素的影响，买方和卖方的讨价还价能力又取决于企业规模和财务资源等，这些品牌或技术优势也好，财务资源或规模经济也好，都是企业的资源，因此归根到底，行业的吸引力也是由企业资源与能力决定的。

核心竞争力理论是资源基础理论的分支。1990 年，普拉哈拉德（Prahalad）与哈默尔（Hamel）在《哈佛商业评论》上发表了《企业核心竞争力》一文，把核心竞争力定义为“组织中的累积性学识，特别是关于怎样协调各种生产技能和整合各种技术的学识”。企业核心竞争力应具有价值性、稀缺性、难以模仿性和难以替代性。只有同时具备这四种特征的能力才能为企业带来持续的竞争优势。核心竞争力理论认为，企业的业务单元设置应围绕核心竞争力，企业的各项活动应有助于强化和发展企业的核心竞争力。普拉哈拉德和哈默尔曾对核心竞争力做如此比喻：多元化的公司就像一棵大树，树干是核心产品，小树枝是业务单元，树叶、花朵和果实是最终产品，提供营养、支撑和稳定性的根系就是核心能力。

1.3.4 其他学派

1. 企业家学派

企业家学派将战略形成过程绝对地集中在个别领导者身上，强调与生俱来的心理状态和过程，如直觉、判断、智慧、经验和洞察力。这一学派认为企业家的远见是战略的基本来源。远见是一种对战略任务的感觉，而不是一份详细阐述的计划，因此战略是非常灵活的。企业家的战略既是深思熟虑的，又是随机应变的。在总体思路和方向上是深思熟虑的，在具体细节上则可以随机应变。

2. 认识学派

认识学派研究战略的形成过程。战略家获得信息、处理信息，在认识过程中形成概念。概念界定的过程也就是战略形成的过程。认识学派把战略的形成看成一个心理过程，如视觉感受、信息处理、直觉等，这些都存在于潜意识里，这些过程最终促成战略的产生。

3. 学习学派

学习学派把战略形成看成一个应急的过程。该学派的支持者认为，一些重要的战略改变很少是由正式的计划决定的，甚至很少产生于高层管理者的办公室中，相反，它来源于不同人的一些小的行为和决定。由于长期相互作用，这些微小的变化经常会引起战略方向的重大转变，所以战略的形成是一个渐进的过程。耶鲁大学的林德布洛姆（Lindblom）教授认为战略的形成是一个无序渐进的过程，而奎因（Quinn）则认为战略形成过程应该是一个逻辑渐进的过程。

4. 权力学派

权力学派把战略形成看成一个协商的过程。权力学派有两个分支，一个是微观权力，另一个是宏观权力。在微观权力分支中，博尔曼（Bolman）和迪尔（Deal）认为组织是不同的个人和利益集团的联合体，企业的重要决定会涉及稀有资源的配置，因而影响到每个成员的利益。战略制定就是在相互冲突的个人、集团以及联盟之间讨价还价和折中妥协的过程。在宏观权力分支中，普费弗（Pfeffer）和萨兰西克（Salancik）指出，“组织能够调整和改变自身以符合环境的要求，或者能努力去改变环境以使环境适合组织的能力”。该分支强调组织与其环境之间的相互依赖性，组织不得不应对来自供应商、顾客、工会、银行、政府等利益相关者的压力和需求。

5. 文化学派

文化学派把战略形成看作一个集体思维的过程。文化学派着眼于共同利益，认为战略形成过程根植于文化的力量。战略形成是社会交互过程，建立在组织成员的共同信念和理解的基础之上。因此，战略首先采取了观念的形式，并且是凝重的和持久的，是不容易改变的。文化学派关注到文化在保持战略稳定性方面的作用，因此认为战略的巨大改变必须要以文化的基本改变为基础。

6. 环境学派

环境学派把战略形成看成一个反应的过程。这一学派把环境同领导和组织一道列为战略形成过程中的三大中心力量之一。该学派认为，环境是战略形成过程中的中心角色，而不仅仅是影响因素，企业必须适应环境，否则就会被“淘汰”。领导由此变成了一种被动的因素，负责观察了解环境并保证组织完全与之适应。

7. 结构学派

结构学派对以上各战略学派的理论进行了综合，把战略形成看作一个转变的过程。其核心观点有两个：一是把组织和组织周围的环境的状态描述为结构；二是把战略形成过程描述为转变。该学派认为结构与转变如影随形，战略制定就是从一种结构转变到另一种结构。在大多数时候结构是稳定的，但偶尔会出现转变，这种稳定状态与转变状态的相继交替可能会随着时间的推移自我整理为某种规律，如组织的生命周期。

1.3.5 企业战略管理理论的新发展

市场无时无刻不在发生着变化，传统的战略管理理论渐渐显示出其局限性。企业需要确立战略目标，需要选择一个有吸引力的市场，需要建立自己的竞争战略并培养独特而优越的能力。但这些在今天的市场上却依然显得不够，面对复杂而又快速变化的新环境，企业的战略思维开始有所改变，而战略管理理论也由此获得了新的发展。

1. 合作竞争战略

美国学者穆尔（Moore）在其著作《竞争的衰亡：商业生态系统时代的领导与战略》中提出了一种新的竞争战略形态——企业生态系统观，明确地将生态学的原理用于商业研究，提倡企业应该和谐共生于一个丰富而利益相关的动态系统中，企业在相互合作与竞争的过程中“共同进化”其独特的能力。这一新的概念，打破了传统的以行业划分为前提的战略理论的限制。1996 年，纳尔巴夫（Nalebuff）和布兰登伯格（Brandenburger）合作出版了《合作竞争》，他们认为企业经营活动是一种可以实现“双赢”的非零和博弈，企业的经营活动不仅应该有竞争，也应该有合作，提出了合作竞争（co-opetition）的新理念。这是网络经济时代企业如何创造价值和获取价值的新思维，强调合作的重要性，有效地克服了传统企业战略过分强调竞争的弊端，为企业战略管理理论研究注入了新的理念。

2. 产业集群战略

波特在 1998 年发表了《集群与新竞争经济学》，在该文中，波特肯定了企业集群对维持企业竞争优势的重要性。他认为，在一定的地理位置上集中的、相互关联的企业以及相关机构既可以享受集群带来的规模经济和范围经济的好处，又可以保持自身行动的敏捷性。以诚信为基础的企业集群既可以减少交易费用，同时也可以使经验、知识、技能很快地在企业之间传播开来，从而有利于企业创新机制的培育。

在经济全球化的今天，产业集群在不断涌现和发展壮大，它已成为全球重要的经济发展战略模式，无论在理论研究上还是在实践中都受到了广泛的关注。在实践中，出现了大批各具特色的产业集群，如台湾的笔记本生产制造商、温州的皮鞋制造商以及东莞的电子信息产品制造商等，这些产业集群都表现出极强的市场竞争力和增长活力。

3. 边缘竞争战略

1998 年，布朗（Brown）和艾森哈特（Eisenhardt）合作出版了《边缘竞争》一书，书中指出未来企业经营环境的主要特征是高速变化和不可预测性，因此战略管理的中心问题也就是对变革进行管理，这主要表现在三个方面：一是对变革做出预测；二是对变革做出反应；三是领导变革，即走在变革的前面，甚至是改变竞争的游戏规则。该书归纳了边缘竞争战略的五个基本要素，即即兴发挥、相互适应、再造、实践及时间节奏。

边缘竞争理论认同战略和组织结构相匹配的观点，认为战略是公司不断调整组织结构形式，进行变革，并与该组织结构相适应，采取半固定式的战略趋向的一种必然结果。半固定式的战略趋向是边缘竞争的战略方法与传统战略方法的最主要区别。为了实现战略目标，企业需要不断地进行变革，从而能够源源不断地创造新的竞争优势，而这些竞争优势又形成了企业的半固定式战略趋向。它力图捕捉无序平衡的边缘状态，使公司在无序和有序之间保持微妙的平衡状态。

1.4　企业战略与组织结构

组织结构，是指有机体内各个要素的构成方式及其功能的总和。组织结构是表现组织各个部分排列顺序、空间位置、聚集状态、联系方式以及各要素之间相互关系的一种模式，它是执行管理和经营任务的体制。组织结构与企业战略关系密切，企业战略要有健全的组织结构来保证实施。组织结构是企业的组织意义和组织机制赖以生存的基础。

1.4.1 组织结构的演变与发展

按照时间的逻辑，企业组织演变的历史大致可区分为三个阶段，即古典企业阶段、现代企业阶段和后现代企业阶段。相应地，企业的组织结构也可归纳为三种类型，即古典企业组织结构、现代企业组织结构和后现代企业组织结构。

1. 古典企业组织结构

16 世纪中叶，工场手工业产生，资本家雇用大量的劳动者，使其使用一定的生产手段，从事协作劳动，使生产效率大幅度提高，这就是手工工场，它是资本主义工厂制企业的雏形。18 世纪 60 年代，工业革命产生，以机器大工厂为基础的现代工业制度出现。这种早期演化阶段的企业组织结构极为简单，其主要特点是：第一，古典企业组织的规模都比较小，通常“只掌管一种经济职能，经营单一的产品系列，且仅在一个地区内经营”，钱德勒称之为“单一单位的企业”；第二，古典企业的管理者通常兼有资本所有者身份，资本所有权和经营权是合一的；第三，古典企业作为层级组织，通常只包含两个层级，企业所有者是最高决策层级，雇员是最低的决策层级，没有中间管理层。

古典企业组织结构是一种绝对的集权化管理结构，这种直线式组织结构形式在 19 世纪下半叶一直居于主导地位。

2. 现代企业组织结构

从 19 世纪 40 年代开始，由于市场的扩大和市场不确定性的增加，以及技术的迅速发展，现代企业组织结构产生并发展，钱德勒称之为“多单位企业”。与古典企业组织相比较，现代企业组织有如下特征：第一，现代企业组织通常规模较大，这种企业“将许多单位置于其控制之下，经营于不同地点，通常进行不同类型的经济活动，处理不同类型的产品和服务”；第二，现代企业组织作为层级组织包含着两个以上的决策层级，高、中层级的决策者形成了较为复杂的决策分工体系，表现为企业内部的管理组织；第三，企业的高、中层级决策者都不再兼有资本所有者的身份，而成为专门的“支薪管理人员”，资本所有权与经营权发生了分离。现代企业组织结构的基本形态主要有 H 型组织结构、U 型组织结构、M 型组织结构、矩阵组织结构、超事业部组织结构、模拟分散管理组织结构和多维组织结构等。

3. 后现代企业组织结构

后现代企业是一种企业集团。东方赢将后现代企业定义为一个以核心企业为主、众多独立企业（卫星企业）参与的战略性经营集团。在后现代企业时代，战略管理权和经营权分离是重要特征，核心企业拥有统一的战略管理权，卫星企业自主经营、自负盈亏，但在战略上接受核心企业的领导。作为企业组织的高级发展形态，这种企业集团比以往任何一种组织结构发展得都要快，在经济生活中发挥的作用也更大。企业集团不仅能通过联合聚集起庞大的生产力，产生单个企业难以实现的组合效应，迅速满足现代规模经济的要求，同时它的组织方式又能充分体现出商品经济灵活经营的要求。后现代企业组织结构包括以下特点：第一，企业集团是一个多法人联合体，而其本身并不是法人；第二，企业集团的组织结构是多层次的，如分为集团核心、紧密层企业、半紧密层企业以及松散层企业等；第三，集团核心在企业集团中起主导作用，它维持成员企业行为的一致性和协调性，以实现集团的整体发展战略，但不对其他成员企业形成单方面的控制关系，外围成员企业可以比较自由地进入或退出某个企业集团。

后现代企业组织结构的边界是不确定的，它常常处于一种变化的状态中。其组织结构包括网络型企业、虚拟企业、联盟企业、平台企业等。

1.4.2　组织结构与企业战略之间的关系

自从钱德勒提出“组织跟随战略”的说法后，组织结构与企业战略的关系就受到了学者的重视。结构和战略之间应实现动态匹配，这一点是肯定的，然而对于企业战略与组织结构二者谁决定谁、谁服从谁的问题却始终存在着不同的观点。

1. 组织结构跟随企业战略

哈佛大学的钱德勒教授于 20 世纪 60 年代在研究了杜邦、西尔斯、通用汽车、新泽西标准石油之后提出了“战略决定结构，组织跟随战略”的著名论断，这一理论一直在战略领域占据主导地位。钱德勒的基本观点是企业多元化战略导致 U 型组织结构向 M 型组织结构转变。

（1）专业化战略与 U 型组织结构的匹配。在实施专业化战略的企业中，当企业规模很小（如单人业主制或合伙制企业）时，其不需要繁杂的组织结构设计，企业中往往一人身兼数职。随着规模的扩大，组织内部会出现分工，这样，企业内部就逐渐按照职能部门进行了划分，如专门负责原材料采购的采购部门、负责拓展市场的市场营销部门、负责人力资源的人事部门等。这样的组织结构就是 U 型组织结构。可以说，当企业专业化战略成功实施，规模由小变大之后，U 型组织结构的出现就成为必然。

（2）横向多元化战略、纵向一体化战略与 M 型组织结构的匹配。当企业最初的专业化战略带来了企业的成功之后，企业开始实施横向多元化战略、纵向一体化战略。原先的 U 型组织结构显得越来越不合时宜。1920 年，斯隆（Sloan）在通用汽车公司开展了分权化尝试，获得了巨大成功。分权制组织结构出现了，被称为 M 型组织结构，其典型特征是拥有大量以产品或地区划分的分部门。

（3）跨国战略和多元化战略与 H 型组织结构的匹配。规模不断扩大的现代企业越来越倾向于多元化经营，逐渐变成了跨行业、跨地区的大型跨国公司。随着跨国公司在东道国的投资越来越多，这些跨国公司不再适合直接控制东道国的子公司。因此，子公司的独立权越来越大。母公司逐渐采取控制子公司一定比例股份的方式，允许子公司在当地直接独立运营。从母公司到子公司，这种组织结构就是 H 型组织结构。

钱德勒采用历史记事的方法，描述了美国企业从 19 世纪 40 年代到 20 世纪 50 年代的一系列历史事实，并分析了这些企业战略与结构的变迁，从而得到一个一直很少有人提出疑问的结论：战略决定组织结构，组织结构是为企业战略而服务的。

2. 企业战略跟随组织结构

1983 年，伯格尔曼（Burgelman）对钱德勒的“组织跟随战略”的论断提出质疑，他认为钱德勒的战略制定思想是典型的“英雄观”，过于强调高层领导在战略制定中的主宰作用，而忽略了普通职员对战略制定的作用。

布尔顿（Burton）与库恩（Kuhn）指出：“结构将限制组织去寻找可行战略方案。公司的结构将迫使企业把自己的注意力集中在某些方面，而忽略其他，这使企业形成对环境的独特认识，从而形成企业的战略。”

企业生命周期理论的提出者、组织调整的理论大师爱迪思（Adizes）教授认为，在实践中，组织结构决定战略，而不是相反。爱迪思认为，在一个组织中，每一个成员都有自己的本位利益，这种本位利益是由现有的组织结构所决定的。进行战略调整时，必然要对每一个成员的本位利益进行重新分配，涉及的面太广。当阻力非常大的时候，改革者往往还没有实施调整就已经准备放弃调整了。此外，爱迪思还指出，组织结构涉及三个子系统，即责任结构、职权结构、奖惩结构。这三个结构应保持统一，因此一个组织实际上是先确定了责任、职权、奖惩的结构后，才进行战略规划的。这样，一个既定的组织结构当然会限制战略的制定和实施。

也有学者从组织的资源观角度分析组织结构对战略的影响。第一，组织结构可以被当作一种资源，具有更多资源的组织在面对外界环境威胁时更被动，从而限制了战略调整。第二，组织之所以能够建立起独特的竞争力（包括有才华的人才、突出的声誉、强有力的文化、支持性的外部社会关系），最根本的原因在于组织成员对组织目标、实践、组织结构及组织标准形成了一种共识。然而，当这种共识形成之后，组织往往会失去很大的自由度，当组织进行战略调整时，会遭到组织内外大范围的抵制。第三，组织资源会成为企业学习的障碍。历史上曾经给企业带来成功的组织资源可能在环境改变时反而成为企业竞争力的陷阱。第四，资源丰富的组织有能力进行组织革新，进而进行“创新性破坏”来提升组织的竞争力。从这个角度来看，资源也可以成为企业战略调整的促进器。

3. 折中的观点

持这种观点的学者认为，企业应实现战略调整、组织结构调整、过程调整三个环节的紧密联合。战略调整是公司层面上的，更多是指缩小专业化的范围和集中于核心能力的行动，越来越多地采用合资企业或战略联盟形式来获得资源的行动，让价值链中的非战略性活动外包。组织结构调整是指削减管理层以增强组织的扁平化的行动，即为了提高组织的反应能力而扩大组织的授权，在企业内部采用项目小组或团队形式的组织，以加强横向上的知识与资源共享的行动。过程调整是指对信息技术的各种新形式进行的高额投资，更加强调通过纵向沟通来增加信任，通过横向沟通来实现知识的共享。只有这三项都做好了，企业绩效才会提升。

贝赞可（Besanko）、德雷诺夫（Dranove）与尚利（Shanley）强调结构与战略之间存在两种联系：第一，结构通过对组织中的信息流动和决策制定的倾向产生作用，从而影响战略；第二，结构和战略都是有些复杂的或常规的行为方式的集合，而这些行为方式是企业在对外部环境不断做出反应的过程中逐步演化而来的。

1.5　中国企业战略管理

企业战略管理理论诞生于西方，短短几十年的时间得到迅速发展。中国企业在学习西方企业战略管理理论的同时，在实践中却潜移默化地经受着中国传统思想的影响，呈现出与中国社会文化相一致的独特之处。管理是社会文化和价值取向的延伸，西方的哲学思想造就了西方的管理思想，中国企业在借鉴西方管理方法的同时，其根本的思维方式依然根植于中国社会文化。

1.5.1　企业战略与管理文化

管理是一种文化，德鲁克在《管理：使命、责任、实务》中指出：管理虽然是一门学科，但同时也是一种“文化”，它不是一种超乎价值的科学；管理是一种社会职能并植根于一种文化（一个社会），一种价值传统、习惯和信念之中，植根于政府制度和政治制度之中。一方面，管理受到而且应该受到文化的影响；另一方面，管理和管理人员又影响文化和社会的形成。任何社会及其中的组织都需要管理活动，尽管不一定以理论体系的形式表现出来，但都具有自己独特的经验、思想和历史成果。这样，各种独特的社会文化均具有自己的管理知识，形成自己的管理文化；例如，日本文化强调群体意识，个人在行动中要维护组织的和谐，按照组织的要求行动。美国文化更强调个人的奋斗，强调最大限度地发挥个人才能，员工追求的是自我价值的实现。在企业管理过程中，日本企业强调的是企业的凝聚力，注重员工长期发展和综合技能的培养，而美国企业强调制度，强调员工的专业化分工和短期绩效评估。

战略作为一种管理活动，战略知识作为一种管理知识受制于管理文化体系，不同的文化背景下自然会产生不同的战略思想和战略实践。同样以日本企业和美国企业为例，它们在战略思想上存在巨大的差异，这种差异来源于其背后的文化根基，这种根基几乎是根深蒂固的。以至于对于西方学者来说，日本战略显得如此无法理解。波特甚至在《什么是战略》中说道，日本公司很少有战略。他认为，日本公司的成功源于全面质量管理和持续改进的实践所带来的运营效率的提高，而很少有明确的战略。随着运营效率的差距逐渐缩小，日本公司会在它们自设的陷阱中越陷越深，对它们而言，唯一的出路就是学习制定战略。然而，“日本战略之父”大前研一（Kenichi Ohmae）却从完全不同的角度分析了日本企业的战略思想。大前研一提到，美国企业有着分明的组织结构，对长期战略计划高度重视，战略严密而客观，日本企业的组织看起来似乎如此混乱而无效，然而这种组织形式却能使日本公司比西方同行更快速地响应环境。正是因为没有严格的战略监控，基层员工的创造性才得到充分的发挥。大前研一指出，日本企业的战略思维方式从根本上而言是创新、直观、非理性和非线性的。他认为直觉和洞察力相对于成功的战略而言，比理性的分析更为有效，尽管理性分析在战略流程中也是必要的。这与西方战略管理思想截然不同。

1.5.2　中国企业战略管理与中国传统管理文化

中国在漫长历史中所形成的管理文化和战略思想对今天的企业必然产生潜在而特殊

的影响。企业哲学的思考、战略的决策与实施以及企业的行为方式都与中国文化特定的思维方式有关。

博大精深的中国传统文化对中国现代企业的战略管理产生了重大的影响，如儒家文化是传统文化的精髓，它强调中庸，强调人与我、人与物、人与天的和平共处、圆融无碍，把对立统一又和谐变动看成社会的基本法则。

以老子为代表的道家思想强调的是“无为而治”。在现代战略管理中，许多企业的高层管理者便是运用老子的无为思想来管理企业的，即放权给自己的下属或基层员工，让他们参与企业战略的制定与实施，从而在减轻自己负担的基础上激发员工的积极性，同时也可以集众人的智慧来使企业的战略制定更加完善，战略的实施更加便利。

与此同时，以《孙子兵法》为代表的兵家思想对现代企业战略管理的影响也不容忽视。《孙子兵法》总结了中国春秋时期诸国作战的军事思想和经验，展示了饱含深刻辩证思维的军事艺术与管理方法，其包含的军事学思想，在现代战略管理中同样具有广泛的实用价值。例如，“知己知彼，百战不殆”是《孙子兵法》中的重要战略思想，“知己知彼”也就是要求企业在执行自己的战略之前对内外部环境进行分析。

中国传统思想独特的思维方式对于今天的企业来说是宝贵的财富。处于变革与国际竞争中的中国企业，需要对传统文化进行更多的研究与思考，通过借鉴传统文化中的战略精髓，提高企业的竞争力和生命力。

本章精要

企业战略具有全局性、长远性、指导性、竞争性、风险性、相对稳定性等特征。企业战略可划分为三个层次，即总体战略、竞争战略和职能战略。

从 20 世纪 60 年代开始，企业战略管理理论形成了众多学派，主要包括设计学派、计划学派、定位学派、企业家学派、认识学派、学习学派、权力学派、文化学派、环境学派和结构学派以及以核心竞争力著称的资源基础理论学派。此外，20 世纪 90 年代以后战略管理理论又有了新的发展，如合作竞争战略、产业集群战略和边缘竞争战略。

企业竞争优势的创造与保持是战略管理研究的核心内容。持续的竞争优势则需要企业的不断创新来维持。中国企业在学习和借鉴西方管理方法时不能简单地照搬西方战略管理理论，而需要结合中国实际探索适合自己的战略管理方式。

思考题

1. 如何理解企业战略？它有什么特点？
2. 企业战略是如何形成的？
3. 你认为企业进行战略管理存在怎样的风险？

4. 企业存在什么样的战略层次?
5. 企业该如何维持竞争优势以获得持续发展?
6. 你认为中国企业战略管理与西方企业有何不同?
7. 举一个企业战略管理失败的例子，并找出其失败的原因。

综合案例

格力电器的多元化转型之路[①]

成立于 1991 年的珠海格力电器股份有限公司（简称格力电器），有着相当耀眼的发展历程，仅耗时五年，就在深圳证券交易所完成了挂牌上市；发展到现在，其早已不再是当初那个年产值不到 2000 万元的小厂，而是一家以空调产业为主，辐射通信设备、高端装备、生活电器等多个领域的多元化、国际化、科技型全球工业集团，目前公司业务早已遍布全球 100 多个国家和地区。在数十年的发展过程中，格力电器始终探索并坚守“理念 + 道德 + 规制 + 实践 + 承诺”“五位一体”的格力模式，以专注主义、工匠精神为基点，以独特的销售渠道——区域性销售公司为纽带，巩固并加强自身以“渠道优势-技术优势-品牌优势”为核心的市场竞争力。格力电器发展至今经历了发展期、突破期、转型升级期三大阶段。在发展期（1991～2005 年），格力电器完成了以质量为主导的产品升级，打开了销售市场；在突破期（2006～2012 年），格力电器依靠技术与品牌的双轮驱动，加快了产业链整合，铺设国际化战略，在空调生产方面赢得了更多的话语权；在转型升级期（2013 年至今），格力电器意识到空调销量已触及“天花板”，开始探索多元化、国际化科技型全球工业集团的建设之路。

格力电器循序渐进的多元化布局并非盲目实施的，而是基于自身的情况，充分运用自身多年积累的市场经验、产业制造能力与客户资源优势等，通过打通上下游产业链以及提高内部流程的运营效率，成功在业绩不佳、增长受阻的情况下提高了自身的盈利能力，同时使企业价值得到了提升，实现了稳居家电行业龙头地位的成就。格力电器最大的优势在于其雄厚的资金实力和强大的融资能力，首先，其供应链上下游的供应商和经销商都是理想的融资来源。其次，银行也能为其提供大规模融资。再次，格力电器有完整的产业链，能够发挥规模经济效应。最后，格力电器自身极高的品牌价值、极强的销售渠道竞争力、可靠稳定的质量和“六年包修，变频机两年包换”的售后政策也为其创造了区别于其他家电品牌的优势。这些都保证了格力电器的差异化战略和多元化战略的实施和推进。

（1）现有的差异化战略。与海尔、美的等竞争对手不同，格力电器通过自建营销渠道，拥有了强大的渠道管控能力。格力电器通过经销商持股模式组建以品牌为旗帜、以共同利益为纽带的区域性销售公司，形成自主管控的区域销售网络。格力电器以这种自建营销渠道的战略模式，避免了经销商跨区交易、囤货、压价等扰乱市场的行为，同时

---

① 曲小昀（2022）。

通过多种返利制度，保障了企业与合作伙伴之间的整体利益。格力电器创建的区域性销售公司模式，是其制胜市场的一大法宝。营销渠道自主管控并不是完全排斥其他营销渠道，而是要在以“我”为主的前提下，保持与多个营销渠道商的合作以求共赢。随着互联网技术的飞速发展，格力电器也积极推动着“互联网 + 制造业”的发展，把互联网作为有力渠道，让更多消费者能够爱上格力电器产品。格力电器通过与京东、天猫两家电商巨头展开深度合作，借助大型电商平台数量庞大的用户资源、低廉的信息传播成本等天然优势，让消费者以更低的价格获得同样甚至更好的服务体验。

（2）现有的多元化战略。格力电器在最初的发展期，集中精力于空调制冷技术和质量把控领域，悉心打造企业“好空调，格力造”“格力，掌握核心科技”的品牌形象，营业收入屡创新高，自 2000 年以来，格力电器一直在空调领域拔得头筹，向投资者交出了一张张令人满意的答卷，也证明了归核化战略在企业发展初期的适用性。但是，作为企业主营业务体系的构成部分，空调是耐用消费品，已经无法成为企业持续高速增长的收入来源。格力电器的专注并不意味着墨守成规、故步自封。随着供给侧结构性改革、“中国制造 2025”等国家战略的陆续出台，格力电器积极响应国家战略导向，在坚守空调产业优势的基础上，逐渐涉足新能源和智能家居等领域。近几年在逐渐触摸到空调专业化的“天花板”后，格力电器已转向多元化布局，包括向纵向的产业链一体化（研发、生产、自建销售渠道、服务、回收），横向的产品品类扩张（智能家居、小家电、冰箱、家用电力器具等）和混合多元化（智能手机、机器人制造、新能源）的方向发展。

可以看出，在内外部环境的变化下，格力电器的多元化发展是无可厚非的。一则利用自身的无形资产与制造能力优势整合优化资源，克服自身主业营收占比过高可能带来的威胁；二来可顺应外部行业发展趋势，向多元化布局，不仅能降低自身的经营风险，也可以提高企业的竞争力。通过实施基于价值链提升的纵向产业链布局、基于客户/供应商关系的相关产品多元化布局以及基于自身强大的技术研发能力和制造能力向智能化转型等一系列转型战略，格力电器未来必将朝着多元化深层次孵化、发展。

综合案例思考题：

1. 格力电器的企业战略有何特点？
2. 格力电器能够实现如此成功的发展，你认为主要原因是什么？
3. 从长期发展的角度来看，格力电器是否存在风险？你认为其战略可以如何改进？

第 2 章 企业愿景、使命与目标

有效的领导者要做的不只是建立愿景，而是要建立一个有意义的愿景，一个与众不同的愿景，而且要把积极参与的人员摆在核心地位，而不是边缘地带。

——沃伦·本尼斯

引导案例

专注人工智能的云从科技①

云从科技集团股份有限公司（简称云从科技）成立于2015年，是第一家在科创板成功上市的人工智能平台公司。自2015年成立以来，云从科技只用三年时间就成长为人工智能行业的“独角兽”，2018年被胡润研究院估值为230亿元，成为人工智能领域增速最快的公司之一。根据Gen Market Insights 2018年发布的《全球人脸识别设备市场研究报告》，在人脸识别上，云从科技2017年以12.88%的占有率领跑全球市场，比第二、第三名加起来还多，并在跨境追踪技术上刷新了三项世界纪录，荣登全球十大初创AI公司榜单。

云从科技创业之初，正是人工智能创业浪潮风起云涌的时候。但在人脸识别方面，当时还是以学术研究为主，做的东西不是太产品化，离实际应用还有一定的距离。云从科技抓住机遇，找准入口，确定将银行作为企业人脸识别产品落地的突破口。当时的背景是互联网金融已经爆发，银行急需这个业务。凭着出色的技术能力以及专门针对银行业务独特要求的众多解决方案，云从科技在众多的竞标者中脱颖而出。在做业务的过程中，云从科技发现若只瞄准终端产品，企业产品随时有被性价比更高的产品替代的风险。只有软硬件结合，丰富客户产品的解决方案，利用平台的形式将公司技术优势与客户内部的业务系统相连接，形成刚性生态，才有可能形成真正的用户黏性。看清了AI发展的大趋势后，云从科技从一开始就以技术为杠杆与各大银行展开合作，联合建立了生物识

① 周翼翔和姜文杰（2021）。

别、金融科技创新等平台，并先后研发出人脸识别自助通关、刷脸支付原型、金融自助开户人脸验证等多套系统，提供“摄像头模组+核心算法”的软硬一体解决方案。同时，帮助银行建立起风控平台和智能催收系统，引入大数据提高属地客户的审批效率，保障金融业务的安全，让银行可以依托云从科技的人工智能技术提升用户体验和运营效率，降低运营成本，拓宽业务边界，推动金融行业智能化浪潮。

随后，云从科技遵循人工智能产业的发展规律，及时调整战略，向跨境追踪、语音识别、光学字符识别（OCR）等方向拓展，以人工智能技术与人机协同平台为基础，以用户为中心，一边巩固在金融领域的既有优势，一边瞄准未来发展趋势，围绕核心能力全面布局安防领域。就这样，云从科技利用现有资源，打通运用场景，连接现有行业，连入更多其他行业，打造以人工智能为核心的产业新生态。

2017 年至今，云从科技还受邀起草和制定了多个人工智能国标、部标和行标，并承担国家重大工程“人工智能基础资源公共服务平台”和“高准确度人脸识别系统产业化及应用项目”建设任务，培育了一系列的人工智能上下游企业。云从科技凭借全球领先的人工智能技术与人机协同平台，将自身业务扩展到智慧金融、智慧安防、智慧交通、智慧商业等领域，实现了从硬件到软件，从产品到解决方案，从一个行业到多个行业的全方位升华。

本章学习目标

· 掌握企业愿景的内涵和作用。
· 理解企业使命的内涵和作用。
· 了解企业战略目标的内涵。
· 掌握企业战略目标的特点。
· 熟悉企业战略目标的设定方法。

2.1 企业愿景

愿景也称远景，对个人而言，它是一种意愿的表达，是人们为之奋斗并希望达到的图景，类似于理想。对企业而言，它是企业成员达成共识并愿意全力以赴的未来方向，是企业成员的共同愿望。彼得·圣吉在《第五项修炼》中把它称作共同愿景。它具有强大的感召力，把大家紧紧地结合起来。《孙子兵法·谋攻篇》里有一句话：“故知胜有五：知可以战与不可以战者胜，识众寡之用者胜，上下同欲者胜，以虞待不虞者胜，将能而君不御者胜。”“上下同欲”指的就是上下有共同的愿望、众心齐一。

2.1.1 愿景的内涵

愿景这个概念早在 20 世纪 80 年代就开始被研究，随着企业愿景理论的发展，越来越多的人开始注意并使用它，然而却很少有人能取得良好的效果。愿景从建立到发挥作用对于一个企业来说不是一件容易的事。对于一个希望实行愿景管理的企业来说，首先要弄清楚的是，愿景究竟是什么？关于这一点，吉姆·柯林斯（Jim Collins）在《基业长青》中做了较为详细的说明。根据柯林斯的观点，通常最持久、最成功的公司的基本特质是它们保存一种核心理念，同时刺激进步，积极改变除了核心理念以外的任何东西。一个高瞻远瞩的公司能从烦琐的经营做法和商业谋略中分离出它们永恒不变的核心价值观和经久不衰的使命。企业需要明白什么应该永恒不变，而什么应该应时而变。这种"保存核心，刺激进步"的理念就是柯林斯认为的企业愿景。

因此，一个企业愿景应该包括两方面内容，即核心理念和未来展望。核心理念定义了企业代表什么以及企业为什么存在，它应该是持久的；未来展望表述企业期望变成什么，或者获得、创造什么，它应该是常变的。

1. 核心理念

核心理念由核心价值观和核心目标两部分组成。核心价值观是企业的精神和原则，它深深根植于企业内部，是企业成员的内在追求，而不是来源于市场的需要，它不会随时间和环境改变。核心目标是组织存在的原因。例如，索尼（SONY）在 20 世纪 50 年代提出它的核心目标是"体验创新的喜悦，运用技术造福普通民众"，它突破了组织存在仅仅只是为了赚钱这一目标，去挖掘人们工作的更深层次的驱动力。

核心理念是企业内在的特质，它超越市场生命周期带来的繁荣和萧条，超越技术的革新，超越竞争的冲击，它从内心出发去激励企业成员为了某个理想或信念而努力工作，是自内而外的，它要切实地存在才会发挥作用。这就把核心理念和企业的宣言区分开来了。很多企业花了大量时间去讨论企业的核心理念是什么，然后把它传达给员工，认为企业就此有了核心理念，其实这只是一个开始，企业需要花费比这多得多的时间去强化这种理念以使它真正发挥作用。

2. 未来展望

未来展望主要由两部分组成，即一个 10～30 年的宏伟、艰难和大胆的目标（big hairy audacious goal，BHAG）和当组织达成这个目标时其状况的生动描绘。例如，索尼的 BHAG 是"成为改变日本产品劣质形象的世界最知名的公司"，生动描绘是"我们将创造流行全世界的产品，我们将成为第一家率先将产品打入美国市场并进行直接销售的日本企业，我们将持续成功地创新，像晶体管收音机一样，美国公司失败的领域，如半导体收音机，我们将会获得成功"。

未来展望不是凭空的想象，它应该是建立在对未来趋势的洞察和远见的基础上的，它不应该是遥不可及的梦想，也不应该是轻易能实现的目标，它是在付出巨大努力后有可能达到的结果。例如，福特汽车公司在 20 世纪 20 年代提出汽车要进入家庭，苹果公司在 20 世纪 80 年代提出计算机要进入家庭。企业在确定了这些未来展望之后也应该通过正确的策略去实现它，而不是等待它的到来。默克公司 20 世纪 30 年代的企业愿景如表 2-1 所示。

表 2-1 默克公司 20 世纪 30 年代的企业愿景

核心理念	未来展望
核心价值观：公司的社会责任；公司各个方面都绝对卓越；科技为基的创新；诚实与正直；追求利润，但只追求有益于人类的利润	宏伟、艰难和大胆的目标：把这家化学公司转型为世界上最出色的药物制造公司，并拥有能和著名大学媲美的科研能力
核心目标：保护并改善人类生活	生动描绘：依靠我们提供的工具，科技将会进步，知识将会增加，人类生活将会比以往任何时候更能抵抗疾病的干扰……我们宣誓，要用尽我们一切资源忠诚于我们公司的承诺。点亮你的明灯，照耀那些寻求真理的人，照耀那些努力使世界变得更美好的人，照耀那些在黑暗的社会、在经济时代高举科学、知识火炬的人，让他们获得新的勇气，感受到热忱的支持

2.1.2 愿景的作用

英国威斯敏斯特大学的基恩（Keane）教授曾经指出，公司的愿景可以集中企业资源、统一企业意志和振奋企业精神，从而指引、激励企业取得出色的业绩。战略家的任务就在于认定和表明企业的愿景。

日本松下电器的创始人松下幸之助也曾讲到，中层经理一旦进入松下，就会被告知松下未来 20 年的愿景是什么。首先，告诉他松下是一个有愿景的企业；其次，给这些人以信心；最后，使他们能够根据整个企业未来的发展，制订自己的生涯规划，使个人生涯规划立足于企业的发展愿景。如果一个企业有愿景，员工就会追随它，而且员工也不会迷失方向。

（1）指引作用。企业愿景是一个方向舵，在有共同愿景的企业中，人们会着眼于未来，在遇到困难和阻力时，能继续遵循正确的路径前进，也能够产生克服这些困难的愿望和信念。学习可能是困难而辛苦的，但有了共同愿景，我们将更可能发现思考的盲点，放弃固守的看法和承认个人与组织的缺点。在远大的目标面前，所有的困扰似乎都微不足道。就如弗利慈所形容的："伟大的愿景一旦出现，大家就会舍弃琐碎的事。"

（2）凝聚作用。企业愿景会改变企业成员之间的关系。企业愿景是企业成员共同的愿望、共同的价值观和目标。它使企业成员产生共同的关切，为了同样的目的而一起工作，在极端不同的人之中建立一体感。心理学家马斯洛（Maslow）在研究优秀团体时发现，这些团体最显著的特征是具有共同愿景与目的。马斯洛观察到，在特别出色的团体里，任务与团队成员已无法分开，或者应该说，当个人强烈认同这个任务时，定义这个人真正的自我，必须将他的任务包含在内。

（3）激励作用。弗朗西斯（Francis）说过，你可以买到一个人的时间，你可以雇一个人到固定的工作岗位，你可以买到按时或按日计算的技术操作，但你买不到热情，你买不到创造性，你买不到全身心的投入，你不得不设法争取这些。

企业愿景能强有力地激发成员的内在潜能。正如日本京都陶瓷的创办人稻盛和夫认为的，要开发员工潜能，就必须对"潜意识"、"意愿"与"服务世界的真诚渴望"等人类心灵活动有新的理解。企业成员的共同愿景自然而然地激发出勇气，这勇气会达到令自己都吃惊的程度。在追求愿景的过程中，人们自然而然会产生勇气，去做任何为实现愿景所必须做到的事。魏尔（Vail）想要建成费时五十多年才能建成的全球电话服务网络；福特（Ford）想要使一般人，不仅是有钱人，能拥有自己的汽车；乔布斯（Jobs）、沃兹尼亚克（Wozniak）以及其他苹果公司的创业伙伴，则希望电脑能让个人更具力量。这些愿景被企业成员真诚地分享并努力地追求，于是就有了美国电话电报公司（American Telephone and Telegraph，AT&T）、福特汽车公司以及苹果公司傲人的成就。

（4）辐射作用。愿景一旦确定下来，就要使每一个与企业有关的人都了解。一个强大的企业愿景不仅能够激励企业内部的成员，而且同样可以激励企业的其他利益相关者，如企业的供应商，甚至是客户。戴维森（Davidson）在《承诺：企业愿景与价值观管理》中指出，最近几十年，利益相关者已经发生了三大变化，即类型增多、权利得到了极大的加强以及客户重要性不断上升。各种类型的利益相关者都有自身强烈的需求，而这些需求之间又经常相互冲突，谁也不情愿让自己的利益服从组织的其他利益。然而，企业又必须紧密地联结所有的利益相关者。为了成功地管理相互冲突的利益相关者的各种需求，组织领导者需要借助强有力的愿景和价值观来团结并联合他们。

2.2　企业使命

2.2.1　企业使命的内涵

使命在《辞海》中的解释是"重大的任务"。企业制定战略，首先要确定企业的使命。只有明确地规定了企业的宗旨和使命，才可能树立明确而现实的企业目标。企业的宗旨和使命是确定优先顺序、战略、计划、工作安排的基础。企业使命也就是企业存在的理由，是企业在社会进步和经济发展中所应担当的角色和责任，是企业的最终目的。企业使命界定企业的业务范围，指出企业要服务于哪些顾客。企业使命从总体上引导企业的发展方向，是企业制定战略目标的前提，是战略选择的依据，是企业资源分配的基础。一般来说，企业使命包括企业哲学、企业宗旨、企业形象和社会责任等内容。

1. 企业哲学

企业哲学是一个企业为其经营活动或方式所确立的价值观、态度、信念和行为准则。企业要想生存并长期发展，首先必须拥有一套完整的信念作为一切政策和行动的最高准则，此外，无论企业哲学中包含哪些信念，这些信念都必须付诸实施，深植于整个组织的人心。虽然处在千变万化的环境中，要不断地自我调整以适应环境，但信念不能变，它是企业成员共同的价值观。它主要通过企业处理各种关系的指导思想、基本观念和行为准则来体现。对外，主要是指企业在处理与顾客、社会、竞争对手、供应商等关系时的指导思想；对内，主要是指企业在处理与员工、股东、债权人等相关利益者之间的关系时的基本观念。作为企业的管理者，要清楚地展示出企业哲学，把企业哲学运用到处理企业实际问题的过程中，让企业成员明白，哪些行为与组织的信念相符，哪些不符，从而建立健全稳固的企业哲学。

2. 企业宗旨

企业宗旨是关于企业存在目的或对社会发展应做出贡献的陈述。它指出企业现在和将来应从事什么样的事业活动，以及应成为什么性质的企业或组织类型。例如，美国艾维斯汽车租赁公司将其宗旨表述为：我们希望成为汽车租赁业中发展最快以及利润最多的公司。这一宗旨规定着艾维斯汽车租赁公司的经营业务，它排除了该公司开设汽车旅馆、航空线和旅行社业务的考虑。

确定企业宗旨要把握好度，宗旨不能太过狭隘，狭隘的企业宗旨会束缚企业的经营范围，抑制管理部门的创造力，限制企业创造性增长潜力的发挥。使命也不能太空泛，如“服务社会，造福人类”这样简单空泛的企业宗旨对企业业务范围的界定很难起到实际的指导作用，也无法体现企业对利益相关者的态度。确定企业宗旨要以顾客为导向。企业的经营宗旨应当是确认用户的需求，并提供产品或服务以满足这一需求，而不是首先生产产品，然后再为它寻找市场。是顾客决定了企业应当经营什么，是顾客的需求使企业的产品转变为商品、资源转变成财富。

3. 企业形象

企业形象是指企业在社会公众心目中的总体看法、印象和评价。企业的社会形象往往与其向社会提供的产品和服务直接相联系。

在全球化和知识经济的市场条件下，企业形象是企业发展的重要条件之一。企业形象有外在形象和内在形象之分。内在形象是企业的内在精神和品质，这是企业形象的核心和精髓，它体现企业价值观和企业精神，是企业独有性的表达。企业的外在形象包括产品造型、企业名称、企业标志、企业形象广告、企业标准色、商品包装及员工服饰等元素。企业形象对企业内部具有整合功能，对企业外部具有传播和感召功能。

4. 社会责任

企业是社会系统中不可分割的一部分，在确定企业使命时，必须充分、全面地考虑到与企业有利害关系的各方面的要求和期望。企业的利益相关者可以被分为两大类：一是企业内部的股东和员工；二是企业外部的个人或组织，他们不属于企业内部人员，但会受到企业作为产品生产者和销售者所开展的活动的影响，包括顾客、供应商、政府、竞争者、社会公众，如图 2-1 所示。

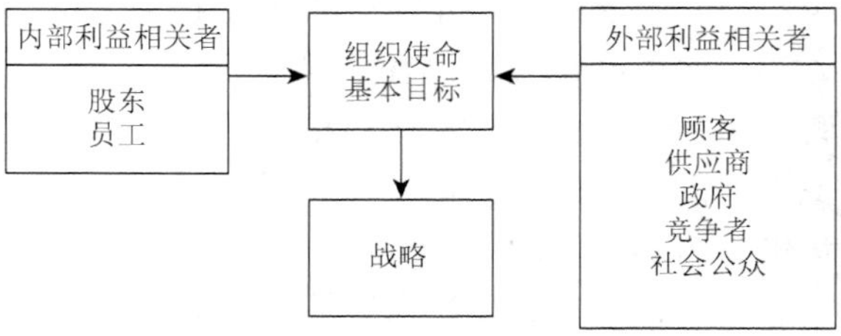

图 2-1　企业的利益相关者

（1）员工。企业不仅应该给予员工经济上的满足，还应该提供与行业相关的业务技能等培训，加大对员工的教育和培训的力度，提升员工专业素质。

（2）股东。企业应为股东提供较高的利润，确保股东在企业中的利益、企业资产保值与增值。

（3）顾客。企业要致力于提升消费者对企业产品和服务的满意度，保证产品和服务有较高的可靠性和安全性，关注产品的质量，及时处理产品、服务及销售上的各类问题。

（4）供应商。企业应将平等互利的理念作为价值判断标准，不损害对方利益，在互利协作中追求长期共同发展。

（5）政府。政府应要求企业及时纳税，开展公平的商业活动，遵守国家各项法律法规，履行企业义务，促进社会稳定、和谐地发展。

（6）竞争者。企业应遵守社会和行业的竞争规则和规范，规范彼此的竞争行为，共同维护有利于公平发展的市场竞争秩序。

（7）社会公众。企业要参与社会事务并为社会做贡献，提供就业机会，支持慈善事业。

2.2.2　企业使命的作用

（1）给企业定位并为企业资源配置提供依据。企业使命阐述了企业的性质和期望目标，它规定了企业的业务是什么，企业的业务应当是什么，什么是企业的重点。它为企业获取、分配与运用资源提供一般指导原则。恰当的使命有助于企业把资源分配到能取得关键成果的项目上，而不恰当的使命往往是企业遭受挫折或失败的重要原因。曾经以生产百龙矿泉壶而名噪一时的孙寅贵，在其企业失败后所写的《总裁的检讨》一书中说道："我那时给企业定位是'生产矿泉壶'，现在来看，其实我的企业本质是在'生产纯净水'。如果我能早些认识到我是生产'水'的行业，而不是生产'壶'的行业，我就可能会是中国最早的矿泉水公司了。"（孙寅贵，1999）

（2）给企业指明方向并保持企业经营行为的一致性。企业使命为企业的各项经营活动提供指导方向。企业的各个经营单位或职能部门都有各自的任务和目标，在遇到决策问题时容易倾向于追求自己部门的利益，各部门之间出现矛盾在所难免，而企业使命一旦成为共识，就可以为所有的部门提供一个基本的方向和指导原则，有助于协调不同部门人员的工作和活动。例如，当三星把自己定位为"高档数码"品牌时，低端产品即使销售火爆且正在盈利，也依然被果断地放弃了，而企业的研发部门则投入了充足的资金在技术和设计上，不断创新，引领时尚潮流。

（3）给企业创造一种工作氛围和组织环境。企业工作氛围和组织环境包括企业的管理方式、基本原则及员工自觉的行为方式等。企业使命一旦被确立下来，企业的管理、决策、组织等都会与之相配合，从而形成特定的企业环境。这些环境又会向企业成员传达一种理念，如对内的团结拼搏、奋发向上的理念，或者对外的尽一切努力为顾客提供价值的理念。无论是哪一种，一旦被企业成员接受或内化为意识的一部分，就会在大家的行动中体现出来，逐渐在企业中形成一种氛围。

2.2.3　确立企业使命要注意的问题

（1）企业使命在形式上应该简单明了。企业使命一般由企业高层管理者制定，它体现出高层管理者的远见以及对未来的一种抱负。企业使命的完成则需要企业所有成员的共同努力，不可能单独靠高层管理者或者某个部门。企业使命具有文化属性，它只有被企业成员理解、接受并根植于心中，才有可能成为一种内在的精神力量并激发起企业成员实现使命的主动性以及积极性。企业员工参差不齐，使命太复杂会令员工失去耐心，也会令人望而却步，即使员工有意向去了解，也不一定能理解，所以企业使命应简单易懂，避免冗余。

（2）企业使命应该具有鼓动性和激励作用。"我们存在的理由是什么？我们能满足顾客的什么需求？我们会为社会做出怎样的贡献？"企业使命代表的是企业的追求，体现的是企业成员的价值。企业使命不应该是高不可攀的，不切实际的使命会令员工失去兴趣，变得没有意义；企业使命也不应该是可以轻易实现的，要求太低不仅无法对员工起到激励作用，也无法令企业获得竞争力，使命应该是经过巨大的努力之后才能达成的。

（3）企业使命应该是动态变化的。企业使命存在于特定的时间和环境下，在经历了技术进步、市场结构和消费者需求的变化后，使命是否还可行或者还有意义？企业只有审视环境变化带来的影响，适时地调整使命，保持使命的动态性，才有可能在市场变化中保持主动性。

2.3　企业战略目标

2.3.1　企业战略目标的内涵

企业在确定了组织使命、分析了企业外部环境及内部实力后，下一步便是制定企业的战略目标。企业战略目标是企业在实现其使命过程中所追求的长期结果，是在一些关键领域对企业使命的进一步阐明和界定。它反映了企业在一定时期内对经营活动预期取得的主要成果的期望值。

企业战略目标是由多个方面的目标组成的集合体，要想实现企业使命就需要平衡各种各样的要求和目标。德鲁克把目标划分为八个领域。一个企业首先必须能够创造出顾客，因此需要市场目标。企业必须能创新，否则它的竞争者就将使它成为落伍者，因此需有创新目标。所有的企业都依赖于经济学家的生产三要素，即自然资源、资本资源和人力资源，因此必须为这些资源的供应、使用和发展制定目标。对这些资源必须富有活力地加以利用，而且如果企业要生存和发展下去，必须提高这些资源的生产率，因此，需要有生产率目标和利润目标。企业存在于社会和社区之中，因而必须承担其社会责任，至少要承担它对环境产生的影响的责任，因而需要企业有社会责任方面的目标。

1. 市场目标

市场目标是为了能够确定市场地位的目标，首先，企业必须确定它的市场是什么，谁是顾客，他在哪里，他购买什么，他所认为的价值是什么，他未满足的需求是什么，在此基础之上分析企业的产品或提供的服务。其次，企业需要确定适当的市场份额目标。市场份额不能太小，太小的市场份额会使企业缺乏竞争力，尤其在市场萧条时存在较大的被挤出市场的风险。太大的市场份额对企业来说也有可能是不明智的，拥有支配市场的垄断优势可能会令企业在内部产生创新的巨大阻力，从而难以适应变化。

企业衡量自己的市场地位需要依据市场潜力和竞争对手的业绩，简单地以销售额为目标是危险的。例如，市场已经处于衰退期，或者竞争对手正在为新产品努力，在这种情况下，即使企业当前销售额还能维持不变，在未来也可能遭受重创。

2. 创新目标

创新可以分为三种类型，即产品或服务的创新，市场、消费者行为及消费者价值的创新和制造，行销产品与服务所需的各种技术与活动的创新。制定创新目标的困难在于难以衡量各种创新的相关影响和重要性，因此创新目标不可能像经营目标那样清晰。

创新贯穿于经营的每一个阶段：有可能在设计上创新、在产品上创新、在销售技术上创新，有可能在价格或对顾客的服务上创新，也有可能在管理组织或管理方法上创新。创新涉及各种类型的企业，创新对于银行、保险公司或零售商店的重要性不亚于它对于生产与制造企业的重要性。此外，不是只有大企业才创新，小企业也能创新。事实上，小企业制订创新计划会相对更简单些。小企业所具有的灵活性和竞争压力带来的危机意识都使得小企业在创新上会做得很好。

3. 生产率目标

企业的生产率能有效地反映企业的管理水平。处于同一个行业的竞争对手往往有许多相似的资源可供利用。一个企业之所以能够比其他企业更具有竞争力，是因为这个企业能够更好地利用这些资源，可能是拥有更有效的战略，因此能更合理地分配资源，也可能是因为有更合理的作业管理。总之，它可以反映在企业管理的各个层级上。

4. 实物资源和财务资源目标

任何一个生产物质产品的企业都必须能够获得实物资源，必须确保实物资源的供应，如工厂、机器、办公室等。每一个企业也都需要财务资源，只有能够获得维持经营所需的资金才有可能实现企业目标。

很多企业只有在遇到困难的时候才考虑获取实物资源及财务资源的目标和方式，而没有进行深思熟虑的规划。例如，关于供应商的选择，企业是应该将其一种重要原料、部件或产品依赖于一家供应商还是寻找多家供应商？如果只和一家供应商合作，就有可能因为大批量购买而获得优惠价格；和数家供应商合作，而不是只依靠一家供应商，就可以降低因供应商出现问题而产生的风险，甚至可能因供应商之间的竞争而获得更低的进货价格。

5. 利润目标

任何企业都希望通过某种经营活动获得利润，不追求利润的企业是不存在的。利润是对企业绩效的最终检验，企业运作的效率如何，企业制定的战略或经营计划是否恰当都可以通过利润来反映。利润可以有效地帮助企业抵制风险。企业面对市场的动荡，面对竞争对手的挤压，只有以利润为依托，才能在困难时期活下去。利润的积累是企业未来创新和发展的保证。

利润的这些作用都与利润最大化无关，相反，它体现的是“最低限度”的概念——企业生存与兴旺所需的最低限度的利润。利润不是企业的唯一目标，实际上，在战略层次上，利润甚至未被当作最重要的目标。

6. 人力资源目标

要实现目标，就必须建立一个合适的组织，这个组织应该包括不同种类的员工和管理人员，也有必要引入合适的工作方法，并组建一个有效的团队。企业中秩序、结构、动机和领导的根本问题必须在管理人员的管理中予以解决。管理人员是企业的基本资源，管理人员影响企业目标的实现，也影响到企业员工的态度。人力资源面对的主要挑战就是策划、建立一支有能力和有奉献精神的高层管理团队，吸引年轻人才，并使他们得到发展。可以制定具体的目标，如一年内招聘 30 名技术人员及 20 名管理者。在人力资源方面要经常问以下三个问题：“要吸引、留住我们所需要及期望的人才，我们的工作必须是什么样的工作？在人才市场上有哪些合适的人才？我们必须怎么做才能吸引并留住这些人才？”

7. 社会责任目标

任何企业为了履行自己的使命就必定会对其成员、所在社区、自然环境乃至社会产生各种各样的影响。企业必须为这些影响负责任。德鲁克指出，“每个组织必须承担所有与其有关的员工、环境、顾客和其他与组织有关联的人和事的全部责任，这就是它的社会责任”。企业社会责任的最低限度是执行其经济责任，同时社会责任的最高限度也不能忽略企业经济绩效的限制。如果企业承担了它在经济上无力支持的社会责任，它很快就会陷入困境。为了承担社会责任而做某些经济上不合理和难以支持的事，结果必然是造成更大的损害。

2.3.2 企业战略目标的特点

1. 各目标之间的平衡

作为整个企业的行动指南，战略目标涉及各个不同部门。战略目标组合中的各个目标之间应相互协调、相互支持，形成一个统一系统。在纵向上，长期目标应与企业使命相一致，短期目标与长期目标也要协调一致，而不能互相矛盾、互相脱节。

取得目标间的平衡，有赖于制定目标过程中的协调。为此，需要规定目标的优先顺序，即什么目标是处于第一位的，什么目标是处于第二位、第三位的。确定目标的先后顺序，不仅有利于目标协调，也有利于企业在分配资源时分清轻重缓急。

2. 广泛的可接受性

战略目标的实现依赖于企业全体部门和人员的努力。为了使每位员工都能全身心地投入到目标活动中去，要求目标必须能被广泛接受。但是，不同的利益集团有着不同的甚至是相互冲突的目标，因此企业在制定战略时一定要注意协调。此外，企业的战略表述必须明确，有实际的含义，不至于产生误解，易于被企业成员理解的目标也易于被接受。

企业目标不仅应为企业内部各方面所接受，而且要考虑到社会的可接受性。当企业的目标与社会对企业的要求相符时，目标就易于实现。

3. 可行性与激励性并存

企业的战略目标既要具有可行性，又要具有激励作用。作为行动指南的目标必须切实可行，目标应该能够转化为具体的小目标和具体的工作安排，能够成为工作和工作成就的基础和激励。目标可行，才能使人们建立实现目标的信心。不切实际的目标会挫伤人们的积极性。目标也不能唾手可得，要具有挑战性，应该是经过努力才能够实现的。因此，在制定目标时应该全面分析企业各种资源条件和主观努力所能达到的程度。

4. 稳定性与动态性结合

企业战略目标是一种长期目标，它在其所规定的时间内应该是相对稳定的。战略目标既然是总方向、总任务，那么它就应该是相对不变的。这样，企业职工的行动才会有一个明确的方向，大家对目标的实现才会树立起坚定的信念。但是，企业面临的外部环境是动态的，随着外部环境或内部条件的变化，企业会面临新的机遇和威胁，所以目标应具有应对这种变化的灵活性，谋求动态上的平衡，争取经营上的主动。

2.3.3　企业战略目标体系

企业战略目标是对企业使命的进一步具体化。它的确定受到多种力量的影响，因此表现形式也呈现多元化。战略目标由若干经济性和非经济性的目标项目组成一个具有自身结构和层次的战略目标体系。从纵向看，企业的战略目标体系具有若干层次，这种目标的层次和企业的组织层次相联系。企业在确定企业使命之后，建立能够实现使命的总战略目标，由企业的总战略目标派生出战略经营单位目标，战略经营单位或主要事业部的职能部门进一步制定自己的目标，以此类推直至每个企业成员的子目标，如图 2-2 所示。

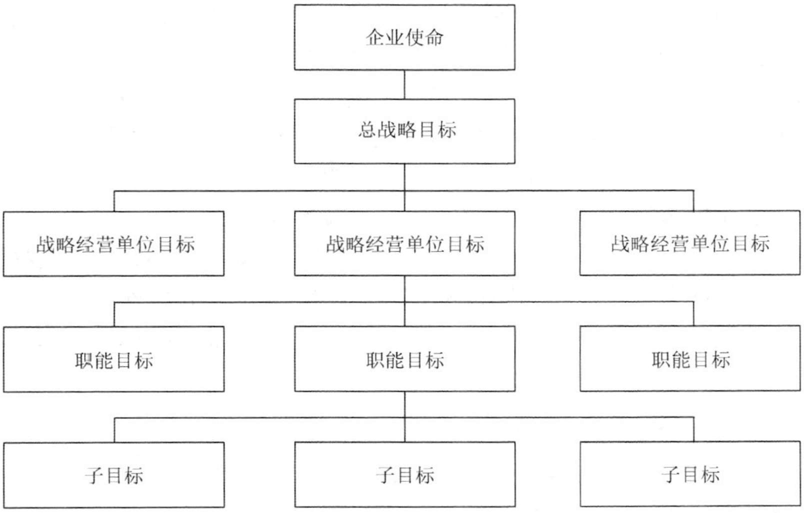

图 2-2　目标体系示意图

在目标逐层分解的过程中，必须保证具体目标的一致性，即一组目标可以有逻辑地归结到另一组目标，最终归结到企业的整体目标，下一级目标的确定必须能保证上一级目标的实现，分阶段目标必须相互联系、相互配合。

企业战略目标体系的另一个层次则表现在目标的时间跨度上。每一个战略经营单位都要建立自己的长期和短期目标，每一个战略经营单位或主要事业部内的职能部门（如市场营销、财务、生产等部门）也要制定自己的长期和短期目标。一般而言，长期目标通常是指 3 年以上的目标，中期目标是指 1～3 年的目标，短期目标是指 1 年以内的目标。长期目标是度量管理绩效的重要标准。长期目标必须支持企业的使命，这就要求企业所制定的长期目标应清楚、简洁，使企业成员能清楚地知道企业的意图。短期目标是执行性目标，它不仅是对长期目标的支持，而且能够形成分段的、具体的、可操作的工作安排，它可以用来衡量长期目标实现的进展情况。当然，这种时限上的划分并不是绝对的，它取决于行业的特点。

两种目标层次的划分具有一定的关联。通常，企业高层整体目标是企业的长期目标，而范围较窄的职能部门目标中短期目标较多。需要注意的是，企业会有盈利水平、利润分配、市场定位等整体目标，不能简单地理解成财务部门、营销部门等职能部门的目标。另外，目标体系中不同目标之间会存在冲突，如为了远期的发展应该牺牲多少近期利益或为了近期利益牺牲多少远期发展？市场和销售额的扩大，或投资报酬率的提高，哪一个更重要？在提高生产率方面，应该投入多少时间、努力和金钱？如果把同等数量的努力和金钱投入新产品设计，报酬率会更大些吗？这个时候就需要权衡优先次序并加以协调。

2.3.4 企业战略目标的设定方法

1. 时间序列分析法

时间序列分析法是一种动态数据处理的统计方法。时间序列是将某种统计指标的数值，按时间先后顺序排列所形成的数列。时间序列分析法通过时间序列的历史数据揭示现象随时间变化的规律，将这种规律延伸到未来，从而对该现象的未来做出预测。时间序列的变化受到多种因素的影响，有些起到长期的、决定性的作用，使时间序列的变化呈现某种趋势和一定的规律性，有些则起着短期的、非决定性的作用。一般来说，影响因素可以概括为四种，即长期趋势、季节变动、循环变动、不规则变动。时间序列分析法通过曲线拟合和参数估计来建立数学模型，其基本步骤如下。

第一步，用观测、调查、统计、抽样等方法取得被观测系统的时间序列动态数据。

第二步，根据动态数据作相关图，进行相关分析，求自相关函数。

第三步，辨识合适的随机模型，进行曲线拟合，即用通用随机模型去拟合时间序列的观测数据。

2. 盈亏平衡点分析法

盈亏平衡点分析又称量本利分析，是利用成本、销售量与利润之间的线性关系，分析在利润与成本平衡时应达到的销售水平，即盈亏平衡点销售量或销售额。盈亏平衡点又称零利润点、保本点、盈亏临界点、损益分歧点、收益转折点，通常是指全部销售收入等于全部成本时（销售收入线与总成本线的交点）的产量。以盈亏平衡点为界限，当销售收入高于盈亏平衡点时企业盈利；反之，企业就亏损。将销售收入、总成本、固定成本、变动成本的关系用图表示出来，可以绘成盈亏平衡图，如图 2-3 所示。

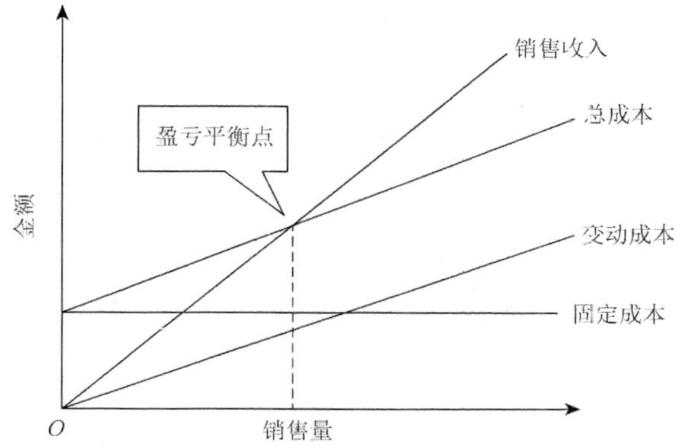

图 2-3　盈亏平衡图

盈亏平衡分析的基本模型是

$$P_r = P \cdot X - (V \cdot X + F) = 0$$

盈亏平衡时的销售量为

$$X = F/(P - V)$$

其中，P_r 为利润；P 为产品销售价格；V 为单位变动成本；F 为固定成本总额；X 为产量（销售量）。

3. 决策矩阵法

决策矩阵是企业战略经营管理中的常用工具，用来表示决策方案与有关因素之间的相互关系，常用来进行定量决策分析。决策矩阵是风险型决策常用的分析手段之一，又被称为决策表、损益矩阵、损益表和风险矩阵。

决策矩阵有四个基本要素。

（1）状态变量，是指可能影响决策后果的各种客观外界情况或自然状态，是不可控因素，记为 S_j（j=1,2,$\cdots$,n）。

（2）决策变量，是指决策者所采取的各种行动方案，是可控因素，记为 A_j（j=1,2,$\cdots$,n）。

（3）概率，是指各种自然状态出现的概率，记为 $P(S_j)$，$0 \leqslant P(S_j) \leqslant 1$。

（4）损益值，是指在一种自然状态下选取某种方案所得结果的损益值，记为 a_{ij}。决策矩阵的基本形式如表 2-2 所示。

表 2-2　决策矩阵基本形式

决策变量	S_1	S_2	…	S_j	S_n	损益期望值
	$P(S_1)$	$P(S_2)$	…	$P(S_j)$	$P(S_n)$	
A_1	a_{11}	a_{12}	…	a_{1j}	a_{1n}	$E(A_1)$
A_2	a_{21}	a_{22}	…	A_{2j}	a_{2n}	$E(A_2)$
⋮	⋮	⋮		⋮	⋮	⋮
A_m	A_{m1}	A_{m2}	…	A_{mj}	A_{mn}	$E(A_m)$

由表 2-2 所给的具体数据，利用期望公式

$$E(A_i)=\sum_{j=1}^{n}a_{ij}P(A_j)$$

计算各行动方案的期望值。利用最优期望准则公式

$$E(A_i)=\max\{E(A_1),E(A_2),\cdots,E(A_m)\}$$

确定最优行动方案。

4. 决策树法

决策树法是常用的风险分析决策方法。决策树的基本原理是以收益矩阵决策为基础，进行最佳选择决策。所不同的是，决策树是一种图解方式，用树形图来描述各方案的未来收益，能清楚、形象地表明各备选方案可能发生的事件和带来的结果，决策树分析能帮助人们进行有条理的思考，使人们易于领会做出决策的推理过程。如果问题极为复杂，还可借助于计算机进行运算。决策树的构成有四个要素：①决策节点；②方案枝；③状态节点；④概率枝。决策树示意图如图 2-4 所示。

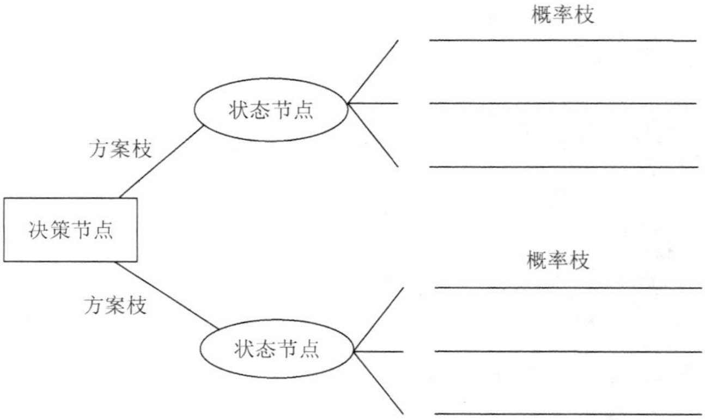

图 2-4　决策树示意图

决策树法的基本步骤如下。

（1）绘制树状图，根据已知条件排列出各个方案和每一方案的各种自然状态。

（2）将各状态概率及损益值标于概率枝上。

（3）计算各个方案期望值并将其标于该方案对应的状态节点上。

（4）比较各个方案的期望值，选择最佳方案。

5. 博弈论法

博弈论也称对策论，是决策主体的行为发生直接相互作用时的决策以及这种决策的均衡问题，即当一个主体（如一个人或一个企业）的选择受到其他人、其他企业选择的影响，而且反过来影响到其他人、其他企业选择时的决策问题和均衡问题。博弈论的基本概念包括参与人、行动、信息、战略、支付（效用）、结果和均衡。

以智猪博弈为例。猪圈里圈着两头猪，一头大猪，一头小猪，猪圈的一头有一个猪

食槽，另一头安装着一个按钮，控制着猪食的供应。按一下按钮，10 个单位的猪食进槽，由于按钮和猪食槽在相反位置，按按钮的猪要付出 2 个单位的成本，并且丧失了先到槽边进食的机会。若大猪先到，大猪吃到 9 个单位，小猪只能吃到 1 个单位；若小猪先到，大猪吃到 6 个单位，小猪吃到 4 个单位；若两猪同时到，大猪吃到 7 个单位，小猪吃到 3 个单位。

在这个例子中，大猪和小猪是参与者；每头猪都有两种行动选择——按或等待；两头猪都具备完全信息；在具备信息的基础上，每头猪都有自己的战略，即以吃到较多食物为原则选择按或等待；在特定的战略组合下，两头猪得到一定的效用水平，如图 2-5 所示。等待是小猪的占优均衡；所以纳什均衡就是，大猪按，小猪等待。

		小猪	
		按	等待
大猪	按	（5，1）	（4，4）
	等待	（9，−1）	（0，0）

图 2-5　智猪博弈

6. 模拟模型法

模拟模型法就是通过计算机用模型来模拟现实的某一客观现象，对模型进行分析试验，以观察并掌握客观现象的运动和变化，从而找出错综复杂问题的解决方案。

给模型输入不同的数据，观察这些模型的运转和可能产生的结果，从而制定合适的战略目标。模拟模型法相对于其他方法而言表达能力强、抽象程度低，可以更好地描述复杂经济或管理现象。用计算机进行模拟的基本步骤如下。

（1）建立模型，这种模型往往不是简单的数学公式，而是用来描绘事件运行的逻辑步骤。

（2）把逻辑模型输入计算机，编成计算机模拟程序。

（3）进行设计和实验，并在模拟客观现实问题的各方案中选出较优的方案。

本章精要

企业的愿景、使命和目标是企业制定战略的前提和基础。

企业愿景是企业成员达成共识并愿意全力以赴的未来方向，是企业成员的共同愿望。它由核心理念和未来展望两部分组成，对企业成员起到指引、凝聚、激励、辐射等作用。

企业使命是企业存在的理由。它涉及企业的哲学、宗旨、形象和社会责任。企业使命的重要性在于它为企业的各项经营活动提供指导方向。

企业战略目标是由多个方面的目标组成的集合体，要想实现企业使命就需要平衡各种各样的要求和目标。它包含多方面的内容，如市场目标、创新目标、生产率目标、实物资源和财务资源目标、利润目标、人力资源目标、社会责任目标等。在设定企业战略目标时可采用时间序列分析法、盈亏平衡点分析法、决策矩阵法、决策树法、博弈论法、模拟模型法等方法。

思考题

1. 企业愿景是如何发挥作用的？
2. 企业使命是否随时间、环境的变化而产生相应的变化？为什么？
3. 制定企业使命应注意哪些问题？
4. 企业使命包含什么内容？
5. 企业战略目标体系的构成是怎样的？
6. 试结合一个具体企业采用定量的方法设立企业目标。

综合案例

新零售背景下宜家的战略定位①

宜家家居（IKEA，简称宜家）于1943年在瑞典创立。2017年8月31日，全球宜家的经营数量增加到356家，同时中国市场也已经成为宜家最重要的发展市场之一。宜家的产品定位是大众家居产品，借助平民化的家居理念，不断进行市场扩张，同时在产品定位上借助更加细分和更加精准的市场策略不断发展。在此基础上，宜家借助创新和具有特色的设计形态，结合自身的产品材料和文化风格，在不断降低成本的同时，生产出更加美观又耐用的产品，这也是宜家一直以来的营销策略之一。2019年，宜家中国分区销售市场额高达176.8亿元。近年来，宜家在中国市场的销售额占据了总体收入的1/3左右，2014～2020年，其销售额保持了较为良好的发展态势，这得益于宜家清晰、明确和灵活的企业战略措施。宜家中国区前总裁安娜·P. 库丽佳（Anna Pawlak-Kuliga）女士表示，中国的家居市场目前正处于稳定发展阶段。同时，城镇化建设不断深入、数字化发展迅猛、大众人均可支配收入不断增加，这些改变了人们的生活和消费方式。因此，宜家以“为中国大众创造更美好的生活”为宗旨，以渠道拓展和数字化为支撑，同时探索新的业务模式，致力于成为消费者的“家居生活服务专家”。

1. 针对消费者需求，明确产品定位

宜家的经营理念是“提供种类繁多、美观实用、老百姓买得起的家居用品”。从创建初期，宜家就决定与家居用品消费者中的“大多数人”站在一起。这意味着宜家要满足众多不同的需要，满足希望改善家居状况并创造更美好日常生活的人的需要。针对这种市场定位，宜家的产品定位为“低价格、精美、耐用”的家居用品。在欧美等发达国家和地区，宜家把自己定位成面向大众的家居用品提供商，因为其产品物美价廉、款式

① 张魏伟（2021）。

新以及服务好等特点，受到广大中低收入家庭的欢迎。到了中国之后，宜家将其市场定位做了一定的调整，把目光投向了大城市中相对比较富裕的人群。宜家在中国的市场定位是“白领”。这种定位是十分巧妙准确的，获得了比较好的效果，这是因为：宜家作为全球品牌满足了中国白领人群的心理；宜家卖场的各个角落里和经营理念上都充斥着异国文化；宜家家具由顾客自己拼装；免费赠送大本宣传刊物；让顾客自由选购；等等。宜家的产品定位及品牌推广在中国如此成功，以至于很多中国白领把“吃麦当劳，喝星巴克，用宜家家具”作为一种风尚。

在新零售背景下，宜家已经开始在智能家居的领域制定新的产品策略，如在照明模块当中创新性地打造个性化灯饰产品。同时宜家也在不断尝试和其他具有品牌影响力的公司定制联名产品，扩充其原本的消费者群体，如与设计品牌“HAY”定制的联名设计款，一上市就引爆媒体热搜；此外与设计师 Virgil Abloh（Off-White 创始人，LV 艺术总监）合作设计的限量版地毯，同样受到宜家粉丝的追捧。

2. 立足转型阶段，打造自主品牌

宜家的首席财务官提出，当前宜家处于转型阶段，在转型之前一直采用传统的和具有规则性的商业形态。但从 2018 年开始，宜家将形成下一个 75 年的改变形态。比如，在宜家原有的产品策略中，在商场中将商超模式和家居使用场景进行结合，营造出一个“家”的氛围，借助产品组合、仓储与商场结合的形式，让消费者提升购买欲望，在此基础上，宜家不断提升自身品牌内涵，强化品牌效应。伴随科技的发展，宜家在智能家居领域的产品研发刚刚起步，国内诸如小米和华为等品牌，已经在智能家居物联网的“玩法”上遥遥领先。因此，在产品的丰富度和创新能力方面，宜家仍在不断开拓，借助自主品牌的推动构建起宜家的品牌发展阵营，从而提升其新零售背景下的品牌及产品竞争力。

宜家出售的产品全部由宜家自己独立设计，产品风格与众不同。宜家强调产品“简约、自然、清新、设计精良”的独特风格。大自然和家都在人们的生活中占据了重要的位置。实际上，瑞典的家居风格完美再现了大自然：充满了阳光和清新气息，同时又朴实无华。宜家的这种风格贯穿在产品设计、生产、展示、销售的全过程。为了贯彻实现这种风格，使自己的品牌以及自己的专利产品最终能够覆盖全球，宜家一直坚持由自己亲自设计所有产品并拥有其专利，每年有 100 多名设计师在夜以继日地疯狂工作以保证“全部的产品、全部的专利”。

3. 增强消费体验，设置沉浸式购物场景

宜家正在将业务重点从传统大型郊外仓储式门店转向市中心小型门店及电商，据宜家首席品牌官 John 介绍，这种新门店概念，“是为了把宜家打造更便捷的购物体验的雄心加速变为现实，我们再也不会只开大店了。未来门店将采用混合模式，要包括更靠近居民区、工作地的小型门店”。

从“超级蓝盒子”到“瘦身小店”，从线下实体店到入驻天猫、上线宜家购物 App，除却战略转型的原因，不难看出，宜家正在一步一步改变，试图靠近年轻消费群体。以 2020 年 7 月底新开业的宜家静安城市店为例，在店内使用优惠券进行购物和饮食时需要使用 5 个不同的小程序，覆盖餐饮、会员服务以及家居服务。对比卖货，城市店的重点是营造更丰富的消费场景，满足新生代消费者的沉浸式体验及社交打卡等新需求。

对宜家而言，线上线下等不同的渠道是相互补充而不是相互替代的。未来，自有渠道仍是宜家的建设重点，线下渠道从大向小发展，线上渠道以 App 和官网自营为主，宜家 App 专注运营产品和服务，轻量化的微信小程序则用来实现原宜家指南以及会员管理等功能，通过线上线下结合，最大化宜家的可触达性。

宜家的战略转型不是简单地增加一个销售渠道，而是借助数字化升级原有的运营体系，为消费者带来更丰富的体验。对于宜家而言，数字化转型、全渠道多触点的建立，也牵动着整个供应链和仓配物流体系的优化。

综合案例思考题：

1. 宜家的愿景是什么？
2. 宜家是如何寻找市场机会的？
3. 宜家的战略目标主要有哪些方面？它是如何去实现这些目标的？

第 3 章 企业外部环境分析

面对快速变化的经营环境，企业要有效经营，组织必须跟着改变，而这其中最需要具备的两个素质就是：学习和创新。

——欧内斯特·戴尔

引导案例

砥砺前行，果断求变——韩都衣舍的小组制团队创新[①]

韩都衣舍电子商务集团股份有限公司（简称韩都衣舍）是中国最大的互联网品牌生态运营集团之一。韩都衣舍创立于2008年，主要从事自有品牌互联网快时尚服饰的销售。在韩都衣舍成立的初期，市场中有大批线下服装品牌开始做起电商生意，市场竞争压力大。摆在韩都衣舍面前的只有三条路：全力押注主品牌、向线下实体店延伸和做互联网生态运营商。总经理赵迎光认为，互联网的开放精神正是韩都衣舍的基因，在互联网上做品牌是韩都衣舍的核心能力和优势。但如何才能在众多互联网品牌中脱颖而出？如何才能实现与众不同呢？

2008～2011 年，服装市场发生了巨大的变化。随着劳动力成本和面料辅料成本的上升，大宗的外贸订单转向东南亚、南亚、北非等地。国内服装加工业出现了产品过剩问题，部分服装生产商出现生存压力。此时，韩都衣舍以其量少、多批次、当季快速返单的特点，实施多品牌发展战略，并借鉴阿米巴经营模式，把公司分割成很多个独立小型组织，每个小型组织都作为一个独立的利润中心，按照小企业、小商店的方式进行独立经营，韩都衣舍的小组制从职场“赛马”试错中诞生。

2012～2016 年，受益于国家政策的持续支持和国内外消费市场的强大需求，中国电商行业取得了蓬勃发展。为更有效地提升自身应对市场的能力，捕捉机会，韩都衣舍建

① 石冠峰等（2019）。

立了公共服务体系来为小组提供支撑，由此打造了业界赫赫有名的“以小组制为核心的单品全程运营体系”，并不断复制成功经验，推动品牌的成长与成熟。

2016 年之后，随着政府的多项电子商务支持政策的出台以及物流和在线支付等配套产业的迅速发展，线上零售企业不断涌现并飞速发展。作为一家互联网公司，韩都衣舍管理层认为，数字化商业智能是公司快速发展的主要驱动因素。由此，韩都衣舍开始向互联网品牌生态运营集团转型，依托京东等平台的“一级生态”打造“二级生态”体系，创建时尚品牌孵化基地。韩都衣舍以大数据为驱动，通过以“爆旺平滞”算法为驱动的顾客对企业（consumer-to-business，C2B）电子商务运营模式，来指导产品研发，通过韩都衣舍供应链系统确定面料辅料，通过韩都衣舍供应商协同系统进行端对端的订单分配，通过韩都衣舍订单处理系统来确定新品上市，通过韩都衣舍仓储管理系统来确定返单……区别于传统企业的供应链，韩都衣舍的柔性供应链拥有精确的大数据管理。

目前，韩都衣舍已自主研发建立了商业智能集成系统、订单处理系统、仓储管理系统、物流管理系统、企划运营系统、供应链系统、供应商协同系统以及活动管理系统等。数字化商业智能已成为韩都衣舍区别于传统服装品牌以及拉开与其他品牌竞争力差距的“杀手锏”。

本章学习目标

- 了解企业环境的定义、企业与环境的关系。
- 掌握如何分析企业所处的宏观环境。
- 理解行业的内涵。
- 了解行业的五种竞争力，以及它们是如何影响行业内的战略的。
- 理解战略群组的含义并了解如何对它进行分析。
- 理解行业生命周期的含义及其对行业内企业的影响。
- 了解行业分析模型的局限性。

3.1 企业与环境的关系

企业是社会、经济系统的组成部分，企业的生产功能意味着它需要从其环境中获取投入，同时必须依靠环境中的实体来消耗其产出。只有当企业和环境之间在人、财、物及信息等方面的交流能够顺畅进行时，企业的生存和发展才能得到保障。现代社会的全球化、信息化和网络化使企业作为一个开放性系统的特点越来越明显，而这意味着企业环境对于企业的生存和发展越来越重要。

3.1.1 企业环境的定义

迄今为止，管理学家多把企业环境界定为组织的外部环境。例如，卡斯特（Custer）

认为，“从广义上说，环境就是组织界线以外的一切事物”。达夫特（Daft）把组织环境定义为“存在于组织边界之外，可能对组织总体或局部产生影响的所有因素”。琼斯（Jones）等把组织环境定义为“超出组织边界但对管理者获得、运用资源有影响的一组力量和条件的组合”。罗宾斯（Robbins）则认为“环境是指对组织绩效起着潜在影响的外部机构或力量”。卡明斯（Cummings）等认为，“组织的环境是指任何组织之外的直接或间接影响组织绩效的事物”。虽然有的学者也提出了“内部环境”的概念，但一是未对企业内部环境及其内容做出明确的界定，二是缺乏对内部环境及其与外部环境的关系的深入具体的分析。例如，琼斯在《当代管理学》中说：“一些管理理论也指出了管理者必须理解和把握另外一种环境——内部环境”。内部环境包括企业中来源于企业组织结构与文化的各种力量。任务环境、一般环境与内部环境是相互关联、相互影响的。值得注意的是，达夫特在《管理学》一书中，也提出了“需要注意，组织还有其内部环境，它是由那些处于组织内部的要素构成的”。但实际上，他对内部环境的分析着重于组织文化方面。斯坦纳（Steiner）在《企业、政府与社会》一书中提出了“企业内部环境中的利益相关方”图式，即把雇员、经理、所有者、董事会作为企业内部环境进行了分析。席酉民在《企业外部环境分析》一书中指出，“企业环境分为内部环境和外部环境，内部环境主要讨论企业内部的氛围、企业组织制度和政策形成的感受系统”。但此书并未对企业内部环境进行更多的具体分析。

赵锡斌认为，上述种种对企业环境的定义都难以表达企业环境的基本内容与特征。因为，把企业环境只定义为外部环境，或把内部环境只理解为组织文化、利益相关者等，均只具有局部性意义，因而不能全面地认识和把握企业环境系统并对其进行深入的分析研究。基于这种认识，他认为，企业环境是一个内容较广的概念，它既包括企业的内部环境，也包括企业的外部环境。因此，应当把企业环境作为一个整体的概念来定义，即企业环境是指一些相互依存、互相制约、不断变化的各种因素组成的一个系统，是影响企业管理决策和生产经营活动的现实各因素的集合。这一定义既不是专指企业的外部环境，也不是专指企业的内部环境或内部环境的某些方面，而是指一个环境系统；它既反映了企业环境的内容、作用，也反映了企业环境的基本特征。

3.1.2　企业与环境的四种关系

企业与环境的关系究竟如何呢？对于这一问题，目前主要存在着三种观点，即决定论（determinism）、适应（adaptation）论和战略选择（strategic choice）论。持决定论的种群生态学（population ecology）学者套用生物学中的“变异—选择—保留”模式，将是否适应环境作为企业的最终检验标准，适者生存是最高法则。适应论则从权变的视角，认为企业可以根据环境的变化做出相应的组织结构上的调整。战略选择论更重视战略选择的作用，并把它视为一个受到多方面因素影响的过程。但这种选择，也是在既定环境下的选择，或者说是对现实环境的利用。

赵锡斌认为，这三种观点分别从不同的研究目的或不同的研究角度来认识企业与环境的关系，因而是不全面的。而且，按上述观点，企业与环境双方中，企业方似乎总处于不同程度的被动地位。因此，均不能全面表达企业与环境的一般关系。他指出，一方面，企业要适应环境，因为企业作为市场竞争主体，存在于特定的环境之中，其决策与经营活动要受环境的影响；另一方面，企业与环境也可视作博弈双方，企业的决策与经营行为也会影响环境。因此，企业并不只是被动适应环境，而是可以根据企业环境的特性及动态变化的一般规律，借助自身的主动性和创新性来改善和控制环境（包括内部环境和外部环境），以实现企业自身的可持续发展。

谭力文和田毕飞发展了赵锡斌关于企业和环境相互影响的观点，从战略视角考察了企业与环境的关系，归纳总结出企业与环境的四种关系，即环境决定企业、企业适应环境、企业选择环境和企业改造环境。

1. 环境决定企业

环境决定企业反映了战略计划学派和设计学派的思想，这种思想植根于 20 世纪 60 年代的企业环境。在这一时期，企业环境，尤其是企业的生产流程技术的变化加速，对企业预测变化、快速利用新的市场机会并及时采取措施避免威胁的能力提出了越来越高的要求。公司战略是提高这种能力的首要的和主要的途径。在这样的背景下，安索夫于 1965 年出版了《公司战略》一书，提出了战略的四要素学说，即企业战略由产品与市场范围、增长向量、竞争优势和协同效果构成，并在此基础上构建了一个非常详细的战略制定流程。安索夫开创了企业战略的计划学派。同一时期，安德鲁斯也对企业战略做了详细分析，并在其著作《公司战略概念》中将战略划分为四个构成要素，即市场机会、公司实力、个人价值观和渴望以及社会责任。安德鲁斯充分考虑了企业的内、外部环境对制定战略的影响，提出了后来被称为 SWOT 模型的战略形成框架，他也因此被视为战略设计学派的开创者。

以计划学派和设计学派为代表的早期战略理论是企业环境，特别是技术、产品和市场等社会环境和市场环境快速变化的产物。计划学派和设计学派都将市场环境、定位和内部资源视为制定战略的出发点，并且这两个学派对战略形成的看法也是很相似的。它们把企业环境的变化视为一种挑战，企业必须在这种挑战下分析具体的变化因素，在企业内、外部之间进行平衡，实现良好的匹配。因此，这一时期的战略研究主要集中在环境对企业战略的影响及其决定作用上，是一种由环境到战略的单向线性思维模式，企业战略在业已结构化的行业内为企业寻求生存与发展空间。也就是说，企业战略受制于既定的行业结构，无法改变既定行业。战略变革的空间非常小，仅限于企业内部的微观环境变革。企业环境是决定企业战略的主导力量，环境的特点决定着企业的组织设计及资源配置，从而最终决定企业战略。在相对稳定的环境中，这种由环境到战略的单向线性思维模式使得当时的战略理论更多地强调企业怎样配合环境的变化，即一定环境下企业行为的优化。也就是说，这一阶段企业与环境的关系是：环境决定企业。

2. 企业适应环境

进入 20 世纪 80 年代，企业战略对环境的适应能力有所提高。波特在这一时期出版了他的两部代表作——《竞争战略》和《竞争优势》。他认为，企业的竞争优势主要来源于企业的外部环境，企业能否获得竞争优势取决于其战略定位及其价值链上的活动。与波特强调战略定位及竞争优势主要来源于企业外部不同，在 20 世纪 80 年代中后期出现并在 20 世纪 90 年代得到广泛关注的资源基础理论和核心竞争力理论更为强调企业内部的独特资源和核心竞争力。沃纳菲尔特（Wernerfelt）和巴尼（Barney）等资源基础理论学派的代表人物在这一时期发表了一系列有影响的论著，阐述了持续的竞争优势来自企业内部的资源或核心竞争力的新颖观点，建议企业着手培育自己的核心能力，以不变应万变，从而更好地适应环境的变化。

上述两种理论分别代表了企业竞争优势的外部行业定位观点和内部资源能力观点，分别被称为定位学派和资源基础理论学派。尽管这两种理论由于分析的视角不同而得出了完全不同的结论，但它们都是围绕企业的竞争优势及持续竞争优势的源泉展开的，都是为了使企业战略更好地适应环境的变化和发展。与计划学派和设计学派的企业战略相比，这一时期的企业战略有了更多的能动性和主动性，对企业环境的分析从侧重于经济、政治、文化等社会环境变为侧重于行业、竞争者等市场环境和企业资源等内部环境。企业战略不再是企业被动地与环境相匹配的结果，而是企业主动适应和迎合环境的产物。因此，企业与环境的关系转变为企业适应环境。

3. 企业选择环境

关于企业对环境的"战略选择"问题，柴尔（Child）早在 1972 年就已提出。他认为，管理人员可以对环境的变化采取行动以对组织活动领域进行控制，从而抑制环境因素对组织的影响。之后，斯达巴克（Starbuck）和韦克（Weick）分别于 1976 年和 1977 年指出，管理人员对他们察觉的情况会做出及时反应。

1993 年，穆尔（Moore）发表《捕猎者和猎物：新的竞争生态》一文，首次提出了商业生态系统的概念；1996 年，他又出版了《竞争的衰亡——商业生态系统时代的领导与战略》一书，详细阐述了企业生态系统的观点，塑造了企业选择环境的框架模型。在企业生态系统战略理论的框架下，企业不再仅仅把自己看作单个的企业或扩展的企业，更重要的是把自己当作企业生态系统的一个成员。该生态系统的其他成员还有行业内外的生产者、供应商、竞争者和其他利益相关者；该生态系统与传统的行业界限没有直接关系，它既可以在传统的行业界限内，也可以在传统的行业界限之外。该理论不是把行业或国家界限看作是给定的，而是在很大程度上将其看作是可选择的，战略制定的重点单位不再是企业或行业，而是企业合作演化的生态系统。企业经济效益不仅是企业内部管理好坏和行业平均利润的函数，而且主要是企业在生态系统中联盟和网络关系管理好坏的函数。

穆尔的企业生态系统理论表明，企业可以选择自己的生态系统成员，通过有重点地与不同成员建立不同的联盟和网络关系，将自己融入周围的环境，特别是类似于自然环境的企业生态系统环境中，并最大限度地利用这种环境，为企业的自身发展服务。因此，企业与环境的关系变为企业选择环境。

4. 企业改造环境

信息技术的发展使企业的有效规模得以扩大，甚至使企业"管理"所处的环境成为可能。波特和米拉（Millar）认为，信息技术对企业的影响至少体现在三个方面：第一，改变企业价值链。企业最开始应用信息技术主要是用于制作账表和储存记录，也就是价值链中的订货流程，到后来已经扩展到整个价值链中的所有价值活动，目前信息技术对价值链的影响更加深入。第二，改变行业结构。信息技术可以改变决定行业结构的各种作用力，从而增强或减弱这个行业的吸引力。第三，孕育新行业。信息革命让新的业务在技术上变得可行。信息技术通过新产品的衍生需求而孕育新的业务，信息技术在老行业中创造出新行业。这说明，企业可以利用信息技术来改变行业结构或者创造新行业，从而改造行业环境。

20 世纪 90 年代以后，随着行业环境的日益动态化，企业之间、企业与环境之间以及不同层次的环境之间的边界变得模糊不清。技术创新的加剧，竞争的国际化和顾客需求的日益多样化，使得创新和创造未来成为企业战略管理研究的重点。哈默尔和普拉哈拉德在其战略名著《竞争大未来》中，从战略的高度深入研究了环境的动荡与企业战略的内在关系。他们认为，要创造属于公司的未来，必须从以下三个方面入手，即以某种方式从根本上改变老行业的游戏规则，重新划定行业间的界限以及创造全新的行业。其战略逻辑是通过创新未来行业或改变现有行业结构来为企业寻求战略发展空间，企业战略可以能动地改造企业环境。

综上所述，企业不再仅仅只是适应或者选择利用环境，而是从长远考虑，主动对环境的某些方面进行改造。赵锡斌指出，企业对环境的改善和控制主要表现在两个方面：一是改造企业内部环境以适应外部环境；二是通过企业内部环境的改造影响或改变外部环境。这样，企业与环境的关系变为企业改造环境。

3.2 宏观环境分析

企业环境是一个复杂的系统，关于它的组成，学术界历来有不同的看法。例如，赵锡斌认为企业环境系统由社会环境系统、市场环境系统、企业内部环境系统和自然环境系统四个子系统构成，而许多战略管理教科书则把企业环境分为企业外部环境和内部环境。本书采用后一种企业环境分类方法，并且将企业外部环境分为宏观环境和行业环境。其中，宏观环境主要包括企业所处的政治与法律环境、经济环境、社会文化环境和技术环境。

3.2.1 政治与法律环境

政治与法律环境是指一个国家或地区的政治制度、体制、方针政策和法律法规等方面。当社会政治或法律发生变化时，无论是行业还是企业都可能受到重大影响。

政治环境可以分为国内政治环境和国际政治环境，前者包含的要素有政治制度、政党和政党制度、政治性团体、党和国家的方针政策以及政治气氛；后者则主要包括国际政治局势和国际关系。法律环境是指国家或地方政府所颁布的各项法规、法令和条例等，与企业战略相关的法律环境要素主要有法律法规，特别是与企业经营密切相关的经济法律法规、国家司法执法机关和企业的法律意识。政治与法律环境对企业经营活动的影响往往通过国家政府制定或调整相关的方针政策来实现。例如，2016 年国务院办公厅印发《关于加快培育和发展住房租赁市场的若干意见》，提出建立购租并举的住房制度，健全以市场配置为主、政府提供基本保障的住房租赁体系。为了进一步促进房地产市场平稳健康发展，2017 年党的十九大报告明确提出，坚持“房子是用来住的、不是用来炒的”[①]定位，加快建立多主体供应、多渠道保障、租购并举的住房制度。此后，“房住不炒”成为“十四五”期间政府房地产调控政策的主基调。针对房地产市场，中国人民银行定调要“保持房地产金融政策的连续性、一致性和稳定性，继续‘因城施策’落实好房地产长效管理机制，促进市场平稳运行”[②]。2022 年，中国人民银行、中国银行保险监督管理委员会、住房和城乡建设部等多部门多次发声，着力降低头部房企风险事件对市场的影响，并从融资端和需求端放松对房地产行业的监管，推动房地产市场平稳健康发展。2022 年，中国人民银行、中国银行保险监督管理委员会发布了《关于建立新发放首套住房个人住房贷款利率政策动态调整长效机制的通知》，明确提出建立首套住房贷款利率政策动态调整机制，新建商品住宅销售价格环比和同比连续 3 个月均下降的城市，可阶段性维持、下调或取消当地首套住房商业性个人住房贷款利率政策下限。

3.2.2　经济环境

经济环境影响国家或地区的经济的健康运行，经济是否健康运行又决定了企业或行业是否获得了足够的回报。宏观环境中最重要的四项经济因素是经济增长率、利率、汇率和通货膨胀率（或通货紧缩率）。

由于能够带来顾客消费的增加，经济增长通常会缓和行业的竞争。企业可以利用这个机会扩大规模，提高利润。经济下降（衰退）会导致顾客消费减少，加剧行业内的竞争。在成熟行业中，经济低迷经常是价格战的诱发因素。

利率水平决定企业产品的需求。如果顾客需要周期性地借入资金购买企业的产品，利率对这种购买的影响会非常大。房地产市场是这方面的典型，抵押利率直接影响需求。利率还对汽车、家电、资本设备的销售有重大影响。对于这些行业中的企业而言，利率上升构成威胁，利率下降则出现机会。利率还影响到公司的资本成本以及筹资和投资于新资产的能力。利率越低，资本成本越低，公司越有机会进行投资。

汇率决定了不同国家之间货币的相对价值。汇率变化对企业产品在国际市场上的竞争力有着直接影响。例如，当人民币价值相对于外国货币较低时，中国的产品相对比较便宜，外国产品相对比较贵一些。人民币价值低或价值下降有助于减少其他国家竞争者的威胁，增加中国企业出口销售的机会。

通货膨胀破坏经济稳定，导致经济增长减慢、利率升高和汇率被动。如果通货膨胀率持续上升，投资计划的风险会非常高。通货膨胀的关键危害在于破坏了对未来的预测。在通货膨胀的环境下，企业可能完全无法估计五年内的真实回报率。这种高度的不确定性令企业不敢投资。它们的退缩会导致经济收缩并最终陷入低谷。因此，通货膨胀率高是行业中的一种威胁力量。

---

① 《坚持“房子是用来住的、不是用来炒的”》，http://theory.people.com.cn/gb/n1/2017/0324/c40531-29165873.html，2017-03-24。

② 《央行：保持房地产金融政策连续性一致性稳定性》，https://baijiahao.baidu.com/s?id=1659199809746131257&wfr=spider&for=pc，2020-02-22。

3.2.3 社会文化环境

任何企业都处于特定的社会文化中，社会文化的变迁有可能给企业和行业带来机会与威胁。宏观环境中比较重要的四种社会文化因素是价值观念、宗教信仰、消费习俗和居民的受教育状况。

价值观念是指人们对社会生活中各种事物的态度和看法。不同文化背景下，人们的价值观念往往有着很大的差异，消费者价值观念的变化会给企业经营带来机会或威胁。在中国，过去 30 多年来的经济发展使城乡人民的生活水平有了大幅度提高，这进一步促使人们的消费观念发生显著变化。例如，健康观念的形成促使城乡居民保健类消费支出正以 15%～30%的速度增长，远高于发达国家 12%的增长速度。2020 年，受新冠疫情冲击以及政府医疗保障政策加持，人们对健康的关注度越来越高，中国保健品市场进入发展开放期。据《2023—2024 年中国保健品行业研究及消费者洞察报告》统计，2023 年中国保健品市场规模有望达到 3282 亿元，2027 年有望达到 4237 亿元。

宗教信仰是构成社会文化的重要因素，宗教信仰对人们的消费需求和购买行为的影响很大。不同的宗教对节日礼仪、商品使用有自己独特的要求和禁忌。某些宗教组织甚至在教徒购买决策中有决定性的影响。为此，企业在决定是否进入某个市场、如何进入等方面都必须考虑当地居民的宗教信仰，以避免矛盾和冲突给企业运营带来损失。

消费习俗是指人们在长期的经济与社会活动中所形成的一种消费方式与习惯。消费习俗反映了人们的消费特征，也折射出人们所具有的独特的商品要求。因此，研究消费习俗，对于企业认识消费者特点、识别目标市场、开发竞争战略都具有非常重要的意义。例如，作为具有悠久历史的礼仪之邦，中国自古就有过节送礼的习俗，近年来，随着商品经济的发展和人们生活水平的提高，送礼这一习俗甚至支撑起了颇具发展潜力的礼品经济，街头的土特产商店、中秋前后的天价月饼就是对这种礼品经济的生动诠释。

居民的受教育状况对企业的影响至少可以从两个角度进行考察。从雇主角度看，当地居民的受教育状况直接影响企业面对的劳动力市场的供求状况。自从中国改革开放以来，外资企业在中国一直面临的一个问题是难以招聘到合格的人才，特别是既懂技术又懂管理的高素质人才，这一问题对外资企业的本地化战略具有直接的负面影响。从商品或服务的提供者角度看，当地居民的受教育状况影响其对商品功能、款式、包装和服务的要求。例如，接受过高等教育的消费者，通常更容易接受新产品。

3.2.4 技术环境

对技术环境的考察首先需要关注与企业所处领域的活动直接相关的技术手段的发展变化。技术变革可能会导致现有产品在一夜之间变得过时，也可能催生一批新产品。从这个意义上看，技术变革既是创造性的也是破坏性的，对企业来说既是机会也是威胁。

近年来，对多数行业都产生深远影响的一个重要事件是信息技术的日新月异和互联网的迅速普及。互联网目前已经改变了许多行业的竞争结构。例如，网上购物目前在许多地区已经被广泛接受，网上购物所具备的便捷、低成本等优势正逐渐改变传统的零售商业模式。低成本的优势不但体现在买方获得的低价上，也体现在卖方开设网络店铺所需资金比开设实体店铺大为减少上。从这个意义上说，互联网已经大大改变了一些行业的进入壁垒。

对技术环境的考察还应当关注国家对科技开发的投资和支持重点。对国家政策确定的重点科技领域的投资，通常能够获得政府配套设施的税收优惠和技术支持。例如，天津市曾出台软件企业孵化扶持政策。孵化器内的软件企业经认定可享受天津市软件企业有关优惠政策。孵化器通过各种形式定期发布孵化企业的优秀项目，吸引金融资本进入，为孵化企业开辟融资渠道。在企业孵化完毕后，当地市科技主管部门择优对其承担的科技项目予以支持，并帮助协调投融资和信贷支持。

另外，对专利等知识产权的态度及其保护措施也是技术环境的重要组成部分，它无疑对企业进入某一新市场具有重要影响。例如，家电行业的知识产权得到相对充分保护的美的、海尔等企业，不仅有能力和日本家电企业展开竞争，而且也可以参与全球家电企业竞争。知识产权保护状况也会影响企业运营的其他方面。例如，近年来，虚拟现实（virtual reality，VR）、指纹识别、快速充电、无线充电及手机与智能家居、可穿戴等物联网设备的融合，已经成为最受用户青睐的黑科技，这体现出用户对产品、新科技、硬件配置的感知以及对时尚感的追捧，体现出用户对产品价值的认知。以上所有的技术及相应的消费者体验，都有赖于芯片技术和相关专利技术的支撑。从这个意义上来说，通过签署专利许可协议，借助高通骁龙等产品实现自身产品差异化是手机厂商迫切需要的。

3.2.5　其他宏观环境

除了上述四个方面，对企业经营具有影响的宏观环境还包括人口、自然环境等因素。特别是近年来全球气候变暖、环境污染等问题，大大提高了人们对自然环境的关注度。在这样的背景下，碳足迹、低碳经济、低碳技术、低碳发展、低碳生活方式、低碳社会、低碳城市和低碳世界等一系列新概念、新政策应运而生。能源、经济乃至价值观变革的结果，亟需摒弃 20 世纪的传统增长模式，直接应用 21 世纪的创新技术与创新机制，通过低碳经济模式与低碳生活方式，实现社会可持续发展。这些变化必然会影响诸多行业和企业的生存与发展。

3.3　行业分析的框架

3.3.1　行业的内涵

行业指的是提供相互间可密切替代的产品或服务的一组公司，也就是说，这些产品和服务满足相同的、基本的顾客需求。因此，对于特定企业而言，最直接的竞争对手提供的产品和服务与其是高度类似的甚至是完全相同的。例如，海尔、格力、美的、西门子都生产空调，它们生产的空调尽管在某些特征上存在差异，但是基本功能都是调节空气温度。

对行业的界定是进行行业分析的起点。界定行业的关键在于分析企业基本的客户需求。换句话说，行业界定必须采取客户导向的视角而不是产品视角。对企业满足的基本需求的认识决定了企业如何界定所处行业。例如，对于中国东方航空公司而言，如果它认为自身提供的服务主要满足顾客航空旅行的需要，这意味着它把自己定位于航空客运行业，它的主要竞争对手是中国国际航空公司、中国南方航空公司等航空公司；如果它认为自身提供的服务满足的是客户旅行的需求，那么它的竞争者不仅包括其他的航空公司，还包括提供铁路、公路客运服务的企业。

企业需要妥善地界定行业的边界，把所处行业界定得太宽或太窄都有可能给企业运营带来不利的影响。可口可乐公司的经历很好地诠释了这一观点。由于将自己所处行业界定得过于狭窄，可口可乐公司差一点错失了软饮料市场上的非碳酸饮料细分市场。长期以来，可口可乐一直认为自己是碳酸饮料行业的一个成员，并不试图提供瓶装水、果汁等非碳酸饮料。到了 20 世纪 90 年代，顾客对瓶装水、果汁等非碳酸性质的软饮料的需求有了很大幅度的增加，甚至“挤出”了一部分对碳酸饮料的需求。可口可乐公司被迫对此做出反应，推出了自己的瓶装水品牌 Dasani，拉开了进军非碳酸饮料行业的序幕。并且在中国，可口可乐还曾经想收购果汁饮料生产商汇源。

根据波特的观点，行业的边界有两个重要的维度。一个是产品或服务的范围。例如，小轿车用的汽油和重型卡车用的汽油是否同属一个行业或不同行业？另一个是地理范围。多数行业存在于世界上多个不同地域。但是，对特定企业而言，竞争是局限在一个省、一个国家，还是全球范围？

3.3.2 行业分析的典型步骤

界定行业是行业分析的第一步。除了界定行业之外，行业分析通常还包括一系列步骤。

（1）界定相关行业。在界定行业时需要解决两个关键问题：第一，该行业包含哪些产品？其中的一些产品是否从属于另一个明确的行业？第二，行业内的竞争限于怎样的地域范围内？

（2）识别行业成员并将它们分类。根据行业成员扮演的角色，将不同的行业成员划分为五类，即供应商、购买者、现有竞争者、替代品和潜在进入者。这五类行业成员构成了塑造行业的五种力量。

（3）评价五种竞争力背后的驱动因素。判断五种力量的强弱，识别和分析五种竞争力背后的驱动因素，找出影响其力量大小的原因。

（4）把握行业总体结构及其稳定性。掌握行业的利润水平，识别影响行业利润水平的因素，判断行业当前利润是否符合行业的长期趋势，并从五种竞争力的角度考察行业中是否存在定位较好且利润高于一般水平的成员。

（5）分析五种竞争力近期及其未来可能的变化。

（6）识别行业结构中可能被竞争者、新进入者或本公司影响的维度。

3.3.3 行业分析的基本框架

为了对行业结构和行业成员相互影响的动力学机制进行分析，本章将从以下三个方面入手。

（1）影响战略的五种竞争力。波特的五种竞争力广为人知，这五种力量是塑造战略的重要因素。通过剖析这五种竞争力，企业管理者得以把握行业结构，洞悉行业成员的相互影响。

（2）行业内的战略群组（strategic group）。战略群组指的是特定行业内具有相似战略地位的所有企业的集合。对战略群组进行分析有助于管理者了解行业成员的基本特征，掌握行业内的竞争结构。

（3）行业生命周期。行业竞争的格局会随着时间的推移而发生变化。行业生命周期影响行业的所有成员，如何应对行业生命周期的演变带来的挑战，是所有行业成员必须面对的问题。

3.4　影响战略的五种竞争力

对竞争力的分析旨在分析行业成员的互动，找出行业中的机会与威胁。波特于 1979 年在《哈佛商业评论》上首次提出了影响战略的五种竞争力（也称五种竞争力），这为管理者进行竞争力分析提供了分析框架。这一模型在战略管理领域近乎引发了一场革命，在其后的 40 多年中，它深刻影响了战略领域的学术研究和管理实践。在此期间，波特进一步确认、更新、拓展了他关于五种竞争力的思想，于 2008 年在《哈佛商业评论》上发表了《塑造战略的五种竞争力》一文，对五种竞争力进行了新的诠释。

波特指出，战略家的本职工作是理解和处理竞争。但是，管理者往往倾向于狭隘地去理解竞争，认为竞争仅仅存在于当前的直接竞争者之间。事实上，因追逐利润引发的竞争绝不仅仅存在于今天的行业竞争者之间，还往往涉及其他四种竞争力量，即供应商、购买者、替代品和潜在进入者。这五种竞争力共同决定行业结构，塑造行业竞争的本质。因此，波特的五种竞争力专注于决定行业内竞争的五种力量：①潜在进入者的威胁；②供应商的议价能力；③购买者的议价能力；④现有竞争者的竞争；⑤替代品的威胁。塑造行业的五种竞争力如图 3-1 所示。

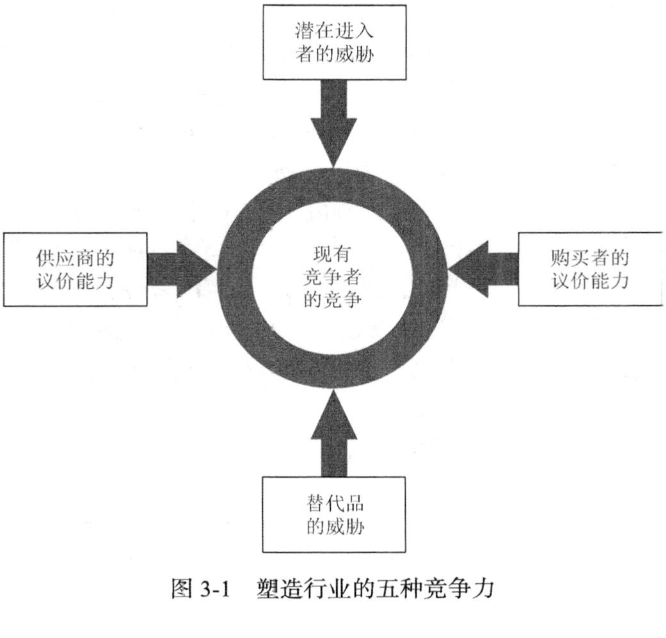

图 3-1　塑造行业的五种竞争力

3.4.1 潜在进入者的威胁

行业的新进入者带来新的能力，它们抢占市场份额的愿望也对价格、成本和资本回报率产生压力。特别是，当新进入者是在多元化战略的驱使下从其他行业进入目标行业时，它们能够发挥其原有能力和现金流的杠杆效应，从而使其在目标市场上的行动更为容易。这样的情况并不鲜见，百事进入瓶装水行业，微软提供互联网浏览器，苹果进入音乐发行行业都是如此。

潜在进入者的存在就像是给行业利润率加了顶帽子。当潜在进入威胁比较大时，行业内的企业不得不压低价格，增加投资，以阻止新的竞争者。一个行业面对的进入威胁取决于现有的进入壁垒的高低以及现有企业对进入行为的可能反应。如果进入壁垒比较低，现有的行业成员也不太可能强烈抵制新进入者，那么进入威胁就比较大，相应地，行业利润率也容易受到影响。需要指出的是，是进入的威胁，而非实际发生的进入行为压低了行业的利润率。

1. 进入壁垒

进入壁垒是指行业内现有企业相对于新进入者的优势。一般来说，进入壁垒有如下七种形式。

（1）供方规模经济。如果随着生产规模的扩大，每单位产品的成本下降，那就意味着企业享有供方规模经济，因为增加产量有助于摊薄固定成本，采用效率更高的生产技术，或者同供货方达成更加优惠的供货条款。供方规模经济迫使雄心勃勃的潜在进入者要么接受成本劣势，要么一开始就达到很大的生产规模从而有效驱逐现有的行业成员，当然，大规模生产通常具有很高的资本需求。很显然，显著的供方规模经济能够有效地阻止新进入者。

（2）需方规模优势。需方规模优势也被称为网络效应。在某些行业内，如果企业的客户越多，潜在客户向这一企业购买商品或服务的意愿越强，那就意味着这家企业享有需方规模优势。购买者在购买重要的产品时通常更加青睐大公司。有句老话说得很好，没有人会因为买国际商业机器公司（International Business Machines Corporation，IBM）的产品而被解雇（只要它还是主导性的计算机生产商）。购买者也会珍视大公司，将其作为自己的一个巨大的“网络”成员。例如，在线拍卖的参与者之所以被吸引到 e-Bay，是因为它提供了最多的潜在交易伙伴。需方规模优势能够降低顾客向新进入者采购的意愿，能够压低新进入者的要价，因此能够起到阻止新进入者的作用。需方规模优势对新进入者的负面影响将一直持续，直到新进入者建立起相当的顾客基础才会逐渐消散。

（3）顾客转换成本。顾客转换成本是顾客从现有企业的产品转向新企业产品所付出的时间、精力和金钱。之所以会产生这种成本，是因为购买者在转换卖主时必须做出一系列的调整。转换成本越高，新进入者越难以获得客户。ERP（enterprise resource planning，企业资源计划）软件就是这样一个例子。一旦一家公司安装了 SAP（system，applications and products in data processing，数据处理的系统、应用和产品）的 ERP 系统，再采用其他 ERP 软件的转换成本往往是个天文数字。

（4）资本需求。为竞争而必须投入的大量财务资源能够阻止新进入者。资本不仅是建立固定设施所必需的，也是进行客户信贷、建立库存和弥补启动损失所必需的。当所需资本是无法收回的，因而难以通过融资手段获取时，因资本需求而产生的进入壁垒就很高。前期的广告和研发所需资金就具有这一特点。虽然说一些大公司拥有的财务资源足以使其进入任何一个行业，但是某些领域对于资本的巨大需求还是大大减少了潜在进入者的数量。相反，在一些行业，如税务筹划和短程卡车货运，由于资本需求较低而吸引了大量的进入者。

（5）和规模无关的现有行业成员的优势。不管规模如何，特定企业在某一行业运营了一段时间后，多多少少总能具备一定的成本和质量优势。这些优势可能来源于拥有专有技术，能够获取最好的原材料，抢占了有利的地理位置，建立了品牌认同，或者积累了相关经验使其能够以更高的效率进行生产。进入者总是试图绕开这些优势。例如，沃尔玛在初创期总是在市场尚未被抢占的地区开店，而不是在地区商业中心开设店面，因为在这些地区，成熟的百货商店早已根深蒂固。

（6）对分销渠道的不平等的进入权。新进入者必须确保它的产品和服务能够有效分销。例如，一种新的食品必须通过打折、促销的营销方式或其他手段来取代超市商品架上的其他商品。批发或零售渠道越是有限，或者现有的竞争者对现有分销渠道的占用程度越高，新进入者进入目标行业的难度就越大。在有些情况下，进入分销渠道的壁垒是如此之高，以至于新进入者必须绕过已有的销售渠道，甚至重新建立自己的销售渠道。

（7）限制性的政府政策。政府政策能够直接阻碍或帮助新进入者，也能影响其他的进入壁垒。例如，政府可以通过对海外投资发放许可的方式直接限制企业进入某些行业。政府也可以通过其他一些手段，如高昂的专利许可费用，来提高进入壁垒。当然，政府也能通过补贴、自主研发等方式轻易地降低进入壁垒。

2. 预期报复

潜在进入者预期目标行业内的企业如何对其进入做出反应也会影响潜在进入者的进入决策。如果潜在进入者预期会受到强有力且持续性的抵制，那么进入行业的预期利润可能不足以弥补相关的成本。目标行业内的企业往往采用公开声明和反应向新进入者和潜在进入者发送信号，表明它们坚决抵制入侵的决心。

新进入者在如下情况下通常会害怕遭到报复。

（1）目标行业内的企业曾经对新进入者做出过强烈反应。

（2）目标行业内的企业掌握着进行反击的充足资源，包括多余的现金和借贷额度、过剩的产能或者和客户及分销渠道的密切关系。

（3）目标行业内的企业看起来有可能降价，因为它们想不惜一切代价保住市场份额。

（4）行业增长率低，新进入者要想获取市场份额，只能从竞争者手中夺取。

3.4.2　供应商的议价能力

强大的供应商能够抬高价格、降低服务或产品的质量以及向行业内的其他成员转移成本，从而获取更多的价值。因此，强大的供应商，包括劳动的提供者，往往通过增加买方的成本来挤压行业利润。例如，微软通过提高操作系统价格蚕食了个人电脑生产商的利润，而个人电脑生产商则无法以提高价格的方式来转移成本，因为消费者转换成本非常低。

强大的供应商（集团）具有如下特征。

（1）和销售对象所处行业相比，供应商所处行业的集中度更高。

（2）供应商（集团）不严重依赖特定行业获取收益。如果一个供应商向许多行业出售产品，那么它会毫不犹豫地力图从每个行业中获取最多的利润。如果供应商从某个行业中获取的收益占了其总收益的很大比例，那么它会制定合理的售价，甚至协助这些行业进行研发和游说，以保护其在该行业的利益。

（3）行业成员改变供应商时面临转换成本。例如，当企业对专业化的辅助设施进行了大量投资，花了大量的成本学习如何操作供应商的设备时，或者在邻近供应商的地方建立了生产线时，它就面临较高的转换成本。

（4）供应商提供差异化的产品。例如，相比于提供仿制药品或普通药品的制药商，提供专利药品的制药商往往对医药、保健组织和其他药品购买者具有更强的影响力。

（5）供应商提供的产品没有替代品，并且这些产品对于行业内的企业至关重要。

（6）供应商（集团）能够通过前向一体化进入其客户的行业，并且这种威胁是可信的。在这种情况下，如果相比于供应商，特定企业获取的利润过高，那么它有可能诱使供应商进入该行业。

3.4.3 购买者的议价能力

强大的顾客通过迫使企业降价，要求提高产品或服务质量，甚至操纵企业相互竞争来攫取更多的利益，而所有这一切都会降低行业利润。如果购买者相对于企业具有较高的议价能力，特别是当他们还对价格很敏感时，购买者往往就显得很强大，会竭力压低价格。

正如供应商一样，购买者也可能在议价能力上千差万别。当出现下面一些情况时，购买者具有较强的议价能力。

（1）购买者很少，或者购买者的购买量占了单个出售方出售总量的很大比例。对于诸如电信设施、海上钻探和大规模化工生产行业而言，大客户的议价能力尤其显著。在这些行业中，由于固定成本非常高，而边际成本则非常低，所以企业很乐意以低价格来换取高产能。

（2）特定行业的产品是标准化的或无差异的。如果购买者相信总能找到合适的供应商，那么他会想办法挑起供应商的争斗。

（3）购买者改变供应商时面临的转换成本很低。

（4）购买者本身就是行业的威胁之一，具备通过后向一体化进入供应商所在行业的资源和能力。

在下面两种情况下，购买者具有较高的价格敏感性。

（1）购买者从目标行业中购买的产品占了其成本结构或预算的相当比例。在这种情况下，购买者会积极比价和谈判，正如消费者在进行住房抵押时所做的一样。

（2）购买者赚取的利润低，现金流紧张，或者面临缩减采购成本的压力。相反，利润率高、现金流充足的顾客往往对价格不是那么敏感，当然，前提是该商品的采购额不占总的采购成本的很大比例。

3.4.4　现有竞争者的竞争

现有竞争者之间的竞争表现出很多我们熟悉的形式，包括提供价格折扣、推出新产品、打广告和改善服务等。激烈的竞争限制行业利润，竞争降低行业利润的程度取决于两个因素，即竞争强度和竞争基础。

在下列情形下，竞争强度很高。

（1）竞争者很多或者竞争者在力量和规模上相当。在这种情形下，竞争者往往难以克制住抢占对手市场份额的欲望。当一个行业没有领导厂商时，整个行业的发展就像一盘散沙，其行为会偏离行业整体利益最大化的逻辑。

（2）行业增长缓慢。这意味着竞争者扩大市场的唯一办法就是抢占对手的市场。

（3）退出壁垒高。一旦企业投资了高度专业化的资产，或者管理层对特定业务倾注了大量资源，企业就会面临较高的退出壁垒。这些壁垒往往能够拖住企业，即使企业获取的利润很低甚至亏损。这些病态的企业不但会直接导致资本的无效率使用，而且会对行业内健康企业的盈利能力产生负面影响。

（4）竞争者专注于当前业务，并且热衷于成为领导厂商，特别是当其有非经济目标时。对业务的高度专注可能源于多种原因。例如，国有竞争者除了利润目标外，可能还有就业目标和声誉目标；大公司的分支机构之所以进入某个行业，可能是为了展示公司形象或者形成一条龙的生产体系；在媒体和高技术行业，个性和自负的膨胀甚至也会损害利润。

（5）企业由于相互不熟悉、竞争方式和目标不同等原因而没能准确领会对手发出的信号。

竞争对利润的影响不但取决于竞争强度，而且取决于竞争基础。竞争在哪些维度上展开，竞争者是否都基于同一维度开展竞争对利润有很大的影响。

当所有竞争者都把降价作为竞争手段时，竞争对利润的损害非常大，因为价格竞争直接把行业利润转给了顾客。降价行为往往显而易见，也容易模仿，因此降价很容易招致报复。持续的价格竞争也会降低顾客对产品特点和服务的关注度。

价格竞争在下面一些情况下很容易出现。

（1）竞争者提供的产品或服务近乎相同，购买者的转换成本很低。这种情况鼓励竞争者通过降价来获取新客户。过去几年航空业的持续降价就是这种情况的真实写照。

（2）固定成本高而边际成本低。在这种情况下，即使价格降到产品平均成本之下，只要还高于边际成本，竞争者就仍然能够接受，因为这样的价格多多少少仍然能够弥补固定成本；而且，降价还可能从竞争对手那边“窃取”一些新客户。这种情况在诸如纸、铝之类的原材料行业很常见。送货公司也面临类似问题，即使没有货品需要运送，定期的车次仍然需要发出。

（3）为了获取效率，产能必须大规模提高。在诸如聚氯乙烯之类的行业中，提高产能的需求往往会打破供需平衡，导致长期、反复的产能过剩和降价。

（4）产品容易损耗。产品易损耗意味着必须在产品还有价值的时候快速售出产品，即使降价也在所不惜。一些产品的损耗速度比大家通常认为的还要快。正如西红柿容易腐烂，计算机也会因迅速过时而“损耗”，信息则可能因为快速传播而变得毫无用处。在服务业中，酒店住宿也会损耗，因为客房空置带来的损失永远也找不回来。

企业也可以在其他维度上进行竞争，如产品特点、支持性服务、配送时间和品牌形象。在这些维度上的竞争对于利润的负面影响通常不如价格竞争那么显著，因为它们往往能够提高产品对于客户的价值，从而有助于提高价格。另外，在这些维度上的竞争也有助于提高产品对于替代品的相对价值，提高行业的进入壁垒。尽管非价格竞争有时也会损害行业利润，但是这种情况发生的可能性要低于价格竞争。

和竞争维度一样重要的是，竞争者是否在相同的维度上竞争。一旦竞争者在相同维度上发生竞争，行业内的竞争就会演变成零和竞争。一个竞争者的收益必然来源于另一个竞争者的损失。尽管价格竞争比非价格竞争更容易导致零和局面的出现，但是只要竞争者都专注于各自的细分市场，对各自的客户提供低价产品和服务，那么这种零和局面就不太会出现。

竞争也能够提高行业整体价值，即导致正和局面。当然，要形成这种局面，竞争者有必要采取差异化的竞争策略——瞄准不同的目标顾客细分市场，采用不同的价格、产品、服务、特征和品牌认同组合。这样的竞争不但能够带来更高的利润，而且当越来越多的顾客的需求得到满足时，行业也能够有所扩张。当一个行业服务于不同的客户群体时，正和局面更容易出现。对于战略家而言，清楚认识竞争的基础结构有助于采取措施，使竞争向更加积极的方向发展。

3.4.5 替代品的威胁

替代品以不同的方式实现相同或相似的功能。例如，视频会议是出差的替代品，电子邮件是特快专递的替代品。有时候，替代品所具有的威胁不是那么明显或直接。例如，当大量的家庭由城区的公寓搬向郊区的独立住宅时，草坪养护产品和服务就受到了威胁，因为在乡下，更多的居民自己亲自动手养护草坪。

替代品永远都是存在的，但是有时候容易被忽略，因为它们看起来实在没什么共同之处。例如，对于某些需要购买父亲节礼物的人来说，领带和打火机都是可选的。

当替代品的威胁比较高时，行业利润就会受到影响。替代品设定了产品的价格上限，从而限制了行业中潜在的利润水平。如果一个行业不能通过产品性能、市场营销或其他手段与替代品划清界限的话，那么它的利润和成长潜力都会受到负面影响。

替代品不仅会在通常情况下限制行业的利润水平，而且还会阻碍良好的行业发展态势。例如，在新兴经济体中，消费者对通信的需求增长很快，但是对有线电话的需求被大大压制了，因为许多消费者倾向于把无线电话当作首要和唯一的选择。

在下面一些情况下，替代品的威胁较大。

（1）和当前产品相比，替代品提供了富有吸引力的性价比。替代品的相对价值越高，行业潜在利润受到的压力就越大。例如，传统的电话服务受到新兴的基于网络的微信语音通话的挑战。

（2）购买者转向替代品的成本很低。例如，从专利、品牌药品转向普通药品通常不会花费什么成本，这说明了为什么现实生活中这种转变是如此显著和迅速。

战略家要对其他行业中的变化保持警觉，特别是在这些变化可能催生替代品的情况下。例如，塑料材料的改进使其能够部分替代钢材在汽车部件中的使用。因此，技术变革或竞争的非连续性有可能使看起来完全不相关的行业突然处于竞争状态。当然，替代品威胁也可能向有利的方向发展，从而预示着行业利润的增长潜力。

小案例思考

“互联网＋”背景下盒马鲜生与每日优鲜的电商商业模式①

盒马鲜生成立于 2015 年 3 月，是阿里巴巴布局“新零售”重要战略的拳头产品。2021 年盒马鲜生位列生鲜电商行业消费者消费频次和消费金额第一位，其采用的“到家＋到店”店仓一体化模式能够较好地满足消费者生鲜现场体验和便利性到家服务的双重需求，因此获客能力和用户黏性均在行业中处于领先地位。2019 年 1 月，每日优鲜正式推出生鲜“前置仓”到家模式，该模式具有配送及时、可复制性强等优点。利用该模式，每日优鲜在 2021 年生鲜电商平台获得了消费频次和消费偏好排名第三的销售业绩。在生鲜电商激烈的竞争中，盒马鲜生和每日优鲜为什么能够成为市场的领跑者？

从价值主张的角度来看，两家企业持有不同的价值主张。盒马鲜生以数据和技术为驱动，把客户体验放在第一位，致力于打造“线上＋线下”一体化的新零售体验中心，通过“人、货、场”三者关系的重构，精准切入客户需求，提升客户消费体验。盒马鲜生主打多品类销售，拥有 6000～8000 个存货单位（stock keeping unit，SKU），并且客户无论是在线上平台下单还是在线下体验店购买，都可以享受物流配送服务，真正做到“平台＋超市＋餐饮＋体验＋物流”的高度融合。每日优鲜专注于“平台式”生鲜移动电商供应链的构建与完善，通过直采供应链减少中间商，降低渠道成本。同时依靠其首创的“前置仓”模式为客户提供了超过 2000 个 SKU 的即时送达服务，解决了过去生鲜物流配送时效性差的难题，实现了 30 分钟极速达服务，用户体验极佳。

从核心资源来看，自 2015 年成立以来，盒马鲜生一直作为阿里“新零售探路者”的角色不断发展，其核心竞争力就在于依托阿里的资源和数据化能力所形成的稳定的自建供应链体系，覆盖全国 28 个一、二线城市的线下门店布局，以及针对中高端消费群体所打造的“一店二仓五中心”的多功能营销复合体。基于这种线上线下齐头并进的商业模式，盒马鲜生尤其注意对自身品牌价值的塑造和传递，以盒马鲜生某会员店为例，其门店自有品牌占比超过了 40%，远超沃尔玛山姆会员店的 16.86%。盒马鲜生致力于为消费者打造生鲜电商行业独一无二的综合零售业态，并希望通过这种模式更有效地提高自身的用户留存率。相较于盒马鲜生依靠阿里赋能深耕线上线下融合的方式，每日优鲜则选

① 刘炫（2023）。

择与腾讯达成战略合作来获得竞争优势。基于腾讯智慧零售，每日优鲜实现了“城市分选中心＋社区前置仓”的高效率物流体系。以此为切入点，每日优鲜将平均配送时间压缩到了39分钟以内，极大满足了用户对生鲜产品时效性的需求。

在客户体验方面，盒马鲜生主要是打造线上线下一站式购物，除了线上订单之外，更重要的是利用其“一店二仓五中心”的运营模式给消费者带来极致的综合性购物体验，如盒马鲜生有一个品牌叫日日鲜，就是蔬菜、鸡蛋、猪肉等生鲜农产品只卖一天，如果一天卖不完，就会用打折促销的方式卖出去。每日优鲜专注于线上平台的运营，通过“前置仓”模式来保障平台用户能够在短时间内获得所需产品，满足消费者对商品价格、配送时效和便利性的体验。

总的来说，当前生鲜电商行业已度过市场探索期，各大企业竞争日趋激烈，市场结构呈现出资本聚集、多种新业态共存的局面。企业要想在生鲜电商市场中有一席之地，必须充分整合自身的核心资源，采取差异化竞争策略，构建可持续的运营模式。

3.5 行业内的战略群组

由于产品战略地位的差异，同一行业内的企业可能在商业模式和战略组合等方面存在差异。具体而言，这些差异可能表现在生产工艺、产品质量、分销渠道、广告策略、定价策略等诸多方面。对行业内企业进行考察可以发现，一些企业在这些方面差异较小，而另一些企业则在这些方面差异很大。从行业的角度看，企业由于战略特征上的相似或相异而表现出集团化的倾向。战略群组就是用来描述和分析这一现象的一个术语。

3.5.1 战略群组的提出及其概念

战略群组也被译为战略集团，最初由杭特（Hunt）于1972年提出。他在研究美国大型家电行业的竞争时发现，虽然都属于家电行业，但企业并不都是一样的，它们中有执行相同战略的，也有执行不同战略的。于是，杭特创造性地提出了战略群组的概念，用以表示在一个行业内执行相似战略的企业群组。这一概念对传统的行业组织研究提出了挑战，因为后者通常假设在一个行业内部，企业除了规模不同外，其他方面都是无差异的。但是，战略群组的概念在提出之初并没有引起广泛关注，直到1980年波特从战略管理理论角度将这一概念引入行业结构分析中。他将战略群组定义为：一个行业中在某一方面采用相同或相似战略的公司组成的集团。

3.5.2 战略群组的划分

与战略群组概念紧密关联的一个问题是：如何划分行业内的战略群组。事实上，在这一概念提出过程中及提出后的一段时间内，这个问题显得相当重要。例如，杭特把美国大型家电行业划分为四个竞争性的战略群组，纽曼（Newman）划分了化工行业的战略群组，波特从一般意义上把行业内的厂商分为领导厂商和跟随厂商。那么，究竟应该按照什么标准对战略群组进行划分呢？罗辉道和项保华对战略群组领域的研究进行了回顾，并且发现对于这一问题的认识可以分为两个发展阶段。

在 1980 年以前，人们侧重于识别那些体现行业内企业差异的变量并将其作为划分战略群组的标准。例如，杭特在划分美国大型家电行业中的战略群组时采用了三个标准，即垂直一体化程度、产品多元化程度和产品差异化的差别；波特划分战略群组的依据是企业规模；凯夫斯（Caves）和普格尔（Pugel）采用的划分标准也是企业规模。

虽然行业内部企业差异的存在是战略集团存在的一个必要条件，但它不是充分条件。战略群组理论认为，战略群组不仅意味着从属于不同战略群组的企业之间必须要有差异，而且意味着从属于同一战略群组的企业执行相似的战略。因此，1980 年以后人们开始有意识地采用战略变量作为划分战略群组的标准。例如，贝尔德（Baird）和桑德哈森（Sudharsan）将财务变量，如杠杆、现金率、资产回报率、股息支付率等，应用于办公设备和计算机行业的企业群组，他们在该行业中找出了许多不同的并且相当稳定的集团，集团之间的差别在于它们的财务政策和战略不同；霍伊斯（Hawes）和克里滕登（Crittenden）基于几个市场营销变量在超市行业界定出了四个不同战略群组；弗雷泽（Frazier）和豪威尔（Howell）使用多维战略变量来划分战略集团，他们根据三个维度——所服务的顾客集团、所服务的顾客需求、所采用的技术，对医药设备供应行业中的战略群组进行了分析。

麦吉（McGee）和托马斯（Thomas）认为，划分战略群组的常用标准就是同一战略群组中的企业采用的战略在某些特征上的同质性，他们还提供了一些可供参考的指标，如表 3-1 所示。

表 3-1　定义战略群组的可选战略变量

项目		战略态势/战略变革指标
可控变量	市场营销	价格、广告和销售成本、生产线的宽度、竞争性定位、产品研发
	生产	前向/后向整合、产能利用率、成本结构、流程研发
	投资	资本投资及其变化率
不可控变量	环境层面	—
	技术	—
	宏观经济	—
	法律和管制结构	—

那么，在给定的行业内，一般按照怎样的步骤来划分战略群组呢？根据一些研究者对战略集团的划分，可给出如下战略群组的构造过程。

第一步，选择分析行业和企业。战略层次不同，则战略变量就不一样，战略群组划分结果也就不相同。

第二步，定义战略变量。为满足聚类分析对变量的要求，定义的战略变量间应有四个特点：①和聚类分析的目标密切相关；②反映了要分类对象的特征；③在不同研究对象上的值具有明显差异；④变量间不应高度相关。

第三步，借助方差-协方差分析（analysis of covariance，ANCOVA）确定战略群组划分的时间段。在划定的时间段内，行业中战略群组的构成具有相对稳定性。

第四步，聚类分析。运用聚类分析的方法，在各个时间段内根据标准化处理的战略变量值将企业划分入各自的战略群组中。

3.5.3 战略群组的稳定性

通过上面的分析可以看出，一个行业内的企业可以划归不同的战略群组。研究发现，战略群组和企业绩效之间存在一定的相关性，尽管两者之间的关系并不对任何行业、在任何时间段具有普适性。从理论上讲，企业可以通过分析所处行业内的战略群组，来调整自己的战略定位，选择进入那些绩效水平较高的企业组成的战略群组，从而优化自身的战略地位。那么，在特定的时间段内，为什么行业内的战略群组保持相对稳定呢？这种现象背后的原因可以用移动壁垒来解释。

移动壁垒指的是行业中的一些结构性因素，主要阻止各个企业在不同的战略群组之间的移动，或称为保护成功企业不受其他企业侵犯的结构性因素。不同战略群组之间的移动壁垒可以理解为行业内部的进入、退出壁垒。例如，在制药行业内存在专利药物战略群组和普通药物战略群组，生产普通药物的企业要想进入专利药物战略群组就面临一系列的移动壁垒，如缺乏研发能力。

移动壁垒的来源主要有三种：一是与市场相关的策略，如产品线宽度、市场涵盖的地理领域、销售渠道、品牌形象等；二是行业供给特性，如营销或制造规模所带来的规模经济、投资于提供的产品或服务的无形资产；三是企业特性，如厂商特有的组织结构、管理能力以及与其他外部相关组织的关系等。例如，信息技术（information technology，IT）行业可以分为微软阵营和反微软阵营两大战略群组，这两个战略群组具有不同的移动壁垒。值得注意的是，向成功企业所占有的市场流动往往面临较高的壁垒；反之，移动壁垒则比较低。另外，当不同企业面临的移动壁垒相对高低发生改变时，行业的稳定程度会发生变化。一般来说，成功企业设置的移动壁垒越高，行业越稳定；不成功企业设置的壁垒越低，行业越动荡。尽管这只是某些行业特有的现象，但是人们的这种观念却越来越根深蒂固了。大的或高效的企业容易以更低的成本模仿或超越小企业，而小企业要攻击或模仿大企业则要付出更高的成本。更为重要的是，大企业有时还会以低成本进入小企业的领域（在一个稳定的行业中，这种现象时有发生），因为那些竞争性比较强的企业的进入或退出，只需要在原来的基础上增加少量的投资。

3.5.4 战略群组分析方法

战略群组分析可以借助于战略群组图来进行。例如，二维战略群组图可以按照如下步骤来绘制。

第一步，比较行业中各企业的竞争特性变量（如质量、价格、地理覆盖范围、垂直一体化程度、产品线宽度、分销渠道选择等）。

第二步，选用两个重要且差异大的竞争特性变量建立二维平面图。

第三步，将采用相同（或类似）战略的企业列为一组。

第四步，将各组以圆表示在二维平面图上，圆面积大小或圆直径大小表示某组企业在行业总销售量中所占份额的大小。

战略群组图的示例见图 3-2，这个战略群组图采用研发费用和价格两个变量，描述了制药行业内的两个战略群组，即专利药物群组和普通药物群组。

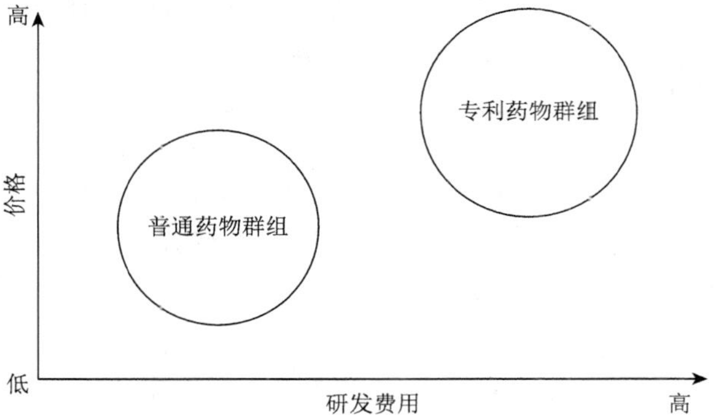

图 3-2　制药行业的战略群组图

3.5.5　战略群组概念对于企业战略管理的启示

战略群组的概念对于分析行业内的机会与威胁极为重要。首先，由于同一战略群组内的公司战略定位相近，它们的产品往往具有较强的替代性。因此，企业与其最密切的竞争对手通常处于同一战略群组内。其次，不同的战略群组具有不同的竞争特征，因此不同战略群组可能面对不同的机会与威胁。

战略群组和移动壁垒概念也对企业保持竞争地位或者优化战略定位具有启示。由于不同的战略集团具有不同的移动壁垒，对于战略群组内的企业，对移动壁垒的分析有助于其采取措施，强化群组内企业的优势地位；对于潜在进入者，移动壁垒的概念事实上给出了进入某一战略群组的突破点。

3.6　行业生命周期

无论是影响行业竞争态势的五种竞争力还是行业内的战略群组都只具有相对稳定性，它们都会随着时间的推移而发生变化。换言之，行业随着时间的推移而不断演变。那么，行业演变对企业竞争有何影响呢？行业生命周期是分析行业演变对竞争力量的影响的有用工具。

3.6.1　行业生命周期的概念

生命周期这一概念源于生物学领域，指的是具有生命现象的有机体从出生、成长到成熟、衰老直至死亡的整个过程。这一概念被引入经济学、管理学领域后首先应用于产品，之后又扩展到企业和行业。1957 年，波兹·艾伦（Booz Allen）和汉密尔顿（Hamilton）出版了《新产品管理》一书，首次提出了产品生命周期的概念，并依据产品投入市场后销售额的变化将其分为导入期、成长期、成熟期和衰退期。1966 年，哈佛大学的弗农（Vernon）教授提出了国际产品生命周期概念，将新产品的生命周期划分为产品创新、成熟和标准化三个阶段。之后，哈佛大学的阿伯内西（Abernathy）和麻省理工学院的厄特巴克（Utterback）从 20 世纪 70 年代起把产品生命周期和创新联系起来进行研究，基于对创新驱动型产品的发展规律的研究，提出了 A-U 产品生命周期理论。行业生命周期的概念是从产品生命周期的概念衍生而来的，相关研究始于 20 世纪 80 年代。1982 年，戈特（Gort）和克莱伯（Klepper）分析了 46 个产品的整个或部分生命的销量、价格和产量时间序列数据，基于行业中的厂商数目和净进入数对产品生命周期进行划分，得到引入、大量进入、稳定、大量退出淘汰和成熟五个阶段。尽管他们的研究也围绕产品展开，但是其研究范围还覆盖了每种产品的创新、专利和企业“净进入”的时间序列数据，并考察了企业的数量以及产品的年龄与该产品市场结构演化的联系，从而完成了以个别产品为分析单位的产品生命周期观念向以行业产品为分析单位的产品生命周期观念的转变。

从上面的讨论可以看出，一种产品在市场上的销售和获利能力随着时间的推移而发生变化，这种变化和生物的生命历程类似，产品生命周期反映了一个特定市场对某一特定产品的需求随时间变化的规律。行业通常是指生产同类产品的企业的组合。就某个行业而言，从产生到成长再到衰落的发展过程，就是行业生命周期的基本概念。依据划分标准和方法的不同，不同的学者将行业生命周期划分为不同的阶段。一般而言，行业生命周期可以划分为导入期、成长期、成熟期与衰退期四个阶段，如图 3-3 所示。

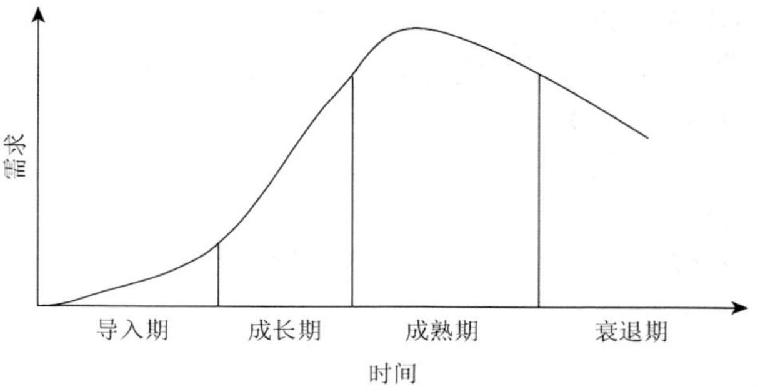

图 3-3　行业生命周期的阶段

3.6.2　行业生命周期各阶段的特点

（1）导入期。每个新兴行业都会经历初期的发展阶段，即导入期。在这一阶段，行业产品还不是非常完善；购买者还不熟悉行业产品的特点，一些早期的客户可能会试用产品，接受产品的某些不可靠性；企业产量较低，尚无法实现生产的规模经济；整个行业的增长率可能较高，但是由于客户基数较小而在增长的绝对量上显得较低。从 1987 年中国电信开办移动业务至 1994 年移动电话用户达到 100 万户，中国的移动电话行业可以说处于导入期，尽管每年移动用户增长率保持了 200%的增长率，但是市场还未完全接受这一产品，其增长的绝对量仍然较低。

在这一阶段，行业的进入壁垒主要来自掌握技术上的诀窍而非规模经济要求的低成本或品牌忠诚。可以说，需掌握的技术诀窍的难度越大，进入壁垒就越高。当然，此时的技术变化趋势存在很大的不确定性。对于行业内的企业而言，由于行业才刚形成，竞争者在产品、市场、服务等策略上有很大的余地，竞争地位主要取决于能否充分把握行业特点、行业竞争状况、顾客特性等方面的信息及其发展趋势，从而是否能够快速开辟新用户并占领市场。

（2）成长期。随着产品需求的上升，行业开始进入成长期。在这一阶段，技术逐渐成形，产品质量渐趋稳定和可靠；顾客对产品逐渐变得熟悉，新顾客大量涌入，首次消费需求增长迅速；行业产量快速增长，企业生产的规模效应逐步显现，使生产成本和价格下降。在 20 世纪 90 年代的中后期，中国移动电话行业一直处于成长阶段。中国移动电话用户数于 1997 年突破 1000 万户，仅时隔 4 年，又于 2001 年突破 1.2 亿户。

一般来说，当行业进入成长期后，技术知识作为行业进入壁垒的重要性已经下降。但由于几乎没有一家企业实现了规模经济或建立了品牌忠诚，行业进入壁垒反而有所下降。另外，由于行业增长迅速，行业对于潜在进入者具有很强的吸引力；行业的高增长速度也使新进入者容易被吸收。因此，在这一阶段，来自潜在进入者的威胁很大。

在行业内部，由于需求快速膨胀，竞争者可以很容易地实现收入和利润的增长，而不必抢夺对手的市场，因而竞争相对缓和。

行业的成长也常常包含着震荡。一方面，爆炸性的增长不可能无限期地延续下去，到了成长期的末端，新客户已经很少，绝大多数的需求来自产品更新。另一方面，高速增长往往引发企业对前景的盲目乐观，产能的急剧扩张很可能超过潜在需求，形成产能过剩，从而加剧行业内的竞争。

（3）成熟期。经过了成长期的快速发展，行业进入了相对稳定的成熟期。这时候，技术已经成熟，产品基本定型，产品质量比较可靠；市场已经充分成熟，需求增长缓慢或停止增长，到了成熟期末端甚至出现下降趋势；买方市场逐步形成，行业盈利能力下降。

在成熟期，行业进入壁垒比较高。首先，行业中的企业通常已经建立了品牌忠诚。其次，行业中的企业由于产量较大而获取了规模经济。最后，行业增长的下降或停止大大降低了潜在进入者进入的动机。因此，在这一时期，潜在进入者的威胁大大降低。

然而，行业内企业之间的竞争逐步升格。由于行业需求增长的下降，对于特定企业而言，要想实现过去那样的收益和利润就不得不争夺对手的市场份额。在这种情况下，如果竞争者专注于相同的竞争维度，那么恶性竞争事件就很容易发生，如发生在个人计算机行业内的价格竞争就是一个很好的例子。

（4）衰退期。随着市场需求的萎缩，行业就进入了衰退期。导致行业衰退的原因有很多，如行业赖以存在的资源的衰竭（如未来石油资源的衰竭将直接导致石油开采行业的衰退）、技术变革引起的产品替代（如优盘代替磁盘）、区域竞争（中西部相对低廉的劳动力导致东部服装业的衰退）等。

在这一时期，市场需求下降，行业内的企业间的竞争会加剧。其主要的原因是需求下降导致产能过剩，为了利用产能，企业很可能降低产品价格，陷入价格战的泥潭。退出壁垒的高低也会影响行业内的竞争状况：退出壁垒越高，企业间的竞争可能越激烈。经过竞争，行业内的某些产品退出市场，竞争者数目也会有所减少。

3.6.3 行业生命周期各阶段企业的竞争策略

一个行业的生命周期是通过该行业内企业的生命周期体现出来的，企业的生命周期又是通过企业所生产产品或提供服务的生命周期表现出来的。从根本上讲，企业竞争力是组织中的积累性学识，是一组关于协调各种不同的生产技能和整合多种技术的学识。它是企业在积累和学习如何应用不同资源和能力的长期过程中形成的，具有创造客户价值、延展性、难以模仿等特性。行业生命周期机理表明，企业竞争力是动态发展的。首先，竞争力是一组先进技术和技能的组合，技术是不断向前发展的。随着竞争的加剧和行业生命周期的演变，拥有核心能力的企业必须尽快更新自己的技术，以适应外部技术环境的要求。同时，竞争对手的不断模仿和替代技术的不断出现，也促使企业不断更新自己的核心能力以保持竞争优势。其次，行业生命周期还会导致新的生产组织方式的产生，从而带来核心能力的变迁。最后，在生命周期的不同阶段，决定一个行业能否成功的关键因素不同，这要求与之匹配的企业核心能力也应不断调整，否则竞争优势就难以保持。为此，企业应根据行业生命周期的不同阶段采取有针对性的策略。

（1）导入期的企业竞争策略。在导入期，企业在第一批创业者的努力之下通过发明、自主开发或者引进产品和技术的方式进入市场，但开发产品的应用科技尚不成熟，产品的市场定位不明确。因此，产品研发策略基本上是采取创新导向，使新产品的功能、特性与现有产品具有明显区别。此时，市场上仅有少数几家甚至仅有一家厂商进行创新或研发，可能出现“各自为政”的竞争状态，争取市场主导权，及早进入市场与申请专利是行业竞争的重点。

（2）成长期的企业竞争策略。在成长期，产品逐渐为消费者所熟悉，技术和经营人才在企业强大吸引力的作用下从各方面汇集到企业中来，企业可以组织大批量生产以降低成本，建立广泛的分销渠道和销售网点，确保市场供给。企业应尽早形成产品系列并向相邻市场渗透，可以考虑进入国际市场开展跨国经营，也可以在国际市场通过战略联盟的形式实现核心能力的优势互补，争取把企业从国内企业发展成跨国公司。

（3）成熟期的企业竞争策略。在成熟期，企业宜采用维持战略，并通过数额可观、稳定的现金流支持新的核心能力开发计划，在战略、组织结构、人员、技术等方面为转向新领域做准备，力争平稳进行企业重组和再造，抓住时机通过转型、重组、再造以及技术、制度和管理创新战略来推动企业及早进入新一轮的生命周期。

（4）衰退期的企业竞争策略。在衰退期，会有其他全新替代产品和技术产生。衰退期并不必然意味着产品在市场上已毫无地位，只是替代产品的出现迫使厂商采取不同的营销和竞争策略，如降低价格、改进产品外观。企业重新定位与重新组织才是延续企业竞争力的根本措施。企业可以考虑采用撤退战略，保留仍有可观现金流的业务为重组或开发新的核心能力提供支持，其他萎缩业务宜及早转让或退出，并用出售所得投入到新领域中去，尽快使产品更新换代。

3.7　外部分析方法：外部因素评价矩阵

外部因素评价矩阵（external factor evaluation matrix，EFEM）通过识别和评价组织面临的政治、法律、经济、社会文化、技术和行业竞争等方面的关键因素，帮助组织了解外部环境中的机会和威胁。

外部因素评价矩阵可以按照如下五个步骤进行构建。

第一步，列出外部分析过程中确认的关键外部因素。因素总数控制在 10～20 个，包括影响企业和所在行业的各种机会和威胁。

第二步，对每个关键因素赋予权重。每个因素的权重应当反映该因素对于企业在行业中取得成功的影响的相对大小，数值从 0（不重要）到 1（非常重要）不等。所有因素的权重总和为 1。

第三步，按照组织现行战略对各个关键因素的有效反应程度为各个关键因素打分，范围为 1～4 分，“1”代表反应很差，“2”代表反应低于平均水平，“3”代表反应高于平均水平，“4”代表反应很好。

第四步，用每个关键因素的得分乘以相应的权重，得到每个关键因素的加权得分。

第五步，将所有关键因素的加权得分加总，得到企业在这些因素上的总的加权得分。

不管外部因素评价矩阵涉及多少个关键因素，其加权得分总和都在 1～4 范围内，平均值为 2.5。如果企业的最终得分高于 2.5，那就意味着企业对外部环境中的机会和威胁的反应程度高于平均水平，反之则低于平均水平。

某医院的外部因素评价矩阵如表 3-3 所示。从评价结果可以看出，这家医院对外部环境中的机会和威胁的反应程度略高于行业平均水平。

表 3-3　某医院的外部因素评价矩阵

项目	序号	关键外部因素	权重	得分	加权得分
机会	1	加入世界贸易组织（World Trade Organization，WTO），对外交流增多，有利于技术、管理的创新与发展	0.05	3	0.15
	2	医疗服务需求多样化，市场大、增长快	0.08	2	0.16
	3	消费观念变化，保健美容等新兴医疗市场兴起	0.05	3	0.15
	4	高级人才流动性增强，有利于引进	0.05	1	0.05
	5	新技术不断涌现，我们可迅速超越竞争对手，占领市场	0.10	2	0.20
	6	实行高技术准入制，有利于形成技术壁垒，垄断市场份额	0.08	3	0.24
	7	医院管理信息系统逐渐完善，可提高管理与服务水平	0.05	4	0.20
威胁	1	医疗机构准入放宽导致竞争加剧	0.08	2	0.16
	2	医保政策使竞争加剧、盈利能力下降	0.08	4	0.32
	3	社区医疗完善使病源分流	0.05	3	0.15

续表

项目	序号	关键外部因素	权重	得分	加权得分
威胁	4	医疗纠纷增多	0.05	3	0.15
	5	物价上涨使成本增加、盈利能力下降	0.05	3	0.15
	6	政府投入比重降低，生存压力增大	0.05	4	0.20
	7	人才争夺加剧，高级人才流失风险加大	0.08	1	0.08
	8	新技术投入大、风险大，且易被竞争对手模仿，市场份额下降	0.10	2	0.20
总计			1.00		2.56

资料来源：郭鹏军等（2009）

3.8　行业分析模型的局限性

波特的五种竞争力及战略群组和行业生命周期理论为分析行业竞争的性质、发现企业外部环境中存在的机会与威胁提供了有用的工具。但是，着眼于企业外部分析的这些工具都包含着某些弱点，这些分析工具的使用者必须对此保持警醒。

3.8.1　可操作性

应用波特的五种竞争力的一个必要前提是对五种因素的相关信息较全面、较准确地掌握，这实际上陷入了“完全信息”的误区。事实上，收集市场结构信息的成本往往大于分析顾客需求的成本，而研究表明，后者对企业绩效的贡献更大。所以，过于详尽地对五种因素进行分析会无谓地耗费企业有限的研究和决策资源。一般情况是，竞争者的信息要么得不到，要么不准确，即使能够得到，也多是过去的，而未来信息要以考察企业与竞争者的互动为基础，难以事先预料。

生命周期的概念在应用时也会出现与行业实际情况脱节的问题。现实的行业生命周期未必按照图 3-3 所示的模式发展，因为行业生命周期曲线是一条经过抽象化了的典型曲线，各行业按照实际销售量绘制出来的曲线远不是这样光滑、规则，因此有时要确定行业发展处于哪一阶段是困难的。而且，有些行业并不必然经历行业生命周期模型中的每一个阶段，如电子管生产行业就跳过成熟期直接进入衰退期。对行业生命周期识别不当，容易导致战略上的失误。因此，应将行业生命周期分析法与其他方法结合起来使用，才不至于陷入分析的片面性。

3.8.2　静态性

五种竞争力具有明显的静态分析的特征，即以五种因素某一时点上的状况为依据进行决策。在竞争高度动态的市场环境条件下，很可能刚刚做出决策，市场情况就已经变化了。实际情况是，企业在行业中的地位难以持久，定位很难实现，战略实际上是不断定位、不断争夺的过程。以中国联通为例，2021 年中国联通着力打造 5G、云计算、大数据、物联网、人工智能、区块链、安全等先进技术，以“云用数赋智”为核心，构建数字化服务新体系。但是外部竞争力量在终端消费者（end consumer）和产业合作伙伴（industrial partners）、云网融合、智慧城市应用等方面的频频发力，为联通的转型带来多重压力。另外，针对提速降费的舆论战此起彼伏、不断加压，在某种程度上也打乱了中国联通的发展节奏。

战略群组和生命周期理论在分析行业竞争时都纳入了时间维度，特别是生命周期理论，事实上分析的就是某些行业特征在时间维度上的演变情况。但是，行业生命周期理论仍然无法包含行业在时间维度上演变的各种动态特点。例如，某些行业在衰退期可能由于技术变革、贸易政策等因素的变化而进入新的行业生命周期的循环，从而使行业的生命周期呈现出嵌套的“S”形曲线的轨迹。

3.8.3　宏观性

对于行业分析模型的一种常见批评是，这些模型过于强调行业结构对于企业绩效的影响，偏重从企业外部寻找影响企业竞争力的因素，而忽视了企业自身的能力和资源对于企业竞争力的作用。

实际上，行业分析模型和关于企业竞争力的资源理论、能力理论形成了分析企业竞争力来源的两大阵营。前者侧重于企业外部环境分析，进而识别企业面临的机会与威胁；后者侧重于企业内部环境分析，通过研究企业拥有的资源和能力，来认识企业的长处和短处。

本章精要

企业环境是指企业的内部和外部环境。本章主要介绍企业的外部环境。

在外部环境中，政治与法律环境是必须要深入了解的。此外，企业更应该全面掌握经济环境的运行态势，这样才能更好地把握市场机会，实现良性发展。

外部环境分析重点介绍了波特的五种竞争力。

把握行业动态也十分重要。随着时间的变化，企业所在行业也在不断地变化，因此企业需要根据行业的生命周期来确定企业的发展战略。

总之，随着外部环境的不断变化，企业应该提高警惕，全面掌握外部环境的发展动态，更好地利用外部环境的优势，避免外部环境的劣势，促进企业健康发展。

思考题

1. 企业环境包括哪些方面？
2. 宏观环境一般从哪些方面进行分析？
3. 描述波特的五种竞争力，解释这五种竞争力对竞争的影响。
4. 为什么要分析战略群组？如何分析战略群组？

5. 什么是行业生命周期？行业生命周期对企业的战略行为有何影响？

综合案例

技术变革压力背景下比亚迪的战略转型①

1. 比亚迪新能源汽车的发展历程

作为我国新能源汽车龙头，比亚迪股份有限公司（简称比亚迪）的汽车业务发展史可谓中国新能源汽车产业发展历程的缩影：初期尝试多种新能源汽车终端产品，并积蓄核心技术，进行产业链垂直整合，凭借我国新能源汽车政策红利，以高性价比新能源汽车产品快速抢占市场份额，先从具有牌照红利和用户红利的市场切入。随着自身技术水平的提升，比亚迪迎来新能源汽车产品升级迭代，规模与品牌价值齐升，从而开启对燃油车各个细分市场的全面替代。

（1）初入汽车行业。比亚迪涉足汽车业务的初衷是生产新能源汽车，但彼时新能源汽车还处于萌芽阶段，比亚迪推出的车型也基本以燃油车为主。比亚迪董事长兼总裁王传福对新能源汽车的判断，之前比亚迪在电池行业的研发与创新，以及“研发致胜”的理念，是这个公司能够坚定走新能源汽车道路的保障。2003 年，比亚迪收购陕西秦川汽车有限责任公司，在西安市高新技术产业开发区修建新厂房、营建生产基地，收购北京吉驰汽车模具有限公司，这是比亚迪进军汽车行业的开端，通过整合产业链，比亚迪将模具的成本降低，使产品的质量也有所提高。

（2）业务扩张阶段。比亚迪始终认为节能减排是全球汽车产业发展的未来趋势，等待合适时机推动新能源汽车的商业化普及。2008 年，巴菲特重金收购比亚迪公司 10%的股份，帮助了比亚迪在新能源产业持续扩张。通过收购宁波中纬公司，依靠着该公司半导体的能力，比亚迪逐步完善上游的产业链，并且使新能源汽车以及其关键部件的研发和生产能力有所提升，这为比亚迪后期发展奠定了基础。从 2012 年开始，比亚迪新能源汽车逐步进入国际市场。

（3）各种新能源交通多元发展。2015 年，比亚迪新能源汽车的“7＋4”全市场战略发布，这一战略促使比亚迪新能源汽车全方位拓展，在七个常规领域——“城市公交、出租车、道路客运、城市商品物流、城市建筑物流、环卫车、私家车”和四个特殊领域——“仓储、矿山、机场、港口”都进行了战略规划。2017 年，比亚迪纯电动公交车交付给国内外许多城市的公交系统。同年，比亚迪在银川实现全球首条“云轨”线商业化运营。

2. 国内的宏观政治形势

由于我国新能源产业起步较慢，新能源汽车作为我国汽车产业振兴的重要支柱，十分需要我国政府政策的倾斜和资金的扶持。2009 年，财政部、科技部联合发布了《关于开展节能与新能源汽车示范推广试点工作的通知》，宣布在北京、上海等 13 个城市开展

① 李晓晖（2023）。

节能与新能源汽车示范推广试点工作，中央财政重点对购置节能与新能源汽车给予补助。2010 年，《财政部 科技部 工业和信息化部 国家发展改革委关于扩大公共服务领域节能与新能源汽车示范推广有关工作的通知》《财政部 科技部 工业和信息化部 国家发展改革委关于增加公共服务领域节能与新能源汽车示范推广试点城市的通知》《财政部 科技部 工业和信息化部 国家发展改革委关于开展私人购买新能源汽车补贴试点的通知》等印发，开启了针对私人购买新能源汽车进行补贴的时代，并且在之后将补贴范围由试点城市扩大到全国。2011 年，财政部办公厅、科技部办公厅、工业和信息化部办公厅和发展改革委办公厅发布《关于进一步做好节能与新能源汽车示范推广试点工作的通知》，提出了针对新能源汽车落实免除车牌拍卖、摇号、限行等限制措施。通过与传统燃油汽车差异化对待，进一步对新能源汽车进行示范推广，调动用户购买和使用新能源汽车的积极性，同时，大力推进充电设施等基础设施的建设，为新能源汽车的使用提供便利。2014 年，《国务院办公厅关于加快新能源汽车推广应用的指导意见》发布，宣布给予新能源汽车税收优惠：2014 年 9 月 1 日至 2017 年 12 月 31 日，对纯电动汽车、插电式（含增程式）混合动力汽车和燃料电池汽车免征车辆购置税。并统一标准和目录，规范市场秩序，破除地方保护。2018 年，财政部、工业和信息化部、科技部和发展改革委发布《四部委关于调整完善新能源汽车推广应用财政补贴政策的通知》，对新能源汽车补贴标准进行了调整，并设定了新标准切换的过渡期，对补贴标准的执行方案进行了进一步的细化……一系列政策的出台，无疑为我国新能源汽车的发展提供了诸多机会。

3. 汽车技术发展趋势

发展新能源汽车是比亚迪最初的愿景，为了绘制新能源汽车板块的蓝图，比亚迪从电池领域和燃油车领域入手，试图为新能源汽车积累技术和市场经验。对于燃油车板块，我国较世界而言起步较晚，世界范围内诸多汽车技术领先的大国也都形成了自己成熟的体系，在燃油车板块，比亚迪纵使想要创新，其创新的空间也很有限，能做的更多的是跟进与模仿，想要超越其他各国，难度很高。但是新能源汽车板块本就是崭新的领域、崭新的技术、崭新的市场，比亚迪完全有机会和外国的大型汽车企业平起平坐，甚至“弯道”超车。在超前的战略眼光和数年的技术积累的影响下，比亚迪已经看到了这个“弯道”，新能源领域将成为比亚迪发展的重中之重。

比亚迪通过对新能源汽车产业链的高度整合，在十余年间形成了从研发到售后一体的产业链，上下游联系紧密，无论是早期收购模具公司、搭建制造厂房，还是后期整车制造及核心零部件制造，甚至于外观改进、售后服务，这些都被比亚迪整合到了一起，从而降低了资金、劳动力、原材料、零部件、制造过程以及售后等诸多成本。此外，比亚迪一直研发制造的电池也是新能源汽车的关键部分，比亚迪在电池方面的优势更是为企业降低了成本，从而使其具备更多资金用于研发各项技术，使其形成品牌效应，让产品更具吸引力，占据成本和技术的高地。比亚迪优秀的研发技术、高度的垂直整合体系带来的成本优势、宏伟的战略布局以及品牌优势，帮助其把转型新能源汽车领域所遇到的技术困难化解成为转型投资的机会。

虽然比亚迪是靠电池起家的，并且在电池领域的诸多方面都跻身国内前列，解决了对新能源汽车而言极为关键的电池核心技术问题，但是相比于国际先进的汽车企业，比亚迪仍然存在一定的差距。新能源汽车的电池技术，需要兼顾动力和安全的双重标准，这一直是制约新能源汽车发展的门槛，对于当前世界新能源汽车企业而言，电池技术不够而导致的时速较慢、电量持续时间较短的问题，都可能成为阻碍比亚迪新能源汽车发展的瓶颈。

4. 汽车产业市场发展趋势

作为全球最大的新能源汽车市场，我国新能源汽车市场未来的发展空间依然十分广阔，整个新能源汽车市场存在很大发展潜力。随着新能源汽车技术的不断完善、国家政策的大力补贴，人们购买新能源汽车的意愿也会逐步增强，更大的机遇也会随之而来。同时，现有新能源汽车市场的竞争分为国内外两部分。随着国家政策的支持以及世界范围内大型车企对新能源汽车的发展，新能源汽车的竞争无论是在国内市场还是在国外市场都将十分激烈。日本在全球市场推出的混动新能源汽车将节能作为优势，美国也将混合动力汽车作为业绩销售的增长点，纯电动汽车行业涌现了以特斯拉为代表的车企，其“鲶鱼效应”的显现也给新能源汽车业务带来挑战。此外，欧洲也将汽车发展的方向转向了新能源汽车。除了国外的强力车企，国内的吉利、上汽、北汽等车企也对比亚迪产生了一定威胁。但从国内市场来看，比亚迪在技术和市场占有率方面的领先都较为明显，加之比亚迪高度的垂直整合体系，使得其成本处于领先地位，因此国内市场上短时间内比亚迪的竞争压力较小。从国外市场来看，中国新能源汽车处于起步阶段，虽然销量增长迅速，但是和国外成熟的市场体系相比仍然有较大差距，这和技术水平、消费者观念都有很大关系，因此，比亚迪更大的竞争对手是国外的强劲新能源车企。

综合案例思考题：

1. 试分析比亚迪所处的外部环境。
2. 影响汽车行业竞争的五种竞争力是什么？它们是如何影响比亚迪的竞争的？
3. 如果你是比亚迪的领导者，你会对公司未来发展战略做怎样的调整？为什么？

第 4 章 企业内部环境分析

没有任何竞争优势和成功会持续永远，赢家是那些保持移动的人，在商业中唯一不变的就是变化，我们必须走在游戏前面。

——迈克尔·戴尔

引导案例

屈臣氏的独特竞争策略[①]

屈臣氏集团（简称屈臣氏）创办于1828年，是全球知名的国际保健美容零售商，在国内拥有近4000家店铺和6300万名会员，商品涵盖护肤彩妆、口腔护理、洗发沐浴、婴儿洗护、健康产品、美容工具等众多品类，自有品牌目前有2000多种类别，占比为30%～35%，每周推出的200多个新产品中，有10%～20%是自有品牌。

2015年，屈臣氏与尼尔森机构联合开展“国民美颜大调查”等活动。店内导购关注顾客诉求，注重对顾客反馈信息的收集，在推介产品的同时承担着“情报官”角色，主动收集类似“您对本次购物是否满意？”“您认为本店还有哪些地方需要改进？”等信息。屈臣氏每款自有产品都是基于市场调查诞生的，如女士高跟鞋标配的后跟贴、脚掌贴、脚前垫等自有产品。

同时，屈臣氏力图打破传统思维，实施O2O新零售战略。门店外观装潢设计打破“千店一面”的传统标准化模式，分级管理，强调个性化和差异化，以迎合年轻消费者的个性化需求。例如，2017年屈臣氏中国区第3000家门店以黑白为主色吸引顾客，店内装修、商品陈列运用了比较明快活泼的元素，迎合了年轻人的消费心理。潮流店内产品结构趋于新潮化，还增加了如“Style Me 来彩我”AR（augmented reality，增强现实）虚拟试妆、“Skin Test 来试我”皮肤测试和护肤指导等有趣的体验服务。减少店内导购人员数量，

① 王喜凤（2022）。

提升美容顾问的专业化水平，用专业性服务替代传统导购型服务，充分尊重顾客在选购中的自主性。

近几年，屈臣氏陆续通过微信小程序、饿了么 App、美团 App、京东官方旗舰店、屈臣氏 App 等平台全面打通线上渠道。屈臣氏开通云店，整合线上线下资源，提供专属美丽顾问、1 小时闪电送、彩妆、皮肤测试、SPA①、AR 试妆、下单半小时门店自提、扫码购等优质服务，促使线上和线下无缝衔接。同时，屈臣氏依托企业微信和微信支付“支付即服务”功能，建构完善的数字化服务链条。屈臣氏依托线下庞大的电子化会员规模，对接企业微信系统，快速扩大线上会员规模。根据消费经验，消费者可在屈臣氏指定自己的私人御用美妆护肤顾问，随时随地获得有关产品推荐、美妆护肤等专业性建议，增进导购员与顾客间的互动和信任。据统计，截至 2020 年底，屈臣氏云店会员突破 1 亿名，营业额突破 12 亿元。

本章学习目标

- 理解企业竞争优势的内涵。
- 理解企业资源和能力的含义及它们对企业竞争优势的影响。
- 理解价值链及掌握进行价值链分析的方法。
- 了解影响企业竞争优势的可持续性的因素。
- 理解并会用 SWOT 分析方法。

4.1 竞争优势的内涵

在同一个行业中，为什么总是有一些企业的绩效高于其他企业？为什么有些企业的竞争优势持续保持，而另一些企业的优势则如昙花一现？让我们把目光从企业所处的宏观环境和行业转向企业内部的资源和能力，来解答这些问题。

一般来说，只要企业或其产品具有某种特质，并且这种特质有助于企业在市场上表现得优于对手，就可以说企业具有了某种竞争优势。可以认为，如果一家企业的盈利能力高于整个行业的平均水平，那么这家企业相对于竞争对手就拥有竞争优势；如果这家企业的盈利水平高于行业平均水平的状态不容易失去，那么这家企业就拥有持久的竞争优势。例如，2016～2022 年，美的、格力和海尔的空调销售额的比较如图 4-1 所示。可以看出，2018 年格力空调销售额达到峰值——1557 亿元，相当于美的空调销售额的 205%。此后格力空调销售额则震荡下行、领先优势迅速消失，逐渐失去了空调“王座”，美的空调销售额则保持了稳步上升趋势，其领先优势呈现扩大趋势，这来源于美的空调突出的技术、品牌、渠道、管理等企业特质的发挥。

① SPA 源于拉丁文 Solus Par Agula，Solus 意为“健康”，Par 意为“在”，Agula 意为“水中”，意指用水来达到健康。

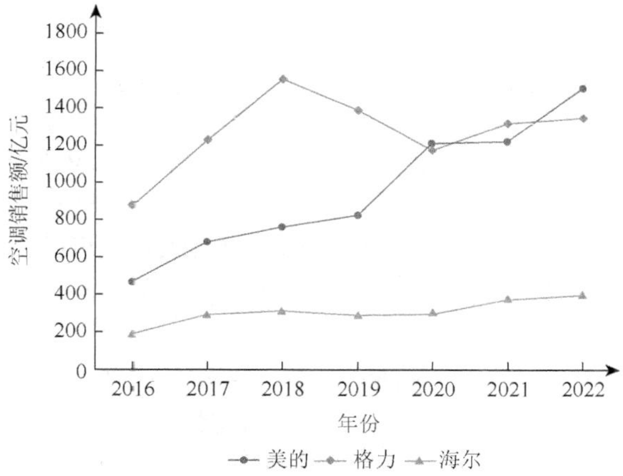

图 4-1　2016～2022 年美的、格力和海尔空调销售额

对于竞争优势和持久的竞争优势这两个概念，巴尼认为在理解时应当注意以下三点。

第一，竞争优势并不仅仅是相对于行业内已有的竞争对手而言的。由于竞争不仅在行业内现有企业之间展开，事实上也在行业内现有企业和潜在进入者之间存在，所以当我们说一个企业拥有竞争优势或持久的竞争优势时，不仅意味着这家企业相对于竞争对手拥有优势战略地位，而且意味着它相对于行业潜在进入者也拥有优势战略地位。

第二，对于持久的竞争优势中的“持久”一词不应该片面地从日期长短角度去理解。尽管持久的竞争优势通常表现为在很长一段时间内企业一直具有竞争优势，但是这也仅仅是持久的竞争优势的一种表现而已。从本质上看，企业的竞争优势之所以能够持久，关键在于其对手或潜在进入者难以模仿它的战略。因此，对于持久的竞争优势，从企业战略是否难以复制这个角度去理解更加合适。

第三，竞争优势具有持久性并不意味着企业可以“永久享有”这种竞争优势，而只是意味着其他企业无法通过模仿来打破这种优势。有时候，行业的经济结构可能发生难以预料的变化，从而导致某些资源失去了其原有的重要价值，不再能够为企业带来持久的竞争优势。有些学者把这种变化叫作“熊彼特冲击”（Schumpeterian shocks）。这种变化将重新定义行业的经济结构，凸显一些新的资源的重要性，它们是企业在新的行业经济结构中获取竞争优势的来源。例如，在电视机生产行业，索尼曾经拥有世界上质量最好的电视机；但是，纯平电视的出现结束了索尼的领先地位，由于没有对纯平电视技术进行投资，索尼不得不向韩国企业购买相关技术。

4.2　竞争优势的来源：企业资源和能力

企业的竞争优势有两个互补的来源，即企业拥有的资源和能力。

4.2.1　资源、能力和核心能力的内涵

对特定企业而言，资源可以是任何能够带来优势或劣势的事物。如果用更加书面化

的语言来表述的话，一个企业的资源指的是企业在特定时间暂时拥有的有形和无形资产。这些资产的形式可以是商标名称、专有技术、贸易合约、机器设备、高效的流程、资本等。企业资源可以分为三类，即物质资本资源（physical capital resources）、人力资本资源（human capital resources）和组织资本资源（organizational capital resources）。物质资本资源包括企业采用的技术、厂房和设备。人力资本资源包括企业内员工和管理者作为个人拥有的培训、经验、判断、智力、关系和洞察力。组织资本资源包括企业正式的汇报结构、正式和非正式的计划、控制和协调体系以及企业内部群组之间或企业内部和外部群组之间的非正式关系。

能力意味着企业能够有效协调各种资源并将其投入生产性用途，其本质是企业在某一方面的知识。与能力紧密关联的另一个词是核心能力。这一概念的提出者普拉哈拉德和哈默尔认为，核心能力是组织中的累积性知识，特别是关于如何协调不同的生产技术和有机结合多种技术流的知识。核心能力被普遍认为是企业竞争优势的重要来源，但是核心能力的界定问题一直处于争论中，一些有代表性的观点包括：①整合观，认为企业核心能力是不同技能与技术流的整合；②网络观，把企业核心能力看作技能网络；③协调观，认为企业核心能力是企业对各种资产与技能的协调配置能力；④知识载体观，把企业核心能力看作知识的载体。企业的核心能力往往隐藏于企业的规章制度、路径和程序中，即企业做出决策和管理内部流程实现企业目标的风格或行为方式。在更一般的意义上，企业的组织能力是组织结构、流程和控制系统的产物。它们决定着企业内由谁做出决策和如何做出决策，组织鼓励何种行为、企业文化模式和价值观。组织能力是无形的。它们在很大程度上并不是组织内个人的素质，而是组织情境下个人互动、协作和决策的方式。企业核心能力具有鲜明的特性，主要表现在如下四个方面。

第一，独特性。企业核心能力不仅与企业独特的技能和诀窍等技术特性高度相关，还深深地印上了企业组织管理、市场营销以及企业文化等诸多方面的特殊烙印，很难被竞争对手完全了解从而轻易复制，更无法完全进行市场交易。

第二，外溢性。企业一旦建立了自己的核心能力，即可将其核心能力组合运用到不同的相关创新中，构建新的创造与发展的基础，并不断推出创新成果，继而在相关领域也建立起自己的竞争优势，从而极大地促进自己的发展。

第三，动态性。企业核心能力总与一定时期的产业动态、管理模式以及企业资源等变量高度相关，随着彼此相关的变化，企业核心能力的动态发展演变是客观必然的，曾经的企业核心能力也可能演变为一般的企业能力，而曾经比较薄弱的非核心能力可能会成长为下一个阶段的核心能力。

第四，智能再生性。核心能力是企业最具智能的能力体现，它应该具有自我学习性和创造性，能够不断从外界汲取有效养分，培养和壮大自己，并根据企业的战略发展需要对自己进行调整与更新，从而保持自己强大的生命力。

企业资源和能力在企业核心竞争力的构建过程中是相辅相成的。一家企业如果拥有有价值的资源，但是没有有效利用这些资源的能力，那么它也无法创造出独特的竞争力。相反，一家企业即使不具有独特的资源，只要拥有竞争对手缺乏的组织能力，同样可以创造出独特的企业竞争力。

4.2.2　低成本和差异化：从资源和能力到竞争优势

企业的竞争优势最终体现为出色的盈利能力。企业的盈利能力取决于产品价格及其成本的差异；产品定价则在很大程度上取决于购买者对产品价值的评判，购买者对产品价值的评价越高，愿意接受的产品价格就越高。那么，作为企业竞争优势来源的资源和能力，应当有助于提高产品价值或者降低产品成本，从而使企业具有竞争优势。

事实上，企业资源和能力通过支持企业实施两种基本的竞争战略来帮助企业获取竞争优势：一是低成本战略，通过降低产品成本扩大产品的获利空间，提高产品定价的自由度；二是差异化战略，通过产品差异化为顾客创造更多的价值，为企业争取更多的定价选择。企业资源和能力与竞争优势的关系如图 4-2 所示。

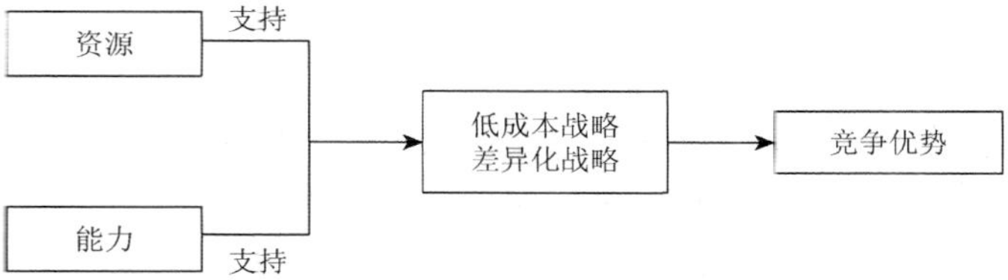

图 4-2　企业资源和能力与竞争优势的关系

4.3　价值链和竞争优势

企业为什么能够以低于对手的成本生产产品？为什么能够生产出区别于对手的产品从而为顾客创造额外的价值？对于这些问题，从企业整体角度来考察是无法获得满意的答案的。企业的竞争优势内隐在设计、生产、营销、交货等过程以及企业的人力资源管理、研发、采购等活动中。这些活动都或多或少地对企业的低成本有所贡献，并且奠定了企业差异化战略的基础。为了系统分析对企业竞争优势有贡献的各项活动，波特提出了价值链分析方法。

4.3.1　价值链的概念

每一个企业都是用来进行设计、生产、营销、交货以及对产品起辅助作用的各种活动的集合，这些活动可以用价值链来表示，如图 4-3 所示。换句话说，企业的价值链是其在特定行业内的各种活动的组合。需要注意的是，尽管同一行业内的企业由于提供基本功能相同或相似的产品/服务而具有相似的价值链，但是它们的价值链通常并不雷同。例如，大学校园周围众多的复印/打印店都在同一行业内竞争，但是它们具有不同的价值链，并且体现在耗材采购、打印/复印流程、结账手续等方面。事实上，竞争者在价值链上的差异提供了低成本或差异化战略的基础。一些较大规模的校园打印/复印店在价格上往往高于规模较小的竞争者，但是运营状况一点都不逊色，一个重要原因在于它们通过快捷、高质量的服务流程和提供延期付款服务等方式为顾客创造了额外价值，因而能够吸引到高质量的顾客。

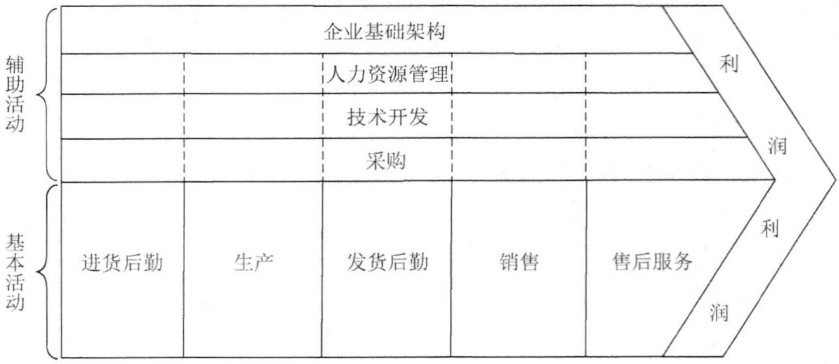

图 4-3　波特的价值链分析模型

价值是买方愿意为企业所提供的产品支付的价格。价值链列出了企业所从事的为买方创造价值的各项活动。单位产品的价值和企业提供单位产品的成本之差就是企业能够从单位产品的销售中获得的利润上限。

价值活动可以分为两大类，即基本活动和辅助活动。基本活动是涉及产品创造、销售、（向买方）转移和售后服务的各项活动，任何企业中的基本价值活动都可以划分成进货后勤、生产、发货后勤、销售和售后服务五种。辅助活动是辅助基本活动并通过提供采购、技术开发、人力资源管理以及企业基础架构以相互支持的价值活动。图 4-3 中的点划线反映了这样的事实，即采购、技术开发和人力资源管理都与各种基本活动相联系并支持整个价值链。企业基础架构虽然不与各种具体的基本活动相联系，但也支持整个价值链。

因此，价值活动是由影响竞争优势的各种相对独立的活动组成的。每一种价值活动如何作用于企业经济效益将决定一个企业在成本上是否处于相对优势地位，在产品特点上是否区别于竞争对手。企业与竞争对手在价值链的各种活动上的比较揭示了竞争优势的差异所在。

4.3.2　价值链上的基本活动

（1）进货后勤。进货后勤是指与接收、存储和分配相关联的各种活动，如原材料搬运、仓储、库存控制、车辆调度和向供应商退货。进货后勤是企业价值链上的第一环。企业如果在进货后勤相关活动上做得好，往往意味着企业在竞争中占得了先机，并且为企业在后续的生产、销售等活动中的竞争奠定了基础。在诸如连锁零售和火力发电等行业中，进货后勤对于企业获得竞争优势具有至关重要的作用。例如，易初莲花在中国的迅速发展就与其出色的货品配送能力不无关系。为了及时准确地补充货品，易初莲花建立了专门的配送中心。一旦门店商品库存低于要求，就有专门的订单管理部门向供应商发出订单，供应商接到订单后，按照订单的要求备货，并将商品送到配送中心，而不用配送到每个门店。这样既节省了供应商的配送费用，又加强了企业对商品的掌控力度，可以保证商品及时到店，降低商品的缺货概率，这一点是没有配送中心的零售企业无法相比的。

（2）生产。生产是指与将投入转化为最终产品形式相关的各种活动，如机械加工、包装、组装、设备维护、检测等。生产活动创造出产品和服务。对于提供实物产品的企业来说，生产指的就是制造，如饼干生产企业制造饼干。对于提供服务的企业来说，生产指的是把服务送给顾客，如会计师事务所为企业提供外部审计服务。企业通过优化生产活动不但有可能获得更低的成本结构，还有可能提高产品质量，创造出产品的差异化优势。例如，在钢铁行业，生产工艺对于产品质量和成本均有很大影响，宝钢股份公司通过不断优化厚板产品一贯制生产工艺，改善了板坯质量和热送率，显著提高了生产的稳定性，同时使制造成本不断降低。

（3）发货后勤。发货后勤是指与集中、存储和将产品发送给买方有关的各种活动，如产成品库存管理、原材料搬运、送货车辆调度、订单处理和生产进度安排等。和进货后勤一样，发货后勤对于企业的价值创造具有重要影响，体现在产成品的储运成本、订单处理的及时性、生产进度安排的合理性以及产品配送的准确性等方面。发货后勤的效率与企业提供产品或服务的成本、质量紧密关联。例如，许多企业将信息技术应用于订单处理，大大提高了订单处理的效率，条形码扫描技术的广泛应用则提高了订货信息输入的速度与准确性，并降低了处理成本。

（4）销售。销售是指与提供买方购买产品的方式和引导他们进行购买相关的各种活动，如广告、促销、销售队伍建设、报价、渠道建设、渠道关系和定价等。营销和销售提高产品或服务价值的方式有很多，如通过广告提高企业和产品在顾客心中的形象，通过促销提高产品销量，通过渠道建设提高买方获取服务和产品的便利程度，通过灵活的报价提高销售队伍获取订单的能力。营销和销售还以一些间接的方式为企业创造价值。例如，企业营销和销售活动中会积累一些有关产品的有用信息，通过将这些信息反馈给设计、研发和生产部门将有助于企业生产出更满足顾客需要的产品。

（5）售后服务。售后服务是指与提供服务以增加或保持产品价值有关的各种活动，如安装、维修、培训、零部件供应和产品调整等。售后服务至关重要。虽然这些活动发生在顾客购买相关产品或服务之后，但是它们往往影响顾客的购买决策。在一些行业中，企业的竞争不在产品质量和成本上，而是在售后服务上。孟加拉国一家企业的总裁在谈到为何选择中国供货商时认为，中国产品几乎跨过了质低价高的门槛，这比发达国家更具优势，所以美国、日本和德国的很多买家都在中国建立了生产基地。但是，价格并不是主要的竞争优势，因为泰国、马来西亚、印度尼西亚、越南都在这方面进行追赶，在不久的将来还可能超过中国。因此，中国厂家还应在服务方面努力，及时交货和售后服务是中国部分商家的弱项。

4.3.3　价值链上的辅助活动

辅助活动对于价值链上的基本活动起着支持性作用。这些活动可以分为四种类型，即采购、技术开发、人力资源管理和企业基础架构。

（1）采购。采购指的是购买企业价值链所需的各种投入的活动，而非企业价值链所需的各种投入本身。外购投入包括原材料、储备物资和其他易耗品，也包括各种资产，如机器、试验设备、办公设备和建筑物等。尽管外购投入一般与基本活动相联系，但是外购投入却在包括辅助活动在内的所有价值活动中存在。例如，原材料通常是企业生产中的外购投入，而培训服务常常是企业人力资源管理活动中的外购投入。

采购活动往往存在于企业的各个部分。用于生产的原材料、机器设备和相关材料由企业内专门设置的采购部门进行采购，办公用品往往由行政部门采购，企业所需的各种劳动力则视情况由部门经理、直线经理甚至董事会进行购买。可见，企业内的采购相当分散。这意味着对于采购的关注往往不够，因而对它进行研究很有可能为企业创造价值。

企业内的采购活动和企业的价值创造活动关系密切。当采购投入在企业总成本中占比较大的比例时，采购对于企业的成本结构具有举足轻重的影响。这种情况在钢铁行业购买铁矿石，火力发电企业购买煤炭时很常见。当然，在这两种情况下，采购得到的材料的质量还直接影响产品的生产效率和质量。另外，采购对于企业价值创造的影响依赖于企业的外部环境。从事跨境服装电商的 SHEIN 公司的“小单快反”[①]模式就是一个很好的例子。SHEIN 通过“SHEIN 云工厂”“GMP[②]移动平台”等对供应链进行数字化管理，为供应商提供商品列表、订单列表、库存结余和新品管理等模块的数据信息，供应商通过数字化平台可以直接获取消费者实时需求信息，进而支撑其“小单快反”、低价多选择的购销模式。数字化帮助 SHEIN 实现了供应商和消费者之间的供需精准匹配，为 SHEIN 取得了显著的成本领先优势。

（2）技术开发。无论是基本活动还是辅助活动都包含着技术的成分，它们可能体现为专利技术、专有技术和程序，也可能隐性地包含在企业使用的各种机器设备中。从行政办公活动的电脑打字到企业生产活动的工艺流程，无处不包含着技术的成分。

技术开发和企业内各种改善产品和工艺的价值活动具有广泛的联系。许多人狭隘地认为技术开发仅仅存在于企业的基本活动，甚至生产活动中。其实不然，即使是辅助活动中包含的技术也很可能促进价值创造。例如，在线教育（e-learning）在人力资源管理中的应用有可能提高员工的学习效率，进而对产品的成本结构和质量产生影响。

技术开发对于任何行业中的企业的竞争优势都很重要，无论是制造业，还是服务业。例如，自动柜员机（automated teller machine，ATM）、信用卡的使用对于银行降低运营成本大有益处。在一些行业中，技术开发对于企业获取竞争优势具有核心作用。例如，在计算机芯片制造行业，企业的芯片制造技术是企业竞争优势中最为独特的因素。

（3）人力资源管理。人力资源管理包括各种涉及所有类型人员的招聘、雇用、培训、开发和报酬等活动。人力资源管理和价值链上的各种基本活动和辅助活动相关联。例如，生产活动需要雇用可胜任的人员来开展，人力资源管理活动本身也需要雇用人力资源管理专业人员来实施。正是由于人力资源管理活动对于价值链上各种价值活动都具有支持性作用，所以人力资源管理事实上对整个价值链起着支撑作用。虽然人力资源管理活动看似分散地发生在企业内的各个领域和各种价值活动中，但是人力资源管理活动对于企业竞争优势的影响必须采用系统的视角进行考察。例如，高工资是否意味着高人工成本

---

① 小批量订单，快速反应。

② 即良好操作规范（good manufacturing practice）。

需要仔细考量，因为它一方面直接增加企业在员工工资上的支出，另一方面则有可能提高员工的满意度、降低员工的离职率，而这些都有助于降低企业的人工成本。

人力资源管理在许多方面促进企业的价值创造活动。人员的招聘、培训、开发、绩效管理、薪酬给付甚至是离职管理，只要做得得当，都可能给企业带来价值。人力资源管理可能通过作用于企业的基本活动来创造价值。例如，事实证明，华为在 21 世纪初实施的人才储备策略对其近年来的发展起到了强有力的推动作用。人力资源管理也可能作用于价值链上的辅助活动。例如，聘用一位变革性的领导人很可能对企业基础架构产生显著的影响。

（4）企业基础架构。企业基础架构由大量活动组成，包括总体管理、计划、财务、会计、法律、政府事务和质量管理。基础架构与其他辅助活动不同，它通过作用于整个价值链而非单个活动起辅助作用。从一定程度上说，企业基础架构是其他价值活动发生的环境。最高管理层对公司基础架构的方方面面都有切实影响，因此企业的最高管理层也往往被看作企业基础架构不可或缺的组成部分。

企业基础架构对于竞争优势的影响有时候显得较为间接。例如，企业文化作为企业基础架构的重要组成部分，对企业价值创造活动的影响被认为是缓慢的、温和的。但是，企业基础架构对于竞争优势的影响往往也是很重要的。同样以企业文化为例，它对企业竞争优势的影响通常是持久的，在一段较长时间内的累积效果通常也是显著的。

4.3.4　价值链的识别和内部联系

要分析价值链对企业竞争优势的影响，必须首先识别价值活动并确定价值链。价值链由若干项基本活动和辅助活动组成，基本活动和辅助活动在不同的企业里又表现为各种具体的活动。以供电企业为例对价值链进行分析，如表 4-1 所示。

表 4-1　供电企业核心业务的价值链分析

<table>
<tr><td rowspan="4">辅助活动</td><td colspan="5">企业基础架构：固定资产管理，组织结构，企业文化，党建工作，工会，纪检监察，法律事务，目标、过程和执行管理，企业规章制度，规范规程，媒体发布</td><td rowspan="5">企业利润</td></tr>
<tr><td colspan="5">人力资源管理：人员招聘与培训、人力资源计划、岗位人员配置、绩效管理、薪酬制度</td></tr>
<tr><td colspan="5">技术开发：管理创新、技术革新、科技规划与实施、信息化建设</td></tr>
<tr><td colspan="5">采购：财务决算、物资招标采购、外包工程管理、甲方合同管理、报销</td></tr>
<tr><td>基本活动</td><td>进货后勤：
采购计划；
设备材料入库；
物资补充；
不合格品控制；
旧物资报废</td><td>生产：
电网发展计划；
生产计划管理；
生产技术管理；
安全质量管理；
电网设备运行；
检修试验和更新改造；
电网基建管理；
新设备投产</td><td>发货后勤：
电网调度管理；
电网运行方式；
负荷预测控制；
电能质量控制</td><td>销售：
供电业务扩展管理；
小火电、小水电上网管理；
电能计量管理；
线损控制管理；
用电稽查</td><td>售后服务：
处理投诉；
故障报修；
用电变更；
客户设备代维护；
客户培训；
用电宣传；
用电抄表核算收费</td></tr>
</table>

资料来源：逄咏梅（2008）

定义价值活动要求分离具有不同技术效果和经济效果的具体活动。如表 4-1 所示，供电企业的售后服务包含了处理投诉、故障报修、用电变更、客户设备代维护、客户培训、用电宣传和用电抄表核算收费等几项活动。对于一些活动的进一步分解可以得到数量更多也更加具体的活动。在价值链分析中对价值活动的分解达到什么程度应当取决于这些活动的经济性和价值链分析的目的。对相关活动进行分离和分列的基本原则是：①具有不同的经济性；②对产品差异化产生很大的潜在影响；③占成本的很大比例或所占比例在上升。根据这些原则，一些价值活动可能被很细致地分解为不同的活动，因为这些活动对于竞争优势具有不同并且显著的影响；另一些活动则可能被组合起来进行分析，因为它们对于竞争优势具有相似的作用或者无足轻重。

尽管价值链分析要求分解价值活动，并且这些活动在技术效果和经济效果上有差异，但是价值活动在作用于企业竞争优势的过程中往往是相互联系的，而不是孤立的。例如，对员工的培训能够提高生产效率，降低生产成本；采购高质量的原材料有助于生产出高质量的产品，并进一步降低售后服务的成本。

价值链上的各种价值活动相互联系的原因是多种多样的，常见的原因包括：①不同的价值活动有助于实现同一目的，如生产效率的提高可以通过员工发展来实现，也可以通过技术升级来实现；②不同活动的成本和收益存在此消彼长的关系，如全面的进货检查提高了进货后勤活动的成本，但是有助于降低售后服务的成本。

价值活动之间的广泛联系意味着它们之间的协同作用能够为企业带来竞争优势。例如，严格的进货检查、高水平的生产工艺、全面的质量检验、高效的配送服务和完善的售后服务能够在建立企业竞争优势方面起到一致的作用。事实上，企业在一项价值活动中的优秀表现往往不足以形成竞争优势，或不足以使竞争优势具有持久性。只有当企业实现了各种相关的价值活动的相互协同，竞争优势才不容易被打破。当然，价值活动之间的广泛联系也意味着需要对它们进行协调。企业通过在多项价值活动上的卓越表现获取的竞争优势可能因为在某一项活动中的拙劣表现而完全丧失。

4.3.5 价值链的纵向联系

企业价值活动的影响范围和影响企业价值活动的因素并不局限于企业内部，它们向前延伸就和供应商的价值链发生联系，向后延伸就和销售渠道或买方的价值链发生联系。这两种联系都可以看作价值链的纵向联系。

供应商价值链和企业价值链之间的联系为企业获取和增强竞争优势提供了机会。对供应商价值链的分析有助于企业降低成本。企业可以通过了解供应商的生产流程，帮助供应商调整或改善产品，使之更加适合企业的需求，达到节约加工成本或提高产品质量的目的；企业也可以通过与供应商共享信息，协调进货时间和批量以及包装和运输的方式，实现双方生产的无缝对接，避免因为急用、积压或者不适当的包装方式带来的额外时间、人力成本和资金成本；企业同样可以通过与供应商建立联盟或者直接实施后向整合来节约采购成本和降低原料供应风险。

企业价值链和销售渠道价值链的联系与其和供应商价值链的联系相类似。企业价值链和销售渠道价值链之间存在大量的接触点，如销售队伍和订单处理。通过在这些接触点上协同合作，企业和销售渠道都能够从中获益。销售渠道的一个重要作用是提高企业产品的销售价格，对于诸如服装和酒等许多消费品来说，销售渠道中的价格通常占零售价格的很大比例。销售渠道也通过一系列的活动来增强产品的差异化程度，如广告和促销。这些活动在提高顾客对产品的感知价值的同时，也能够起到提高产品售价的作用。

企业产品最终使用者的价值链对于企业的竞争优势也是重要的。例如，如果企业直接销售产品或提供服务给消费者，那么了解消费者使用产品的方式和周期有助于降低企业的销售成本和售后服务成本；如果产品使用方法或操作程序复杂，那么通过上门指导使用方法，企业可以节约由用户操作不当而造成的维修成本。企业价值链和买方价值链的关系也为企业提供了差异化经营的契机。企业价值链和买方价值链之间有许多的接触点，如技术支持、零配件更换和付款交货等。对于企业价值链和买方价值链的接触点的分析可以帮助企业识别那些能够支持差异化战略的价值活动。事实上，每一个接触点都是经营差异化的潜在来源。例如，家电销售企业和消费者价值链的接触点至少包括旧家电回收（政府和部分家电销售企业推出了以旧换新服务）、产品安装调试和质量保证等，一些家电销售企业相应推出了旧家电上门回收服务、购货后 24 小时安装服务和产品质保期延长服务。

4.3.6　价值链的横向比较

价值链的横向比较指的是对一个行业内部的各个企业之间的相互作用进行分析。在大多数行业中，不管行业平均盈利能力和水平如何，总有一些企业比其他企业获利更多。通过价值链的横向比较，企业可以确定自身与竞争对手之间的差异，从而确定能够为企业取得相对竞争优势的战略。

价值链的横向比较首先关注的是竞争对手之间的竞争性，注重分析竞争对企业战略的影响，以及为获得竞争优势而进行的投资决策问题，其目的在于通过产品创新、技术开发、优质服务等形成差异，或使总成本最低，获得竞争优势。通过比较竞争对手在各项价值活动上的表现，企业能够识别自身优势并实施相应战略。例如，通过对企业自身各经营环节的成本测算，对不同成本地位的企业可采用不同的竞争方式：对成本较高但实力雄厚的竞争对手，可采用低成本策略；对成本较低的竞争对手，可运用差异性战略，注重提高质量，以优质服务吸引顾客，而非盲目地进行价格战，使自身在面临价格低廉的小公司的挑战时，仍能立于不败之地，保持自己的竞争优势。

价值链的横向比较也关注竞争对手是否存在共同利益，能否获取协同效应。由于同处一个行业，竞争对手在价值链的各种价值活动上或多或少存在相似性甚至完全相同，因此相对于企业的上游行业和下游行业而言，它们往往处于相似的位置，这一共同点为竞争者既竞争又合作、求取共赢奠定了基础。例如，在企业面对相同的供应商时，企业间的协同会提高其与供应商的议价能力，争取合理的价格和较高的质量；当新产品的开发面临很大的风险时，企业可以共同研发、分摊成本，提高抗风险能力。

4.4　竞争优势的可持续性

企业建立竞争优势后，紧接着的一个问题是竞争优势的可持续性。换句话说，当一个企业相对于对手取得优势地位后，它的这种优势地位在多大程度上是对手无法打破的，并且能够在时间上表现出多久的持久性。这个问题的答案至少取决于三个因素，即企业资源和能力的特点、竞争对手的能力和行业环境的动态性。

4.4.1 企业资源和能力的特点

并不是企业所拥有的任何资源和能力都能帮助企业获取可持续的竞争优势。要做到这一点，企业资源或能力必须具备四项特征，即价值性、稀缺性、难以模仿性和不可替代性。

1. 价值性

价值性指的是企业拥有的资源或能力对于其有效开发和实施战略是有用的。对开发和实施战略有用，事实上是说企业的资源和能力有助于其利用环境中的机会或者规避环境中的威胁。企业的一些属性可能具备稀缺性、难以模仿性和不可替代性等特点，但是只有当它们在企业利用机会或规避威胁的过程中显得有价值时，它们才成为我们所说的能够帮助企业获取竞争优势的“资源”或“能力”。

要判断企业的某些属性是否有价值，从而可以被当作企业的“资源”，取决于这些属性是否适应企业环境提出的要求。换言之，企业环境为我们提供了判断某种企业属性是否“资源”的途径。以企业员工为例，企业高管经常挂在嘴边的一句话是：“员工是我们最有价值的资源。”但是，员工一定是企业的资源吗？柯林斯在《从优秀到卓越》一书中指出，只有合适的员工才是企业的资源。这一观点与资源基础论对资源价值性的认识不谋而合。

2. 稀缺性

一般来说，一种有价值的资源或能力有助于企业有效开发和实施战略，但是如果这种资源或能力是许多企业共同具备的，那么这种资源事实上不太可能帮助企业赢得竞争优势。因为这些企业能够以相同的方式将这种资源或能力应用于战略开发和实施，最终的结果必然是所有企业都无法因此获得竞争优势。对于化工新材料行业来说，锂、钴、镍、稀土、钛等矿产资源具有稀缺性，掌握了稀缺资源禀赋的厦门钨业、东方钽业和北方稀土等新材料上市公司在近年来保持了高速增长趋势，正说明了这一点。

某些战略的开发和实施不是仅仅需要单独的一种资源和能力，而是依赖于多种资源和能力的恰当组合。4.3 节所述逻辑同样适用于这种情况。需要特别指出的是，在几乎所有战略的开发和实施中，管理才能通常都不可或缺。企业绩效的千差万别表明，管理才能具有稀缺性。若非如此，则管理才能不可能成为企业竞争优势的来源，甚至反而意味着它一文不值。

农夫山泉的例子很好地说明了资源的稀缺性在企业获取竞争优势中的作用。农夫山泉的生产商浙江千岛湖养生堂饮用水有限公司也曾经以生产纯净水为主业。2000 年 4 月，养生堂宣布停止生产纯净水，全面转向生产天然水。由于高质量的天然饮用水源于优质天然水源，优质水源是奠定饮用水优秀品牌的基石，优质水的水源地决定着瓶装饮用水的品质。选择并占据好水源，是拥有好品质的第一步。在明确的战略指导下，农夫山泉先后获得了国家饮用水水源一级保护区浙江千岛湖、南水北调中线工程源头湖北丹江口、长白山自然保护区靖宇水源以及华南最大的国家级森林公园内的万绿湖四处国家级珍贵水源。可以说，高质量的水源对于农夫山泉近年来稳固占据全国天然水市场的销量第一的位置起到了很大的作用。

3. 难以模仿性

不难理解，稀缺的、有价值的资源和能力确实是企业竞争优势的来源。拥有这些资源和能力的企业往往表现为战略创新者，它们在开发和实施相关战略上能够先行一步，从而取得一定的竞争优势。但是，这种竞争优势能够持久吗？问题的答案取决于企业资源和能力是否难以模仿。例如，浙江制造业产品往往依托于社会需求金字塔的宽大底部，尽管有着较大的市场容量，但因为易于模仿，进入的门槛较低，不可避免地陷于过度竞争的境地，并随着要素价格逐步上扬和市场份额不断分割，整个制造业利润的减少将成为必然趋势。

一般来说，在企业竞争优势的来源中，最容易模仿的是诸如厂房、设备和生产线之类的有形资源。这些资源往往易于观察，也能在公开市场上购买得到。例如，在中国改革开放初期，许多企业通过从国外引进成套设备和生产线，快速建立和提高了生产能力，取得了一定的先发优势，但是随着竞争对手购买到相似甚至更加先进的生产设备，它们的优势迅速消散。

与有形资源相比，无形资源较难模仿。专有技术和专利技术是重要的无形资源。如果专利技术在保护期内，则法律禁止对其进行模仿。全世界至少有 150 个国家都对专利实施保护政策。例如，《中华人民共和国专利法》(简称《专利法》) 规定，发明专利的保护期限为 20 年，实用新型专利权的期限为 10 年，外观设计专利权的期限为 15 年。专有技术也被称为技术诀窍，是指先进、实用但未申请专利的技术秘密，包括设计图纸、配方、数据公式，以及技术人员的经验和知识等。专有技术不属于知识产权，因而不受法律保护，但是其因保密性而具备难以模仿的特性。许多知名企业借助专有技术取得竞争优势，可口可乐公司是其中的一家。尽管对于“可口可乐”饮料，全世界几乎是家喻户晓，而可口可乐的产品配方历经数十年，对于外界仍是一个谜，可口可乐公司对外许可生产过程中，对其配方采用半成品保护，即不提供生产技术和配方，只提供浓缩的原浆让被许可方配成可口可乐成品。除了专利技术和专有技术外，品牌也被认为是企业重要的无形资源。品牌象征着企业信誉，优秀的品牌通常是企业许多年良好经营积淀的结果。例如，全聚德代表着好吃的烤鸭，同仁堂代表着货真价实的中药。

对能力的模仿通常要难于对资源的模仿。这主要是因为能力往往为隐于企业内部，体现为企业决策和管理流程，要掌握它必须深入企业内部。当然，虽然能力是无形的，但竞争对手仍然可以通过模仿的方式获得能力。例如，相当数量的跨国公司在进入中国后通过“挖人”的办法来取得本土化的知识和能力；目前一些中国企业，如联想，也通过从跨国公司“挖人”来取得国际化的经验和能力。

那么，哪些因素决定企业资源和能力易于模仿或难以模仿呢？巴尼认为，三种因素决定了企业资源难以模仿：资源的形成或获取是否和独特的历史状况紧密相关；资源和能力与竞争优势之间的关联是否具有因果模糊性；产生竞争优势的资源是否具有社会复杂性的特点。这三个因素同样适用于对企业能力的分析。

（1）独特的历史状况。竞争优势的产生依赖于独特的历史状况，这种情形也被称作历史依赖性或路径依赖性。有些资源和能力的形成具有特定的历史背景，从这个意义上讲，只有那些经历过特殊历史的企业才具有某种特有的资源和能力。那些在特殊时期没能得到这种资源和能力的企业，即使在未来某个时期有机会获取相同的能力和资源，成本也往往相当高昂。计算机键盘的竞争能够很好地说明历史依赖性。现在广泛使用的 QWERTY 型键盘在技术上并不是最好的，但是它却牢牢占据了市场。实际上，德沃夏克（Dvorak）于 1932 年申请专利的 Dvorak 键盘（亦称 DSK 键盘）输入速度最快。但是由于某种原因，QWERTY 型键盘使用人数占了优势。由于其他类型的键盘在数量上较少，考虑到硬件、软件的兼容性，其他使用者会在选择打字机时（键盘是由打字机演化而来的）选择 QWERTY 型。这样，QWERTY 型键盘逐渐占据了整个市场。这种状态被称为“锁定”，后来的键盘虽然在技术上比之先进，但却失去了竞争的先机。

当一个企业赖以形成竞争优势的资源和能力具有历史依赖性或路径依赖性特征时，竞争对手模仿或复制这种资源和能力的代价就非常高昂；当竞争对手无法承担模仿或复制这些资源和能力的成本，或者复制和模仿行为的成本超过其收益时，这种资源和能力便可成为企业持续的竞争优势和经济利润的来源。

（2）因果模糊性。因果模糊性指的是企业资源和能力与持续竞争优势之间关系的模糊，根植于未阐明的独特性资源、默会知识和核心竞争力中，并自然产生模仿壁垒或“隔离机制”。更直白地说，因果模糊意味着人们弄不清楚成功企业的成功原因是什么，它们为什么具有竞争优势和经济利润，其竞争优势和经济利润来自何处。正因如此，竞争对手才不知道如何去模仿或学习它的这种能力，也不知道他们到底应当用自己的资源和能力去实施一种什么战略。

因果模糊可能来源于两个方面：一是特征模糊，二是联系模糊。前者指的是资源或能力本身的特征，如意会性、复杂性导致的内在模糊。例如，某些经验只可意会，难以言传；后者指的是资源的投入程度、能力的高低和产出之间的关系的模糊。因果模糊导致的直接后果是，人们可能识别出了一些产生竞争优势的资源和能力，但是这些资源和能力究竟是不是竞争优势的真实来源，人们对此无法确认。这印证了为什么一些表现很优秀的企业并不清楚自身何以表现得那么优秀。

因果模糊导致的困境，无论是对于拥有相关资源和能力的企业来说，还是对于不拥有这些资源和能力的企业来说都是存在的。有意思的是，只要有任何一家企业彻底理解了特定资源、能力和竞争优势的关系，这种知识总会逐渐扩散，最终导致基于因果模糊的竞争优势不复存在。当然，对于不同的企业而言，特定资源、能力和竞争优势的因果模糊的程度会有所差异。如果具有竞争优势的企业对自身资源、能力和竞争优势关系的理解优于对手，那么形势就对它比较有利；反之则反。

（3）社会复杂性。使企业资源和能力难以模仿的最后一个因素是其社会复杂性。

企业资源和能力的社会复杂性特征使企业——无论是拥有它们的企业还是不拥有它们的企业——无法系统地对其进行掌控。企业中的许多资源和能力都具有社会复杂性特征，如企业管理层的人际关系、企业文化、企业在供应商和消费者心目中的形象、企业的社会声誉和各种社会关系等。具有这种资源和能力的企业，其战略选择空间比那些不具备这种资源和能力的企业大得多。需要指出的是，这些资源和能力往往并不具有因果模糊的特征，如企业文化对企业运营效率和效益的影响是显著的。但是，并不是所有企业都能构建这些资源和能力。例如，许多企业没能建立起它们意图建立的企业文化。

4. 不可替代性

特定资源和能力作为可持续的竞争优势的来源必须满足的最后一个条件是，它们必须在战略上是不可替代的，或者虽然存在替代品，但是替代品非常稀缺并难以模仿。两种资源和能力在战略上具有替代性，是指为实施战略具备任意一种资源和能力即可。如果存在两种资源和能力可以相互替代，其中一种具有稀缺性和难以模方的特点，但是另一种则不然，那么建立在这两种资源和能力上的竞争优势都不可能具有可持续性。

替代性至少表现为两种形式。第一种，在企业不能模仿或复制对手资源的情况下，企业有可能获取替代性的“相似”资源，只要这种资源能够使其开发或实施相关战略即可。例如，当企业看上对手优秀的高管团队并试图进行复制时，它通常无法真的进行“复制”，而是会采取一系列的高管团队开发措施，使自身的高管团队具有同等的效率和效益。如果复制高管团队的成本不高，那就意味着高管团队具有较高的替代性，从而无法给企业带来可持续的竞争优势。第二种，形态迥异的资源和能力之间也可能具有替代性。例如，在一家企业中，管理者具有清晰的愿景，其原因是这家企业有一个魅力型的领导；而在其竞争对手中，管理者也具有清晰的愿景，但原因在于企业拥有系统的战略规划过程。在这个例子中，一个魅力型的领导和一个系统的战略规划过程具有替代性。

4.4.2 竞争对手的能力

在前面对资源和能力的四个特征——价值性、稀缺性、难以模仿性和不可替代性的论述中，出于简便考虑，我们的分析有两个不足之处：一是静态性，基本没有考虑资源和能力的变化及其变化的原因；二是对资源和能力采用了两分的处理方法，如把资源按照价值性划分为有价值和没价值，按照稀缺性划分为稀缺和不稀缺。但是，在现实的企业经济中，资源和能力的价值性、稀缺性、难以模仿性和不可替代性这些特征不但具有动态性，而且具有一定的连续性。影响特定资源的价值性程度、稀缺性程度、难以模仿性程度和不可替代性程度的一个关键因素是行业内竞争对手之间的相对能力。

竞争对手之间的相对能力首先体现在资源和能力的开发和获取上，战略承诺的概念有助于我们对此进行分析。战略承诺是指企业根据自身的资源和能力，基于当前市场环境以及对未来变化趋势的预测，为了实现战略目标而向竞争对手、伙伴、顾客和企业员工做出的某种或某些长期的许诺行为。可见，战略承诺体现了企业为实现相关战略目标对资源和能力的投入程度。

战略承诺对于企业竞争优势来说是一把“双刃剑”。从积极的角度看，战略承诺有助于企业获得可持续的竞争优势。因为对于已经做出战略承诺的企业来说，竞争对手要想打破这种战略承诺，势必需要付出很高的成本。例如，在汽车制造行业，生产的规模化程度直接影响企业利润，但是要获取规模经济，必须进行前期的大量投资（如建造生产线）。因此，对于已经实现规模经济的企业来说，竞争对手要想获取同样的规模经济，需要付出的成本和承担的风险都很高，因为扩大生产规模不仅意味着前期的巨大投入，还意味着必须面对产品滞销的风险。从消极的角度看，战略承诺也有可能对企业竞争优势产生不利的影响。由于承诺通常具有刚性特征，一旦做出，就不可撤销，也很难逆转，如钢铁企业签订的长期铁矿石购买协议。这种承诺一旦改变就意味着企业将要承担巨大的成本。例如，中国部分企业在过去一段时间在产能上不断增加投资，导致部分行业产能过剩，这意味着一些企业将不得不为过去的战略承诺付出高昂的代价——改变战略承诺意味着既有投资打水漂，继续增加战略承诺则很可能意味着参与恶性竞争。

学习和吸收能力是影响企业竞争优势的可持续性的另一个重要因素。因为企业竞争优势赖以建立和维持的资源和能力总是处于不断变化之中。对于拥有资源和能力的企业来说，需要进一步地学习和吸收相关知识，使相关资源和能力更加难以模仿。对于不拥有相关资源和能力的企业来说，如果能够比竞争对手更快地识别、评估、吸收和运用新知识，那么就有可能后来居上，超越竞争对手。IT 行业中的摩尔定律（该定律的大意是 IT 产业的硬件或设备生产商的技术水平每 18 个月提高一倍，或者说相关技术涉及的产品的价格每 18 个月下降一半）是对上述观点的生动诠释。这一定律告诉我们，在 IT 行业，要想使竞争优势持久，重要的不是拥有特定的资源或能力，而是能够以较快的速度拥有特定的资源和能力。

4.4.3 行业环境的动态性

当从企业内部寻找竞争优势的来源时，我们假设企业所处的行业环境是相对稳定的。但是，从历史视角考察任意一个行业都不难发现，所有企业所处的行业环境都具有一定的动态性。行业环境的动态性通常取决于行业所采用的主流技术的变革程度的大小。

有些技术变革使行业发生彻底变化，在这个崭新的行业内，任何企业，包括原来具有和不具有竞争优势的企业要想建立竞争优势，都必须发展新的能力，获取新的资源。例如，技术的创新一直带动着出版业的发展，从出版业发展的历史脉络来看，出版技术的每一次变革与创新，都能将出版推向一个更高的台阶。作为一个进入通道，二维码技术、AR 技术已在纸屏融合中应用颇多。用户只需要拿出手持终端扫描纸质图书上印刷的二维码或图片，就能在屏幕上获取更多的多媒体形态的内容。扫码的过程实现了纸屏之间的互动，不仅吸引了用户参与，更丰富了内容的表现形式，把平面转化为立体，将无声转化成有声。

在更多的情况下，技术变革提高产品质量，缩短产品生命周期，使竞争优势在竞争者之间流转。个人计算机行业的发展史就很好地说明了这一点。在 20 世纪七八十年代，苹果电脑公司借助创新拥有了竞争优势；1981 年，IBM 推出第一台个人电脑，夺回了竞争优势；20 世纪 80 年代中期，康柏（Compaq）公司通过生产与 IBM 机兼容的更为廉价和精巧的电脑获取了竞争优势；到了 20 世纪 90 年代，戴尔公司借助互联网为顾客提供价格低廉的定制化产品，明显胜过了康柏公司。

4.5　内部分析方法：内部因素评价矩阵

内部因素评价矩阵（internal factor evaluation matrix，IFEM）通过识别和评价组织内部财务、市场营销、人力资源、信息技术、运营和其他方面的关键因素，帮助组织了解自身的优势和弱点。

内部因素评价矩阵可以按照如下五个步骤进行构建。

第一步，列出内部分析过程中确认的关键内部因素。因素总数控制在 10～20 个，包括影响企业绩效的各种优势和弱点。

第二步，对每个关键因素赋予权重。每个因素的权重应当反映该因素对于企业取得成功的影响的相对大小，数值越大，权重越大。所有因素的权重总和为 1。

第三步，按照组织现行战略对各个关键因素的有效反应程度为各个关键因素打分，范围为 1～4，“1”代表反应很差，“2”代表反应低于平均水平，“3”代表反应高于平均水平，“4”代表反应很好。

第四步，用每个关键因素的得分乘以相应的权重，得到每个关键因素的加权得分。

第五步，将所有关键因素的加权得分加总，得到企业在这些因素上的总的加权得分。

不管内部因素评价矩阵涉及多少个关键因素，其加权得分总和都在 1～4 范围内，平均值为 2.5。如果企业的最终得分高于 2.5，那就意味着企业对自身优势的利用和对弱点的应对程度高于平均水平，反之则低于平均水平。

某网络书店的内部因素评价矩阵如表 4-2 所示。从评价结果可以看出，这家网络书店对自身优势的利用和对弱点的处理高于行业平均水平。

表 4-2　某网络书店的内部因素评价矩阵

项目	关键内部因素	权重	得分	加权得分
优势	强有力的管理团队	0.10	4	0.40
	强大的客户服务和支持	0.07	4	0.28
	最新的技术和软件	0.08	4	0.32
	高品牌认知度	0.10	4	0.40
	完善的企业文化建设	0.07	3	0.21
	完善的分销中心	0.05	3	0.15
	牢固的战略联盟	0.07	3	0.21
	国际市场份额的增长	0.03	3	0.09
	高存货周转率	0.03	3	0.09

续表

项目	关键内部因素	权重	得分	加权得分
弱点	总计 3 亿元的财务赤字	0.10	1	0.10
	运营损失	0.05	1	0.05
	需支付高额利息费用	0.05	2	0.10
	季节性的库存风险	0.05	2	0.10
	供应商数量较少	0.05	2	0.10
	客户信息获取困难	0.10	2	0.20
总计		1.00		2.80

4.6 把内部分析和外部分析结合起来：SWOT 分析

在第 3 章和本章中，我们分别介绍了如何分析企业的外部环境和内部环境。对于企业的战略分析而言，内部环境分析和外部环境分析都是不可或缺的。在诸多有助于企业提高战略分析质量的工具中，SWOT 分析模型是最受欢迎的工具之一。这一模型在综合分析企业外部和内部环境的基础上，识别出企业自身的优势和劣势，以及环境中存在的机会和威胁。

4.6.1 SWOT 分析模型的定义

SWOT 是 strengths（优势）、weaknesses（劣势）、opportunities（机会）和 threats（威胁）的缩写，它们的基本含义为：优势是指有助于实现目标的企业或人员特点；劣势是指不利于实现目标的企业或人员特点；机会是指有助于实现目标的外部条件；威胁是指不利于实现目标的外部条件。

4.6.2 SWOT 分析模型的提出

SWOT 分析源于 1960～1970 年斯坦福研究所（Stanford Research Institute）开展的一项研究，参与的研究人员有马克恩（Marion）、汉弗莱（Humphrey）、斯图尔特（Stewart）和利（Lie）。这项研究受财富 500 强企业委托和资助，其目的是要找出公司规划失败的原因。当时，公司规划已经成为一种趋势。从 1949 年杜邦公司率先进行公司规划开始，到 1960 年，当时的财富 500 强企业都设置了专门的公司规划职位。但是，这些大企业碰到的一个普遍问题是，长期规划投入不菲，但是并不奏效，因而在经济上显得并不划算。企业界普遍感觉到，有效管理变革和设置现实可行的目标非常困难，常见的结果是，一致的目标和行动是管理层妥协的结果。但是事实证明，这种依赖于妥协达成的一致目标和行动很有问题。因此，如何使管理层对战略目标达成一致意见并共同承诺去执行相应的行动计划就成为迫切需要解决的问题。对这一问题的探索促成了 SWOT 分析模型。

SWOT 分析的指导思想是在全面研究企业内部和外部环境的基础上，把握企业内部的优势和劣势，识别企业外部的机会和威胁，构建出企业内部特点和外部条件之间的四种组合（图 4-4）。在此基础上制定战略，使企业达到发挥优势、克服劣势、利用机会和化解威胁等目的。

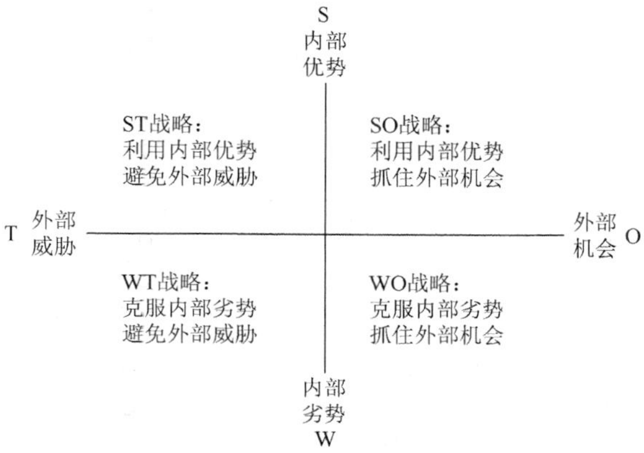

图 4-4　SWOT 分析模型

4.6.3　SWOT 分析的步骤

一个典型的 SWOT 分析包含如下四个步骤。

第一步，界定战略目标。SWOT 分析常常作为战略规划的组成部分，它帮助企业实现战略目标。在不界定战略目标的情况下进行 SWOT 分析，往往会陷入为 SWOT 分析而 SWOT 分析的境地。

第二步，搜集信息，把握企业的优势和劣势。根据拟分析企业的实际情况，准备访谈提纲或者拟探讨的问题列表，并通过访谈、头脑风暴等方式，客观地列出企业当前的优势和劣势。

第三步，扫描环境，识别企业面临的机会和威胁。对于企业来说，机会是潜在的可能会具备的优势，而威胁则是潜在的可能会面临的劣势。采用第二步中同样的方法，列出企业的机会和威胁。

第四步，开发战略行动。评估企业的 SWOT 分析结果，结合企业战略目的，开发相应的战略行动。

本节给出了一个 SWOT 分析的例子，如图 4-5 所示，其分析对象是中国邮政储蓄银行，分析的目的是对中国邮政储蓄银行的业务进行准确的市场定位。

4.6.4　SWOT 分析的局限

SWOT 分析在被提出后就一直大受欢迎。20 世纪 90 年代中期英国政府发起的一项调查表明，在被调查的 50 家英国企业中，有 20 多家企业采用了 SWOT 分析。但是，SWOT 分析也存在很多不足之处，无论是研究者还是管理者都对它提出了批评。SWOT 分析的局限主要有如下三点。

	优势（S）	劣势（W）
	1. 中国邮政储蓄银行已经实现“网点遍布城乡，全国通存通取”，用户从城市到农村、从高端到低端，渠道优势最为明显 2. 资金在数量和质量上具有优势 3. 邮政储蓄业务是在邮政业务的基础上开办的，基本上不需要特意为开办储蓄业务而另寻营业场所，因此经营成本相对较低 4. 邮政行业有着数十万名投递员，他们直接与客户对接的服务方式为邮政储蓄树立了良好的品牌形象	1. 长期以来，邮政储蓄银行开办存款业务和部分代收代付类的中间业务，业务品种单一 2. 与其他商业银行相比，中国邮政储蓄银行从业人员的总体文化水平和业务水平存在较大差距，金融知识政策水平普遍较低 3. 中国邮政储蓄银行基础设施不到位，大部分网点特别是农村地区的网点，设备较为落后陈旧
机会（O）	SO战略	WO战略
1. 建设社会主义新农村的机遇。2006年，中央一号文件明确提出，要扩大邮政储蓄资金的自主运用范围，引导邮政储蓄资金返还农村，为社会主义新农村建设服务。同时，国有四大行基层网点的撤并给农村金融市场留下了空白 2. 开展中间业务的机遇。在中间业务领域，同其他商业银行处于同一个起跑线上	1. 抓住建设新农村的历史机遇，利用自身在农村市场的网点和品牌优势，把邮政储蓄建成金融业在农村的第一品牌 2. 利用自身的资金优势大力发展资金的批发业务 3. 其可以开发与邮政业务相结合的金融中间业务，充分利用邮政拥有的庞大实物传递和投资队伍，形成在中间业务领域的核心竞争力	在农村市场试点小额信贷，逐步积累风险定价、风险控制方面的经验，以提高从业人员的专业知识和操作技能
威胁（T）	ST战略	WT战略
1. 城市市场即将面临来自外资银行和其他商业银行的强有力的竞争；在农村市场上，农村信用社的威胁也不小 2. 不完善的内部风险控制机制将会带来一定的经营风险	中国邮政储蓄银行在资产运用方面采取批发为主或者相当分量批发的模式，可以省去大量贷款审查的风险管理，在一定程度上防范不良贷款风险，同时也可以避开与其他同业的竞争	将服务对象定为中小投资企业，有所为有所不为

图 4-5　中国邮政储蓄银行市场定位的 SWOT 分析[①]

第一，SWOT 分析的前提假设没有很好地契合企业实际情况。首先是内外区分的假定。SWOT 分析假定机会和威胁只存在于外部环境中，优势和劣势只存在于企业内部环境中，然而事实上优势和劣势可能出现在企业外部，机会和威胁也可能出现在企业内部。其次是利害区分的假定。对优势和劣势的判断是一个复杂的测量问题。从测量角度看，企业内外条件的状况往往会表现为一个连续体，而不像 SWOT 分析假定的那样能够泾渭分明地分为优势和劣势。最后就是静态分析的假定。SWOT 分析通常是在某一时点对企业内外进行扫描，然后进行优势、劣势、机会和威胁分析，从而形成四种内外匹配的战略。这种做法忽略了企业运作环境的动态性。

第二，SWOT 分析的构成要素有待深入理解。首先是优势和劣势这两个概念。优势和劣势总是相对而言的，一个企业是否具有优势和劣势通常只在和对手的比较中才有意义。SWOT 分析框架显然对于这两个构成要素没有给出严格的界定。其次是不同要素之间的关系，如企业当前的优势和未来的机会之间是否存在某种关联，换句话说，这两者之间的背后是否有某种共同的基础，如独特的资源和能力。在 SWOT 分析过程中融入相关的战略视角，可能有助于我们探寻企业的优势、劣势、机会和威胁背后的动力学机制，从而帮助我们以整合性的视角看待企业的演变。

① 李奕滨（2007）。

第三，SWOT 分析在操作性上存在诸多问题。一项基于英国企业的调查发现，SWOT 分析的实际应用效果不太理想，比较普遍和突出的问题有：优势、劣势、机会和威胁的列表冗长，无须对识别出的因素的重要性进行排序（致使无法确定哪些因素是最重要的），用词因缺乏规定而显得含糊，无法解决冲突（指多个分析者对有关优势、劣势、机会和威胁的因素意见不一致），无须通过数据和分析来验证相关表述或观点，分析层次单一，以及分析结果和后续的战略行动往往没有任何关系。

本章精要

企业的内部环境是可控的，企业可以通过系列措施趋利避害，提升自己的竞争优势。

竞争优势是指只要企业或其产品具有某种特质，并且这种特质有助于企业在市场上的表现优于对手，就可以说企业具有了某种竞争优势。企业的竞争优势来源于企业的资源和能力，价值链是分析企业竞争优势的工具。企业的价值链是其在特定行业内的各种活动的组合，在这里涉及进货后勤、销售和发货后勤等活动。

分析企业的内部优势，需要借助于 SWOT 分析模型，即在分析企业的优势与劣势，外部环境的机会与威胁的基础上，确定企业采用何种战略。同时，通过模型分析，企业可以更好地把握企业的优、劣势，从而可以有针对性地进行改进，进一步提升企业的竞争优势。

思考题

1. 企业竞争优势和可持续的竞争优势的含义是什么？
2. 什么是价值链？价值链分析对于企业获取竞争优势有何意义？
3. 企业资源和能力的哪些特征对企业的竞争优势具有重要影响？
4. 请阐述企业外部环境分析、内部环境分析和 SWOT 分析的关系。

综合案例

伊利通过数字化战略转型提升商业价值①

2022 年备受瞩目的北京冬奥会大获人心，内蒙古伊利实业集团股份有限公司（简称伊利）借势发展，战绩不俗。冬奥盛会期间，伊利应用最前沿的数字技术，通过搭建大数据消费者智能平台推出了冬奥定制款冰淇淋“非常熊猫”、冬奥吉祥物版奶酪棒等乳制品，布局数字化全产业链，以高品质为奥运品质“镀金”。然而，伊利的成功并非一蹴而就的，其数字化转型的道路可谓披荆斩棘。2017 年，在国家愈发重视“数字经济”的背景下，伊利董事长潘刚率先带领企业走上数字化转型的道路。但传统企业成功实现数字

① 王洪生等（2023）。

化转型并非易事，伊利也不例外。在转型初期，乳制品行业的健康问题给伊利带来了冲击，数字化转型步履维艰；在转型中期，伊利高管提议的“一生饮奶计划”使伊利陷入风波，险些众叛亲离。在陷入僵局之际，伊利虽进退维谷，但仍迎难而上，搭建数字牧场，科技赋能全产业链各环节，从而有了如今千亿“奶茅”的名号。2022 年上半年，伊利营业总收入超过 634 亿元，仅上半年收入就已经领先第二梯队超过 150 亿元，在行业内实至名归。但面对国外市场开拓难度加大、新业务开拓良莠不齐、未来新生儿出生率降低等情况，伊利能否继续塑造自身优势，引领中国乳业迈向世界舞台的中心位置？

2017 年是中国的“数字经济”之年，“数字经济”被收录到政府工作报告中。各行各业，包括乳制品行业，迅速掀起了数字化转型的浪潮，迎来数字化转型新局面。与此同时，2017 年上半年，我国乳牛畜牧企业业绩纷纷下滑，在中国这个相对缺奶的国家，竟出现了“奶剩”。出现这类现象的原因有两个：一是国内消费疲软导致消费者对优质奶的需求下降；二是大量的进口奶粉由于价格相对便宜，一定程度上满足了消费者对乳制品的短期需求。在此期间，伊利受到国内乳业环境的影响，面临着巨大的经营成本压力，不仅如此，伊利产业链的管理系统及核心技术迟迟满足不了经营需求，实时监控得不到有效保障，使得企业内部决策反馈出现延迟，生产效率也因此下降。在外部政策和内部供求的双重加持下，伊利董事长潘刚以数字化转型突破重围，给公司带来新的盈利点。但是，数字化转型是一种彻底的、全方位的商业模式变革，需要投入大量的人力、物力、财力，其风险高，数字化转型的成本不可估量。因此，伊利一度陷入战略选择的僵局，在“稳当下”和“闯蓝海”的选择中犹豫不决。2017 年 8 月，中国乳制品工业协会第二十三次年会如期举行，年会深入探讨了乳业的智能化、数字化发展。期间，伊利董事长潘刚分享了伊利数字化转型的经验，认为乳企数字化转型需要从上游、中游、下游共同发力，把各种新技术、新工艺运用到全产业链的各环节，并且前瞻性地提出了关于乳企数字化转型的对策与建议，伊利的数字化转型，正在缓缓拉开帷幕……

1. 建数字牧场，布局产业链上游

数字化转型需要从上中下游一同发力的战略指引。伊利率先进行尝试，开启科技赋能全产业链之路，分别对产业链上游、中游、下游各环节进行改造。伊利引进先进技术、设施，数字赋能创新，加快布局产业链上游牧场。伊利多次在奶源升级与建设方面投入资金，截至 2017 年底，伊利拥有的自建、在建及合作牧场超过数千家，位居行业第一。智能化手段在伊利规模化的道路上起了很大作用，保障伊利优质奶源，夯实品质基础。优秀的奶企除了离不开稳定的奶源，更需要保证原奶质量。2019 年，伊利开始携手上游合作伙伴，综合利用信息化、数据化、智能化技术，打造产业链前端，形成循环生态的“绿智能牧场”，一方面，将以大数据为支撑的智能化与传统养殖业有机结合，将奶牛养殖与原奶生产环节数据化分解，体现建设“绿智能牧场”的全新思路。伊利通过帮助其合作伙伴规范牧场系谱档案、开展选种选配等基础项目管理，从最源头提升了牛奶品质，并结合对优质牛种的奖励，形成更高品质的牛种群体，加快了牛群遗传改良进程。另一方面，以信息化管理为基础，以科技种养殖为手段，协助合作牧场实现更绿色、更高效的种养殖管理，来实现规模效应和可持续发展。

好景不长，2020 年新冠疫情暴发后，各地牧场经营受到影响，出现了理化指标波动、产奶量下滑以及关键的技术人员短缺等情况。面对这种情况，伊利以“绿智能牧场”的智能化系统与远程服务为基础，创新服务模式。以远程服务为主，为牧场提供“远程问诊”，借助直播连线来实时纾难解困，辅之以现场服务。伊利提供的多元化帮扶措施，有效帮助了合作牧场渡过难关，大大提高了解决问题的效率，也进一步完善了对牧场线上指导的渠道。2021 年 3 月 29 日，针对上游牧场经营管理的难点、痛点，“绿智能牧场”再次革新升级，“伊利智慧牧场大数据分析应用平台 3.0”免费向全国牧场开放使用。全面升级后的系统与目前通用的智能系统和设备互联互通，使牧场内的数据采集、整合、分析和应用实现“全线贯通”，构建了“设备–系统–平台”三位一体的智慧运营整体体系，数据孤岛进一步被打破。牧场的相关数据在系统内实时更新，并与牧场内各项养殖指标和经营指标形成动态对比分析，以便牧场主随时掌握分析结果，及时为牧场发展指引方向、制订配套计划。在线上指导方面，进一步改造升级，为牧场随时提供行业专家“会诊”服务。此外，系统还能开展大数据智能分析，逐层级模拟专家思维，为牧场生成改善提升的成套方案，指导牧场及时做出科学决策，有针对性地解决牧场经营管理问题，改变了以往仅依靠专家指导的模式。

后疫情时代，消费者受专家力荐的影响，对牛奶的需求量也明显增加。伊利进一步扩大牧场范围，伊利智慧健康谷克服重重困难动工，2022 年 7 月投产。在伊利看来，建成的智慧健康谷内有三个“全球之最”——全球单体规模最大的液态奶生产基地，全球单体规模最大、数字化程度最高的婴儿配方奶粉生产基地以及全球智能化程度最高的绿色低碳观光牧场，其中，工作人员只负责维修机器，而不参与生产过程，彻底实现了无人生产。

2. 打造核心系统，升级产业链中游

2017 年，新科技革命和产业变革如火如荼，中央强调大力推进智能制造，抢占先进制造业发展制高点，增强企业竞争优势。伊利着手推进智能制造，引进大数据、人工智能等新兴技术，逐步打造乳业智能化制造。其数字化部门制订了乳业智能化升级方案，建立了“Y-iLMILK”智能车间通用标准模型，为智能工厂的平台搭建奠定了基础，这套标准模型相当于打造智能化工厂的“建造图纸”。

2017 年，伊利主导国家乳业智能制造标准，开始实施液态奶智能制造项目，涉及生产执行系统、原奶系统、质量系统等多个系统的建设和集成，共计实现生产管理、质量管理等六大功能。目前各功能已经稳定运行，运行效率和业务规范性得到较大改善。其中生产执行系统在智能工厂中举足轻重，被称为智能工厂的“核心大脑”。该系统对下与自动化系统、设备等互通互联，实时获取设备状态和数据，对上与企业资源规划（enterprise resource planning，ERP）系统、实验室信息管理系统（laboratory information management system，LIMS）等集成、协同，进行统一的数据交互，促进生产高效化和管理协调化。各系统间通过智能计算向智能化、自动化生产设备传递指令，还能感知到设备的实时状态，对设备故障能够提前预警，为安全、稳定、高效的生产过程提供保障。

在智能系统的控制下，伊利智能工厂井然有序。工厂中，自动化生产线与智能化机器人无缝配合，装箱、码垛、缠绕一气呵成。通过人工智能技术，工厂实现了原奶无人化过磅，并且引进的立体仓储系统能够精准存储奶制品；现场设备可远程控制实现自动化作业，实现生产全面自动化控制管理，自动化控制可实现率达到 90%以上，极大提高效率的同时，有效减少了人力资本投入，优化了产业链中游的生产管理。智慧工厂的运用，实现了线上与线下、实体与虚拟、自动化与智能化交互的无缝融合，改变了企业与外部客户接触的方式以及企业内部运营管理的方式。同时，这也是伊利改变商业运作模式的一次数字化转型创新，采取纵向管控、横向打通、质量透明的策略，利用打通供应链端到端的数字化手段，提升企业从设计、采购、生产、物流到销售的数字化能力。

3. 走向消费终端，完善产业链下游

近些年，乳制品特别是液态乳品消费下沉愈发明显。早在 2006 年，伊利就已经开始着手研究突破大城市竞争怪圈，发力三、四线市场以及将渠道下沉至乡镇的途径，尝试着以黑科技和多种创新方式，不断夯实线下渠道的护城河。经过多年的布局，伊利于 2018 年正式上线浑天仪系统，可依托数字化系统完成特定品类、特定市场的全面盘点扫描，对某一区域的市场发展态势进行分析、评估和预测，并对终端网点的布局规划、策略、落地行动进行精准辅助。目前，该系统已经覆盖全国多个城市、业态及众多网点。在销售门店，浑天仪系统能够实时监测，并通过 AI、AR 图像自动识别和上传，实现实时自动化管理，打造全新智慧门店，实现城市精耕。此外，浑天仪系统还可以收集交易人群数据，利用智能分析精准把握消费者需求，以便产品创新，让生产出的产品更加适销对路。伊利通过浑天仪系统重构下游产业链，推动智能终端的发展，也为后续数字化发展打下牢固基础。

2020 年 5 月，伊利质量检验控制中心主任李翠枝建议将“一生饮奶计划”纳入国家战略。“实现国家学生饮用奶从幼儿园到高中的全覆盖，同时建议将跨境电商税率与一般贸易税率等同，将婴幼儿配方奶粉从跨境电商清单中剔除。”李主任的“一生饮奶计划”提案让人们纷纷产生怀疑：这是在为下一代的孩子谋取福利，还是在为伊利谋取私利？伊利也因此陷入危机，于是其开始转变策略，致力于提高自身价值。在此风波后的同年 11 月，伊利率先与国内科技领军企业小米跨界合作，利用现代智能科技设备，将科技创新运用到乳品行业，为消费者量身定制数据化、科技化、健康化的营养管理方案，倡导科学饮奶方式，为消费者提供更健康、个性化的营养选择，为伊利的销售添砖加瓦。伊利在销售终端搭建了大数据消费者智能平台，应用自然语言处理等技术，通过大数据洞察、预测未来可能流行的产品口味、营养需求，同时实时关注来自不同地区、不同年龄、不同圈层人群对产品的反馈，为经营决策提供更有力的数据支撑，进而优化产品与服务品质，打破销量瓶颈。伊利未曾止步，逐渐实现渠道运营模式转型。在数字化赋能下，产品生产从“以工厂为中心”向“以消费者为中心”的方向转变。2021 年，伊利以导购社群为载体，以自主研发的数字化工具和手段为依托，与经销商、零售商协同，在社群中实现销售转化，由零售商完成履约交付，打造了“品牌—门店—消费者”的直连模式。2022 年，伊利启动“数字 $N+$ 伊”生态创享计划，挖掘数字化技术和手段的 N 多个创新性可能，这些成果都可以与伊利实实在在地结合，最终服务于消费者。

如今，我国乳制品消费群体正在不断分化，“90 后”“00 后”成为新一代消费主力军，液体乳市场整体进入消费再升级阶段，这对乳制品企业利用数字化技术细分市场，优化供应链提出了更高的要求。目前，液体乳市场仍是我国乳制品行业中规模最大的细分市场，呈现出市场下沉和高端化加速两个明显特征。一方面，传统的液体乳对一二线城市的渗透已趋于饱和，乳制品企业纷纷寻找新目标和细分市场，下沉市场逐渐成为新的增长点，与此同时，消费者多层次、个性化、多元化的需求也在不断涌现，因此，专业、高端液体乳也更受消费者青睐，伊利急需找到新突破口，维持原有市场份额。另一方面，伊利的生产成本、市场成本、技术开发等方面开支很大，负债率持续走高，陷入了高成本、低毛利率的怪圈。国内消费相对疲软，纵使伊利持续加大投资力度，保持住了其相对优势，讲出了新产品、新故事，但是中国消费者对乳制品的消费需求正在进入漫长的平台期，乳制品的消费升级也具有周期性，这为伊利带来了更大的挑战，更需要企业稳住优势，加大长期投入力度。

综合案例思考题：

1. 试分析伊利的企业资源和能力以及它们对伊利竞争优势有什么影响。

2. 在数字经济的潮流下，企业之间的竞争变得更加激烈，如果无法获得持久的竞争优势，企业就将被迅速淘汰。伊利又该如何获取可持续的竞争优势呢？

第 5 章 企业总体战略

懂得了全局性的东西，就更会使用局部性的东西，因为局部性的东西是隶属于全局性的东西的。

——毛泽东

引导案例

海尔的发展战略①

海尔是世界白色家电第一品牌、中国最具价值品牌。海尔集团公司（简称海尔）在创始人张瑞敏确立的名牌战略指导下，先后实施名牌战略、多元化战略、国际化战略、全球化品牌战略、网络化战略和生态品牌战略。

（1）名牌战略阶段（1984～1991 年）。只生产冰箱一个产品，探索并积累了企业管理的经验，为今后的发展奠定了坚实的基础，总结出一套可移植的管理模式。

（2）多元化战略阶段（1992～1998 年）。从一个产品向多个产品发展（1984 年只有冰箱，1998 年时已有几十种产品），从白色家电进入黑色家电领域，以“吃休克鱼”的方式进行资本运营，以无形资产盘活有形资产，在最短的时间里以最低的成本把规模做大，把企业做强。

（3）国际化战略阶段（1999～2005 年）。产品批量销往全球主要经济区域市场，有自己的海外经销商网络与售后服务网络，海尔品牌已经有了一定知名度、信誉度与美誉度。

（4）全球化品牌战略阶段（2006～2012 年）。为了适应全球经济一体化的形势，运作全球范围的品牌，从 2006 年开始，海尔继名牌战略、多元化战略、国际化战略阶段之后，进入第四个发展战略创新阶段——全球化品牌战略阶段。国际化战略和全球化品牌战略的区别是：国际化战略以中国为基地，向全世界辐射；全球化品牌战略则是在每一个国

① 《85%产品不入库背后——走进海尔看制造业数字化转型》，https://www.haier.com/press-events/news/20230712_212124.shtml，2023-06-30。

家的市场创造本土化的海尔品牌。海尔实施全球化品牌战略要解决的问题是：提升产品的竞争力和企业运营的竞争力；与分供方、客户、用户都实现双赢；从单一文化转变到多元文化，实现可持续发展。

（5）网络化战略阶段（2013～2019 年）。海尔从传统制造家电产品的企业转型为面向全社会孵化创客的平台，致力于成为互联网企业，颠覆传统企业自成体系的封闭系统，变成网络互联中的节点，互联互通各种资源，打造共创共赢新平台，实现利益攸关各方的共赢增值。为此，海尔在战略、组织、员工、用户、薪酬和管理六个方面进行了颠覆性探索，打造出一个动态循环体系，加速推进互联网转型。

（6）生态品牌战略阶段（2020～2026 年）。2020 年至 2022 年，海尔连续三年作为唯一物联网生态品牌，入选凯度（BrandZ）最具价值全球品牌百强。该奖项主席戴维·罗斯在海尔专题纪录片《海尔愿景——创物联网时代的新增长引擎》中表示“海尔正在颠覆我们对全球化企业与品牌的一切认知”。

从 2020 年开始，海尔正式进入第六个战略阶段——生态品牌战略阶段。这意味着，海尔已经不再是传统意义上的家电品牌了。如今的海尔已经打通了行业界限，建立起多个“生态方”共创共赢的链接。在生态品牌战略阶段，海尔为了把世界改变成物联网时代所要求的世界，正在通过改变两点来实现：第一，改变企业，把企业从原来“有围墙的花园”改变成热带雨林式的、可以自进化的商业生态体系；第二，改变生活方式，变成物联网时代的生活方式，从原来以产品为主变成以场景和生态为主。以此，让不同的国家、不同的民族都可以享受到物联网时代的美好生活。在这个思路下，海尔平台上已经涌现出了很多物联网时代的新物种，如在海尔创业 35 周年纪念日活动上，其在“创客说”环节中提到的疫苗网、衣联网等。海尔正在从衣、食、住、行、康、养、医等方方面面，为每个用户定制物联网时代的美好生活，成长为一个用户信任的生态品牌。

本章学习目标

· 了解企业总体战略的类型。

· 学习增长型战略的概念及类型。

· 掌握稳定型战略的概念及类型。

· 学习紧缩型战略的概念及类型。

· 掌握混合型战略的概念及类型

· 掌握进攻型战略的概念及类型。

· 掌握防御型战略的概念及类型。

· 了解增长型战略、稳定型战略、紧缩型战略、进攻型战略、防御型战略和混合型战略的适用条件。

· 了解增长型战略、稳定型战略、紧缩型战略、进攻型战略、防御型战略的优缺点。

企业总体战略又称经营战略，是指为实现企业总体目标，对企业未来发展方向做出的长期性和总体性战略。它是统筹各项分战略的全局性指导纲领，是企业最高管理层指导和控制企业的一切行为的最高行动纲领。

企业总体战略按照发展态势可分为增长型战略、稳定型战略、紧缩型战略和混合型战略。按照竞争态势可分为进攻型战略和防御型战略。

5.1 增长型战略

5.1.1 增长型战略概述

1. 增长型战略的内涵

增长型战略也称成长型战略，是指企业选择什么样的产业范围组合，什么样的经营方式，是一体化经营还是多元化经营。增长型战略是一种使企业在现有的战略基础水平上向更高一级目标发展的战略。

从企业发展的角度来看，任何成功的企业都应当经历长短不一的增长型战略实施期，因为从本质上说只有增长型战略才能不断地扩大企业规模，使企业从竞争力弱小的小企业发展成为实力雄厚的大企业。

2. 增长型战略的特征

增长型战略与其他类型的战略相比，具有以下特征。

（1）实施增长型战略的企业不一定比整个经济增长速度快，但它们往往比其产品所在的市场增长得快。市场占有率的增长可以说是衡量增长的一个重要指标，增长型战略的体现不仅应当有绝对市场份额的增加，更应有在市场总容量增长的基础上相对份额的增加。

（2）实施增长型战略的企业往往取得大大超过社会平均水平的利润率。由于发展速度较快，这些企业更容易获得较好的规模经济效益，从而降低生产成本，获得超额的利润率。

（3）采用增长型战略的企业倾向于采用非价格的手段同竞争对手抗衡。由于采用了增长型战略的企业不仅在开发市场上下功夫，而且在新产品开发、管理模式上都力求具有竞争优势，因而其赖以作为竞争优势的并不会是损伤自己的价格战，而一般来说总是将相对更为创新的产品和劳务以及管理上的高效率作为竞争手段。

（4）增长型战略鼓励企业的发展立足于创新。这些企业常常开发新产品、新市场、新工艺和旧产品的新用途，以把握更多的发展机会，谋求更大的风险回报。

（5）与简单地适应外部条件不同，采用增长型战略的企业倾向于通过创造以前本身并不存在的某物或对某物的需求来改变外部环境并使之适合自身。这种去引导或创造合适的环境的做法是由其发展的特性决定的：要真正实现既定的发展目标，势必要有特定的合适的外部环境，被动适应环境显然不一定有帮助。

5.1.2 增长型战略的类型

企业增长在战略上可分为一体化扩张和多元化扩张。一体化扩张又可分为横向一体化（水平一体化）和纵向一体化（垂直一体化）。实现这些扩张的方法包括内部发展和外部发展（合并和合资等）。内部发展是现有企业（公司）通过新股票发放或自身资金积累，扩大现有生产规模，或建立新厂、新的部门以及新的子公司等。合并是指一企业获取另一企业的资源且无人抗争的过程。如果被合并的企业进行抗争，则称此过程为兼并。

1. 一体化战略

（1）横向一体化。横向一体化是指企业现有生产活动的扩展并由此导致的现有产品市场份额的扩大。该类增长可以从三个方向进行，如图 5-1 所示。第一，扩大原有产品的生产和销售；第二，向与原产品有关的功能或技术方向扩展；第三，向国际市场扩展或向新的客户类别扩展。横向一体化可以使企业生产规模扩大，实现规模经济。由于该类增长与原有生产活动有关，比起其他类型增长更易于实现，故一般来说，企业早期的增长多以此为主，且实现的方式以内部发展为主。据对美国 1895～1972 年的公司增长战略分析，1895 年至 20 世纪初的公司增长主要以横向一体化为主。中国工业企业的增长在相当长的时期内也以横向一体化为主，20 世纪 80 年代以来，其他形式的扩张才较多出现。

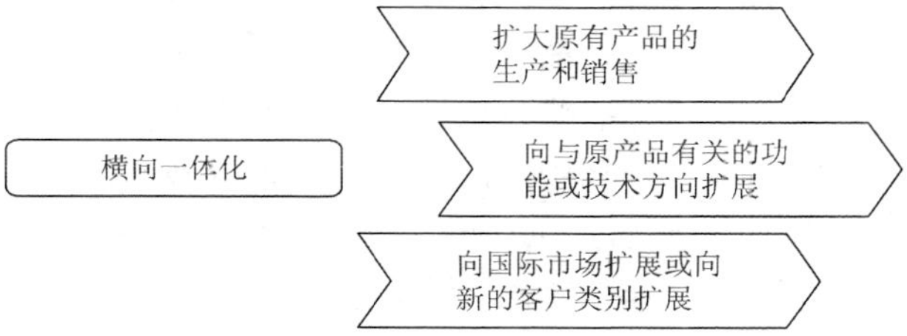

图 5-1　横向一体化发展方向

（2）纵向一体化。纵向一体化是指企业向原生产活动的上游和下游生产阶段扩展。现实中，多数大型企业均有一定程度的纵向一体化。该类扩张使企业通过内部的组织和交易方式将不同生产阶段联结起来，以实现交易内部化。纵向一体化包括后向一体化和前向一体化，如图 5-2 所示。后向一体化是企业自己供应生产现有产品或服务所需要的全部或部分原材料或半成品，如钢铁公司自己拥有矿山和炼焦设施，服装厂自己种植棉花等。前向一体化则是企业自行对本公司产品做进一步深加工，或者对资源进行综合利用，或公司建立自己的销售组织来销售本公司的产品或服务。例如，钢铁企业自己轧制各种型材，并将型材制成各种不同的最终产品，即属于前向一体化。

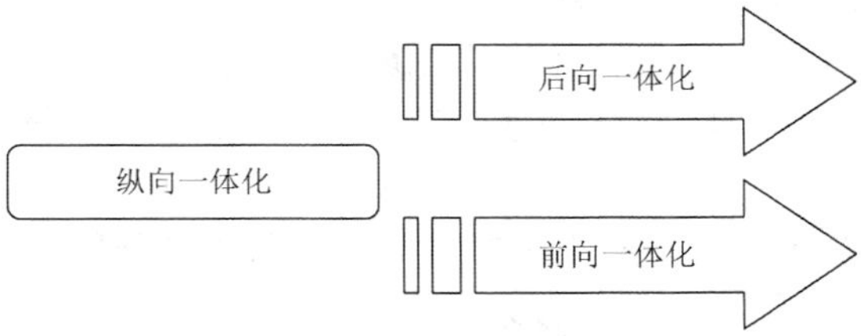

图 5-2　纵向一体化发展方向

纵向一体化是公司增长到一定阶段的主要扩张战略。根据班诺克的观点，公司通过横向一体化打败竞争对手，占领市场多头垄断地位后，便会进行纵向一体化扩张，以占领其供应和市场领域。一旦公司在一生产部门占领重要地位之后，向多种部门扩张便成为其唯一的增长战略。

2. 多元化战略

（1）同心多元化战略也称相关多元化战略，是指公司以现有业务为基础进入相关产业的战略。采取同心多元化战略，有利于公司利用原有产业的产品知识、制造能力和营销技能优势获取融合优势，即两种业务同时经营的盈利能力大于各自运营不同业务时的盈利能力之和。当公司在产业内具有较强的竞争优势，而该产业的成长性或吸引力逐渐下降时，比较适宜采取同心多元化战略。例如，海尔过去是专业生产冰箱、冰柜、空调器等的大厂商，现其产业已扩展到电视设备。在石油、化工等资金、技术密集型产业中，许多企业都在生产和经营很多产品，并不断开发新产品，也执行的是同心多元化战略。同心多元化战略又可分为技术相关多元化战略、资源相关多元化战略和市场相关多元化战略等。

技术相关多元化战略是利用企业原产品和新产品之间在研究开发、原材料利用、生产技术、设备及工艺等方面的较强的技术关联性，发挥技术上的协同作用，使新产品在质量和成本上具有一定的竞争力。例如，很多电冰箱生产企业除了生产电冰箱外，还生产空调器等产品。资源相关多元化战略是以现有经营业务所拥有的物质资源为基础，进入不同的产品、市场领域，以充分利用资源的多种经营的战略。市场相关多元化战略是以现有经营业务领域的市场营销活动为基础，进入完全不同的产品市场的战略。企业生产的多种产品之间在销售渠道、销售对象、促销方法等方面有较强的市场关联性。例如，铅笔厂生产自动铅笔、圆珠笔等。

（2）离心多元化战略也称不相关多元化战略，是指公司进入与现有业务不相关产业的战略。如果公司当前产业缺乏吸引力，而公司也不具备较强的能力和技能转向相关产品或服务，较为现实的选择就是采取离心多元化战略。采取离心多元化战略的目的主要不是使用产品、技术、营销等方面的共性，而是从财务上斟酌平衡现金流获取新的利润增加点。采用这种战略的公司，一般是跨产业经营。例如，美国通用汽车公司除主要生产汽车产品外，还生产电冰箱、洗衣机、飞机发电机、潜水艇、洲际导弹等。

5.1.3 增长型战略的适用条件

采用增长型战略需要具备以下条件。

（1）企业必须分析战略规划期内宏观经济景气度和产业经济状况。因为企业要实施增长型战略，就必须从外部环境中获得更多的资源，良好的经济形势是企业获得资源的重要保证。

（2）增长型战略必须符合政府管制机构的政策法规和条例等的约束。世界上大多数国家都鼓励高新技术的发展，因而一般来说这类企业可以考虑使用增长型战略。

（3）公司必须有能力获得充分的资源来满足增长型战略的要求。由于采用增长型战略需要较多的资源投入，所以从企业内部和外部获得资源的能力就显得十分重要。

（4）判断增长型战略的合适性还要分析公司文化。如果一个企业的文化是以稳定性为其主旋律的话，那么增长型战略的实施就要克服相应的文化阻力。

5.1.4 增长型战略的优缺点

1. 增长型战略的优点

（1）企业可以通过发展提高自身价值，这体现了经过扩张后的公司市场份额和绝对财富的增加。这种价值既可以成为企业职工的一种荣誉，又可以成为企业进一步发展的动力。

（2）企业能通过不断变革来创造更高的生产经营效率与效益。通过增长型发展，企业可以获得过去不能获得的崭新机会，避免企业组织老化，使其总是充满生机和活力。

（3）增长型战略能使企业保持竞争实力，实现特定的竞争优势。

2. 增长型战略的缺点

（1）在采用增长型战略获得初期的效果后，该战略很可能导致盲目地发展和为了发展而发展，从而破坏企业的资源平衡。

（2）过快的发展很可能降低企业的综合素质，使企业的应变能力虽然表面上不错，但实质上却造成内部危机和混乱。

（3）增长型战略很可能使企业管理者更多地注重投资结构、收益率、市场占有率、企业的组织结构等问题，而忽视产品的服务或质量，重视宏观发展而忽视微观问题，因而不能使企业达到最佳状态。

5.2 稳定型战略

5.2.1 稳定型战略概述

1. 稳定型战略的内涵

稳定型战略是指在内外部环境的约束下，企业准备在战略规划期使企业的资源分配和经营状况基本保持在目前状态和水平上的战略。

从企业经营风险的角度来说，稳定型战略的风险是相对较小的，对于那些曾经成功地在一个处于上升趋势的行业和一个不大变化的环境中活动的企业会很有效。

2. 稳定型战略的特征

稳定型战略从本质上追求的是在过去经营状况基础上的稳定，它具有如下特征。

（1）企业对过去的经营业绩表示满意，决定追求既定的或与过去相似的经营目标。例如，企业过去的经营目标是在行业竞争中处于市场领先者的地位，稳定型战略意味着在今后的一段时期里仍然将这一目标作为企业的经营目标。

（2）企业在战略规划期内所追求的绩效按大体的比例递增。与增长型战略不同，这里的增长是一种常规意义上的增长，而非大规模的和非常迅猛的发展。例如，稳定型增长可以指在市场占有率保持不变的情况下，随着总的市场容量的增长，企业的销售额的增长，而这种情况并不能算是典型的增长型战略。实行稳定型战略的企业，总是在市场占有率、产销规模或总体利润水平上保持现状或略有增加，从而稳定和巩固企业所处的竞争地位。

（3）企业准备以与过去相同的或基本相同的产品或劳务服务于社会，这意味着企业在产品的创新上投入的精力较少。

5.2.2 稳定型战略的类型

1. 无增战略和微增战略

按照偏离战略起点的程度划分，稳定型战略可以分为无增战略和微增战略。

（1）无增战略。无增战略似乎是一种没有增长的战略。采用它的企业可能基于以下两个原因：一是企业过去的经营相当成功，并且企业内、外部环境没有发生重大变化；二是企业并不存在重大的经营问题或隐患，因而战略管理者没有必要进行战略调整。在这两种情况下，企业的管理者可能不希望企业进行重大的战略调整，因为这种调整可能会在一定时期内降低企业的利润总额。采用无增战略的企业除了每年按通货膨胀率调整其目标外，其他暂时保持不变。

（2）微增战略。微增战略是指企业在稳定的基础上略有增长与发展的战略。其中既包括稳定而小幅度地提高市场占有率，提高市场地位，或者随市场的稳步增长而扩大产销规模，保持适当的市场占有率，也包括谨慎地推出新产品和提高市场占有率。

2. 阻击式防守战略和反应式防御战略

按照企业采取的防御态势划分，稳定型战略可以分为阻击式防守战略和反应式防御战略。

（1）阻击式防守战略。这一战略的指导思想是“最有效的防御是完全防止竞争较量的发生”。它的操作方法如下：首先是企业投入相应的资源，以充分显示企业已经拥有的阻击竞争对手进攻的能力；其次是不断明白无误地传播自己的防御意图，塑造出顽强的防御者形象，使竞争对手不战而退。

（2）反应式防御战略。当对手的进攻发生以后，针对这种进攻的性质、特点和方向，企业采用相应的对策，施加压力，以维持原有的竞争地位和经营水平。

3. 无增战略、维持利润战略、暂停战略和谨慎实施战略

在具体实施方式上，稳定型战略又可依据其目的和资源分配的方式分为无增战略、维持利润战略、暂停战略和谨慎实施战略。

（1）无增战略。与前面提到的无增战略相同。

（2）维持利润战略。这是一种牺牲企业未来发展来维持目前利润的战略。维持利润战略注重短期效果而忽略长期利益，其根本意图是渡过暂时性的难关，因而往往在经济

形势不景气时被采用，以维持过去的经济状况和效益，实现稳定发展。但如果使用不当，维持利润战略可能会使企业的元气受到伤害，影响企业长期发展。

（3）暂停战略。在一段较长时间的快速发展后，企业可能会遇到一些问题使得效率下降，这时就可以采用暂停战略，即在一定时期内降低企业的目标和发展速度。暂停战略可以充分达到让企业积聚能量的目的，为今后的发展做准备。例如，采用购并方式发展的企业，往往会在新收购的企业尚未与原来的企业很好地融合在一起时，先采用一段时间的暂停战略，以便有充分的时间来重新实现资源的优化配置。

（4）谨慎实施战略。如果企业的外部环境中某一重要因素难以预测或变化趋势不明显，企业的某一战略决策就要有意识地减缓实施进度、步步为营，这就是谨慎实施战略。例如，某些受国家政策影响比较严重的行业中的企业，在面临国家可能公布的一项法规前，就很有必要采取谨慎实施战略，一步步稳固地向前发展，而不是置未来政策于不顾。

5.2.3　稳定型战略的适用条件

采取稳定型战略的企业，一般处在市场需求及行业结构稳定或者较小动荡的外部环境中，因而企业所面临的竞争挑战和发展机会都相对较少。但是，有些企业在市场需求以较大的幅度增长或外部环境提供了较多的发展机遇的情况下也会采取稳定型战略。这些企业一般来说是由于资源状况不足以使其抓住新的发展机会而不得不采用相对保守的稳定型战略。下面分别从外部环境和企业内部实力两个方面介绍稳定型战略的适用条件。

1. 外部环境方面

外部环境的相对稳定性会使企业更倾向于采用稳定型战略。外部环境影响企业稳定的因素大致包括以下几个方面。

第一，宏观经济状况会影响企业所处的外部环境。如果宏观经济在总体上保持总量不变或总量低速增长，这就势必影响到该企业所处行业的发展，使其无法以较快的速度增长。因此，宏观经济的慢速增长会使某一产业的增长速度也降低，这就会使得该产业内的企业倾向于采用稳定型战略，以适应外部环境。

第二，产业的技术创新度。如果企业所在的产业技术相对成熟，技术更新速度较慢，企业过去采用的技术和生产的产品无须经过较大的调整就能满足消费者的需求并支持与竞争者的抗衡，这样，产品系列及其需求能够保持稳定，从而使企业采纳稳定型战略。

第三，消费者需求偏好的变动。这一点其实是决定产品系列稳定度的一个方面：如果消费者的需求变动较为稳定，企业可以考虑采用稳定型战略。

第四，产品生命周期或行业生命周期。对于处于行业或产品的成熟期的企业来说，产品需求、市场规模趋于稳定，产品技术成熟，新产品的开发，包括以新技术为基础的新产品的开发难以取得成功，因此以产品为对象的技术变动频率低，同时竞争对手的数目和企业的竞争地位都趋于稳定，这时提高企业的市场占有率、改变市场的机会很少，因此较为适合采用稳定型战略。

第五，竞争格局。如果企业所处行业的进入壁垒非常高或其他原因使得该企业所处竞争格局相对稳定，竞争对手之间很难有较为悬殊的业绩变化，则企业采用稳定型战略可以获得最大的收益，因为改变竞争战略所带来的业绩增加往往是不尽如人意的。

2. 企业内部实力方面

当外部环境较好时，行业内部或相关行业市场需求增长，即为企业提供了有利的发展机会，但这并不意味着所有的企业都适于采用增长型战略。如果企业资源不充分，如当资金不足，研发力量较差或人力资源有缺陷无法满足增长型战略的要求时，就无法采用扩大市场占有率的战略。在这种情况下，企业可以采取以局部市场为目标的稳定型战略，以使企业有限的资源能集中在自己有优势的细分市场，维持竞争地位；当外部环境相对稳定时，资源较为充足和资源较为稀缺的企业都应当采取稳定型战略，以适应外部环境，但两者的做法可以不同。前者可以在更为广阔的市场上选择自己的资源分配点，而后者应当在相对狭窄的细分市场上集中自身的资源。当外部环境不利时，如当行业处于生命周期的衰退阶段时，资源丰富的企业可以采用一定的稳定型战略；对于那些资源不够充足的企业，如果它在某个特定的细分市场上有独特的优势，那么也可以考虑采用稳定型战略。

5.2.4 稳定型战略的优缺点

1. 稳定型战略的优点

（1）企业的经营风险相对较小。由于企业基本维持原有的产品和市场领域，所以可以用原有的生产领域、渠道，避免开发新产品，从而避免核心市场的巨大资金投入、激烈的竞争抗衡以及开发失败的巨大风险。

（2）能避免出现因改变战略而改变资源分配格局的困难。由于经营领域与过去大致相同，所以稳定型战略不必考虑原有资源的增量或存量的调整，相对于其他战略态势来说，显然要容易得多。

（3）能避免出现发展过快导致的弊端。在行业迅速发展的时期，许多企业无法看到潜伏的危机而盲目发展，结果造成资源的巨大浪费。

（4）能给企业一个较好的休整期，使企业积聚更多的能量，以便为今后的发展做好准备。

2. 稳定型战略的缺点

（1）稳定型战略的执行是以市场需求、竞争格局等内、外条件基本稳定为前提的。一旦企业的这一判断没有得到验证，就会打破战略目标、外部环境与企业实力之间的平衡，使企业陷入困境。因此，如果环境预测有问题，稳定型战略也会有问题。

（2）特定细分市场的稳定型战略也会有较大的风险。由于企业资源不够，企业会在部分市场上采用竞争战略，这样做实际上是将资源重点配置在这几个细分市场上，所以如果对这几个细分市场把握不准，企业可能会更加被动。

（3）稳定型战略也会使企业的风险意识减弱，甚至形成害怕风险、回避风险的企业文化，这就会大大降低企业对风险的敏感性、适应性和冒风险的勇气，从而增大了以上风险的危害性和严重性。

5.3　紧缩型战略

5.3.1　紧缩型战略概述

1. 紧缩型战略的内涵

紧缩型战略是指企业从目前的战略经营领域和基础水平收缩和撤退，且偏离起点战略较大的一种经营战略。

与增长型战略和稳定型战略相比，紧缩型战略是一种消极的发展战略。一般地，企业实施紧缩型战略只是短期的，其根本目的是使企业挨过风暴后转向其他的战略。有时只有采取收缩和撤退的措施才能抵御竞争对手的进攻，避开环境的威胁和迅速地实行自身资源的最优配置。可以说，紧缩型战略是一种以退为进的战略。

2. 紧缩型战略的特征

紧缩型战略有以下特征。

（1）企业在现有的产品和市场领域实行收缩、调整和撤退战略，如放弃某些市场和某些产品线系列，因而从企业的规模来看是在缩小，同时一些效益指标，如利润率和市场占有率等，都会较为明显地下降。

（2）企业对资源的运用采取较为严格的控制措施并尽量削减各项费用支出，往往只投入最低限度的经营资源，因而紧缩型战略的实施过程往往会伴随着大量的裁员、一些奢侈品和大额资产的暂停购买等。

（3）紧缩型战略具有明显的短期性。与稳定型和增长型两种战略相比，紧缩型战略具有明显的过渡性，其根本目的并不在于长期节约开支、停止发展，而是为今后的发展积蓄力量。

5.3.2　紧缩型战略的类型

1. 适应性紧缩战略、失败性紧缩战略和调整性紧缩战略

按照采用紧缩型战略的原因划分，紧缩型战略可以分为适应性紧缩战略、失败性紧缩战略和调整性紧缩战略。

（1）适应性紧缩战略。适应性紧缩战略是指企业为了适应外部环境而采取的一种紧缩型战略。外部环境的变化主要有：整个国家的经济处于衰退之中，市场需求缩小，资源紧缺，从而导致企业在经营领域中处于不利地位。

（2）失败性紧缩战略。失败性紧缩战略是指企业因经营失误导致竞争地位下降、经营资源短缺，只有撤退才有可能最大限度地保存实力。

（3）调整性紧缩战略。调整性紧缩战略是指企业为了利用环境中出现的新机会，谋

求更好的发展，不是被动采用，而是有长远目标地实施的积极紧缩性战略。

2. 抽资转向战略、放弃战略和清算战略

按照实施紧缩型战略的基本途径划分，紧缩型战略可以分为抽资转向战略、放弃战略和清算战略。

（1）抽资转向战略。抽资转向战略是企业在现有的经营领域不能维持原有的产销规模和市场面，不得不缩小产销规模和市场占有率，或者企业在存在新的更好的发展机遇的情况下，对原有的业务领域进行压缩投资，控制成本以改善现金流，为其他业务领域提供资金的战略方案。另外，企业在财务状况恶化时也有必要采取抽资转向战略，这一般发生在物价上涨导致成本上升或需求降低使财务周转不灵的情况下。针对这些情况，抽资转向战略可以通过以下措施来配合进行。

第一，调整企业组织。这包括改变企业的关键领导人，在组织内部重新分配责任和权力等。调整企业组织的目的是使管理人员适应变化了的环境。

第二，降低成本和减少投资。这包括压缩日常开支，实施更严格的预算管理，减少一些长期投资的项目等，也可以是适当减少某些管理部门或降低管理费用。在某些必要的时候，企业也会将裁员作为压缩成本的方法。

第三，减少资产。这包括出售与企业基本生产活动关系不大的土地、建筑物和设备；关闭一些工厂或生产线；出售某些在用的资产，再以租用的方式获得使用权；出售一些盈利的产品，以获得继续使用的资金。

第四，加速回收企业资产。这包括缩短应收账款的回收期，派出讨债人员收回应收账款，降低企业的存货量，尽量出售企业的库存产成品等。

抽资转向战略会使企业的主营方向转移，其成功的关键是管理者明晰的战略管理理念，即必须决断是对现存的业务给予关注还是重新确定企业的基本宗旨。

（2）放弃战略。在采取抽资转向战略无效时，企业可以尝试放弃战略。放弃战略是指将企业的一个或几个主要部门转让、出卖或停止经营。这个部门可以是一个经营单位、一条生产线或者一个事业部。

放弃战略与清算战略并不一样，由于放弃战略的目的是要找到肯出高于企业固定资产时价的买主，所以企业管理人员应该说服买主，认识到购买企业所获得的技术资源或资产能给对方增加利润。清算战略一般意味着基本上只包括有形资产的部分。

在放弃战略的实施过程中通常会遇到一些阻力，包括以下三个方面。

第一，结构上或经济上的阻力。即一个企业的技术特征及其固定和流动资产妨碍其退出，如一些专用性强的固定资产很难退出。

第二，公司战略上的阻力。如果准备放弃的业务与其他业务有较强的联系，则该项业务的放弃会使其他有关业务受到影响。

第三，管理上的阻力。企业内部人员，特别是管理人员对放弃战略往往会持反对意见，因为这往往会威胁他们的职业和业绩考核。克服这些阻力，可以采用以下办法：在高层管理者中，形成“考虑放弃战略”的氛围；改进工资奖金制度，使之不与放弃战略相冲突；妥善处理管理者的出路问题。

（3）清算战略。清算战略是指卖掉其资产或停止整个企业的运行而终止一个企业的存在。显然，只有在其他战略都失败时才考虑使用清算战略。但在确实毫无希望的情况下，尽早制定清算战略，企业可以有计划地逐步降低企业股票的市场价值，尽可能多地收回企业资产，从而减少全体股东的损失。因此，清算战略在特定的情况下，也是一种明智的选择。需要特别指出的是，清算战略的净收益是企业有形资产的出让价值，而不包括其相应的无形价值。

5.3.3　紧缩型战略的适用条件

上面已经提到按照采用紧缩型战略的原因划分，紧缩型战略可以分为适应性紧缩战略、失败性紧缩战略和调整性紧缩战略。这三类紧缩型战略的适用条件如下。

（1）适应性紧缩战略的适用条件是企业预测到或已经感知到了外部环境对企业经营的不利性，并且企业认为采用稳定型战略尚不足以使企业顺利渡过这个不利的外部环境。如果企业可以同时采用稳定型战略和紧缩型战略，并且两者都能使企业避开外界威胁，同时也可以为企业今后的发展创造条件的话，企业应当尽量采用稳定型战略，因为它的冲击力小得多，因而对企业可能造成的伤害就要小得多。

（2）失败性紧缩战略的适用条件是企业出现重大的问题，如产品滞销、财务状况恶化、投资已无法收回。这里涉及一个“度”的问题，即究竟在出现何种严重经营问题时才考虑实施紧缩型战略？要回答这一问题，需要对企业的市场、财务、组织机构等方面做一个全面估计，认真比较实施紧缩型战略的机会成本，经过细致的成本-收益分析，最后才能下结论。

（3）调整性紧缩战略的适用条件是企业存在一个回报更高的资源配置点。为此，需要比较的是企业目前的业务单位和实施紧缩型战略后的资源投入的业务单位。在存在较为明显的回报差距的情况下，可以考虑采用调整性紧缩战略。

5.3.4　紧缩型战略的优缺点

1. 紧缩型战略的优点

（1）能帮助企业在外部环境恶劣的情况下节约开支和费用，顺利渡过不利的处境。

（2）能在企业经营不善的情况下最大限度地降低损失。在许多情况下，盲目而且顽固地坚持经营不可挽回的事业而不采用紧缩型战略，会给企业带来致命的打击。

（3）能帮助企业更好地实现资产的最优组合。如果不采用紧缩型战略，企业在面临一个新的机遇时，只能运用现有的剩余资源进行投资，这样做势必会影响企业在这一领域发展的前景，相反，通过采取适当的紧缩型战略，企业往往可以紧缩缺乏前景的业务上的资源，将其投到具有前景的业务上，从而实现企业长远利益的最大化。

2. 紧缩型战略的缺点

（1）实行紧缩型战略的尺度较难把握，因而如果盲目地使用紧缩型战略，可能会扼杀具有发展前途的业务和市场，使企业总体利益受到影响。

（2）一般来说，实施紧缩型战略会引起员工的不满，从而导致员工情绪低落，因为实施紧缩型战略常常意味着不同程度地裁员和减薪。而且在某些管理人员看来，如果企业实施紧缩型战略，则意味着工作的失败。

小案例思考

触底反弹：东阿阿胶的用户创新之路①

东阿阿胶股份有限公司（简称东阿阿胶）作为具有深厚文化底蕴的中华老字号中药企业，曾被冠以“药中茅台”的称号。然而，近几年随着阿胶价格的持续上涨与消费者对阿胶功效的质疑，消费者的消费热情逐渐下降，加之传统的通过囤积阿胶产品以实现“低进高出”的营销渠道，导致东阿阿胶的渠道库存高企。2019 年，企业加大了渠道库存的清理力度，却使得企业营收大幅下降，净利润更是直接下滑为负数，出现了上市 24 年来的首次亏损。天有不测风云，在企业 2019 年上市首亏后，2020 年新冠疫情暴发，对各行各业的发展都产生了严重影响。由于疫情防控，线下门店几乎停摆，企业亟须将产品销售中心从线下门店转移到线上电商，但对于消费群体以“中老年人群”为主的东阿阿胶，面对以“年轻人群”为主的电商平台，现有的发展定位和战略方案显然有些乏力。

要开发匹配消费者需求的产品首先需要了解消费者的需求。然而在数字经济时代，消费者的需求呈现出高度易变、不确定、模糊和复杂的特征。过去东阿阿胶主要通过信件和电话来获取消费者的反馈，获得的消费者信息不仅有滞后性还仅局限于东阿阿胶的现有消费人群，难以获取潜在消费者的需求信息。为此，东阿阿胶在 2019 年专门成立了一个消费者洞察部门，通过运用大数据技术，东阿阿胶不仅可以第一时间获取消费者数据，还扩大了获取消费者数据的途径。目前东阿阿胶主要有以下获取消费者数据的途径：一是通过客服平台收集消费者售后反馈数据；二是通过东阿阿胶自建的“娇生活”电商平台获取消费者在消费时的浏览与购买信息；三是通过东阿阿胶公众号，抖音、小红书等 App 与消费者互动并获取消费者数据；四是通过企业养生专家与消费者之间的密切交流，获取消费者的信息。

虽然根据消费者需求明确了“便利化、即食化”的产品创意，但消费者需求高度易变，企业需要快速根据产品创意研发新产品，然而对于东阿阿胶这样的老字号中医药企业，想要“从 0 到 1”地创新产品显然不是一蹴而就的事情。因此东阿阿胶想了两条“捷径”。第一，产品升级与迭代。通过产品升级迭代，东阿阿胶的阿胶糕产品不局限于“芝麻、核桃”单一配方，形成了多元化的阿胶糕产品，消费者可以根据自身需求选择阿胶糕，省去了消费者私下熬胶的麻烦，满足了消费者便利化食用的需求。第二，启动“研发储备”。东阿阿胶作为阿胶行业的领军企业，一直投入对阿胶技术的研发，形成了“研发储备”。东阿阿胶在开发新产品时，便重启了以前一直在储备的阿胶粉技术，进行了工艺与技术上的迭代升级。

① 张志红等（2023）。

东阿阿胶的用户创新并没有局限于食补产品领域，2021 年 7 月东阿阿胶根据消费者对阿胶养颜的需求，分析消费者对阿胶美妆产品有潜在需求，推出了东阿阿胶首个美妆品牌“桃花润”，正式涉足美妆市场，包括“桃花润臻润焕颜紧致精华液”与“桃花润臻润焕亮舒缓面膜”两大产品，均以东阿阿胶研发多年的“阿胶胶原”为特色成分。这一举动也表明东阿阿胶确定了“内服外养”的产品路线。

5.4　混合型战略

5.4.1　混合型战略概述

1. 混合型战略的内涵

混合型战略是稳定型战略、增长型战略和紧缩型战略的组合。事实上，许多有一定规模的企业实行的并不只是一种战略，从长期来看是多种战略的结合使用。

2. 混合型战略的特征

（1）从采用情况来看，一般是较大型的企业采用混合型战略较多，因为大型企业相对来说拥有较多的战略业务单位，这些业务单位很可能分布在完全不同的行业和产业群中，它们所面临的外界环境、所需要的资源条件完全不相同，因而若对所有的战略业务单位都采用统一的战略态势的话，就有可能因为战略与具体的战略业务单位不相一致而导致企业的总体效益受到影响。所以，可以说混合型战略是大型企业在特定的历史阶段的必然选择。

（2）从市场占有率等效益指标来看，因为采用不同战略态势的不同战略业务单位市场占有率的变化方向和大小并不一致。所以，从企业整体市场占有率、销售额、产品创新率等指标反映出来的状况并没有一个一般的结论，实施混合型战略的企业，只有在各个不同的战略业务单位之间才能看出该战略业务单位所采用的战略态势的特点。

（3）在某些时候，混合型战略也是战略态势选择中不得不采取的一种方案。例如，企业遇到了较为景气的行业和比较旺盛的消费者需求，因而打算在这一领域采取增长型战略，但如果企业的财务资源并不是很充分，可能无法实施单纯的增长型战略。此时，就可以选择部分相对不令人满意的战略业务单位，对它们实施抽资转向战略，以此保证另一战略业务单位实施增长型战略所需的充分资源。由此，企业战略从单纯的增长型转变成了混合型。

5.4.2　混合型战略的类型

1. 同一类型的战略组合和不同类型的战略组合

按照各自战略的构成不同划分，混合型战略可以分为同一类型的战略组合和不同类型的战略组合。

（1）同一类型的战略组合。同一类型的战略组合，是指企业将稳定、增长和紧缩中的一种战略态势作为主要的战略方案，但具体的战略业务单位由不同类型的同一种战略态势来指导。因此，从严格意义上来说，同一类型的战略组合并不是混合型战略，因为它不过是在某一战略态势中的不同具体类型的组合。

（2）不同类型的战略组合。不同类型的战略组合，是指企业采用稳定、增长和紧缩中的两种以上的战略态势的组合，因而这是严格意义上的混合型战略。这种战略要求企业的高层管理者能很好地协调企业内部各战略业务单位之间的关系。

2. 同时性战略组合和顺序性战略组合

按照战略组合的顺序不同划分，混合型战略可以分为同时性战略组合和顺序性战略组合。

（1）同时性战略组合。这是指不同类型的战略被同时在不同战略业务单位执行而组合在一起的混合型战略。战略的不同组合有好几种，下列三种最常见。

第一，在撤销某一战略经营单位、产品系列或经营部门的同时增加其他一些战略经营单位、产品系列或经营部门。这其实是对一个部门采取清算战略，同时对另一个部门实施增长战略。

第二，在某些领域或产品生产中实施抽资转向战略的同时，在其他业务领域或产品生产中实施增长型战略。在这种情况下，企业实施紧缩型战略的业务单位可能还并未到应该放弃或清算的地步，甚至有些可能是仍旧有潜力的发展部门，但是为了提供其他部门发展所需要的资源，只能实施抽资转向战略。

第三，在某些产品生产或业务中实施稳定型战略，而在其他一些产品生产或部门中实施增长型战略，这种战略组合一般适用于资源相对丰富的企业，因为它要求企业在并没有实施紧缩型战略来获取资源的前提下将自己的积累投入到需要增长的业务领域。

（2）顺序性战略组合。顺序性战略组合是指一个企业根据生存与发展的需要，先后采用不同的战略方案，从而形成自身的混合型战略方案，因而这是一种在时间上的战略组合。常见的顺序性战略组合包括以下两种。

第一，在某一特定时期实施增长型战略，然后在另一时期使用稳定型战略。这样做是为了使企业能够发挥“能量积聚”的作用。

第二，首先使用抽资转向战略，然后在情况好转时再实施增长型战略。采用这种战略的企业主要是利用紧缩型战略来避开外界环境的不利条件。

一般来说，不少企业既采用同时性战略组合，又采用顺序性战略组合。

5.4.3 混合型战略的适用条件

采用混合型战略需要具备以下条件。

（1）规模较大的企业或者产品系列较多的企业，可能有较多的业务单位跨行业经营，有的产品采用增长型战略，而有的产品则采用紧缩型战略。

（2）市场区域较为宽泛的企业，在不同的市场上可能面临不同的具体情况，因而需要根据不同的市场采用不同的战略，若市场前景好，则可以采取增长型战略；反之，则要采取紧缩型战略。

（3）技术进步较快的企业，如技术领导者，相应的产品更新也快，为了推广其强势产品或者与对手拉开更大的距离，其往往会对处于生命周期不同阶段的产品实施不同的战略，或者有所抑扬。例如，英特尔（Intel）推出奔腾 4 以后，对奔腾 3 系列产品采用逐步收缩的战略。

（4）实力有限的企业可能也会采用混合型战略，一边致力于业务和业绩的快速增长，一边可能会做一些战略铺垫，为将来打好基础。

（5）企业处于不同的发展时期，适当采用不同的战略模式，如企业在其初创到壮大的各个阶段，采用“增长—稳定—增长—稳定—收缩调整—增长—稳定”的顺序性战略组合。

5.5　进攻型战略

5.5.1　进攻型战略概述

1. 进攻型战略的内涵

进攻型战略是指在一个竞争性的市场上，主动挑战市场竞争对手的战略。采取进攻型战略的既可以是行业的新进入者，也可以是那些寻求提高现有地位的公司。进攻性行动的中心可以是一项新技术、一种新培养出来的核心能力、一种具有革新意义的产品、新推出的某些具有吸引力的产品性能特色，以及在产品生产或营销中获得的某种竞争优势，也可以是某种差别化的优势。进攻型战略是一项长期的风险性较高的投资活动，一旦成功，所获得的超额利润和潜在利润是十分可观的。

2. 进攻型战略的特征

实施进攻型战略的企业要明确该战略的运行规律和特征，进而结合市场和自身优势采用适当的进攻型战略。进攻型战略一般具有以下特征。

（1）要求企业在技术创新方面拥有雄厚的实力和较高的技术水平。

（2）实施进攻型战略的企业倾向于采用非价格手段同竞争者抗衡。企业不仅努力开发市场，而且在新产品的开发、管理模式上都具有优势。

（3）企业通常倾向于根据市场需求和环境变化来创造新产品，并力图通过新的市场要求来改变外部环境并使之适合自身。

（4）企业有能力开展基础研究和应用研究。

5.5.2　进攻型战略的类型

进攻型企业在其发展的不同阶段有不同的表现形式和类型，有时同一个企业在同一发展阶段也可以采用几种进攻型战略的组合来发展自己。进攻型战略按不同的进攻方式可以分为正面进攻、侧面进攻、全方位进攻、迂回进攻等。

（1）正面进攻。正面进攻是指企业利用自己的全部资源从正面向竞争对手发起袭击，其攻击目标是对手的强项而非弱项。例如，可口可乐与百事可乐的广告大战、中国彩电业的价格大战等。企业在实施战略前必须根据自身的资源优势、成本优势、产品差异优势等科学分析其可行性，即进行所需成本与可获利润二者的比较。企业进行正面进攻可采取的方式有降低价格、进行有针对性的广告宣传、增加产品的某些特征以吸引对手的顾客、推出更好的品牌等。目前较为流行的是降低价格或推出新的品牌，这是一种强有力的进攻手段。

（2）侧面进攻。这是一种避实就虚、以强克弱的进攻方式。须知，受到攻击的一方往往具有一定的实力，但某一侧面往往会有薄弱环节。因此，若这一战略可成功采用和实施，往往会使对手措手不及。要发动有效的侧面进攻，企业要视对手的弱点和市场变化认真考虑以下层面：一是市场中被对手忽视的产品或服务领域；二是企业自身的独特优势和发展潜力尚未引起竞争对手的充分注意等。唯其如此，企业才能有效利用侧面进攻，从而出奇制胜。

（3）全方位进攻。这一战略是指企业从各个方面或几条战线向竞争对手同时发动进攻，以夺取市场份额。这种进攻方式往往会使对手防不胜防，企业只有具备了超强的人力、物力、财力以及技术创新能力，才能采取这种进攻方式，否则会使企业顾此失彼，难以达到预期效果，有时还会给企业带来严重经济损失。因此，企业要采用此战略必须通过“战略分析和战略直觉”对自己进行准确的战略定位。

（4）迂回进攻。这一进攻方式是指企业绕过竞争对手的势力范围，以避免与其进行直接较量，而向较易进入的市场发动攻击，以扩大自己的市场范围。采用迂回进攻战略不仅可以在新的细分市场中获取第一行动的优势，而且还会改变现有的市场竞争规则，使之有利于本企业的发展。这一战略采取的主要方法有：进入对手尚未觉察的细分市场、通过导入具有差异性的产品来建立新的市场、采用新一代技术改进现有产品和生产过程等。值得注意的是，这一战略要求企业必须具有一定的技术创新能力和独特优势，并占有有利地位，同时要能够避免与竞争对手发生正面冲突。

5.5.3 进攻型战略的适用条件

企业要想真正实施进攻型战略，必须具备以下基本条件。

（1）企业与创新领域的科学技术有某种“特殊关系”。有这种特殊关系可能是由于企业本身具有经验和知识以及对市场的敏锐洞察力，当与企业相关联的科学技术有所突破时，它能适时抓住机遇；也可能是由于企业雇用了相应科技领域非常关键的研究人员并与科技界保持着很好的信息联系等。

（2）企业本身非常重视科技开发，企业的研究与开发（research and development，R&D）部门创新能力强。

（3）企业拥有一种持久的独特竞争优势。进攻型企业必须拥有一种超过对手的明显的确定的竞争优势，这种优势可以是成本上的优势，也可以是差异化的能力。

（4）能够设立障碍避免对手的报复，进攻型企业必须有一些避免对手报复的方法和措施，使对手不愿或不能进行报复。

（5）企业文化要以增长为主旋律。企业文化是一个企业在长期发展中形成的一套根深蒂固的价值观念。如果一个企业以稳定或消极被动为其文化主旋律，那么采用此战略势必遇到阻力。因此，进攻型企业要视环境变化和战略需要，对企业文化进行新的培育和完善。

5.5.4　进攻型战略的优缺点

1. 进攻型战略的优点

进攻型战略的优点主要表现在以下四个方面：①通过不断变革来创造更高的生产效率；②开拓新产品并获取超额利润；③在激烈的商战中保持并增强企业的核心竞争力和实力；④充分发挥市场优势以获取更大的市场份额。

2. 进攻型战略的缺点

进攻型战略的缺点主要表现在以下三个方面：①企业在实施进攻型战略并获取预期效果后，很可能会由于行为惯性而导致盲目发展或为发展而发展；②企业通过“战略分析和战略直觉”不一定总能准确预测未来市场的潜在需求，从而可能对技术创新和新产品的开发产生误导；③这一战略可能使管理者更加注重投资结构、收益率，而忽视产品和服务质量。

小案例思考

联想并购 IBM

经过 20 多年的发展，联想控股股份有限公司（简称联想）登上了中国 IT 业的顶峰，截至 2003 年底，其已连续 7 年占据中国市场份额第一的位置。联想对便携式计算机已经相当熟悉，但随处可见的索尼、戴尔、IBM 仍然是这个市场上的主流品牌，国产便携式计算机由于产品质量和品牌知名度欠缺，在当时非常被动。2004 年，联想在全球仅占 2% 的市场份额，排在第 9 位。对于如何改变这种局面并且走出国门，联想做出了一个震惊世界的举动——2004 年 12 月 8 日，联想与 IBM 签署收购 IBM 个人电脑事业部的协议，2005 年 5 月 1 日，联想宣布完成收购 IBM 个人电脑事业部。

经过 3 年的不懈努力，联想已经将 IBM 融进了血液里，通过两次战略重组大幅度提升了效率，顺利地从 IBM 手中承接了全球各区域的销售和客户，完成了产品品牌的切换，开展了交易型业务，提升了联想的全球竞争力，为可持续增长注入了强劲动力。联想在 2021 财年以近 3918 亿元的营收跻身 2021 年度《财富》世界 500 强排行榜，列第 159 位。

5.6　防御型战略

5.6.1　防御型战略的内涵

防御型战略是企业应对市场可能给企业带来的威胁，采取一些措施企图保护和巩固现有市场的一种战略。

在某个有限的市场中，防御型组织常采用竞争性定价或推出高质量产品等经济活动来阻止竞争对手进入它们的经营领域，以此来保持自己的稳定。和“战略”一词来源于军事一样，“防御型战略”也来源于军事，在军事中，防御型战略是指作战中的一方由于实力较弱，出于长期考虑，在较长一段时间内，采取不主动进攻战略。需要明确的是，防御型战略并不完全排斥进攻。

5.6.2 防御型战略的类型

一个企业在受到竞争者的进攻时，通常可以采取下面的四种防御形式。

（1）阵地防御。这是一种静态的防御方式，即受到攻击的企业把它的资源用于遭到攻击的方面，建立保卫自己现有产品的堡垒。在现代市场竞争中，这是一种消极的防御方法，企业一般都不会单纯地运用这种战略。

（2）进攻性防御。这是一种较为积极的防御型战略，即企业在发现竞争对手的进攻企图后，先于对手采取行动，挫败其进攻计划。采取这种先发制人的防御方式能够最有效地避免攻击。

（3）反击防御。当一个企业受到竞争对手的进攻后，为了摆脱被动的局面，会积极地做出反应，采取有效的形式反击对手的进攻。

（4）侧翼防御。当企业采取这一战略时，必须考虑竞争对手可能寻找的进攻突破口，因为竞争对手通常都是在企业暴露在外的“侧翼”上取得突破的。企业应在“侧翼”上建立一些“前哨阵地”，作为防御的“基地”，以保护相对薄弱的环节，减少竞争者可以利用的进攻点，并在条件许可时作为反击的出击点。

5.6.3 防御型战略实施途径

1. 应对挑战者采取进攻性行动的防御措施

（1）招聘额外的职员以提高或者加强公司在关键领域内的核心能力，从而战胜那些模仿公司技巧和资源的竞争对手。

（2）提高公司运用资源和能力的灵活性，以便公司可以很好、很快地进行资源再分配，或者根据变化的市场环境进行调整，从而使公司比竞争对手更敏捷地适应新的发展态势。

（3）扩大公司的产品线，堵住挑战者可能进入的市场点和市场缺口。

（4）对于那些能够同竞争对手相匹配的模型要保持较低的价格。

（5）同特约经销商和分销商签订排他性合同，使得竞争对手不能使用这些渠道。

（6）授予特约经销商和分销商一定的销量折让利益，以阻止他们对其他供应商的产品进行试销。

（7）给产品用户提供免费的或者低成本的培训。通过下列方式尽量阻止购买者使用竞争对手的品牌：向那些容易受试用产品诱惑的购买者免费馈赠彩票和样品；对即将推出的新产品或者价格变动提前宣布，以吸引潜在购买者，并使他们推迟对品牌的转换。

（8）提高对特约经销商和分销商的融资服务能力。

（9）对最优供应商提供的绝大部分或者全部产品签订合同，提高竞争对手获得同等质量零部件的难度。

上述这些行动不仅可以为公司的现有地位树立一个坚强的堡垒，而且可以使自己成为竞争对手的一个“移动靶”。保护现状是不够的，必须做到对变化的行业环境做出快速的调整，同时在某些情况下首先采取行动阻止可能的挑战者或者先于挑战者采取行动。流动的防卫要优于固定的防卫。

2. 向挑战者发出明确的信号

向挑战者发出信号的目的是劝说其不要进攻，或者至少使他们采取那些对防卫者来说威胁性更小的行动。下面一些行动可以看作对挑战者发出的信号。

（1）公开宣告公司的管理仍将维持公司现有的市场份额。

（2）公开宣告公司将提高生产能力来满足行业容量的预计增长。

（3）提前发布有关新产品、技术突破以及计划推出的重要新品牌或模型的有关信息。其中，公司计划推出重要的新品牌或模型的目的在于希望挑战者将他们的行动推迟到他们看到这些被宣告的行动是否真的会发生为止。

（4）公开宣告公司将执行能够与竞争对手的条件或价格相匹配的策略。

（5）持有一定“战略储备性”的现金和可转换债券。

（6）偶尔对弱小的竞争对手所采取的行动予以强烈的反击，从而提高公司坚强的防卫者的形象。

阻止竞争对手的另一个途径是尽力降低挑战者发起进攻性行动的利润诱惑。如果一个厂商或者行业的盈利能力具有足够高的水平，那么挑战者也愿意跨越很高的防卫障碍，迎接很强的报复性行动。防卫者可以转移进攻，特别是来自新进入者的进攻，在短期内压低企业的利润水平和盈利能力。

5.6.4 防御型战略的适用条件

采用防御型战略需要以下基本条件。

（1）宏观经济严重不景气、通胀严重或消费者购买力很弱。

（2）企业的产品已进入衰退期，市场需求大幅度下降，企业没有做好新产品的投入准备。

（3）企业受到强有力的竞争对手的挑战，难以抵挡。

（4）企业的高层领导者缺乏对市场需求变化的敏感性，面对危机束手无策，被动地采取防御型战略；企业高层领导者面对困境，主动地选择前景良好的经营领域进行投资，进行有秩序的资源转移。

5.6.5 防御型战略的优缺点

1. 防御型战略的优点

防御型战略的优点主要表现在以下三个方面。

（1）实行防御型战略能帮助企业在外部环境恶劣的情况下节约开支和费用，顺利地渡过面临的不利处境。

（2）实行防御型战略能在企业经营不善的情况下最大限度地降低损失。在许多情况下，盲目、顽固坚持经营无可挽回的事业，而不明智地采用防御型战略，会给企业带来致命性的打击。

（3）实行防御型战略能帮助企业更好地实现资源的最优组合。企业采取适当的防御型战略后，往往可以将那些运作不太成功的产品资源，转移到前景较好、运作比较成功的产品上，从而实现资源的最优组合。

2. 防御型战略的缺点

防御型战略的缺点表现在以下两个方面。

（1）实行防御型战略的尺度较难把握，如果盲目使用则可能会扼杀具有发展前途的业务和市场，使企业总体利益受到损害。

（2）实行防御型战略会引起企业内部员工的不满，从而导致员工情绪低落，因为采用此战略常常会不同程度地裁员和减薪。

本章精要

企业总体战略一般可分为增长型战略、稳定型战略、紧缩型战略、进攻型战略、防御型战略和混合型战略。

增长型战略是一种使企业在现有的战略基础水平上向更高一级的目标发展的战略，可分为一体化战略（横向一体化、纵向一体化）和多元化战略（同心多元化和离心多元化）。

稳定型战略是企业准备在战略规划期使企业的资源分配和经营状况基本保持在目前状态和水平上的战略。其按照偏离战略起点的程度可分为无增战略和微增战略；按照防御态势可分为阻击式防守战略和反应式防御战略；按照目的和资源分配的方式可分为无增战略、维持利润战略、暂停战略和谨慎实施战略。

紧缩型战略是指企业从目前的战略经营领域和基础水平收缩和撤退。其按照原因可划分为适应性、失败性和调整性紧缩战略；按照基本途径可将其分为抽资转向战略、放弃战略和清算战略。

进攻型战略是指在一个竞争性的市场上，主动挑战市场竞争对手的战略。其按进攻方式可分为正面进攻、侧面进攻、全方位进攻、迂回进攻等。

防御型战略是企业应对市场可能给企业带来的威胁，采取一些措施企图保护和巩固现有市场的一种战略。其一般分为阵地防御、进攻性防御、反击防御和侧翼防御。

混合型战略是多种战略的结合使用。按照各自战略的构成不同划分，可将其分为同一类型的战略组合和不同类型的战略组合。按照组合的顺序不同划分，可将其分为同时性战略组合和顺序性战略组合。

思考题

1. 企业总体战略一般可分为哪些类型？
2. 什么是增长型战略？如何实现增长型战略？

3. 什么是稳定型战略？如何实现稳定型战略？
4. 什么是紧缩型战略？如何实现紧缩型战略？
5. 什么是进攻型战略？如何实现进攻型战略？
6. 什么是防御型战略？如何实现防御型战略？
7. 增长型战略、稳定型战略、紧缩型战略和进攻型战略各有何利弊？
8. 对国内一家企业进行调研，分析这家企业是如何实施总体战略的？

综合案例

小米公司的多元化战略①

小米科技有限责任公司（简称小米）正式成立于 2010 年，是一家以智能手机、智能硬件和物联网（internet of things，IOT）平台为核心的消费电子及智能制造公司，旗下产品包括 MIUI、米聊、小米手机，以及空气净化器等日用家电。2015 年起，小米开始深化互联网领域的多元化，在经营主营业务的同时，积极开拓市场，寻找发展机会，开始进行制造智能家居等一系列有益尝试，时至今日，小米不仅在手机市场上取得了成功，在智能家居市场还获得了一席之地，在转向多元化战略的企业中，小米是一个成功的典型。

创立之初，小米立志成为利用互联网的智能手机开发和销售公司，经营范围主要集中在移动设备和软件上。2010 年，小米首先发布了 MIUI 系统，其次在创立第二年销售小米手机。由于创新性的互联网营销以及消费者的拥护，小米手机自投放到市场以来，就收获了极大的关注和不俗的销量。小米并不满足仅仅生产制造手机，开始了多元化战略的征程，主要经历三个发展阶段。

第一阶段是 2013 年，它先后开发了小米盒子、小米充电宝、小米路由器等，主要是手机相关的配件，这些产品上市之初就受到消费者的青睐，取得开门红的好成绩，这也激励小米披荆斩棘，坚持多元化之路。

第二阶段是 2014 年，小米向消费物联网领域进军，小米分析出未来物联网具有巨大的市场潜力，启动了一种新型生态链模式——“投资 + 孵化”。小米通过投资有潜力的企业，实现产品和开发的协同，并拓展智能家居业务，进一步扩充了小米产品矩阵。

第三阶段是 2015 年及之后，小米开始开展物联网服务业务，同年推出消费金融和商业保理等产品。同时小米利用 MIUI 平台提供一系列广泛的互联网应用服务，创新性地让用户参与到手机操作系统的开发和改善中。2016 年小米进军互联网广告服务业和手游运营业务，次年小米有品电商平台问世。小米物联网服务业务全面开花。至此，小米完成了智能手机周边产品、物联网生活和消费产品以及物联网服务业务的多元化布局。2017 年小米也致力于线下零售门店小米之家的扩张，为消费者提供更好的用户体验和服务。到 2017 年，小米已经建立了一个面向消费者的物联网平台，拥有 1 亿多款大型智能设备，连接的智能设备数量开创了一定规模，其市场份额处于世界领先地位。2018 年，小米于

① 牛明俊和谢雨萌（2023）。

港交所正式上市。2019年，小米被《财富》杂志纳入世界500强，成为榜单有史以来最年轻的企业之一。

随着多元化战略的逐步实施，小米对硬件、软件产品和互联网应用三大核心业务进行了系统规划，产品种类增加和投资布局也逐渐实现圈层化发展，最终形成独特的小米产品生态系统。未来随着万物互联的进一步铺开以及小米产品的进一步拓展（包括小米汽车），小米的用户将生活在小米的设施平台上。

综合案例思考题：

1. 企业进行多元化经营的条件有哪些？
2. 小米三个发展阶段的多元化战略分别是什么？
3. 小米多元化战略成功的原因有哪些？

第 6 章 企业竞争战略

我们正处在全球性的竞技场中，而且在每一回合的打斗之间，甚至没有片刻时间可休息。

——杰克·韦尔奇

引导案例

美的的战略优势[①]

美的集团股份有限公司，简称美的。近年来，家电市场的竞争已经进入白热化阶段。美的、格力、海尔等国内家电厂商与西门子、松下、飞利浦等知名国际巨头同台竞技，使得这一领域的厮杀日益激烈。在这样的背景下，美的的暖通空调、风扇、小家电等主导产品却仍稳居市场前列。美的之所以能取得如此成绩，其实施的成本领先战略功不可没，它为企业提供了强有力的市场竞争力。

美的的主要策略是以“成本领先”为目标调整内外部资源，这主要体现在三个方面。

（1）在产品的生产过程的成本控制方面，美的过去主要依靠单一大规模的生产模式盈利。然而，随着市场竞争的日益激烈，国内外家电市场的总需求量也不能和早年同日而语，这种盈利模式显然已经不合时宜。在此背景下，美的提出了“成本效率管控”和“效率驱动”的成本控制方法，对产品的生产过程进行一系列的更新变革，以创造新的成本优势。

（2）在产品的物流成本方面，对于家电制造商来说，产品的物流成本在总成本中占比较大。因此，美的从自身的物流需求出发，成立了子公司安得智联（原安得物流）公司，专门负责产品的运输业务，现已成为美的产品运输的主要力量。安得智联公司实行信息化的管理模式，在全国范围内设立 32 个区域公司，有 170 多个物流服务平台，近 3

① 赵伟杰（2021）。

万辆配送车，年配送能力达 120 万次，大大提高了美的的产品运输能力，大幅度降低了物流成本。

（3）在低成本的营销方式方面，美的在线下实体店近乎饱和的情况下主动搭建成本低廉、高效便捷的网络营销渠道，包括成立互联网销售小组、建立美的商城等，同时与京东和苏宁等购物平台签署协议，借助第三方平台进行产品销售。

本章学习目标

- 掌握成本领先战略、差异化战略和集中化战略的内涵。
- 理解三种竞争战略的优缺点。
- 了解企业如何实施这三种竞争战略。
- 识别这三种竞争战略之间的区别。
- 掌握不同行业竞争战略的选择。
- 掌握同一行业不同竞争地位的竞争战略。

企业需要有明确的战略目标和深思熟虑的竞争战略，否则必将在变幻莫测的市场竞争中迷失方向。

6.1 企业基本竞争战略

基本竞争战略是由美国哈佛商学院著名战略管理学家波特提出的。基本竞争战略有三种，即成本领先战略、差异化战略和集中化战略。企业必须从这三种战略中选择一种作为其主导战略：要么把成本控制到比竞争者更低的程度；要么使企业产品和服务形成与众不同的特色，让顾客感觉到企业提供了比其他竞争者更多的价值；要么企业致力于服务某一特定的细分市场、某一特定的产品种类或某一特定的地理范围。

6.1.1 成本领先战略

1. 成本领先战略的内涵

成本领先战略是指企业通过降低成本，在研究开发、生产、销售和广告等领域，使本企业的总成本低于竞争对手的成本，甚至达到全行业最低，以构建竞争优势的战略。

企业在成本领先战略中对低成本的理解要注意如下几个方面。

第一，该战略有两层含义：一是指企业通过在内部加强成本控制，在研究开发、生产和销售等领域把成本降到最低限度，成为行业中的成本领先者；二是强调以很低的单位成本价格，为对价格相对不敏感的用户提供标准化产品，企业凭借其成本优势，可以在激烈的市场竞争中获得有利的竞争优势。

第二，低成本战略的目标是获取比竞争对手相对低的成本，而不是获取绝对低的成本。

第三，成本领先战略一般要求企业成为整个行业内的唯一成本领先者，而不仅仅是争夺这个位置的众多企业中的一员，如果在实行该战略时未能认识到这一点，那么将会铸成大错。

第四，小幅度、一时的成本领先，很难使成本领先战略成为企业的主要竞争战略，而使其变成依赖其他策略的一种战略。真正的成本领先战略应是持续的、竞争对手难以复制的。

第五，实施低成本战略的领导者获取利润有两种选择：一是利用低成本优势，定出比竞争对手低的价格；二是不削价，满足于现在的市场份额，利用低成本优势提高单位利润率，从而提高公司的总利润和总的投资回报率。

2. 成本领先战略的实施条件

（1）设计一系列便于制造和维修的相关产品，彼此分摊成本。同时，要使该产品能为所有用户集团服务，增加产品数量。

（2）在现代化设备方面进行大量的领先投资，采取低价位的进攻性定价策略。这些措施短期内可能会造成初期的投产亏损，但长远目标是提高市场占有率，获取更高的利润。

（3）低成本给企业带来高额边际收益。企业为了保持低成本地位，可以将这种高额边际收益再投到新装备和现代化设施上。这种再投资方式是维持低成本地位的先决条件，以此形成低成本、高市场占有率、高收益和更新装备的良性循环。

（4）企业具有先进的生产工艺技术，能够降低制造成本。

（5）低研究与开发、产品服务、人员推销、广告促销等方面的费用支出。

（6）建立起严格的、以数量目标为基础的成本控制系统。控制报告和报表要做到详细化和经常化。

（7）企业建立起具有结构化的、职责分明的组织机构，便于从上而下实施最有效的控制。

3. 实现成本领先战略的途径

企业基本上了解与竞争对手的成本差异，要想获得成本优势主要有两种方法：一是在企业价值创造的每一个环节上实行有力的成本控制手段；二是重新构建新的成本更低的价值链。不管采用哪种方法实现成本领先战略，都离不开下面六项措施。

（1）规模经济。通过规模经济生产和分销是实现成本领先战略的最重要措施。规模经济的重要性在于其战略上的意义。如果一个企业能比其竞争对手更快地提高其产量，则其经验曲线将比它的竞争对手下降得更快，从而可以拉大它们之间的成本差异。在这种情况下，企业的主要战略目标应该是扩大市场份额，随着市场份额的扩大，可以比竞争对手更快地降低成本，这意味着企业可根据期望成本而不是当前的成本来为产品定价，这就是反向定价法。即定价时首先估计购买者可以接受的价格，或者满足企业市场占有率目标时应该达到的价格，然后再确定合适的产量或规模，从而获得较高的边际收益。无论是在稳定还是在不稳定的环境下，一个希望长期生存和发展的企业，都必须通过增加销量来积累经验和降低成本，而且速度要比其他竞争对手快，只有这样才能维持生存和发展。目前，中国汽车行业在成本上比不过日本、韩国，与规模有很大关系。

例如，一汽公司与丰田公司同有 15 万名职工，一汽公司的产量是 40 万辆，而丰田公司则是 500 万辆，规模差距决定了成本的差距。

（2）降低输入成本。在健全的要素市场上，并非每个企业都能以同样的价格购得生产原料和半成品。实际上，在大多数行业，由于各方面的原因，如地域、供应来源、与供应商讨价还价的能力、与供应商的关系等，不同企业的输入成本有很大不同，往往这些差异正是其中一些企业取得成本优势的重要原因。企业应处理好与供应商客户的关系，也就是与上游供应商（如原材料、零配件等的供应商）建立起长期稳定的合作关系，以便获得廉价、稳定的上游资源，并能影响和控制供应商，对竞争者建立起资源性壁垒。要做好供应商营销，企业还需要积极适应“全球化”潮流，在全球范围内比较和挑选供应商也会带来供货经济性，企业对企业（business-to-business，B2B）电子商务的发展为全球采购打下了基础。建立有产权和资本纽带联系的垂直供应渠道只能加强对供应商的实际控制，而建立采购比价系统，提高采购透明度，以及运用计算机模型化管理库存及采购则可从内部管理环节降低采购成本。为了降低输入成本，企业也应稳定与承运人等合作方的关系。随着经济发展的全球化，通过节约物资消耗和提高劳动生产率来降低生产成本的做法已转向非生产领域，特别是物流领域。例如，索尼公司在全球物流供应链的建立维护过程中，非常重视与承运人的关系，在每年与承运人的洽谈会中都商定，索尼公司作为签约一方许诺给另一方一年的集装箱运量等。

（3）充分利用生产能力。从长期的角度来看，企业可以根据产出的变化，即市场需求的变化来调节它们的生产规模和能力，但在较短时间内，企业的生产能力却基本上是固定的，市场需求的变化往往伴随着生产能力利用率的变化。在需求下降期间，生产能力过剩，而在需求达到峰值时，只有通过超时工作等措施增加产量。当生产能力过剩时，固定成本必然要分摊在较少的产出上。在诸如化工和钢铁等资本密集型的行业，生产能力过剩将显著增加单位产品的成本，在这样一些行业，能否充分利用生产能力将成为能否取得成本优势的关键。同样，在衰退行业和需求经常有很大波动的行业，调整生产能力以适应需求的变化是取得成本优势的关键。

（4）塑造企业成本文化，实现成本的有效控制。追求成本领先的企业应着力塑造一种注重细节、精打细算、严格管理、以成本为中心的企业文化。抓外部成本的同时抓好内部成本；把握好战略性成本的同时把握好作业成本；注重短期成本的同时更要注重长期成本。要使“降低成本”成为企业文化的核心，一切行动和措施都应体现这个核心。“邯钢模式”或称“邯钢经验”在一段时间曾被广泛推行，很重要的一点是其形成了一种文化，这种文化润物细无声，得到了员工的高度认同。从国际竞争的角度看，中国相当多的企业在相当长一段时间内还只能在成本领域寻求优势，因此培植企业成本文化尤其重要。

（5）加强生产技术创新，实现生产设备的现代化。创新是一条永远不变的市场竞争法则。技术革新和革命，生产设备的现代化，会大幅度降低成本。例如，福特汽车企业通过传送带实现了流水生产而大幅度降低了汽车生产成本，进而实现了让汽车进入千家万户的梦想。河南莲花健康产业集团股份有限公司围绕味精生产先后进行了十几次技术改造，每一次改造都伴随着生产效率的提高、能源及原材料的节约。其以玉米代替大米为代表的替代工程的实施以及发酵与提取技术的提高同样取得了降低成本的效果。

（6）利用领先优势，选准时机，打好价格战。一提起价格战，不少人就感到恐慌，似乎价格战是什么不祥之物。其实本质上来说，价格战不外是成本领先战略的外在表现而已。发动价格战的企业一定是具有成本领先优势的企业，在它还未形成垄断，占领绝对优势之前，它绝不会满足于把自己的成本领先优势束之高阁。的确，当和竞争对手价格相同时，成本较低的企业可以获得较高的利润率，但是那并不代表它可以获得绝对大的利润，因为它的市场份额不一定比对手大，还可能不如对手。要真正超过竞争对手，除了在差异化等方面努力外，价格战的确是一把开拓市场的利器。但是价格战也不是随随便便就能打成功的，2021 年极兔速递和百世集团双双因低价倾销被限令停运即是一例。打价格战也要选好时机，衡量自己的产品是否适合价格战，还要考虑价格战会对自己企业产生什么影响等。

值得强调的一点是，中国企业以往依靠廉价的劳动力、土地资源建立起来的成本优势是不会持久的。从世界范围来看，当初日本企业与欧美企业竞争靠的是劳动力成本低廉，但很快为在劳动密集型产品上具有成本优势的“亚洲四小龙”，即韩国、中国台湾地区、中国香港地区和新加坡所取代，“亚洲四小龙”继而又被中国大陆所取代，因为后者较前者劳动力和土地成本更低，有鉴于此，只有建立在规模经济、供应商营销、管理与文化、生产技术创新等基础上的成本领先才是企业持久的竞争优势。

4. 成本领先战略的优缺点

实施成本领先战略具有如下优点。

（1）企业处于低成本地位上，可以抵挡住现有竞争对手的对抗。即在竞争对手在竞争中不能获得利润只能保本的情况下，企业仍能获利。

（2）面对强有力的购买商要求降低产品价格的压力，处于低成本地位的企业在进行交易时握有更大的主动权，可以抵御购买商讨价还价的能力。

（3）当强有力的供应商抬高企业所需资源的价格时，处于低成本地位的企业可以有更大的灵活性来解决困境。

（4）企业已经建立起的巨大的生产规模和成本优势，使欲加入该行业的新进入者望而却步，形成进入障碍。

（5）在与替代品竞争时，低成本的企业往往比本行业中的其他企业处于更有利的地位。

成本领先战略也存在以下缺点。

（1）生产技术的变化或新技术的出现可能使得过去的设备投资或产品学习经验变得无效，变成无效用的资源。

（2）行业中新加入者通过模仿、总结前人经验或购买更先进的生产设备，使得成本更低。它们以更低的成本起点参与竞争，后来居上。这时，企业就会丧失成本领先地位。

（3）由于采用成本领先战略企业的力量集中于降低产品成本，从而使它们丧失了预见产品市场变化的能力。企业可能发现所生产的产品尽管价格低廉，却不为顾客所欣赏和需要。这是成本领先战略的最危险之处。

（4）受通货膨胀的影响，生产投入成本升高，产品成本提高，使企业失去了价格优势，从而不能与采用其他竞争战略的企业相竞争。

成本领先战略带来风险的一个典型例子是 20 世纪 20 年代的福特汽车公司。福特汽车公司曾经通过限制车型及种类、采用高度自动化的设备、积极实行后向一体化，以及严格推行低成本措施等取得过所向无敌的成本领先地位。然而，当许多收入高、同时已购置了一辆车的买主考虑再买第二辆车时，市场开始更偏爱具有风格的、车型有变化的、舒适的和封闭型的汽车，而非敞篷型的 T 型车。通用汽车公司看到了这种趋势，因而对开发一套完整的车型进行资本投资有所准备。福特汽车公司为把被淘汰车型的生产成本降至最低而付出了巨额投资，而这些投资成为一种顽固障碍，使福特汽车公司的战略调整付出了极大代价。

6.1.2 差异化战略

1. 差异化战略的内涵

差异化战略，是指为使企业产品、服务、形象等与竞争对手有明显的区别，以获得竞争优势而采取的战略。

实现差异化战略可以有许多方式，如独特的品牌设计、技术与性能、客户服务等。差异化战略是企业通过树立品牌形象、提供独特服务及优势技术等手段，来强化产品特点，让消费者感觉其支付的费用尽管高于同类产品，但仍然物有所值，甚至物超所值，这样，企业也就有合理的利润空间，进一步增加在产品质量、新技术开发和附加值服务方面的投入，从而实现企业成长的良性循环。对同一行业的竞争对手来说，产品的核心价值是基本相同的，所不同的是在性能和质量上，在满足顾客基本需要的情况下，为顾客提供独特的产品和服务是差异化战略追求的目标。实现这一目标的根本在于不断创新。只要我们认真分析一些来华投资的大跨国公司的做法就会发现，通过创新活动在产品和服务上形成差别，不断提升产品和服务的新价值创造能力，是这些成熟的大跨国公司广泛采用的市场竞争战略。因此，差异化战略是使企业获得高于同行业平均水平利润的一种有效的竞争战略。由价格战向差异化转变应是中国下一步产品转型升级的方向。差异化战略要借助于高超的质量、非凡的服务、创新的设计、技术性专长或不同凡响的品牌形象，以此培养忠诚的顾客，获得溢价。采取差异化战略是企业必需的、首要的发展战略。当一个企业向其客户提供某种独特的有价值的产品而不仅仅是价格低廉的产品时，它就把自己与其竞争对手区别开来了。差异化可以使企业获得溢价，即使在周期性或季节性经济萧条时，也会有大量忠诚的客户。如果实现的溢价超出了为使产品独特而追加的成本，则差异化就会带来更高的效益。小鸭集团提出的市场“差异化战略”竞争路线，就是依靠技术创新保持产品个性化、差异化，避免与其他品牌的产品同质化。小鸭集团利用杀菌技术、纳米技术等十二大健康技术打造小鸭空调“改善室内空气质量专家”的形象；另外，根据空调细分市场需求，在国内推出“儿童成长空调”和“IC 卡空调”，努力营造自己的一片天空。

2. 差异化战略的实施条件

企业实施差异化战略要具备以下六个条件：①具有很强的研究与开发能力，研究人员要有创造性的眼光；②具有以其产品质量或技术领先的声望；③在这一行业有悠久的历史或吸取其他企业的技能并自成一体；④具有很强的市场营销能力；⑤研究与开发及市场营销等职能部门之间要具有很强的协调性；⑥要具备能吸引高级研究人员、创造性人才和高技能职员的物质设施。

3. 实现差异化战略的途径

（1）产品差异化。实体产品在差异化过程中变化多端。在某一点上，人们会发现一些产品很难差异化，如鸡蛋。但是只要认真分析，就会发现它还是可以有效地进行差异化的。一般来说，可以通过外形、特点、品质、可靠性与耐用性、可维修性、风格、设计等方面来分析如何进行产品的差异化。

（2）服务差异化。当产品非常难以实现差异化时，可以考虑服务的差异化。它主要体现在以下几个方面。一是便利订购，是指使顾客能方便地向公司订货。现在银行提供的许多服务都可以帮助顾客更方便地订货。有些服装店甚至能够让顾客足不出户就订货。它的意义在于方便顾客，提供更良好的服务，增加订单。二是交货，是指将产品或服务送达顾客，包括速度、准确性和完好性。今天的顾客都希望获得高效的递送服务。三是便捷的安装，是指为确保产品在计划地点正常使用而必须做的工作，尤其是重型设备的购买者。如今，安装便捷已经成为产品的一个很好的卖点。四是客户培训，是指对采购商的员工进行培训，以使他们能正确地使用供应商的设备。五是维修保养，是指建立服务项目以确保出售的产品正常运作。六是客户咨询，是指卖方向买方提供有关资料和建议等服务。七是服务方式多样化。公司还可以通过奖励、产品担保等方式来实现服务差异化。

（3）形象差异化。购买者对公司和品牌形象的认知能解释某些大公司异乎寻常的市场份额。一个有效的形象应具备以下三点：一是建立产品的特点和价值；二是通过与众不同的途径来传递这一特点；三是产生某种感染力，触动顾客的内心感受。

（4）人员差异化。公司可以通过培养训练有素的人员来获得强大的竞争优势。例如，新加坡航空公司、迪士尼乐园都是因为优秀的员工而享誉全球的。经过严格训练的员工应当具备以下六个特征：一是能力，即员工具备需要的技能和知识；二是谦和，即员工应当热情友好，尊重别人，体贴周到；三是诚信，即员工应当诚实可信；四是可靠，即员工能始终如一、正确无误地提供服务；五是负责，即员工能对顾客的请求快速反应；六是交流，即员工能力求理解顾客并清楚地为顾客传递相关信息。

（5）分销渠道差异化。公司可以通过设计分销渠道来获取竞争优势。其中，最为著名的是戴尔公司。它将其直销方式引入亚洲，同时面向企业与消费者。它通过削减中间渠道节省开支并降低价格、增强竞争力，其运作非常精简高效。以至于联想公司也模仿了它的直销模式，并逐步靠近戴尔的即时交货模式，将存货时间从 20 天减少至 6 天。

4. 差异化战略的优缺点

差异化战略具有如下优点。

（1）建立起顾客对产品或服务的认识和信赖，当产品或服务的价格发生变化时，顾客的敏感程度就会降低。这样，差异化战略可为企业在同行业竞争中形成一个隔离地带，避免竞争对手的侵害。

（2）顾客对商标的信赖和忠实形成了强有力的行业进入障碍。如果行业新的加入者参与竞争，它必须扭转顾客对原产品的信赖和克服原产品的独特性的影响，这就增加了新加入者进入该行业的难度。

（3）差异化战略产生的高边际收益增强了企业与供应商讨价还价的能力。

（4）企业的差异化战略，使市场中缺乏可与之比较的产品，降低购买商对价格的敏感度。另外，产品差异化使购买商具有较高的转换成本，使其依赖于企业。这些都可削弱购买商的讨价还价能力。

（5）企业通过差异化战略建立起顾客对本产品的信赖，使得替代产品无法在性能上与之竞争。

差异化战略也存在以下缺点。

（1）实行差异化战略的企业，其生产成本可能很高。因为它要增加设计和研究费用，选用高档原材料等。如果采取差异化战略的产品成本与追求成本领先战略的竞争者的产品成本差距过大，可能会使得购买者宁愿牺牲差异化产品的性能、质量、服务和形象，而去追求较低的采购成本。

（2）购买者变得更加精明起来，他们降低了对产品或服务差异化的要求。

（3）随着企业所处行业的发展进入成熟期，差异产品的优点很可能为竞争对手所模仿，削弱产品的优势。

6.1.3 集中化战略

1. 集中化战略的内涵

集中化战略并不是一种独立的竞争战略，它是企业因受到资源与能力的约束而采取的一种折中战略。集中化战略通过设计一整套行动来生产产品或提供服务，以满足某一特定竞争性细分市场的需求，包括某一特定的购买群体、某一特定的产品细分市场或某一特定的地理市场。

与采用成本领先战略和差异化战略的企业不同，执行集中化战略的企业通过利用其核心竞争力来满足某一特定行业细分市场的需求。这一战略依靠的前提是：公司业务的集中化能够以更高的效率、更好的效果为某一狭窄的战略对象服务，从而超过在较广阔范围内竞争的对手。这样做的结果是公司通过满足特殊对象的需要而实现了差别化，或者在为这一对象服务时实现了低成本，或者二者兼得，如劳斯莱斯（为高级购买者提供产品）。

2. 集中化战略的实施条件

企业实施集中化战略要具备以下四个条件：①具有完全不同的用户群；②在相同的目标市场群中，其他竞争对手不打算实行重点集中的战略；③企业的资源不允许其追求广泛的细分市场；④行业中各细分部分在规模、成长率、获得能力方面存在很大的差异。

3. 实现集中化战略的途径

（1）行业聚焦。行业聚焦也就是要寻找一个属于自己的领地，放弃不属于自己的领地。判断标准如下：一是自己可以做好，竞争对手做不好；二是拥有做好这个领地的资源；三是用户有需求，市场空间大。万科集团曾涉足房地产、金融、物业服务和基础设施四个领域，涉及建筑、装饰、家居、商业、物流、文化、教育、旅游和体育九大行业，为了稳健规范发展，毅然决然放弃除房地产外的其他行业产品，专注于房地产行业。

（2）产品聚焦。产品聚焦可以建立在产品资源分析之上。企业可对正在生产的产品品种，按销售收入和盈亏情况进行评价和选择。企业根据其经营的全部产品的销售收入和盈利水平，将它们由高到低进行排序，保留销售收入、盈利水平均居前列的产品，对于销售收入靠前但盈利水平靠后的产品，企业应采取一些措施降低成本，对于盈利水平靠前但销售收入靠后的产品，企业应查出销售收入不高的原因，如果其市场需求很小，应予以放弃，对于盈利水平和销售收入均靠后的产品，应予以淘汰。通过分析我们可以知道，80%的利润来源于 20%的产品，我们只要做好这部分产品即可。

（3）区域聚焦。万科集团从 1992 年开始发展全中国的业务，从深圳做到了北京和上海。1993～1995 年，万科集团最多的时候扩张到了 13 个城市。但是后来，遇到了整个宏观调控的问题和管理跨度等问题，万科集团做了整个业务上的调整，将城市的个数压缩到了 5 个。到 2007 年，万科集团完全确立了以中国市场为目标的跨地域经营战略，重点投资在中国的区域经济中心，形成以深、京、津、沪为投资重点的业务格局。2012 年，万科又基于中国房地产行业进入白银时代的判断，一方面主动放弃规模第一，力争能力第一，另一方面启动从专业住宅地产行业到城市配套服务商的转型变革。这使其在 2018 年的房地产行业寒冬到来之时，不仅有效抵御了行业风险，重回第一，还在物业服务、商业地产、物流与长租公寓等新业务领域打下了坚实的基础。

（4）资金聚焦。目前中国一些企业存在以下现象：赚钱的速度总赶不上“事业心”膨胀的速度，左手的钱还没有赚进来，右手早已有许多个更大的投资项目等着用钱了，举债，借钱，铺摊子，追求产值、销量、资产和规模。企业总是处于缺钱的“饥饿”状态，企业家成了社会中最缺钱的一个群体，一天到晚到处在融资、贷款等。万科削减了商业零售、工业、证券投资和文化业务等的支出，保证了房地产业发展的资金需求。

（5）概念聚焦。企业要集中精力做好一项业务，从而使顾客在心目中拥有一个概念。一旦企业在此方面占得先机，别的企业就永难超越，因为顾客的认识很难发生改变。万科集团从最初的多元化发展逐步走向专业化，最终只向顾客传达一个概念——城市居民住宅，成为中国最大的城市居民住宅开发商。

（6）客户聚焦。企业 80%的销售收入和利润来源于 20%的客户，永远只服务这一部分客户，赚这一部分客户的钱。例如，万科集团专注服务区域经济中心城市客户，这保证了主业城市居民住宅的设计、开发、建设物资供应、销售、售后服务流程的规范运作，从而能够向客户提供更加优质的产品和服务。

（7）品牌聚焦。将成功的品牌扩展到新产品上会给企业带来危害，包括两个方面：会弱化成功品牌的形象，使之模糊化；会分散企业的精力，结果是一样也做不好。万科集团聚焦品牌，集中在城市居民住宅，使其获得了这一领域的中国第一品牌形象。反观巨人集团，它本是做电脑起家的，成功之后向房地产、医药及保健品行业进行品牌延伸，巨人汉卡、巨人大厦、巨人脑黄金、巨人吃饭香等，有一百多种产品全部以巨人冠之，结果既损害了其作为电脑高科技企业的形象，又造成了它的延伸品牌不专业的形象，还分散了精力，导致巨人集团遭受阶段性重大挫折，走到破产边缘。巨人集团总结失败教训，调整发展战略，主要发展网游事业，并以巨人网络名称成功登陆纽约证券交易所，使巨人集团获得了重生。

4. 集中化战略的优缺点

企业实施集中化战略具有如下优点。

（1）集中化战略便于集中使用整个企业的力量和资源，更好地服务于某一特定的目标。

（2）将目标集中于特定的部分市场，企业可以更好地调查研究与产品有关的技术、市场、顾客以及竞争对手等各方面的情况，做到“知彼”。

（3）战略目标集中明确，经济成果易于评价，战略管理过程也容易控制，从而带来管理上的简便。根据中、小型企业在规模、资源等方面所固有的一些特点，以及集中化战略的特性，可以说集中化战略对中、小型企业来说可能是最适宜的战略。

集中化战略存在的主要缺点如下。

（1）由于企业全部力量和资源都投入到一种产品或服务一个特定的市场，当顾客偏好发生变化，技术出现创新或有新的替代品出现时，就会发现这部分市场对产品或服务的需求下降，企业就会受到很大的冲击。

（2）竞争者可能打入企业特定的部分市场，并且采取优于企业的更集中化的战略。

（3）产品销量可能变少，产品要求不断更新，导致生产费用增加，使得采取集中化战略的企业的成本优势被削弱。

6.2 不同行业环境中的企业竞争战略

基本竞争战略使企业建立了自己的竞争优势，有力量抗击五种竞争力，在行业中处于有利地位。但不同行业在其特点、竞争状况等方面的差异使企业在竞争战略制定、选择时要依据具体的行业环境。同一竞争战略在不同行业环境中实施效果是不同的。

6.2.1 新兴行业中的竞争战略

新兴行业是新形成的或重新形成的行业，其形成的原因是技术创新、相对成本关系的变化、新的消费需求的出现，或者其他经济和社会变化将某个新产品或服务提高到一种潜在可行的商业机会的水平。例如，由技术创新而产生了计算机、电讯、家用电器等行业；新的需求促使搬家公司、快递公司、礼仪公司等行业产生。社会、技术、文化的进步使新兴行业不断被创造出来。

从战略制定的观点看，新兴行业的基本特征是没有游戏规则，新兴行业的竞争问题是全部规则都必须建立，使企业可以遵循并在这些规则下发展繁荣。缺乏规则既是风险又是机会的来源。

1. 新兴行业的结构特征

（1）技术上的不确定性。新兴行业中通常存在着很大程度的技术不确定性。因为企业的生产技术还不成熟，有待于继续创新和完善；企业的生产和经营也没有形成一整套的方法和规程，何种产品结构最好以及何种生产技术最有效等都无法确定。

（2）战略上的不确定性。行业内的企业对于竞争对手、顾客特点和处于新兴阶段的行业条件等只有较少的信息，没有企业知道所有的竞争者是谁，也没有企业能够经常得到可靠的行业销售量和市场份额的信息。所以在产品市场定位、市场营销和服务等方面不同的企业经常采用不同的战略方法，没有被行业认可的正确的战略。

（3）萌芽企业和另立门户。行业新兴阶段伴随着极大比例的新成立企业，因为此阶段没有成型的游戏规则和规模经济的障碍。萌芽企业是指立足于企业中新成立的单个新企业。另外，还存在许多另立门户企业，即从那些已立足企业中出去的雇员创立的新企业。另立门户现象源于许多因素：一是在迅速发展和充满机会的环境中，与立足企业工资相比，权益投资的收益更具有吸引力；二是新兴阶段技术和战略的流动性，使立足企业的雇员具有良好的条件去获得新的更好的想法，并能充分利用其对行业最新消息的把握，这些想法在原有企业可能由于转换成本过大而无法实现，如可能会与不愿意采用他们想法的上级发生冲突，或可能会对企业过去已投入的资金造成损失。

（4）初始成本虽高但成本急剧下降。初始成本高是因为生产企业的产量较低，没有可行的学习曲线以降低成本，然而随着工艺的改进、工厂布置的合理化、对成熟的经验曲线的学习和工人熟练程度的提高，在生产规模扩大的同时，生产成本会迅速下降。

2. 新兴行业的发展障碍

（1）原材料、零部件短缺。一个新兴行业的发展，要求出现新供应商或现存的供应商增加产出，或更换原材料和零部件以满足行业需要。在这一过程中就会出现原材料和零部件短缺现象。另外，在行业发展的早期阶段，由于行业发展所需的原材料不能得到有效的供给，重要原材料价格会大幅度上涨。这一方面是供给和需求之间的作用，另一方面是由于供应商认识到产品对于行业的价值。但当供应商扩张时，原材料的价格会迅速下降。

（2）产品、技术标准等缺乏。由于新兴行业中仍存在产品和技术水平的不确定性，产品和技术没有统一标准，加剧了原材料供应不足和互补产品缺乏的问题，并可能阻碍成本下降。同时，新兴行业经常面临由缺乏基础设施而引起的问题，如分销渠道、服务设施、专业技巧等问题。

（3）顾客困惑。新兴行业经常遇到顾客困惑问题，原因在于存在众多产品方案、技术种类及竞争者互相冲突或相反的宣传。这些现象是由于技术水平不确定和缺乏技术标准等，这种混乱可能提高顾客的购买风险感并限制行业的销售额。同时，由于存在许多新建企业、缺乏标准、技术水平不确定等，新兴行业的产品质量经常不稳定，即使是少数现象，也会对全行业的形象和信誉造成不利影响。这些因素又会影响新行业在金融业的形象和受信任程度，进而影响企业取得低成本融资的能力及取得信用的能力。

（4）被替代产品的反应。在面临新产品替代威胁时，老产品生产企业会采取各种有效的方法降低替代产品的威胁。其最佳战略可能是增加投资、降低成本，迫使新兴行业中与学习和规模相关的价格下降目标继续做出改变，这给新兴行业的发展增加了难度。

一方面，由于新兴行业的发展存在许多障碍，进入新兴行业经营的企业失败率较高；

另一方面，新兴行业的结构环境也为企业发展带来了机遇。

3. 新兴行业的竞争战略选择

（1）促进行业结构的形成。在新兴行业的战略问题上，压倒其他战略的选择是，企业有能力促进行业结构趋于稳定而且成型，这种战略选择使企业能够在产品决策、营销方法以及价格策略上建立一套有利于自身发展的竞争规则，从而有利于企业实现长远的发展。

（2）改变供应商和销售渠道。随着行业规模的扩大，新兴行业中的重点企业必须在战略上准备应对供应商和销售渠道可能出现的方向性转移。例如，供应商可能越来越趋向于满足行业的特殊要求，而对销售渠道的一体化感兴趣等。这些方向性的转移，会在很大程度上使企业改变战略。

（3）正确对待行业发展的外在因素。外在因素，即企业效率和社会效率之间的一致性问题。新兴行业中的企业必须在行业利益和企业自身利益之间取得平衡。企业的生产经营状况与行业的整体形象、信誉、吸引力，行业与政府的关系，行业与其他行业的关系等息息相关，企业的发展离不开同业的协调以及整个行业的发展。当前，互联网行业尚处于初级发展阶段，在技术、法规建设、行业自律等方面滞后，风险较大。在这种状况下，互联网企业应当具有大局意识，避免过度的趋利性。要把促进行业发展，促进互联网业的发展作为企业战略的重要组成部分。

（4）适应行业门槛的转变。新兴行业的门槛的构成因素，会随着产业规模的成长和技术的成熟而发生变化，早期的进入障碍主要取决于承担风险的能力、技术上的创造性以及是否能做出前瞻性的决策，而巨大资源的掌握是次要的；当产业在规模上发展和技术上成熟时，这些进入障碍会被不同的其他因素所代替，企业必须为维持其行业地位而创新，而不能只固守过去获得的成功，互联网造就了一批知识财富，也让许多风险投资商赚得几乎成了真正意义上的“疯投”，但是随着产业规模的扩大，互联网业在为广告公司和媒体做出了重大的贡献之后，却迷失了自己，不知道该如何合理地利用那些轻易到手的资金。就这样，“烧钱”成了网络公司的共同特征。

（5）选择适当的进入时机和领域。何时进入新兴行业是一个战略选择。早期进入面临的是高风险、低障碍，并可获得很高的收益。一般来说，当消费者重视企业形象和企业信誉，同时当企业能够因为其是行业的开发者而形成较强的信誉时，其可以较早地进入。在行业的经验曲线效应强，较早地进入能引导和诱发学习过程、经验很难模仿也不易因后续技术发展而冲淡等情况下，企业可以较早地进入；在消费者的忠诚性较高的行业中，企业较早进入能更有机会争取消费者；在较早与供应商及分销商建立关系能获得明显的成本优势的行业，企业应该争取较早地进入。但是，最先进入的企业也会面临巨大的风险。例如，早期行业竞争和市场细分可能会与行业发展的情况不同，企业在技术结构与产品结构等方面如果投资过大，在转变时就要付出高额的调整费用。技术变更也使先进入企业的投资变得过时，后来的企业则可能拥有最新的技术和产品。

6.2.2 成熟行业中的竞争战略

行业从高速发展期逐渐进入稳定发展阶段，就是进入了成熟期。在这一时期，行业竞争环境会发生根本性变化，企业要适应行业发展，做出战略性转变。

1. 成熟行业的特征

（1）市场竞争更加激烈。当企业原有市场饱和时，企业无法以相同的市场份额保持相同的增长速度，此时竞争转向行业内部，去争夺其他企业的市场份额。竞争的加剧要求企业对自身市场占有率、市场地位等目标做根本性的重新定位，并重新分析评价竞争对手的反应及行动。不仅竞争者可能变得更具攻击性，而且非理性竞争也可能发生。广告、服务、促销、价格战等在成熟行业中是常见的。

（2）竞争趋向成本和服务。产品在质量、性能等各方面已稳定，技术日益成熟，客户的知识和经验也日益丰富，已经购买或多次购买过产品，客户的注意力从决定是否购买产品转向在不同品牌之间进行选择。这种市场需求的变化使竞争趋向成本导向和服务导向，企业要重新评价其竞争战略的适应性。

（3）行业利润下降。成熟行业需求稳定，增长缓慢，企业面临战略转变的不确定性，这些意味着行业利润在短期内将下降。市场份额小的企业受影响最大。利润下降使现金流量减少，股票价格下跌，融资困难。

（4）收购兼并增多。在行业成熟阶段，一些企业利用自己的优势，进行收购和兼并，从而产生行业集团。同时，这种行业集团也迫使一些企业退出该经营领域。伴随着行业的不断成熟，即使是一些能力较强的企业也常因战略与环境的不适应而遭到淘汰。所有这些变化都迫使企业重新审视其经营战略，进行战略调整。

2. 成熟时期的战略陷阱

（1）自我感觉良好的陷阱。许多企业在市场中迅速发展壮大，有些甚至成了著名的大企业。在企业自我形象和能力不断提高时，一些企业管理者就有些飘飘然，自信心迅速膨胀，觉得自己似乎无所不能，成功似乎是易如反掌的事。在这样的情况下，企业领导者往往看不清当前的市场形势，经常大张旗鼓地盲目扩张，进入多个行业，尤其是在民营和私营企业中，这种现象屡见不鲜。例如，三株、太阳神在市场上刮起了一阵保健品旋风，产品一时供不应求，财源滚滚而来。在市场成熟的大好形势面前，这些企业没有深入市场、乘胜追击，而是把赚到的丰厚利润投入到许多不相关的产业，结果这些产业经营不善，企业很快就被拖垮了。

（2）缺乏明确战略的陷阱。在市场成熟时期，市场上产品种类多，顾客也变得更加挑剔，企业过去的战略得以实行的宽松环境不复存在，企业容易陷于战略不明确的中间状态，特别是一些中等规模的企业，因为它既不能像大公司那样拥有强大的实力来采用成本领先战略，又没有小企业那样灵活能采用差异化战略或集中化战略，结果导致利润率很低。

（3）价格战的陷阱。在市场成熟时期，价格战是不可避免的。面对价格战，企业可能会陷于两种陷阱。一是回避价格战。有些管理人员将价格战视作不体面或有失身份的行为，而不屑于对竞争者做出反应。这种做法是很危险的，尤其是当企业在只有采取进攻姿态制定价格策略才能占领市场的时候。二是坚持以高质量为借口而不去适应竞争对手侵略性的定价或营销行为。高质量可能是企业的重要力量，但是当一个产业成熟时，质量差异有受侵蚀的表现，有经验的顾客也可能购买价格更低的产品以代替质量因素。现在高科技产品更新换代速度加快，一种新产品在市场上很可能昙花一现便很快会被更新的产品代替，在这种情况下，价格战更是在所难免。日本索尼公司在新推出一种产品时，价格开始定得往往比较高，当市场上出现同类产品时，它就很快又推出更优良的产品，而将原来的产品降价销售，这样就牢牢地抓住了顾客。

（4）生产能力过剩的陷阱。市场走向成熟，企业生产能力不断加强，某些企业可能拥有过剩的生产能力。由于有了强大的生产能力，企业可能想物尽其用，而在其他方面又很难一下子配套跟上，这时公司可能会遇到两种问题：一是可能造成管理压力从而导致陷于资金陷阱；二是可能会损害企业原先的战略。

（5）市场份额的陷阱。市场份额陷阱有两种情况，一种是为了追求市场份额而在成熟的市场上投入资金。在市场进入成熟期时，企业增长速度缓慢，不利于企业长期提高或保持利润率，一般这时是回收现金时期。企业为了追求市场份额而投入大量资金将事倍功半，特别是当一个企业能力并不强，却企图提高市场占有率时更加困难。另一种是为了短期利润轻易放弃市场份额。当产业合理化发展时，一段低利润时期难以避免。有些企业比较短视，为了保持过去的获利能力，不惜采取杀鸡取卵的做法——放弃部分市场份额，或放弃市场营销、研究活动和其他需要的投入，这势必损害企业日后的市场地位，采取这种急功近利的做法无异于自杀。

（6）新产品的陷阱。当市场处于成熟期时，企业的生产能力比较强，市场上产品种类较多，企业很可能热衷于推出新产品，而忽视对原产品的改进。实际上，当市场处于成熟期时，企业可以充分利用强大的生产能力对原产品进行改进，既增加产品附加值，又树立企业的品牌，有利于保持企业的声誉。开创新产品，不仅要投入大量的研发费用，还要投入新的广告费和管理费用，风险也比较大。

3. 成熟行业的竞争战略选择

（1）审视现行的企业战略。行业的高速增长可能会掩盖企业战略上的错误，而且也会使行业内绝大多数的公司成长起来。这时各种各样的战略似乎都会取得成功。然而，当行业趋向成熟时部分企业的战略缺陷会暴露出来，每个企业都需要在三种基本竞争战略之间做出选择。

（2）产品组合合理化。在行业的成长期，企业会扩大产品线，增加产品的种类，不断推出新产品以提高企业的形象和竞争能力。然而，一旦行业进入成熟期，成本竞争和市场占有率的争夺会极其激烈，众多的产品线会使成本提高。为此，企业应调整产品线，减少亏损产品的生产，集中精力生产利润高的产品，以形成产品的竞争优势。

（3）技术和工艺流程的创新。市场的成熟加剧了行业竞争，从而要求企业更加注重技术和工艺流程的创新。例如，改进产品的设计、生产方式、创新销售系统等措施都具有很高的竞争价值。

（4）注重降低成本。价格竞争激烈是行业成熟阶段的基本特征，通过采用更经济的产品设计方案、使用更低廉的零部件、提高生产和销售的效率及削减管理费用等方法，企业可以获得低成本优势，从而在竞争中发挥价格优势。

（5）扩大现有客户的购买范围。行业内部争夺市场占有率的竞争使企业寻求新的客户十分困难，理想的措施是扩大企业现有客户的购买范围来增加销售。具体的方式有增加外围设备的供应与服务、提高产品的档次及增加产品的种类等。

（6）横向并购战略。横向并购，就是并购同行业的其他企业。行业的成熟、竞争的加剧导致一部分企业出现亏损，为成功企业提供了横向并购的契机。这种战略的好处是既可以“消灭”竞争者，从而降低竞争程度，又可以获得市场份额，使企业可以在更大程度上获得规模优势，如海尔提出的“吃休克鱼”的战略就使企业得到了快速成长和发展。

（7）国际化经营。随着国内市场的成熟，企业可以积极地开拓国际市场。由于各个国家内部市场的发展状况不一致，国内市场饱和的产品在国外市场却可能拥有巨大的需求。同时，企业也可以把生产向不发达国家和地区转移，以降低生产成本和费用，提高产品的国际市场竞争能力。

（8）向相关行业转移。在行业成熟阶段，进行行业转移是不少企业采用的有效战略之一。企业向相关行业转移有利于其利用已经拥有的技术和其他核心专长。在这一转移过程中，以原有成熟业务为新业务的发展提供稳定的现金来源，然后用新产品淘汰原有产品，提前结束原有产品的生命周期，同时分散资本风险。那些既没有技术优势又没有资本优势的企业，则可以通过合资的方式，利用自己在市场或其他某些资源方面的优势，迅速转入其他地区或其他行业。同时，由于在行业成熟阶段不少企业具备的实力较强，承受变革的能力也较大，所以企业战略上的重大变革往往发生在这个阶段。

6.2.3　衰退行业中的竞争战略

在产品生命周期中，衰退阶段的特征是市场销售量降低、产品种类减少、研发和广告费用降低及竞争者减少。产品和市场衰退使行业衰退，衰退行业是指在持续的一段时间内产品的销量绝对下降的行业。这种衰退可能是缓慢的，也可能是迅速的。针对衰退行业，一般的战略思想是：不要在增长缓慢或负增长的不利的市场投资，而应从中抽取现金。实际上，此阶段行业环境使企业的战略选择较复杂，不同行业、不同企业有不同的竞争战略。

1. 衰退行业的特征

（1）竞争的不稳定性。衰退行业的需求状况使竞争更加激烈，集中体现为价格战。其决定因素有许多方面，如固定成本很高，企业被行业退出壁垒束缚，企业意识到在行业中保留位置的重要性，剩余企业的实力较为平均。

（2）市场需求量的变化具有不确定性。企业无法确定其发展趋势，而且不同企业对需求的变化认识也不相同。企业在行业中的位置和它的退出壁垒影响它对行业需求下降可能性的认识。有些企业预计市场需求将回升或保持平稳而继续坚持，在销售量下降的情况下努力保持现有地位。如果大部分企业都确信市场需求肯定继续下降，企业从行业撤出的速度将加快。

（3）存在退出壁垒。任何衰退行业都存在退出壁垒，它直接影响企业的战略选择。退出壁垒使企业在衰退行业里继续竞争，即使只能从投资中获得低于正常标准的收益。

2. 衰退时期的战略陷阱

（1）未能确认衰退。有些企业不能客观地认识衰退的前景，对行业的认同感或对替代产品过于狭隘的眼光使它们对行业复苏的前景过于乐观。高退出壁垒的存在也不知不觉影响了管理者对环境的认识——悲观的信号令人苦恼，他们总是寻找乐观的信号。面对行业的衰退，最能客观地处理衰退过程的企业是那些同时参与替代行业的企业，它们对替代产品的前景和衰退的威胁有着更清醒的认识。

（2）一场消耗战。与具有高退出壁垒的竞争对手开战通常会导致灾难。这种竞争对手会对变化做出有力的反应，没有足够的投资，它们是无法取得应有的地位的。

（3）缺乏明显优势的收获战略。在衰退阶段，除非行业结构极为有利，否则缺乏明显优势的企业采用收获战略常常导致惨败。因为一旦服务恶化或价格上涨，客户将迅速转移业务。

3. 衰退行业的竞争战略选择

衰退行业中的企业选择战略的关键是将企业的相对地位与留在行业中的价值相匹配，如表 6-1 所示。

表 6-1　企业在衰退行业中的战略选择

行业结构是否有利于衰退	在剩余需求上有对竞争对手的相对优势	在剩余需求上没有对竞争对手的相对优势
行业结构有利于衰退	领导或局部领导战略	收割或迅速撤资战略
行业结构不利于衰退	局部领导或收割战略	迅速撤资战略

（1）领导战略，即在市场份额方面争取领导地位。其目标是从衰退行业中获利，这种行业结构特点是使剩余企业有潜力获取超出平均水平的利润，而且可以实现在竞争中占有领导地位。采取这种战略的条件：一方面是行业结构十分有利，如预期市场销售的不确定性比较小，退出的障碍极小等；另一方面是企业在与竞争对手竞争过程中实力较强。企业可通过如下措施巩固领导地位：在产品定价、营销等方面采取积极办法，提高市场占有率；兼并某些竞争对手的资产，加强自身的生产能力；降低竞争者的退出障碍；通过新产品的开发或工艺创新，扩大投资，进一步提高企业的竞争力。

（2）局部领导战略，即创造或捍卫在某一特定细分市场中的优势地位。这种细分市场的需求不但将保持稳定或缓慢下降，而且拥有结构特色，能带来高收益。为此，企业可以在对现有市场进行细分的基础上，选择一两个特定细分市场作为企业的目标市场，以保持稳定的需求或延缓衰败，从而获取较高的收益。

（3）收割战略，即实施有控制的撤出投资，从优势中获利。采用收割战略，企业会力图优化业务现金流，取消或大幅度削减新的投资，减少设备投资，在后续销售中从业务拥有的残留优势上谋取利益，以提高价格或从过去的商誉中获利。实施收割战略的前提是过去存在企业能赖以生存的真正优势，同时衰退阶段的行业环境不至于恶化为战争，如果不具备任何优势，则提高价格、降低质量或减少广告将使销售水平下降。

（4）迅速撤资战略，即在衰退行业中尽早清算投资。前提是企业只有在衰退早期出售业务才能使净投资的回报最大化，而不是实施收割战略后再采用其他战略。因为出售越早，需求是否随后下降的不确定性越大，资产的其他市场未饱和的可能性就越大。

6.2.4　零散型行业中的竞争战略

零散型行业是指，在行业中，竞争企业很多，行业集中度很低，没有任何企业占有显著的市场份额，也没有任何一个企业能对整个行业的发展具有重大的影响，即不存在具有左右整个行业活动的市场领袖。一般情况下，零散型行业由很多中小型企业构成，存在于许多领域，如服务业、零售业、农产品、汽车修理、饭店、计算机软件开发、服装制造和服装零售等，其范围很广，在技术尖端性方面差别也很大，包括从高技术的太阳能加热设备到酒零售业。

1. 行业零散的原因

（1）总的进入壁垒低或存在退出障碍。低的进入壁垒使大量的中小企业涌入，这几乎成为所有零散型行业形成的前提；同时，如果行业存在退出障碍，则收入持平的企业倾向于在行业中维持现状。除经济性的退出障碍外，还存在管理性退出障碍，因为有些竞争者的目标可能不是利润导向的，某些行业的独特吸引力使一些竞争者进入，即使是无利可图的。

（2）多种市场需求使产品高度差异化。在某些行业中，顾客的需求是零散的，每一个顾客都希望产品有不同式样，顾客不愿意接受更标准化的产品，愿意为不同式样的产品付高价。这种需求的多样性在大众日常消费行业中表现得非常明显，如餐饮、理发、女性时装等行业。另外，市场需求区域或地区的差异也导致需求零散，因此，需求零散导致产品高度差异化，顾客对某一特定产品式样的需求很小，这种数量不足以支持某种程度的生产、营销以使大企业发挥优势。

（3）不存在规模经济。大部分零散型行业在其运营活动的每个主要环节，如制造、市场、研究与开发等，都不存在规模经济。有些行业即使存在规模经济，也由于各种原因难以达到经济规模而不能实现。例如，在水泥、化工行业，高运输成本限制了高效率企业的规模及生产地点，决定了其市场及服务范围，抵消了规模经济性。库存成本过高或市场销售不稳定使企业产量波动而不能实现规模经济，此时大规模企业的灵活性不如小规模、低专业化的企业。另外，高度的产品差异化及快速的产品变化也可能导致规模不经济。

（4）除行业经济特性外，非经济原因也会导致行业零散。一是现有企业缺乏资源或技能。有时企业不具备克服零散的能力，如可以发展规模经济，但缺乏资金或专业技能等战略资源，无法建立大规模设备体系及分销机构和服务网络来促进行业集中。二是现有企业眼光短浅或自我满足。即使企业具有促进行业集中的资源条件，也可能仍然留恋支持零散结构的传统行业习惯，或感觉不到行业变化的机会。三是未被其他外部企业注意。尽管行业内存在集中的对象和条件，但外部企业并没有发现向行业注入资源展示新的前景以促进集中的机会。

2. 零散型行业的战略陷阱

（1）寻求支配地位。零散型行业的基本结构决定了寻求支配性市场份额是无效的，除非可以从根本上出现变化。形成行业零散的基本经济原因一般会使企业在增加市场份额的同时要面对低效率，失去产品差异性以及供应商和顾客的各种想法。企业企图在零散型行业中对所有的人在所有方面占优势，会导致竞争力量的脆弱性达到最大。波特以美国 Prelude 公司的例子说明了此种支配战略的失败。该公司曾宣布其目标是成为龙虾业的通用汽车公司。它建立了一只昂贵的具有先进技术装备的庞大的龙虾船队，建设了内部维修和船坞设施，实现了包括运输车队和餐馆在内的纵向整合。龙虾捕捞行业的经济性决定了它的船队并不比其他捕捞者具有更明显的优势，而高额管理费用和固定成本引起了小捕捞者的价格竞争，小捕捞者对于相当低的收益感到满意，并不寻求较高的投资收益率。

（2）缺乏战略约束力。在零散型行业中进行有效竞争，保持极其有效的战略约束力是必需的。零散型行业的竞争结构要求市场集中或专注于某些严格的战略原则，执行这些原则要求有充分的勇气舍弃某些业务，也要求组织内部的资源配置具有相对的稳定性。一项无约束力的或机会主义的战略可能在短期内发生作用，但从长期发展看，会降低竞争力。

（3）过分集中化。许多零散型行业的竞争本质在于：人员服务、当地联系、近距离控制、对波动及式样变化的反应能力等。许多情况下，集权化组织结构与生产效率背道而驰，因为它延缓反应时间，导致多种个人服务所必需的熟练人员流失。同时，零散型行业的经济结构经常导致集中的生产或者市场营销组织不存在规模经济甚至是不经济的。因此，这些领域的集中削弱了企业的竞争力。

（4）竞争者具有同样的目标和管理费用。零散型行业的特殊环境决定了其中有许多小型企业和私营企业。它们的经营与管理方式是经常在家工作，使用家庭劳动力，管理费用很低。其目标也很低，或与股份制公司不同，因而对价格变动或其他行业事件的反应与一般企业极不相同。

（5）对新产品过度反应。在零散型行业中，巨大的竞争者数量几乎总是使买方具有强大的力量，使一种新产品成为激烈竞争的救星。但是由于零散型行业需求的多样性与缺乏规模经济，企业对新产品做出的大量投资在该产品的成熟期并不容易收回或很难获得较高收益。这样就存在着对新产品过度反应的危险，使成本和管理费用可能上升，使企业在零散型行业的价格竞争中处于不利地位。

3. 零散型行业的竞争战略选择

（1）通过收购获得临界批量。在某些产业中，获得显著的市场份额最终可得到某些利益，但因为造成零散的因素的存在，提高市场占有率极端困难。例如，如果当地联系在销售方面非常重要，则入侵其他企业的领地以便扩张就极端困难，然而如果企业能达到某一市场份额界限，就可开始获得任何重要的规模优势。在这种情况下，假如收购能够实现并可以合二为一，则收购当地企业的战略可能是最成功的。

（2）尽早发现产业趋势。有时产业在成熟时自然发生集中，如计算机服务部门正面临小型机或微型机的竞争，这种新技术意味着小型或中型企业可以拥有自己的计算机。这样，计算机服务部门必须对大企业提供服务，以求不断发展，或在最初仅提供机器的基础上，提供复杂的程序或其他服务，这种发展方式导致了计算机服务产业的集中。

（3）严格管理下的零散化。零散型行业经济具有需要严密协调、本地化管理趋向、重个人服务和近距控制等特点，因而一种重要的竞争方法是紧密管理下的零散化。与其在一个或少数几个地点扩大经营规模，不如保持个别的小规模并尽可能地自治。这种方法采用严格的中心控制和当地经理的业绩导向补贴。英特尔公司采用这种战略在加拿大的铝成型和铝结构产业中取得了极大成功。

（4）增加附加价值。许多零散型行业生产的产品或服务是一般性的商品，或者是很难实现差异化的。例如，许多分销商不是库存产品与竞争对手的产品相同，就是产品链与竞争对手的产品链相同。在这种情况下，一种有效的战略可能是给所经营的产品增加附加价值，如对销售提供更多服务，从事产品的最终构造，或在产品卖给顾客前对零部件进行分装或装配等。提高产品差异化会产生更高的利润，这些在基本产品或服务中不能实现的功能在这些战略行动中将得到实现。

（5）产品类型或产品细分的专门化。当产品链中存在多项不同产品时，一种有效的实现高于平均水平的结果的方法是使一组严格限制的产品专门化。它可以使企业通过使其产品达到足够大的规模来增强与供应商的价格谈判实力。它还可以使企业因专家具有的专门技巧而提高针对顾客的差异化水平，并提高企业在某一产品领域的形象。集中差异化战略使企业在产品领域的信息更灵，并可使企业引导顾客的能力得到提高。但这种战略的代价可能是对企业的发展前景形成某些限制。

（6）顾客类型专门化。如果因为零散结构而造成激烈竞争，企业可专注于产业中的一部分特定顾客而从中获得潜在效益，可能这些顾客因购买量小或规模小而造成讨价还价能力低下；还可专注于一部分对价格很不敏感或者需要企业随基本产品或服务而提供附加价值的顾客。

（7）订货类型专门化。在零散型行业中，企业可以专注某一特殊订货类型去应对严峻的竞争压力。一种方法是仅服务于小订单顾客，其要求立即交货并对价格不甚敏感；另一种方法是企业接受定做产品的订货。与前述一样，专门化的代价是产品销售量的限制。

6.3 同一行业不同竞争地位的竞争战略

一般一个行业内都会存在行业领导企业、中游企业和弱小企业，其规模、经营状况、竞争优势及市场竞争力决定了其在行业中的竞争地位。显然，不同竞争地位的企业应依据自身特点选择竞争战略。

6.3.1 行业领导者的竞争战略

行业领导者已取得市场地位与竞争优势，但仍然面临众多竞争对手的挑战。因此行业领导者要依据环境状况进一步采取合适的竞争战略，主要包括以下三种。

1. 积极进攻战略

行业领导者采取积极进攻战略的目的是保持公司的竞争优势，提高竞争地位，因此其进攻战略的实质是不断地进行改进和革新。率先推出新产品、提高产品的性能、改善服务质量及降低成本不仅可以帮助一家行业领导者避免自满，而且可以使竞争对手的产品和生产工艺过时，始终处于被动的防守位置；同时还包括扩大整个行业需求的战略措施，如为公司的新产品发现新的用途，吸引产品的新用户，促进用户更加频繁地使用产品，以及在竞争对手的核心地区新建大型的生产工厂、扩大产品线等。保持竞争优势的最佳战略选择是低成本或差异化战略。积极追求成本降低或者不断采取新的措施开发有特色的产品，使自己的产品同竞争对手的品牌相区别；或者开发出独特的竞争能力，如更好的技术诀窍及更高的对变化的顾客需求做出反应的灵敏性。

如果一个行业领导者在市场份额中所占据的统治地位还不足以给公司带来政府采取反托拉斯行动的威胁，那么行业领导者所采取的进攻战略就意味着竭尽全力做到公司的增长率比整个行业的增长率高，并且从竞争对手手中夺取市场份额。如果行业领导者的增长率低于行业平均水平，则会把自己的地位让给竞争对手。

2. 加强和防卫战略

加强和防卫战略的核心是使新公司的进入难度提高，使挑战者提高地位的难度增加，目的在于紧紧把握现有的市场份额，巩固现有的市场地位，保护公司所拥有的一切优势。具体的防卫措施有以下几个。

（1）通过增加广告费用，改善对顾客的服务，以提高研究与开发的费用，从而尽量提高挑战者和新进入者的成本。

（2）推出更多的产品型号或模型跟上竞争品牌的产品属性，或者弥补竞争对手可能会忽略的市场点。

（3）增加个性化的服务以及其他能够提高顾客忠诚度的“额外项目”，从而使顾客转向竞争对手的难度提高、成本增加。

（4）使产品和服务的价格合理、质量诱人。

（5）赶在市场需求前面建立新的供应能力，从而阻碍比较小的竞争厂商提高生产能力。

（6）投入足够的资本保持成本优势和技术进步性。

（7）对可行的诱人技术申报专利。

（8）同最好的供应商、分销商和特约经销商签订独占合同。

加强和防卫战略比较适合具有领导地位的公司。它们已经获得了行业的统治地位，同时也不希望触犯政府的反垄断法。这种战略在下列情况下也能够奏效：从现在的地位上榨取利润和现金流，因为行业的成长前景不好，或者因为进一步扩大市场份额似乎无利可图，不值得追求。但是执行加强和防卫战略在所有的情况下都要求尽量获得和整个行业一致的增长率，而且要求在业务之中投入足够的资金以保护行业领导者的竞争能力。

3. 鼓励追随战略

执行这个战略的时候，行业领导者利用它的竞争力量（符合伦理道德规范并且采用公平手段），鼓励二流公司做一个满足的追随者而不是积极的挑战者。当比较弱小的竞争对手削价或者威胁行业领导者的地位时，行业领导者会竭尽全力予以反击。行业领导者可以采取的反应措施有：快速跟上甚至在有些时候超过竞争对手的削价力度，利用大规模的促销行动来反击挑战者所采取的旨在获取市场份额的行动，为那些特别的公司提供更加优越的条款；还可以“讨好”分销商，阻止他们分销竞争对手的产品，为销售人员提供有关进攻者产品缺陷的历史信息，通过给出局的竞争对手的优秀经理人员提供更好的条件，来尽量填补自己公司的空缺位置。

6.3.2 一般公司的竞争战略

一般公司是指在一个行业中竞争力位于领导者之后居于中游的企业，其市场份额比行业领导者小，也称二流公司，其中一些公司是未来的市场挑战者，努力实施进攻性的战略夺取市场份额以建立强大的市场地位。其余的公司则满足于现有的状况，愿意保持现有的市场地位。我们根据两种行业特征分析竞争战略。

1. 行业具有规模经济的竞争战略

如果一个行业具有规模经济，那么其会降低单位成本，从而为占有大市场份额的企业带来竞争优势。处于此行业中的企业有两个战略选择。

（1）实施低成本战略。采取联合行动，降低成本的同时降低价格；整合企业价值链；更好地管理成本驱动因素，提高经营运作效率；同竞争对手合并或将其并购等。

（2）实施以卓越的质量、技术，更好的顾客服务，最优的成本，革新等因素为基础的差别化战略。在此类行业中，如果规模经济是成功的关键因素，则市场份额低的公司提高竞争地位存在一些障碍。一是在制造、分销或促销活动中获得经济性的可能性比较小；二是很难获得顾客的认知；三是不能大规模地提供大众媒体广告；四是在资金方面有困难。在这种情况下，公司可以通过以下措施建立竞争地位，如将力量集中在能产生竞争优势的细分市场上，开发可能被顾客高度重视的专有技能，推出新产品，树立产品领导者的形象以及增强公司的创新性、适应性。

2. 行业不具有规模经济的竞争战略

如果行业不具有规模经济，则二流企业在战略选择上有更大的灵活性。

（1）空缺市场点战略。空缺市场点战略实质是将公司的精力集中到行业领导者忽略的顾客或者产品领域。一个最理想的空缺市场点应该有足够的规模和范围为公司赢得利润，有一定的成长潜力，很适应公司自己的资源和能力，同时又不足以激起行业领导者的兴趣。

（2）专业战略。专业战略一般将公司的竞争行动集中在一个细分市场上。例如，需求比较特殊的购买者，其目的在于利用公司在满足顾客特殊目的的产品方面所拥有的专业技能，因此公司会提供独特的产品，从而获得竞争优势。

（3）卓越产品战略。卓越产品战略的基础是卓越的产品质量或者独特的属性。公司选择的消费群体是对质量敏感和以性能为导向的购买者。精湛的技艺、卓越的质量、频繁的产品革新、同顾客签订紧密的合同以吸引他们参与到公司开发更好的产品中，是此战略实施成功的关键。

（4）跟随者战略。跟随者战略的具体策略是特意不去模仿领导者的战略行动，也不积极从领导者手中争夺顾客，而是采用不至于激起报复行动的策略，常常采用聚焦和差别化战略而不入领导者主流。公司往往只是做出被动反应而不去模仿和进行挑战。它们更喜欢防御而不是进攻。公司有意识地将其能力集中于特定顾客群的特定产品用途上，集中于研究和开发上，集中于利润而不是市场份额上，以及集中于谨慎而有效的管理上从而保持已有的竞争地位。

（5）购并战略。将更小的公司并购组建一个有更大竞争能力和市场份额的公司，实现低成本快速成长，巩固和提高公司的地位。

（6）利用竞争对手弱点的战略。在竞争者市场份额或竞争力量小的区域集中自己的竞争力量；特别关注对手不能提供更好服务的消费群体；努力争取使产品质量、特色或产品性能滞后的竞争对手的顾客转向自己的品牌；以强大攻势进攻广告及品牌认知度很弱的竞争对手。

（7）特异形象战略。制定战略措施使公司形象突出于竞争对手。例如，创造价格最低的声誉，设计独特的产品属性，在新产品推出方面成为领导者，设计独特的创造性广告等。

6.3.3 弱小公司的竞争战略

竞争地位薄弱或经营困难的小公司根据不同状况有四种战略选择，即进攻性的转变战略、防御战略、购并战略和收尾战略。防御战略是竭尽全力保持现有水平的销售额、市场份额、盈利水平及竞争地位。购并战略实质是放弃战略，其方式是把公司卖给其他公司。四种战略中转变战略与收尾战略相对较复杂，选择时需要分析、考虑各方面因素，在此将其作为重点进行分析。

1. 转变战略

如果公司有一定的资源条件，当公司业务陷入危机时，可采取转变战略，以尽可能快地遏止和逆转公司的竞争与财务劣势。公司经营不良的主要原因有：债务过重；对市场发展估计过于乐观；忽略了通过降价提高市场份额而导致的对利润的影响；不能充分利用生产能力，导致固定费用过高；投入大量资金用于研究与开发以提高竞争地位和盈利能力却无成果；对公司进入新市场的努力估计过于乐观；频繁变动战略；等等。转变战略可以通过以下方式实现。

（1）改变战略。如果由于战略失误导致公司衰退，则需重新分析、制定战略。根据行业环境、公司的资源强势和弱势、竞争能力及危机的严重程度，具体可采取以下策略：一是转向一个新的竞争途径，重新确定公司所处的市场位置；二是彻底检查企业内部活动、资源能力及职能战略，以便更好地支持原来的竞争战略；三是与同行业公司合并，制定新战略；四是实施收缩战略，关闭工厂，减少人员，减少产品和顾客，更加紧密地与公司资源能力、优势相匹配。

（2）增加销售收入。可以通过削价实现薄利多销，进而增加销售收入，但如果因为产品差异化而使顾客对价格不特别敏感，则提高短期收入水平的最快途径是提高价格而不是降价。此外，还可以通过加大促销力度、扩大销售队伍、提高对顾客的服务水平、加快产品更新等措施增加销售收入。

（3）削减成本。其主要措施包括削减管理费用，清除非关键和低附加值的活动，使现有的设备实现现代化以提高生产效率，减少非关键性活动的支出，进行债务重组，降低利息成本和延长偿付期等。此战略适合以下状况：不景气公司的价值链和成本结构有着足够的灵活性允许进行大的“手术”；公司可以确定并矫正经营运作的缺陷；公司的成本明显过高；成本节约空间很大；公司相对比较接近平衡点。

（4）变卖资产。如果现金流很关键，可以变卖公司一部分资产或缩小规模，从而遏止现金的流失以支持和加强其他业务活动。

2. 收尾战略

收尾战略是一个渐渐退出所在行业的战略，是处于维持现有状况和尽快退出该行业之间的一种状态。它以牺牲市场地位为代价获取更大的近期现金流或利润，其根本财务目标是收回尽可能大的现金流以便用于开拓其他业务。

收尾战略的具体实施措施有：①将经营预算削减到最低限度；②将原来业务中的再投资降低到最低限度；③公司应采取一定的措施尽量延长现有设备的寿命；④慢慢提高价格、渐渐降低促销费用；⑤不明显地降低产品质量，减少非关键性的服务等，使原来业务逐渐萎缩。

收尾战略的适用条件是：①行业长期前景没有吸引力；②搞活原来业务的成本和代价很大，或者获得很薄的利润；③维持或保护公司的市场份额所付出的代价在上升；④竞争上的松懈不会导致销售很快和直接下降；⑤公司可将回收的资源投入到回报更高的机会中去；⑥对于多元化公司，原来的业务不是其整体业务组合线的关键或核心部分；⑦对于多元化公司，原来的业务并没有为公司的业务组合做出独特的贡献。

本章精要

企业的基本竞争战略有三种，即成本领先战略、差异化战略和集中化战略。

成本领先战略是指企业通过降低成本，使本企业的总成本低于竞争对手的成本，以构建竞争优势的战略。其实现途径主要有：规模经济；降低输入成本；充分利用生产能力；塑造企业成本文化，实现成本的有效控制；加强生产技术创新，实现生产设备的现代化；利用领先优势，选准时机，打好价格战等。

差异化战略是指为使企业产品、服务、形象等与竞争对手有明显的区别，以获得竞争优势而采取的战略。其实现途径主要有产品差异化、服务差异化、形象差异化、人员差异化和分销渠道差异化。

集中化战略是通过设计一整套行动来生产产品或提供服务，以满足某一特定竞争性细分市场的需求。其实现途径主要有行业聚焦、产品聚焦、区域聚焦、资金聚焦、概念聚焦、客户聚焦、品牌聚焦。

本章根据行业特点，分别指出了新兴行业、成熟行业、衰退行业和零散型行业可实施的主要竞争战略，还根据企业在行业中的地位指出了行业领导者、行业具有规模经济的公司和不具有规模经济的一般公司、弱小公司应采取的主要竞争战略。

思考题

1. 什么是成本领先战略？如何实施成本领先战略？
2. 什么是差异化战略？企业如何实行差异化战略？
3. 什么是集中化战略？企业如何实行集中化战略？
4. 新兴行业该选择什么样的企业竞争战略？
5. 零散型行业该选择什么样的企业竞争战略？
6. 成熟行业该选择什么样的企业竞争战略？
7. 行业领导者可采取哪些竞争战略？
8. 弱小公司该选择什么样的竞争战略？

综合案例

京东物流并购德邦快递①

2012 年 5 月，京东物流股份有限公司（简称京东物流）在北京成立了一个神秘的公司组织，这个神秘组织与京东物流存在着微妙关系，它就是“北京京邦达贸易有限公司”。时间来到 2022 年 2 月，京东物流以 5.5 亿美元增持达达集团，持股比例上升至约 52%，同年 3 月，一则“京东物流整合德邦快递”的消息，如闪电般快速在业内极具震撼地传播开来。如此看来，十年前“北京京邦达贸易有限公司”的成立未必是巧合，这是否早已预示其在快递物流行业的野心？90 亿元的出资更显示出其对德邦快递的势在必得，看似平静的快递物流行业是否会因此掀起更大风浪？

随着科技的发展以及“一带一路”倡议等的推进，中国的快递物流业进入了史无前例的黄金时期。同时，快递物流产业结构也在加速演化，龙头企业的优势继续扩大，二、三线企业加速退出，新的市场主体和模式层出不穷。在激烈的市场竞争中，各大企业逐渐打起了价格大战，公司的竞争压力也在不断增大。一些大型快递物流企业为了整合市场资源，在行业内掀起了并购热潮。京东物流和德邦快递能否通过并购实现资源整合，共建新未来？

① 李金茹等（2023）。

1. 资源整合前快递企业营业收入对比

虽然京东物流与德邦快递近几年营业收入处于增长状态，但是与顺丰相比还是存在较大差距的，京东物流并购德邦快递之后，其市场份额肯定会有较大提升，京东物流持续投资和收购，其业务拼图将涵盖上游物流运营、快递、快运和即时配送，其目的主要就是对标顺丰。德邦快递和京东物流一样，也是自营立身，品牌特性具有共同之处，即高端的品质服务，整合起来相对容易。德邦快递除了可以补足京东物流大件服务短板外，自营队伍战斗力强，可以打硬仗。2021 年，京东物流营业收入为 1047 亿元，德邦快递营业收入为 313.6 亿元，两者结合与顺丰控股同期 2072 亿元相比，差距缩小。京东物流并购德邦快递，对快递行业的市场份额占比造成了一定影响。

2. 京东物流与德邦快递基础设施对比

京东物流与德邦快递早期发展方向不同，这也导致京东物流与德邦快递在仓储资源、运输网络以及配送网络方面存在很大的差异。在仓储资源方面，德邦快递与京东物流相差甚远，仓储资源是德邦快递目前的劣势，德邦快递 2021 年第二季度用户快递服务时限测试结果排名倒数第一；而仓储资源是京东物流的支柱，正是凭借着庞大的仓储资源，京东物流才能够做到“次日达”。德邦快递作为老牌物流公司，拥有庞大的运输网络，京东物流早期仅服务于 B2C 仓配业务，运输网络是京东物流的一大短板，现在拥有的运输车队大部分来自跨越速运。德邦快递拥有超 3 万个末端网点，乡镇覆盖率达到了 94.8%，京东物流只有仓库，缺少区域性网点，这一弊端大大降低了京东物流的竞争力。

3. 并购的后续发展

从服务定位来说，德邦快递以大件物流为主，面向的是中小型制造业企业，与之相适应的是 B2B 运营模式，这也是京东物流“一体化物流”最需要的。

从运输能力来说，德邦快递目前在全国范围内的营业网点超过了 30 000 个、仓库 140 个、干线线路超过 2000 条，与京东物流形成互补，京东物流将其并购后可以大大增强运输能力。此次横向并购使京东物流在降低规模扩张成本的同时，也可以在短时间内迅速完善物流版图，布局智慧物流管理体系。

从规模效益来说，快递快运业务具有一定的规模效益，京东物流对德邦快递的控股，可以使两者在营收和成本上形成互补。德邦快递的服务网点和仓储对京东物流的扩张均有一定的助力作用。德邦快递拥有零担快运和大件快递资源，这正是京东物流目前尚不完善的部分。并购填补了京东物流快运板块的缺口，使其进一步完善了物流版图，加速向一体化供应链拓展，更好地布局智慧物流管理体系。

综合案例思考题：

1. 请结合以上案例讨论分析京东物流并购德邦快递的原因是什么。
2. 从资源和能力角度来分析京东物流并购德邦快递对二者价值创造的贡献。

第 7 章 企业职能战略

我们的成功表明，我们的竞争者的管理层对下层的介入未能坚持下去，他们缺乏对细节的深层关注。

——特纳

引导案例

华为的成功①

华为技术有限公司（简称华为）的品牌战略相对灵活，因地因时而异，视运营商的市场策略而定。在贴牌还是创牌的问题上，华为采取灵活变通的原则。

一是"借船出海"，借势造势。国产机的其他厂商可以向华为学习，在贴牌模式下积聚资本、学习经验、塑造品牌、加强研发，不断打造核心竞争力，设法早日建立自己的品牌。

二是通过媒体活动宣传产品的技术来提高品牌的信誉度。华为运用口碑宣传，让品牌自动推广。据有关数据，苹果公司、三星公司在手机行业领先，它们都拥有较好的用户口碑，华为也以客户的认可为殊荣。

三是走终端品牌宣传路线。华为通过终端网络的铺路，实现终端产品与消费者的"沟通"，起到充分扩展品牌的作用。

以产品带动品牌一直是手机行业最流行的传播思路，在手机行业很难发现只谈品牌不讲产品的广告。早在 2014 年下半年，华为就推出了影响力很大的荣耀系列产品，博得了很多消费者的青睐。华为通信终端将品牌的各种信息包括技术、信誉、形象等延伸加强，帮助目标消费群形成对华为品牌形象的具体认知。

① 王洁（2015）。

本章学习目标

· 学习产品开发战略的概念与基本类型。
· 掌握生产运作战略的内容。
· 了解生产运作战略的基本类型。
· 掌握市场营销战略的概念及内容。
· 了解市场营销战略的实施步骤。
· 掌握财务战略的概念及内容。
· 了解财务战略的基本类型。
· 掌握人力资源战略的概念及内容。
· 了解人力资源战略的层次及基本类型。

企业在确立了战略目标，并为此选择了企业总体战略和竞争战略之后，接着应该为企业的每一职能部门制定出相应的职能战略，而且这些职能战略必须互相支持和补充，用以保证企业总体战略和竞争战略的实现。职能战略描述了在执行企业总体战略和竞争战略的过程中，企业的每一职能部门所采用的方法和手段。但职能战略不同于企业总体战略和竞争战略，主要体现在如下几个方面：首先，职能战略的时间跨度要较企业总体战略短得多。其次，职能战略要较企业总体战略更具体化和专门化，且具有行动导向性。企业总体战略只是给出企业发展的一般方向，职能战略则指明了比较具体的方向。最后，职能战略的制定需要较低层管理人员的积极参与。事实上，在制定阶段吸收较低层管理人员的意见，对成功地实施职能战略是非常重要的。根据企业部门的不同，职能战略有产品开发战略、生产运作战略、市场营销战略、财务战略和人力资源战略等。

7.1　产品开发战略

7.1.1　产品开发战略概述

1. 产品开发战略的内涵

产品开发战略是指在现有市场上通过改良现有产品或开发新产品来增加销售量的战略。例如，原来只生产化妆品，现在增加生产洗涤用品。产品开发战略是建立在市场观念和社会观念的基础上，企业向现有市场提供新产品，以满足顾客需要，增加销售的一种战略。这种战略的核心内容是激发顾客的新的需求，以高质量的新品种来引导消费潮流，并保护人类及一切生物赖以生存的环境和实现可持续发展所必需的资源。企业以现有顾客为其新产品的销售市场时，应特别注意了解顾客对现有产品的改进意见和建议，如根据他们的需要去开发新的绿色食品，增加产品性能或者开发不同质量、不同规格的系列绿色食品，充分满足他们的需要，以达到扩大销售的目的。

产品开发战略是向企业现有市场投放新产品或利用新技术增加产品的种类，以提高市场占有率和增加销售额的企业发展战略。

产品开发战略是企业对市场机遇与挑战、内部资源能力的优势和劣势所进行的全面的、前瞻性的思考和认识，也是做出的深思熟虑的选择和决定。产品开发战略能避免企业临时地、随意地、盲目地开发一些没有市场价值的产品，而忽视了那些真正能够提升市场竞争力的产品。产品开发战略是企业产品开发的军事路线图，指引产品开发的方向和路标。

2. 产品开发战略的特征

（1）全局性。产品开发战略是指导整个企业产品开发全部活动的总谋划。

（2）未来性。从企业发展的角度来看，企业现在的行动是在执行过去的战略，企业现在制定的战略正是为了未来更好地行动。

（3）系统性。企业产品开发战略是一个庞大的系统，纵向上可以分解为不同层次的子系统。

（4）竞争性。制定产品开发战略的目的就是要使企业在激烈的市场竞争中不断发展，在与竞争对手争夺市场中有相对优势。

7.1.2 产品开发战略的基本类型

1. 领先型开发战略

采取这种战略的企业努力追求产品技术和最终用途的新颖性，保持技术上的持续优势和市场竞争中的领先地位。当然，它要求企业有很强的研究与开发能力和雄厚的资源。例如，美国摩托罗拉公司是创建于 1928 年的高科技电子公司，后来发展成为在全世界 50 多个国家和地区有分支机构的大型跨国公司。它主要生产移动电话、寻呼机、半导体、计算机和无线电通信设备，并且在这些领域居于世界领先地位，多年来一直支配世界无线电市场。该公司 1988 年的销售收入为 85 亿美元，纯利额为 4.5 亿美元，1993 年销售收入增至 170 亿美元，纯利额达 10 亿美元，1995 年的销售收入进一步增至 270 亿美元。该公司始终将提高市场占有率作为基本方针，摩托罗拉品牌移动电话在 1995 年的世界市场占有率高达 40%。该公司贯彻高度开拓型的产品开发战略，其主要对策有：技术领先，不断推出让顾客惊喜的新产品，公司进行持续性的研究与开发，投资建设高新技术基地；新产品开发必须注意速度时效问题，研制速度快，开发周期短；以顾客需求为导向，产品质量务求完美，减少顾客怨言到零为止；有效降低成本，以价格优势竞逐市场；高度重视研究与开发投资，利用新技术创造出差异化的新产品领先上市而占领市场；实施著名的 G9（group nine，九团队）组织设计策略。该公司的半导体事业部成立 G9 组织，由该事业群的 4 个地区的高阶主管，所属 4 个事业部的高阶主管，再加上一个负责研究与开发的高阶主管，共同组成横跨地区业务、产品事业及研究开发专门业务的“9 人特别小组”，负责研究与开发的组织协调工作，定期开会及追踪工作进度，并快速、机动地做出决策；运用政治技巧。该公司在各主要市场国家中，均派有负责与该国政府相关单位进行长期沟通与协调的专业代表，使这些政府官员能够理解到正确的科技变革与合理的法规限制。该公司能进入中国、俄罗斯市场，就得益于这种技巧的应用以及重视教育训练。

2. 追随型开发战略

采取这种战略的企业并不抢先研究新产品，而是当市场上出现较好的新产品时进行仿制并加以改进，迅速占领市场。这种战略要求企业具有较强的跟踪竞争对手情况与动态的技术信息机构和人员，具有很强的消化、吸收与创新能力，但是容易受到专利的威胁。

3. 替代型开发战略

采取这种战略的企业有偿运用其他单位的研究与开发成果，替代自己研究与开发新产品。研究与开发力量不强、资源有限的企业宜采用这种战略。

4. 混合型开发战略

混合型开发战略以提高产品市场占有率和企业经济效益为准则，依据企业实际情况，混合使用上述几种产品开发战略。

7.1.3　产品开发战略的层次

1. 产品战略愿景

产品战略愿景是企业关于产品定位和市场目标的理念和愿景，它为下一层次产品平台的性质、演化和竞争地位提供指导。产品战略愿景是“瓜种”，它从本质上决定了“长什么样的藤，结什么样的瓜”。

2. 产品平台

产品平台是企业核心技术的集合，是使企业所有产品线和产品根植于此的公共平台。产品平台开发包括产品平台概念评估、产品平台规划和产品平台设计。产品平台是“瓜的主藤”，它为“支藤”和“瓜”提供养分。

3. 产品线

产品线是基于产品平台的同类产品集合。产品线规划是一个分时段的，基于市场、竞争要求和资源状况的有条件的产品开发计划，它决定具体产品的开发路标和升级替代策略。产品线是“瓜的支藤”，它将结出“瓜”。

4. 产品开发项目

产品开发项目是基于产品线规划的单项新产品的开发，产品线规划的具体实施是最终的“瓜”。

7.1.4　新产品开发战略

1. 新产品开发战略遵循的原则

（1）从消费者需求出发的原则。通过问题分析、缺口分析、细分市场分析、相关品牌归类等方法，以顾客为关注焦点，来分析、满足顾客的现实需求、潜在需求和未来需求。例如，市场补缺战略，就是满足特殊顾客的要求，或者顾客的特殊要求。著名的运动鞋制造商——耐克公司，通过市场调查，不断开发适合不同运动项目的特殊运动鞋，如登山鞋、旅游鞋、自行车鞋、冲浪鞋等，这样就开辟了无数的补缺市场。

（2）从挖掘产品功能出发的原则。挖掘产品功能，就是通过功能分析、用途分析、品质扩展、系统分析、独特性能分析、等级设计、弱点分析等方法，来分析企业现有产品存在的问题，挖掘产品新的功能、新的用途。在现成的产品的基础上挖掘新的产品功能，无疑是一条风险较小的能迅速获得市场认同的途径。这是典型的开发改进型新产品，既可以在技术上得心应手，又可以利用原有的产品商标来推广新产品。例如，在收音机的基础上采用自动录音技术，开发出收录两用机；在随身听上增加一些新的功能，如自动倒带功能等。

（3）从提高新产品竞争力出发的原则。新产品的竞争力除了取决于产品的质量、功能以及市场的客观需求外，还受到其他策略的影响，如抢先策略、紧跟策略及低成本策略等。

2. 实施新产品开发战略需要解决的几个问题

一是新产品的创意问题。发现市场机会、寻求新产品创意、提出新观点的可能有各种人员。企业内部各个部门是一大来源，但更为广泛的来源在企业外部，如中间商、专业咨询机构、教学和科研机构、政府部门，特别是广大消费者，他们的意见直接反映市场需求的变化倾向。因此，企业必须注意和各方面保持密切的联系，经常倾听他们的意见，并对这些意见进行归纳和分析，以发现新的市场机会。在这方面经常采取的方法有询问调查法、德尔菲法、召开座谈会、课题招标（承包）法以及头脑风暴法等。

二是新产品的营销问题。新产品的营销问题主要包括三个方面，即新产品定价、促销新产品和把新产品送到消费者手中。

（1）新产品定价。新产品定价分为受专利保护的创新产品的定价和仿制新产品的定价。受专利保护的创新产品的定价策略有撇脂定价和渗透定价。撇脂定价是指在产品生命周期的最初阶段，把产品的价格定得很高，以攫取最大利润，犹如从鲜奶中撇取奶油。企业之所以能这样做，是因为有些购买者主观认为某些高价商品具有很高的价值。渗透定价是指企业把它的创新产品的价格定得相对较低，以吸引大量顾客，提高市场占有率。仿制新产品的定价策略：要开发某种仿制的新产品的企业面临着产品定位问题，它需要决定，在产品质量或价格上，其产品应定位于何处。就新产品质量和价格而言，企业有九种可供选择的策略，即优质高价策略、优质中价策略、优质低价策略、中质高价策略、中质中价策略、中质低价策略、低质高价策略、低质中价策略和低质低价策略。如果市场领导者正采取优质高价策略，新来者就应采取其他策略。

（2）促销新产品。企业制订一个营销计划，说明如何将新产品投放目标市场并加以促销。该计划应包括媒体、采购点、邮寄点或其他计划使用的广告方法。如果通过销售队伍销售产品，那么需要制定一些销售战略，需要为销售人员提供新产品所需要的促销工具和有关信息。这些工具包括销售手册、最新的价目表等。如果利用营销代理或广告代理人员促销，那么在做出开发新产品的决定之后，企业应让他们参与以后的一些过程。他们能帮助企业决定什么方法是推销新产品的最佳方法。

（3）把新产品送到消费者手中。企业需要制订一份把产品送到顾客手中的交货计划。如果企业是向零售商销售，这时企业需要事先拿到他们的订单，并确立一个交货的方法。如果企业提供的是新的服务，一定要确保员工都受到足够的培训，能有效地提供服务。简而言之，企业需要针对把新产品交到市场的所有后勤问题制订一个详细计划。

三是新产品商业化问题。在新产品上市以前，企业应做好以下四点决策。

（1）何时推出新产品，是指企业高层管理者要决定在什么时间将新产品投放市场最适宜。例如，某种新产品是来替代老产品的，就应等到老产品的存货被处理掉时再将这种新产品投放市场，以免冲击老产品的销售，造成损失。

（2）何地推出新产品，是指企业高层管理者要决定在什么地方（某一地区、某些地区、全国市场或国际市场）推出新产品最适宜。选择市场时要考察市场潜力、企业在该地区的声誉、投放成本、该地区调查资料质量、对其他地区的影响力以及竞争渗透能力等几个方面。此外，竞争情况也十分重要，它同样可以影响到新产品商业化。

（3）向谁推出新产品，是指企业高层管理者要把分销和促销目标面向最优秀的顾客群。这样做的目的是要利用最优秀的顾客群带动一般顾客，以最快的速度、最少的费用，提高新产品的市场占有率。

（4）如何推出新产品。企业管理部门要制定开始投放市场的市场营销战略。这里，首先要对各项市场营销活动分配预算，然后规定各项活动的先后顺序，从而有计划地开展市场营销管理。

企业应选择一个最适宜新产品上市的时间，在最适宜的地点，向最需要新产品的顾客，以最恰当的方式推出新产品。例如，法国白兰地通过给艾森豪威尔总统做寿，借势生势，集广告、公关等手段于一体，将市场渗透、开拓、扩张并行，成功地进入并占有了相当份额的美国市场。

7.2　生产运作战略

7.2.1　生产运作战略概述

1. 生产运作战略的内涵

生产运作战略是指企业在总体战略或竞争战略的指导下，制定企业生产活动的战略目标及实现该目标的途径和手段，指导企业生产活动，以实现企业的战略目标，获取竞争优势。

生产运作战略对企业能否满足顾客要求、实现总体战略起着决定性的作用，其目的和任务是通过一系列相互关联并内在连贯的选择或决策，构造一个有效的生产运作系统，优质、高效、低耗地生产出满足市场需求的产品或服务，使企业获得竞争优势，保障企业战略的顺利实施和企业目标的实现。

2. 生产运作战略的特征

（1）目的性。生产运作战略以提高企业竞争优势为目的。它通过对产品和服务目标的明细化，使企业生产运作系统具有优先级而保证竞争优势的突出，为企业竞争提供了坚实的产品基础和后援保证。

（2）一致性。生产运作战略强调生产运作系统与企业要求的一致性，同时也强调生产运作系统内部结构与非结构要求的一致、协调关系，以此来保证整个生产运作系统的目标及其优先级。

（3）操作性。生产运作战略强调战略既是一种计划思想，又便于贯彻实施。因此，它不仅注重各项决策之间的目标分解、传递和转化过程，同时还注重各项决策的内涵及其相互一致性，以保证决策的实施明确、可行。

7.2.2 生产运作战略的基本类型

1. 基于成本的生产运作战略

该战略是指企业为赢得竞争优势，通过发挥生产系统的规模经济优势，以及实行设计和生产的标准化，使得产品成本大大低于竞争对手的成本，获取价格竞争优势，并形成一定的市场进入障碍的一系列决策规划、程序和方法。

基于成本的生产运作战略是企业最基本的生产运作战略之一，其实现措施主要有采用大量生产方式、成套生产技术以及进行库存控制等。

2. 基于质量的生产运作战略

该战略是指企业以提高顾客满意度为目标，以质量为中心，通过制订质量方针目标和质量计划、建立质量管理体系、实施质量控制等活动，提高其产品或服务质量，从而获取持续的质量竞争优势的一系列决策规划、程序和方法。

基于质量的生产运作战略，其实现措施主要有开展全面质量管理以及采用精细生产方式等。

3. 基于柔性的生产运作战略

该战略是指企业面对复杂多变的内外部环境，以满足顾客多品种、小批量需求为目标，综合运用现代信息技术与生产技术，通过企业资源和系统整合，来增强企业生产运作系统的柔性，提高企业适应市场变化能力的一系列决策规划、程序和方法。

基于柔性的生产运作战略的实现措施主要有应用柔性制造系统、物料需求计划（material requirement planning，MRP）、制造资源计划（manufacturing resource planning，MRP Ⅱ）和企业资源计划等。

4. 基于时间的生产运作战略

该战略是指企业以高质量、低成本快速响应顾客需求为目标，把时间转化为一种关键的竞争优势来源，通过缩短产品开发周期和制造周期来提高对市场需求的反应速度，从而获取时间竞争优势的一系列决策规划、程序和方法。

基于时间的生产运作战略，其实现措施主要有运用敏捷制造、供应链管理和并行工程等。

5. 基于服务的生产运作战略

该战略是指企业以提高信誉和顾客忠诚度为目标，针对不同的顾客需求，快速响应并提供高质量、价格合适的个性化产品和服务，以提高企业的信誉竞争优势的一系列决策规划、程序和方法。

基于服务的生产运作战略，其实现措施主要有采用面向顾客的全新生产方式——大量定制生产方式。

6. 基于环保的生产运作战略

该战略是指一次新的飞跃，它将改变以市场为导向的战略思维方式，改变顾客“主宰”一切的局面。因为顾客的消费有时也不一定是理智的，企业实施生产运作战略必须结合环境进行理智的思考，并对顾客消费进行引导，这时的生产运作方式才是一种高境界的、天人合一的、可持续发展的运作方式。

7.2.3　生产运作战略的内容

1. 生产运作的总体战略

（1）自制或购买决策。如果决定制造某种产品或由本企业提供某种服务，则需要建造相应的设施，采购所需要的设备，配备相应的工人、技术人员和管理人员。由于社会分工大大提高了效率，一般在做自制或购买决策时，不可能全部产品和零部件都自制。

（2）低成本和大批量。采用这种策略需要选择标准化的产品或服务，而不是顾客化的产品或服务。这种策略往往需要高的投资来购买专用高效设备。需要注意的是，这种策略应该用于需求量很大的产品或服务。

（3）多品种和小批量。对于顾客化的产品，只能采取多品种和小批量生产策略。当今世界消费多样化、个性化，企业只有采用这种策略才能立于不败之地，但是多品种、小批量生产的效率难以提高，对大众化的产品不应该采取这种策略，否则遇到采用低成本和大批量策略的企业就无法去竞争。

（4）高质量。质量问题日益重要。无论是采取低成本、大批量策略，还是多品种、小批量策略，都必须保证质量。在当今世界，价廉质劣的产品是没有销路的。

（5）混合策略。将上述几种策略综合运用，实现多品种、低成本、高质量，可以取得竞争优势。现在人们提出的“顾客化大量生产”或称“大量定制生产”“大规模定制生产”方式，既可以满足用户多种多样的需求，又具有大量生产的高效率，是一种新的生产方式。

2. 产品或服务的选择、开发与设计

（1）产品或服务的选择。提供何种产品或服务，最初来自各种设想。在对各种设想进行论证的基础上，确定本企业需要提供的产品或服务，这是一个十分重要而又困难的决策。一种好的产品或服务可以使一个小企业发展成一个国际著名的大公司；相反，一种不合市场需要的产品或服务也可以使一个大企业亏损甚至倒闭。

（2）产品或服务的开发与设计。产品或服务的开发与设计是相当复杂且影响深远的生产运作战略活动。其主要有四种策略：做跟随者还是领导者；自己设计还是请外单位设计；花钱买技术或专利还是自主研发；做基础研究还是应用研究。

3. 生产运作系统的设计

（1）设施选址。生产服务设施建在什么地点，对企业的运行效率和效果有先天的影响。它不仅关系到设施的建设投资和建设速度，而且在很大程度上决定了所提供产品和服务的成本，影响到企业的生产运作管理活动和经济效益，特别是服务设施，直接关系到营业额的多少。

（2）设施布置。设施布置对生产运作效率有很大的影响。不同生产类型的设施布置形式不同，对大量大批生产一般采用流水线布置，对多品种小批量生产一般采用按功能布置等。

（3）工作设计。工作设计是制定与每个员工工作有关的活动的说明。工作设计有不同的指导思想和方案，一种是进行细致分工，另一种是进行粗略分工。工作设计要做到人、机、环境相融合，使得机、环境适应人。

（4）工作考核和报酬。对人的工作业绩要进行考核，并将考核结果与薪酬挂钩，这样才能激励员工，使员工发挥主观能动性，提高工作效率。

7.3 市场营销战略

7.3.1 市场营销战略概述

1. 市场营销战略的内涵

市场营销战略是指基于企业既定的战略目标，向市场转化过程中必须要关注的客户需求的确定、市场机会的分析、自身优势的分析、自身劣势的反思、市场竞争因素的考虑、可能存在的问题的预测、团队的培养等综合因素，最终确定出增长型、防御型、扭转型、综合型的战略，作为指导企业将既定战略向市场转化的方向和准则。

2. 市场营销战略的特征

（1）市场营销的第一目的是创造、获取和维持顾客。

（2）要用长远的观点来考虑如何有效地战胜竞争对手，使自己立于不败之地。

（3）注重市场调研，收集并分析大量的信息，只有这样，才能在环境和市场的变化有很大不确定性的情况下做出正确的决策。

（4）积极推行革新，其程度与效果成正比。

（5）在变化中进行决策，要求其决策者要有很强的能力，要有像企业家一样的洞察力、识别力和决断力。

7.3.2　市场营销战略的内容

1. 产品战略

产品战略是企业对其所生产与经营的产品进行的全局性谋划。在市场营销活动中，产品战略是核心，它对营销组合的其他战略，如价格战略、促销战略、渠道战略等起着统驭作用，在很大程度上决定或影响着这些战略的制定与实施。产品战略包括产品定位、产品组合、产品包装等。产品定位的实质就是让自己的产品与市场所有其他同类产品有所不同，差别越大越好，特色越明显越好。企业应以市场需求为依据，先进行产品定位，经论证可行后再进行开发、生产和销售的定位。产品组合就是一个企业生产经营的全部产品的结构，即各种产品线及产品项目。产品包装是产品在运输、存储和销售过程中，为保存其价值和使用价值、保护产品和美化产品而采用的容器和包扎物。

2. 价格战略

价格战略是指以企业总体战略和效益目标为依据，为实现占领目标市场的要求而对产品价格目标、价格水平、价格手段等做出的谋划与方略。

价格战略可以分为新产品定价战略、价格管理战略和价格竞争战略。价格竞争战略的重点是知己知彼和掌握主动，避免恶性价格竞争。价格是营销计划的重要问题。决定价格战略的因素有营销目标、成本结构、竞争、替代品、消费者态度、企业/产品形象、分销渠道以及法律约束、经济环境等。

3. 渠道营销战略

渠道营销就是商品和服务从生产者向消费者转移的具体通道或路径。企业有没有合理的、完善的渠道营销战略将直接关系到企业的兴衰成败。渠道营销主要有直复营销、分销渠道、代理和加盟连锁四种。

（1）直复营销。直复营销对“回复”非常重视，“回复”可以使客户立即行动。常见的直复营销活动中经常配合号召立即行动的信息，常见的包括折扣、赠礼、抵价券、加量、抽奖等。

（2）分销渠道。分销渠道又包括经销制渠道、代理制渠道和电子分销渠道三种。经销制渠道实质是企业与企业之间的一种买卖关系。这种买卖是建立在互利互惠基础之上的。厂家借助经销商迅速占领市场，经销商通过经销厂家的产品获得利益。代理制渠道是指企业通过委托、代理、代销等形式，与外部独立的企业建立长期的供销合作关系。电子分销渠道是指企业利用计算机网络等形式与外部建立供销合作关系。它不仅可以减少中间环节，降低中间分销成本，还可以节约库存、降低售后服务成本。

（3）代理。代理经营的代理商没有商品的所有权，他们不经营商品，而只代表买方寻找卖方，或代表卖方寻找买方。

（4）加盟连锁。加盟连锁目前在国内是一种比较成熟的商业运作策略，这种策略一般都是预先将某个项目运营好了，然后再在全国各地找加盟商。

4. 促销战略

产品促销越来越受到企业的重视。现代市场营销不仅要求企业开发出优秀的产品，为其制定有吸引力的价格，并使之易于为消费者买到，更为重要的是必须与现有的和潜在的消费者沟通。促销往往是终端推广、资料库营销等直接营销的推动力。在国内市场上，促销是符合本土策略及国内市场情形的一种重要策略。企业在市场营销中，应该将促销上升到战略高度上来。人们经常将促销比喻为“商品销售的临门一脚”，可见促销对市场营销工作的重要程度。促销的形式多种多样，主要有广告促销、公关促销、人员推销、直接营销。

5. 品牌战略

品牌战略主要由品牌定位、品牌形象、品牌管理、品牌推广四部分构成。

（1）品牌定位。品牌定位的目的是有效地建立品牌与竞争者的差异性，在消费者心目中占据一个与众不同的位置。因此，品牌定位要遵循四个基本原则，即执行品牌识别、切中目标消费者、积极传播品牌形象、创造品牌的差异化优势。

（2）品牌形象。品牌形象给产品附加了虚幻的形象、个性和象征，使人们对同样的产品产生不同的感觉和情感，这正是品牌形象产生作用的心理基础。奥格威认为，对于那些相互之间差异很小的产品，如香烟、啤酒等，可以将产品差异的表现转化为对品牌形象的表现。这样通过树立品牌形象，培植产品威望，使消费者保持对产品长期的认同和好感。

（3）品牌管理。品牌管理的基础包括思想基础、管理基础和产品基础。思想即一个企业应该具备的品牌理念和意识，这是实行品牌管理的根本。管理是优秀品牌得以建立的保证，它为品牌的建立搭筑了实施的构架。产品是品牌的载体，它是品牌生存的基础。

（4）品牌推广。消费者在没有被激发出强烈的购买欲望时，不会主动采取购买的行动。所以，寻找、发现、明确消费者选择产品的内在情感需求，通过宣传、沟通，点燃其内在的欲望，协助消费者为自己的购买下定决心，才是品牌推广的基本出发点。

6. 市场定位战略

定位是营销领域的一个重要战略概念。市场定位即根据市场竞争情况和本企业自身条件，确定本企业及其产品在目标市场的位置，也就是为企业或产品在目标市场上树立一定特色，塑造预定形象，并争取客户的认同。它需要向目标市场说明本企业及产品与现有的、潜在的竞争者有什么区别。这种使目标客户理解并正确认识本企业有别于竞争者的象征性行为就是市场定位。

7. 关系营销战略

关系营销就是把营销活动看作一个企业与消费者、竞争者、供应商、政府机构以及其他公众发生互动作用的过程，企业营销活动的核心是建立、发展、维持并巩固与这些公众的良好关系。在国内，关系营销具有特殊的土壤。中华民族的优良理念和道德规范，如信、义、仁爱、和能生财等价值观念，为关系营销的应用打下了坚实的思想基础，对处理和协调关系各方的利益至关重要。关系营销能使企业树立良好的形象，使客户和关系各方对企业忠诚与信赖，使企业形成稳定的客户群，也利于企业跟随市场变化，提高竞争力，不断开发新产品，满足客户需求。更重要的是，关系能够创造价值，利于企业与各关系方达成双赢，实现各方利益的最大化。关系营销主要涉及与竞争者的关系、与客户的关系、与供应商的关系等。

8. 服务营销战略

随着科技的迅猛发展，产品间的技术差异越来越小，如何在众多的产品中脱颖而出成了众多企业最为关注的问题。因此，服务就成为企业制胜的有力武器。服务是产品整体概念的有机组成部分，服务营销战略为企业提供了一个解决客户满意度问题的新思路。

从中国一些企业的实际情况来看，近些年来的价格大战、广告大战、渠道大战等均未取得长期竞争优势，反而导致了“内伤”。这些企业可以通过实施服务营销战略，获得竞争力，使客户满意，如国美、海尔、春兰等就是成功的实证。服务营销战略的主要方法有服务个性化、服务差异化、服务标准化和服务品牌化等。

9. 文化营销战略

文化营销是指充分运用文化力量实现企业战略目标的市场营销活动。即在市场调研、环境预测、目标市场选择、市场定位、产品开发、定价、渠道选择、促销、提供服务等营销活动流程中均应进行文化渗透，提高文化含量，以文化做媒介与客户及社会公众构建全新的利益共同体关系。

文化营销的本质在于营建企业新型文化价值链，用文化亲和力将各种利益关系群体紧密维系在一起，发挥协同效应，以增强企业整体竞争优势。

7.3.3　市场营销战略的实施步骤

1. 分析市场机会

企业应该善于通过发现消费者现实和潜在的需求，寻找各种“环境机会”，即市场机会；而且应当通过对各种“环境机会”的评估，确定本企业最适当的“企业机会”。对企业市场机会的分析、评估，首先要通过有关营销部门对市场结构进行分析、对消费者行为进行认识和对市场营销环境进行研究。其次，还需要对企业的自身能力、市场竞争地位、优势与弱点等进行全面、客观的评价。最后，还要检查市场机会与企业的宗旨、目标与任务的一致性。

2. 选择目标市场

对市场机会进行评估后，要研究和选择企业目标市场，确定企业要进入哪个市场或者某个市场的哪个部分。选择目标市场是企业营销战略性的策略，是市场营销研究的重要内容。企业首先应该对进入的市场进行细分，分析每个细分市场的特点、需求趋势和竞争状况，并根据本公司的优势，选择自己的目标市场。

3. 确定企业营销战略

在企业营销管理过程中，制定企业营销战略是关键环节。企业营销战略的制定体现在市场营销组合的设计上。为了满足目标市场的需要，企业对自身可以控制的各种营销要素如质量、包装、价格、广告、销售渠道等进行优化组合。重点应该考虑 4P's[①]营销组合。随着市场营销学研究的不断深入，市场营销组合的内容也在发生着变化，从经典的 4P's 到大营销的 6P's[②]，到服务营销的 7P's[③]，再演变到包含战略营销的 10P's[④]，以及更加以顾客为导向的 4C's[⑤]，一直到目前关系营销的 4R's[⑥]。

4. 市场营销活动管理

营销管理离不开营销管理系统的支持。营销管理系统包括三个方面。一是市场营销计划。既要制订较长期的战略规划，确定企业的发展方向和目标，又要有具体的市场营销计划，具体实施战略计划目标。二是市场营销组织。营销计划需要由一个强有力的营销组织来执行。根据计划目标，需要组建一个高效的营销组织，对组织人员实施筛选、培训、激励和评估等一系列管理活动。三是市场营销控制。在营销计划实施过程中，需要控制系统来保证市场营销目标的实施。营销控制主要有企业年度计划控制、企业盈利控制、营销战略控制等。营销管理的三个系统是相互联系、相互制约的。市场营销计划是营销组织活动的指导，营销组织负责实施营销计划，计划实施需要控制，从而保证计划得以实现。

7.4 财务战略

7.4.1 财务战略概述

1. 财务战略的内涵

财务战略是指企业在分析理财环境的基础上，在服务于企业战略的前提下，对企业资源筹集和投资活动进行的全局性和长远性的谋划，它是战略理论在财务管理领域的应用与延伸。

财务战略管理是为实现企业战略目标和加强企业竞争优势，运用财务战略管理的分析工具，确认企业的竞争地位，对财务战略的决策与选择、实施与控制、计量与评价等活动进行全局性、长期性和创造性的谋划过程。财务战略管理既是企业战略管理不可或缺的组成部分，也是企业财务管理十分重要的方面。因此，财务战略管理既要体现企业战略管理的原则要求，又要遵循企业财务活动的基本规律。

---

① 即产品战略（product strategy）、价格战略（price strategy）、渠道战略（place strategy）和促销战略（promotion strategy）。

② 即产品战略、价格战略、渠道战略、促销战略、权力战略（power strategy）、公关战略（public relations strategy）。

③ 即产品战略、价格战略、渠道战略、促销战略、人员战略（people strategy）、过程战略（process strategy）和有形展示战略（physical evidence strategy）。

④ 即产品战略、价格战略、渠道战略、促销战略、权力战略、公关战略、探查战略（probing strategy）、分割战略（partitioning strategy）、优先战略（prioritizing strategy）、定位战略（positioning strategy）。

⑤ 即顾客战略（customer strategy）、成本战略（cost strategy）、便利战略（convenience strategy）、沟通战略（communication strategy）。

⑥ 即关联战略（relevance strategy）、反应战略（reaction strategy）、关系战略（relation strategy）和回报战略（return strategy）。

2. 财务战略的特征

（1）动态性。财务战略管理以理财环境和企业战略为逻辑起点，理财环境和企业战略的动态性特征也就决定了财务战略管理的动态性。财务战略管理的动态性主要体现在四个方面：一是财务战略管理过程具有连续性；二是财务战略管理具有循环性；三是财务战略管理具有适时性；四是财务战略管理对象具有权变性。正确把握企业财务战略管理的动态性特征非常关键，美国邓恩・布拉德斯特里特公司经过对美国企业长期观察后总结出六条导致企业破产的原因，其中一条就是：企业思想僵化，缺乏随环境变化而变化的战略及战略管理的灵活性。

（2）全局性。财务战略管理面向复杂多变的理财环境，从企业战略管理的高度出发，其涉及的范围更加广泛。财务战略管理重视有形资产的管理，更重视无形资产的管理；既重视人力资产的管理，也重视非人力资产的管理。传统财务管理所提供的信息多是财务信息，而财务战略由于视野开阔，大量提供诸如质量、市场需求量、市场占有率等极为重要的非财务信息。

（3）外向性。现代企业经营的实质就是在复杂多变的内、外部环境条件下，解决企业外部环境、内部条件和经营目标三者之间的动态平衡问题。财务战略管理把企业与外部环境融为一体，观察分析外部环境的变化给企业财务管理活动可能带来的机会与威胁，增强了对外部环境的应变性，从而大大提高了企业的市场竞争能力。

（4）长期性。财务战略管理以战略管理为指导，要求财务决策者树立战略意识，以利益相关者财富最大化为理财目标，从战略角度来考虑企业的理财活动，制定财务管理发展的长远目标，充分发挥财务管理的资源配置和预警功能，以增强企业在复杂环境中的应变能力，不断提高企业的持续竞争力。

7.4.2　财务战略的基本类型

1. 快速扩张型财务战略

该战略是指以实现企业资产规模快速扩张为目的的一种财务战略。为了实施这种财务战略，企业往往需要在将绝大部分乃至全部利润留存的同时，大量地进行外部筹资，更多地利用负债筹资。大量筹措外部资金是为了弥补内部积累相对于企业扩张需要的不足；更多地利用负债筹资而不是股权筹资是因为负债筹资既能够为企业带来财务杠杆效应，又能够防止净资产收益率的降低和每股收益的稀释。企业资产规模的快速扩张，也往往会使企业资产收益率在一个较长时期内表现为相对的低水平，因为收益的增长相对于资产的增长总是具有一定的滞后性。总之，快速扩张型财务战略一般会表现出高负债、低收益、少分配的特征。

2. 稳健发展型财务战略

该战略是指以实现企业财务绩效的稳定增长和资产规模的平稳扩张为目的的一种财务战略。实施稳健发展型财务战略的企业，一般将尽可能优化现有资源的配置和提高现有资源的使用效率及效益作为首要任务，将利润积累作为实现企业资产规模扩张的基本资金来源。为了防止过重的利息负担，这类企业对利用负债实现企业资产规模和经营规模的扩张往往持十分谨慎的态度。所以，实施稳健发展型财务战略的企业的一般财务特征是低负债、高收益、中分配。

3. 防御收缩型财务战略

该战略是指以预防出现财务危机和求得生存及新的发展为目的的一种财务战略。实施防御收缩型财务战略的企业，一般将尽可能减少现金流出和尽可能增加现金流入作为首要任务，通过采取削减分部和精简机构等措施，盘活存量资产，减少成本支出，集中一切可以集中的人力，用于企业的主导业务，以增强企业主导业务的市场竞争力。由于这类企业多在以往的发展过程中遭遇过挫折，也很可能曾经实施过快速扩张的财务战略，所以历史上所形成的负债包袱和当前经营上所面临的困难就成为迫使其采取防御收缩型财务战略的两个重要原因。高负债、低收益、少分配是实施这种财务战略的企业的基本财务特征。

7.4.3 财务战略的内容

1. 筹资战略

筹资战略是指根据企业的整体发展规划以及内、外财务环境的状况和走势，对资金筹措的目标、结构、渠道和方式等进行长期和系统的谋划。要解决的问题是如何取得企业经营发展过程中所需要的资金，包括向谁、在何时、筹集多少资金。筹资战略主要包括两个方面的内容。

（1）筹资结构分析。企业在实施大型项目时，往往需要多渠道、多形式地筹集资金，为降低投资风险，在此之前企业必须要对企业的筹资结构进行分析。筹资结构分析的重点是分析企业自有资金与借款构成的比例对企业自有资金收益率和企业风险大小的影响，企业自有资金一般可以通过发行股票或使用留存收益筹集，企业借款则可通过发行债券或向各种金融机构借款筹集。贷款与自有资金的比例不同，自有资金收益率和其离差也是不同的。投资资金中负债比例越高，期望自有资金收益率和其离差越大，企业承担的风险也就越大。换言之，投资资金中负债比例越高，如果企业亏损，则亏损额也越大。因此，企业如果认准某项投资具有很高的盈利性，则应该尽量负债经营。但是，如果该项目具有很大的风险性，保险起见，应该尽量避免负债经营。企业可以根据投资项目的预计收益能力、风险大小和企业承担风险的能力，选择合适的筹资策略，进行必要的筹资结构组合，以追求较高的投资报酬率和较小的企业风险。在筹资手段上，企业选择股票筹资或者债券、贷款筹资建立适当的负债比例，同时根据资金市场的状况，选择适当的筹资组合，以求资金成本最低。

（2）筹资方法选择。企业选择筹资方法必须有两个前提条件：假设所有企业都是有效经营的；要有比较完善的资金市场。一般来说，筹资方法的选择大致有以下几种。一是比较筹资代价法。企业在筹资活动中，为获得资金必须付出一定的代价。比较筹资代价法有三方面的内容：比较各种资金来源的资金成本；比较各种投资人的附加条件；比较筹资的时间代价。二是比较筹资机会。筹资机会的比较包含两方面的内容。一方面是对迅速变化的资金市场上的时机进行选择。它包括筹资时间的比较和定价时间的比较。筹资的实施机会选择主要由主管财务人员在投资银行的帮助下，根据当时的市场情况做出决定。另一方面是对筹资风险程度的比较。企业筹资面临着两方面的风险，除了企业自身经营上的风险外，还有资金市场上的风险。进行筹资决策时，必须将不同筹资方案的综合风险进行比较，选择最优方案。三是比较筹资代价与收益。将筹资代价与项目产生的效益进行比较，是筹资决策的主要内容。如果企业筹资项目的预计收益大于筹资的代价，则筹资方案是可行的。

2. 投资战略

投资战略是企业财务战略的核心内容，决定着能否把有限的资金和资源合理配置、有效利用。投资战略是指根据企业总体战略要求，为维持和扩大生产经营规模，对有关投资活动所做的全局性谋划。它是以有限的企业投资资金，根据企业战略目标评价、比较、选择投资方案或项目，获取最佳的投资效果所做的选择。投资战略需要科学研究和应用规模经济原理，综合运用最佳生产曲线、成本函数等现代经济理论模型，探索最佳的投资规模，获取最优的投资效益。另外，还应该合理运用 SWOT 分析法、波士顿矩阵法和行业结构分析法等进行投资策略的制定。

企业投资有三种基本选择。一是投资战略类型选择。企业投资战略类型依赖于企业在竞争中的强弱、市场时机和市场占有率三个因素，可选择的投资战略有：提高现有生产能力，寻求规模经济，采取联合型、兼并型、盈利型、垂直扩张型、水平扩张型、开发型等方式。二是投资时机选择。经营成功的企业投资一般是将多种产品分布在寿命周期的不同阶段进行组合，主要模式有四种：投资侧重于导入期产品，兼顾成长期和成熟期；投资侧重于成长期和成熟期，几乎放弃导入期和衰退期；投资均衡分布于四个阶段；投资侧重于导入期和成长期而放弃成熟期、衰退期。三是投资规模选择。投资规模选择包括两层意思，即单个投资项目的规模选择和企业总体投资规模的确定。物质技术条件决定企业能够达到的规模；社会需要决定投资项目需要达到的规模；经济效益决定投资项目实际达到的规模。

3. 收益分配战略

收益分配战略是指以战略眼光确定企业净利润留存与分配的比例，以保证企业和股东的长远利益。收益分配是利用价值形式对社会剩余产品所进行的分配。企业的收益分配战略应遵循既有利于股东又有利于企业的原则。收益分配战略主要包括资本收益的管理、股利分配政策等。未来企业的收益应在其利益相关者之间进行分配，包括国家、债权人、企业员工与股东。然而前三者对收益的分配大都比较固定，只有股东对收益的分配富有弹性，所以股利战略也就成为收益分配战略的重点。股利战略要解决的主要问题是确定股利战略目标、是否发放股利、发放多少股利以及何时发放股利等重大问题。从战略角度考虑，股利战略的目标为：促进公司长远发展；保障股东权益；稳定股价，保证公司股价在较长时期内基本稳定。公司应根据股利战略目标的要求，通过制定恰当的股利政策来确定其是否发放股利、发放多少股利以及何时发放股利等重大方针政策问题。

收益分配战略的制定必须以投资战略和筹资战略为依据，必须为企业总体战略服务。

一方面企业要满足营销及产品质量发展的需要，全力支持企业的扩张型发展战略，在内部来部分满足企业高速发展过程中对资金的迫切需要；另一方面企业还应最大限度地满足企业培育与提升核心竞争力对权益资本的需要，积极探索知识、技术、专利、管理等要素参与收益分配的有效办法，制定有利于留住人才和人尽其才的收益分配政策。

7.5 人力资源战略

7.5.1 人力资源战略概述

1. 人力资源战略的内涵

人力资源战略，就是组织为了适应外部环境日益变化的需要和人力资源开发与管理自身日益发展的需要，根据组织的发展战略，在充分考虑了员工的期望之后，制订的人力资源开发与管理的纲领性长远规划。它对人力资源管理活动有着重要的指导作用，是组织战略的重要组成部分，也是组织战略实施的有效保障。

随着企业高质量发展的推进，企业的竞争越来越依赖高水平的人才。人力资源已成为企业的战略性资源，人力资源的价值已成为衡量企业竞争力的标志，越来越多的企业开始从战略的角度考虑人力资源管理问题，把它和企业的总体经营战略联系在一起，人力资源管理部门也逐步成为能够创造价值并维持企业核心竞争力的战略性部门。作为整个企业战略的重要组成部分，人力资源战略就是确定一个企业如何进行人员管理以实现企业的战略目标的方向性指导计划。

实际上，人力资源战略就是企业为适应外部环境变化和内部人力资源开发与管理自身发展的需要，根据企业的总体战略制订的人力资源开发与管理的方向性规划。它提供了一种通过人力资源开发与管理获得和保持企业竞争优势的行动思路，即在变化的环境中将企业管理的重点放在对人力资源的管理上。可见，人力资源战略是连接企业人力资源开发与管理活动与企业总体战略的纽带，它确定了如何通过一种合理的、一致的、以战略为核心的过程去进行人力资源开发与管理，而且随着企业经营环境的变革，人力资源战略的重要性越来越受到企业的重视。

2. 人力资源战略的特征

（1）提出总体方向。根据公司的发展战略提出人力资源管理的总体方向，包括方案和行动，涉及多种职能，并且时限可能不止一年。

（2）适应外部环境变化的需要。根据人力资源战略的以上特征，可以看出人力资源战略就是企业为适应外部环境变化的需要及人力资源开发和管理自身发展的需要而制订的规划。

（3）考虑员工的期望。根据企业的发展战略，充分考虑员工的期望，而制订的人力资源开发与管理的纲领性的长远规划，对人力资源开发与管理活动有着重要的指导作用，是企业发展战略的重要组成部分，也是企业战略实施的有效保障。

7.5.2　人力资源战略的层次

1. 生理需求

在生理需求方面，体现在企业的人力资源战略上就是要建立合理的薪酬、福利待遇体系，使员工寝食无忧，只有这样，员工才能够全身心地投入工作。沃尔玛的人力资源战略就非常重视对员工生理需求的充分满足，并将此种需求与企业利益挂钩，实现双赢。利润分享计划就是每个在沃尔玛工作两年以上的并且每年工作超过 1000 小时的员工都有资格分享公司当年利润。此项计划使员工的工作热情空前高涨。之后，其创始人山姆又推出了雇员购股计划，让员工通过工资扣除的方式，以低于市值 15%的价格购买股票。这样，员工利益与公司利益休戚相关，实现了真正意义上的“合伙”。

2. 安全需求

人们在满足了基本的生理需求后，就会产生新的需求——安全需求，主要包括安全、稳定、依赖的需要，免遭恐吓、焦躁的折磨，对法律法规、秩序的依赖等。其具体体现在人力资源战略中，就是要为员工建立一个相对安全、稳定的工作大环境，这个大环境既包括物质环境也包括精神环境。例如，公司的各种安全防护措施要完善，工作环境要尽量保证员工的身体健康；制度的建立与实施要考虑到员工的感受；保证一个相对稳定的员工队伍，频繁裁人的企业会让员工失去稳定感，从而会诱发员工主动跳槽等。

3. 归属需求

现代社会中各方面压力的增大加剧了人们对归属感的渴望，人们希望能够真正团结起来，共同地应对外来危险，共同地面对同一件事情，人们会在别人对自己的协助中获得满足。广大的足球球迷在观看比赛时所表现出的巨大热情、同仇敌忾的凝聚力，正是现代人追求归属感的有力证据。作为企业的人力资源战略，要想最大限度激发员工的工作热情，就必须通过各种方式让员工在企业中找到归属感。例如，丰田公司建立的“公司内的团体活动”就使员工找到了归属感。它设立了“亲睦团体”，让同学、同乡或具有相同兴趣爱好的人加入其中，为了避免机构庞大，还按照各种条件分成更小的团体，这样可以使参加者更加随意、亲近地接触，增加了员工的归属感，培养了团队意识。每个人都可以同时属于多个团体，为了这种聚会，公司建造了体育馆、集会大厅、会议室等设施，供自由使用，在这种团体中领导人是互选的，且采取轮换制。这些团体都有一个共同的条件，那就是把这些设施作为会员相互之间沟通亲睦、自我启发、有效地利用业余时间和不同职务的会员相互交流的场所。这些团体都认识到，只有企业繁荣，公司内团体才有发展，进而员工才会有极强的归属感。

4. 尊重需要

社会上绝大多数人都渴望受到尊重，包括外界对自我的尊重和自己对自我的尊重（自尊）。外界对自我的尊重来源于地位、声望、荣誉或一种良好的、相互尊重的人际氛围，企业的人力资源战略应努力地营造这种氛围。例如，在沃尔玛，管理人员和员工之间是良好的合伙关系。公司经理人员的纽扣刻着“我们关心我们的员工”字样，管理者亲切对待员工，尊重和赞赏他们，对他们关心，认真倾听他们的意见，真诚地帮助他们成长和发展。合伙关系在沃尔玛公司内部处处体现出来，它使沃尔玛凝聚为一个整体。自尊需要的满足是指由实力、成就、优势、用途等自身内在因素形成的个人面对世界时的自信、独立。企业的人力资源战略应通过各种方式提高员工的自尊感。例如，沃尔玛建立终身培训机制，并投入大量的资金予以保证。各国际公司必须在每年的 9 月与总公司的国际部共同制订并审核年度培训计划。培训项目分为任职培训、升职培训、转职培训、全球最佳实践交流培训和各种专题培训。在每一个培训项目中又包括 30 天、60 天、90 天的回顾培训，以巩固培训成果。培训又分为不同的层次，有在岗技术培训、专业知识培训、企业文化培训等，更重要的是沃尔玛根据不同员工的潜能对管理人员进行领导艺术和管理技能培训，这些人将成为沃尔玛的中坚力量。终身培训机制使员工的能力不断得到提升，使员工对自己时刻充满信心，为员工的自我实现提供了充分的条件，这是一种高层次需求的满足。

5. 自我实现需要

一个人在其他基本需要都得到满足以后，自我实现的需要便开始突出。这时候他会很乐意去工作，对他而言，这时候的工作不是生活所迫，不是为了金钱，也不是为了荣誉，而是一种兴趣。不同的个体满足这一需要所采取的途径和方式大不相同，在这一层次上，个人的独特性表现得淋漓尽致。在这一点上，企业需要切实地了解和关心员工，知道他们想要什么，为他们搭建自我实现的舞台。例如，有的员工希望展现自己的领导才能，希望通过自己的努力为企业创造价值，那么企业就应该提供这种机会；经过一段时间训练后，如果员工表现良好，具有管理员工的能力，企业就可以给他们一试身手的机会，先做部门助理经理等，如果干得不错，就有机会单独管理一个部门。量体裁衣，给员工提供自我实现的舞台，是企业人力资源战略的高层次体现。

7.5.3 人力资源战略的基本类型

人力资源战略属于企业的职能战略，用以支持企业总体战略和竞争战略，因此任何人力资源战略的制定都要考虑与企业战略的配合。人力资源战略可分为诱导战略、投资战略和参与战略三种基本类型。

1. 诱导战略

该战略主要是通过丰厚的薪酬制度去诱引和培养人才，从而形成一支稳定的高素质的员工队伍。常用的薪酬制度包括利润分享计划、奖励政策、绩效奖酬、附加福利等。由于薪酬较高，人工成本势必增加。为了控制人工成本，企业在实行高薪酬的诱导战略时，往往严格控制员工数量，所吸引的员工也通常是技能高度专业化，招聘和培训的费用相对较低，管理上则采取以单纯利益交换为基础的严密的科学管理模式。

2. 投资战略

该战略主要是通过聘用数量较多的员工，形成一个备用人才库，以提高企业的灵活性，并储备多种专业技能人才。这种战略注重对员工的开发和培训，注意培育良好的劳动关系。在这方面，管理人员担负了较重的责任，确保员工得到所需的资源、培训和支持。采取投资战略的企业的目的是要与员工建立长期的工作关系，故企业十分注重员工，视员工为投资对象，使员工感到有较高的工作保障。

3. 参与战略

该战略谋求员工有较多的决策参与机会和较大的决策权力，使员工在工作中有自主权。管理人员更像教练一样为员工提供必要的咨询和帮助。采取这种战略的企业很注重团队建设、自我管理和授权管理。在对员工的培训上，企业也较重视员工的沟通技巧、解决问题的方法、团队工作能力等的培养。日本企业开创的小组参与管理就是这种战略的典型。

7.5.4　人力资源战略与企业竞争战略的匹配

人力资源战略是职能战略中的一种。企业的任何战略目标的完成都离不开其人力资源战略的配合，人力资源战略也必须与企业的总体战略、竞争战略相互配合、相互支持，才可能发挥最大效用。

唐郁靖将人力资源战略与波特竞争战略的整合进行了总结，将它们的关系细分如表 7-1 所示。

表 7-1　人力资源战略与波特竞争战略的整合

项目		成本领先战略/诱导战略	差异化战略/投资战略	集中化战略/参与战略
人力资源管理运营工作流程	效率或创新	有效率的生产	创新	强调效率与创新
	控制程度	强调控制	弹性	强调控制与弹性
	工作说明	明确的工作说明书	工作类别广泛	二者结合
	工作规程	详尽的工作规划	松散的工作规划	二者结合
招聘	员工来源	外在劳动市场	内在劳动市场	两者兼用
	晋升阶梯	狭窄、不易转换	广泛、灵活	狭窄、不易转换
甄选决策	所强调的甄选标准	由人力资源部门负责甄选的决策； 强调技能	由部门主管负责甄选的决策； 强调应征者与组织文化的契合	结合二者
	雇用与社会化过程	正式的雇用和社会化过程	非正式的雇用和社会化过程	结合二者
绩效评估	时间性观念	短	长	短
	行为或结果导向	结果导向	行为与结果导向	结果导向
	个人或小组导向	个人导向	小组导向	结合二者
	评估程序	一致性的评估程序	特制的评估程序	结合二者
	评估的用途	将绩效评估作为控制方法	将绩效评估作为员工发展的工具	结合二者
	评估范围	评估范围狭窄	多重目的的评估	结合二者
	评估者	高度依赖上司评估	从多方面的投入进行评估	结合二者

续表

项目		成本领先战略/诱导战略	差异化战略/投资战略	集中化战略/参与战略
培训	内容	应用范围局限的知识与技巧	应用范围广泛的知识与技巧	应用范围适中的知识与技巧
	个人或以团队为基础	个人训练	以团队为基础或跨功能的训练	结合二者
	在职或外部训练	在职训练	外部训练	结合二者
	自行培养或购买所需技能	公司自己培养所需技能	从公司外部购买技能	结合二者
薪酬	公平原则	对外公平	对内公平	对内公平
	基本薪酬	低	高	中
	归属感	低	高	高
	雇用保障	低	高	高
	固定或变动薪酬	固定薪酬	变动薪酬	结合二者
	薪酬计算基础	强调以工作或年资为基础的计薪方式	强调以个人能力或绩效为基础的计薪方式	结合二者
	集权或分权	集权的薪酬决策	分权的薪酬决策	结合二者

7.5.5 人力资源战略的内容

1. 人力资源规划战略

人力资源规划战略是指企业从战略规划和发展目标出发，根据其内、外部环境的变化，预测企业未来发展对人力资源的需求，以及为满足这种需要所提供的人力资源活动的全局性、根本性、方向性的谋划与安排。人力资源规划战略主要包括人力资源总体规划、组织规划、制度规划、人员规划和费用规划五个方面。

（1）人力资源总体规划。人力资源总体规划是根据企业总体发展战略的目标，对企业人力资源开发和利用的方针、政策和策略的规定，是各种人力资源具体计划的核心，是事关全局的关键性计划。

（2）人力资源组织规划。人力资源组织规划是对企业整体框架的设计，主要包括组织信息的采集、处理和应用，组织结构图的绘制，组织调查、诊断和评价，组织设计与调整，以及组织机构的设置等。

（3）人力资源制度规划。人力资源制度规划是人力资源总规划目标实现的重要保证，包括人力资源管理制度体系建设的程序、制度化管理等内容。

（4）人力资源人员规划。人力资源人员规划是对企业人员总量、构成、流动的整体规划，包括人力资源现状分析、企业定员、人员需求和供给预测、人员供需平衡等。

（5）人力资源费用规划。人力资源费用规划是对企业人工成本、人力资源管理费用的整体规划，包括人力资源费用的预算、核算、结算，以及人力资源费用控制。

2. 招聘战略

招聘战略是指企业从战略规划和发展目标、人力资源管理规划出发，从组织内部和外部吸收人力资源的全局性、根本性、方向性的谋划与安排。招聘战略主要包括员工招募、员工甄选和员工聘用等内容。

（1）员工招募。员工招募是通过一定的方式寻找与吸引一群可从其中选出职位空缺应聘者的过程。主要应考虑应聘人员的来源、谁应参与招募过程、如何招募到这些应聘人员、企业用什么来吸引应聘人员。

（2）员工甄选。员工甄选是指通过运用一定的工具和手段对已经招募到的应聘者进行鉴别和考察，区分他们的人格特点和知识技能水平、预测他们的未来工作绩效，从而最终挑选出企业所需要的、恰当的职位空缺填补者。其一般包括对所有应聘者的情况进行初步的审查，进行知识与心理素质测试和面试，以确定最终的录用者。

（3）员工聘用。员工聘用过程一般可分为试用合同的签订、新员工的安置、岗前培训、试用、正式录用等几个阶段。试用就是企业对新上岗员工的尝试性使用，这是对员工的能力与潜力、个人品质与心理素质的进一步考核。员工的正式录用是指试用期满后，使表现良好、符合组织要求的新员工成为组织正式成员的过程。一般由用人部门根据新员工在试用期间的具体表现对其进行考核，做出鉴定，并提交人力资源管理部门。人力资源管理部门对考核合格的员工正式录用，并代表组织与员工签订正式录用合同，正式明确双方的责任、义务与权利。

3. 培训战略

培训工作的目标来源于企业和职工个人这两方面。培训目标能否实现取决于企业的管理风格、工作性质、外部条件等多种因素。在这诸多因素的作用下，要使企业培训工作顺利进行就应接受培训战略的指导。培训战略是企业对较长时期内的培训工作所做的全局性、根本性、方向性的谋划与安排。它有助于企业在较长时期内排除多种变动因素给培训工作带来的影响，使培训工作有条不紊地顺利开展。归纳起来，企业培训战略主要包括五方面内容。

（1）强调以学习型文化为先导的培训战略。企业员工培训的最终目的是形成一种自上而下的全员学习型文化，进而提高员工的学习能力和创新能力。学习是企业创新思想的来源，构建 21 世纪的企业文化，关键要从转变观念入手，通过观念的转变来形成企业高层、普通员工对培训重要性的深刻认识，进行系统化的培训机制建设，对培训过程进行科学的设计，对培训结果进行有效的利用。

（2）多层面、系统的员工培训需求评估战略。为做好培训需求评估，应从企业整体发展战略层面、工作层面以及员工个人层面进行分析。企业整体发展战略层面分析指的是确定整个企业的培训需求，以保证培训计划符合企业整体发展目标与战略要求。在工作层面分析中，要分析员工达到理想工作绩效所必须掌握的技能和能力。员工个人层面分析是将员工目前的工作绩效与企业的员工绩效标准进行比较，寻找两者的差距，并针对这些差距进行培训。

（3）培训方式的选择与培训目标、受训者情况匹配战略。在企业培训中，培训方式的选择是决定培训绩效的一个重要环节。由于培训手段的不断开发，层出不穷的培训方式出现在我们面前，每一种培训方式都有自己的特色和适用场合，如何根据具体情形对各种培训方式进行科学选择，在实际培训工作中常常困扰着培训者。培训目标、受训者情况（其中包括员工构成、工作压力等）是影响培训方式选择的关键因素。

（4）深度培训战略。企业的深度培训战略主要包括两个方面：一是企业的深度培训战略的实施不是临时的，而是一个与企业愿景、发展目标和价值观相吻合的长期的培训战略计划；二是企业的深度培训战略要求对培训结果进行科学、严肃的考评，根据考评结果决定员工的奖金、晋升，并对培训内容的设计、培训方式的选择进行积极的反馈，不断优化，从而激发员工的学习热情。企业高层领导应起积极的倡导作用，要有明确的培训目标、内容和方式，培训与实践紧密结合，提高培训的针对性和实用性，随时评价培训绩效，根据需要随时调整培训战略与内容。

（5）员工培训与组织创新有机整合战略。员工培训与组织创新有机整合战略主要包括五个方面：①组织结构的设计有利于提高员工的技能；②实行以低度分工、适度规范化和决策权下放为特点的劳动组织结构；③建立以提高员工知识技能为基础的创新制度，如职业生涯训练制度、岗位轮换制度、团队学习制度、企业内部沟通制度等；④建立有效的培训激励制度，调动员工接受培训的积极性；⑤建立学习型组织，营造企业的创新氛围。

4. 绩效战略

绩效战略是企业在经营战略目标的指导下，对较长时期内的绩效管理所做的全局性、根本性、方向性的谋划与安排，具体包括绩效计划、绩效沟通、绩效考核与绩效评估结果应用四个方面。

（1）绩效计划。绩效计划是企业与员工在明晰责、权、利的基础上签订的一个内部协议。绩效计划的设计从企业的最高层开始，将绩效目标层层分解到各级单位及部门，最终落实到个人。其一般包括本单位（或部门、岗位）在绩效周期内的工作要项、衡量工作要项的关键业绩指标、关键业绩指标的权重、工作结果的预期目标、工作结果的测量方法、关键业绩指标的计算公式、关键业绩指标的计分方法、关键业绩指标统计的计分来源、关键业绩指标的考评周期等内容。

（2）绩效沟通。绩效沟通是绩效管理的核心，是指考核者与被考核者就绩效考评反映出的问题及考核机制本身存在的问题等展开实质性的面谈，并着力于寻求应对之策，服务于以后员工绩效改善和提高的一种管理方法。绩效沟通在整个人力资源管理中占据着相当重要的地位。可以说要是企业的绩效管理缺乏了有效的绩效沟通，那企业的绩效管理就不能被称为绩效管理，至少在某种程度上讲是不完整的绩效管理。妥善有效的绩效沟通将有助于及时了解企业内、外部管理上存在的问题，并可为之采取应对之策，防患于未然，降低企业的管理风险；同时也有助于帮助员工优化后一阶段的工作绩效，提高工作满意度，从中推动企业整体战略目标的达成。而且和谐的企业文化的构建、优秀的人力资源品牌的形成也离不开有效的绩效沟通的助推作用。

（3）绩效考核。绩效考核是企业为了实现生产经营目的，运用特定的标准和指标，采取科学的方法，对承担生产经营过程及结果的各级管理人员完成指定任务的工作实绩和由此带来的诸多效果做出价值判断的过程。其一般包括绩效考核的主体、客体、目的、原则、内容、标准、方法以及时间等方面。

（4）绩效评估结果应用。如果绩效评估结果得不到很好的应用，整个绩效管理活动的效果则会大打折扣，但如果我们仅仅把绩效评估结果的应用定位在薪酬决策上，那就仍然是片面的。薪酬仅仅是一种“保健”因素，现代大部分的企业其实更加看重激励因素，如培训和自我提高的机会。因此，绩效评估结果的应用也应该是多方面的，如可用于报酬的分配和调整，这是绩效评估结果的一种非常普遍的用途。一般来说，为了增强报酬的激励作用，在员工的报酬体系中有一部分报酬是与绩效挂钩的：绩效评估的结果可以为职位的变动提供一定的信息，员工在某些方向的绩效突出，就可以让其在此方面承担更多的责任；可用于员工的培训与发展，这是绩效评估最重要的用途，通过绩效评估，员工可以知道自己哪些地方做得好，哪些地方做得不好，为今后的培训和发展指明正确的方向；可作为员工选择和培训的效标，效标，简单地说就是衡量某个事物有效的指标。绩效评估的结果还可以用来衡量招聘选拔和培训的有效性。

5. 薪酬战略

薪酬战略是企业在经营战略目标指导下制定的一系列薪酬选择，以帮助企业赢得并保持竞争优势，具体包括薪酬决定标准、薪酬结构和薪酬制度管理三个方面。

（1）薪酬决定标准。该标准是决定薪酬高低依据方面的标准。岗位、技能、资历、绩效和市场状况等都可能是决定薪酬的依据。究竟按照什么依据来决定薪酬，这取决于有关依据的特征和企业的具体状况。这里简要介绍以下三种：一是基于岗位或技能。传统薪酬制度通常按岗位来决定薪酬，但由于岗位是流动和变化的，企业无法用过去的岗位分析结果来衡量现在的岗位对企业的贡献。此外，同一岗位，工作人员不同，其绩效也不同。技能薪酬观认为，员工尤其是掌握多种技能的员工是企业竞争力的源泉，企业应该根据员工的技能水平来决定员工的薪酬。但是，技能薪酬往往依据员工的潜在能力，而不是其对企业的实际贡献来决定员工的薪酬。二是基于绩效或资历。依据企业目标来决定是根据绩效还是资历来确定薪酬。如果企业确实能够精确地衡量绩效，并且相应地支付薪酬，那么这种薪酬制度就是公平的，并且也是有作用的。根据资历支付薪酬的一个假设前提就是：员工的资历越丰富，为企业创造价值的能力就越大。同时，员工的资历比较直观，容易确定，实施起来也比较容易。许多企业希望能根据绩效来决定员工的薪酬，但由于无法客观衡量绩效，最终还是根据资历来支付薪酬。三是基本薪酬高于或低于市场标准。一般而言，企业的基本薪酬高于市场标准，能够提高企业吸引和留住员工的能力，并让员工感觉到自己属于一个层次较高的团体。然而，要使基本薪酬居于市场领先地位的一个前提就是考虑企业未来的现金流状况。其实，基本薪酬低于市场标准的企业也可以具有很强的激励性。例如，新成立的高技术企业可能在刚开业时支付低于市场标准的基本薪酬，但是其员工有可能在未来的几年里因高激励薪酬而成为百万富翁。

（2）薪酬结构。薪酬结构是指薪酬的各个构成部分及其比重，通常是指固定薪酬和变动薪酬、短期薪酬和长期薪酬、非经济薪酬和经济薪酬两两之间的比重。选择什么样的薪酬结构也取决于每一种结构的特征和具体的企业状况。简要介绍以下三种：一是固定薪酬和变动薪酬。一般而言，对于偏好风险的员工，低固定薪酬、高变动薪酬的激励作用大；对规避风险的员工，高固定薪酬、低变动薪酬的激励作用大。除了要考虑员工特征外，还要考虑企业的外部环境、组织特征等因素。企业在竞争激烈、支付能力较强时，应该支付高比例的固定薪酬。二是短期薪酬和长期薪酬。一些观点赞同向经理提供短期薪酬，使他们关注组织的短期绩效，尽管这些绩效和企业的长期目标可能不一致。同时，完全关注企业的长期目标就意味着放弃短期薪酬所能够产生的激励，而这些激励往往有助于使经理的行为和企业目标一致。不过，具有企业家精神的管理者，往往愿意接受长期激励，因为这使得他们和企业成为命运共同体，增强企业对其的信任，使其在经营企业的过程中具有更大的权力空间。三是非经济薪酬和经济薪酬。劳勒等认为，企业要获取更有竞争力的地位应该重视非经济薪酬，如成就、认可、培训机会、工作环境、职业发展前景等，以满足员工的精神需要。但是就需求层次而言，员工只有在对经济薪酬基本满意的基础上，才会重视非经济薪酬。

（3）薪酬制度管理。薪酬制度管理是指制定和调整薪酬制度的行为方式和决策标准，包括授权程度、员工参与方式、薪酬内外导向性、薪酬等级状况、薪酬支付方式以及薪酬制度的调整频率。选择什么样的薪酬战略，取决于企业的内、外部环境和自身的战略愿景。

本章精要

产品开发战略是指在现有市场上通过改良现有产品或开发新产品来增加销售量的战略。其包括领先型开发战略、追随型开发战略、替代型开发战略和混合型开发战略四种基本类型。新产品开发战略应该遵循三项原则，需要解决三个方面的问题。

生产运作战略是企业在总体战略或竞争战略的指导下，制定企业生产活动的战略目标及实现该目标的途径和手段。它包括基于成本的生产运作战略等六种基本类型和生产运作的总体战略等三个方面的主要内容。

市场营销战略是作为指导企业将既定战略向市场转化的方向和准则，包括产品战略等九个方面的内容和分析市场机会等四个实施步骤。

财务战略是企业在分析理财环境的基础上，在服务于企业战略的前提下，对企业资源筹集和投资活动进行的全局性和长远性的谋划。它是战略理论在财务管理领域的应用与延伸，包括三种基本类型和三方面内容。

人力资源战略是组织为了适应外部环境日益变化的需要和人力资源开发与管理自身日益发展的需要，根据组织的发展战略，在充分考虑了员工的期望之后，制订的人力资源开发与管理的纲领性长远规划，包括三种基本类型和五个方面的内容。

思考题

1. 什么叫产品开发战略？它包括哪些基本类型？

2. 新产品开发战略应该遵循什么原则？需要解决哪些问题？
3. 什么叫生产运作战略？它包括哪些基本类型？
4. 生产运作战略的内容是什么？
5. 什么叫市场营销战略？其实施步骤是什么？
6. 市场营销战略的内容是什么？
7. 什么叫财务战略？它包括哪些基本类型？
8. 财务战略的内容是什么？
9. 什么叫人力资源战略？它的内容是什么？

综合案例

海底捞的雇主品牌管理[①]

1. 海底捞品牌发展的介绍

创建于 1994 年的海底捞国际控股有限公司（简称海底捞），历经近三十年的发展，已经成长为国际知名的餐饮企业。截至 2022 年 12 月 31 日，中国大陆地区共有 1349 家海底捞餐厅，港澳台地区共有 22 家，整个大中华区的海底捞餐厅共计服务顾客超过 2.76 亿人次，同时拥有注册会员超过 1.16 亿人。近年来，海底捞屡获殊荣，如“2020 全球最具价值品牌 500 强”榜单发布，海底捞排名第 441 位。同年，海底捞名列“2020 福布斯全球企业 2000 强榜”第 1691 位。2022 年，入选艾媒金榜（iiMedia Ranking）发布的“2021 年中国自热火锅品牌排行 Top15”榜单，排名第 1。现如今，海底捞已然从四川省简阳市走出了国门，跻身跨国公司行列。

2. 海底捞的差异化定位

1）企业宗旨和价值观

对海底捞来说，其宗旨是服务至上、顾客至上，致力于打造贴心、周到、优质的个性化服务；核心价值观是“一个中心、两个基本点”，具体来说，一个中心是“双手改变命运”，两个基本点是“以顾客为中心”、“以‘勤奋者’为本”。

2）企业战略

海底捞的根本目的是创造公平公正的工作环境，实现双手改变命运，以员工满意度和顾客满意度为绩效考核指标，进而培养更多的优秀人才，实现海底捞开遍全国的梦想。它的价值主张是始终为顾客提供优质的服务，其目标是为广大家庭消费者和朋友聚餐提供良好的就餐环境。

3）企业定位

在定位上，海底捞是国内受欢迎的火锅品牌，是国际一流的火锅品牌，不仅要在国内市场占据领导地位，还要走出国门，在全球范围内稳定发展。在宗旨上，海底捞强调服务至上、顾客至上。在团队合作上，海底捞致力于营造大家庭式氛围，让员工真正融

① 王逸涵（2023）。

入工作组织，同事之间或比肩于兄弟姐妹。海底捞的自主性体现在精准的授权与放权，这一行为能够充分激发员工的内驱力，同时增强团队凝聚力。普通员工可根据情况判断是否给顾客送菜、打包小吃，门店经理有权根据情况为不满意的顾客免单，没有冗余的向上请示，因而可以有效地提高问题处理效率。在创新上，海底捞鼓励全体员工创新，提出改进建议，同时提供创造性的工作环境。员工会定期讨论顾客满意情况，总结近期出现的小失误与小偏差，取长补短，争取优中更优。在学习上，海底捞倡导共同成长，各分店常常展开篮球比赛、切羊肉比赛等，鼓舞和激发员工工作、生活、学习的热情。在职业发展上，海底捞承诺拒绝空降兵，坚持内部选拔，强调多样化的就业机会与能力晋升渠道，采用精英管理体系，设置管理型、技术型和后勤型三条晋升路径，给予员工多元发展空间。值得提及的是，几乎所有的管理者和重要岗位领导都需要从基层做起，直面客户（财务及工程相关除外）。在绩效上，海底捞除了以员工满意度和顾客满意度为指标的绩效考核体系外，海底捞还一直致力于打造公平、充满活力与成长性的平台。

3. 海底捞的品牌营销

海底捞的雇主品牌营销在内外部营销的基础上，引入了创新媒体营销方式，并通过综合运用新兴社会化媒体工具进行整合营销传播。为了适应当前日新月异的社会化媒体及满足消费者的偏好，海底捞充分发挥社会化媒体营销的价值。

其一，利用关键时间点宣传推广。海底捞利用劳动节、国庆节、中秋节、重阳节等重要节日节点，适当搭配节日氛围，推出贴合主题的促销套餐，同时为会员在其生日月送上优惠券，促进消费。同时，通过微博、公众号等大众传媒提高曝光度，定时定向给消费者送上祝福，还提及海底捞的优惠套餐，主动作为，抢占先机。

其二，主动进行话题营销。随着奇思妙想的出现，海底捞的吃法层出不穷：火锅疙瘩汤、火锅饺子面等 DIY 食物为顾客津津乐道。海底捞主动抓住这一热点进行话题推进，推送“海底捞陪你打卡”“网红菜品正式来袭”等文章，吸引顾客进行留言。在交流互动中，抓住顾客的“心和胃”，拉近海底捞与消费者的距离。

其三，自媒体营销下的沉浸式沟通。海底捞充分入驻抖音、快手等自媒体平台，活跃于每一条带有“海底捞”标签的用户视频下。官方号也会收集吃法大全等富有创意的视频，做到沉浸式沟通，开拓直播频道和顾客进行互动、抽奖，为其创新提供灵感与方向。如此一来，不仅提高了海底捞的出镜率，还丰富了其雇主形象。在运营管理上，海底捞能够做到细致入微。安排客服及时解答消费者对优惠券、门店、折扣等方面的疑惑。与常规营销不尽相同，海底捞并没有过度鼓吹，而是为顾客提供更加物美价廉的选择方案，如推荐大学生进行学生认证，享受夜间折扣等。如此一来，即使顾客最终没有选择消费，他们也得到了良好的服务体验，从而积累其对海底捞的好感度。

综合案例思考题：

1. 海底捞采取了哪些品牌营销战略？
2. 海底捞品牌营销的核心竞争力是什么？
3. 对于海底捞的品牌营销策略，你有哪些建议？

第 8 章 企业战略评价与选择

没有“尽善尽美”的战略决策。人们总要付出代价。对相互矛盾的目标、相互矛盾的观点及相互矛盾的重点，人们总要进行平衡。

——彼得·德鲁克

引导案例

亚马逊公司的战略选择①

1994 年，亚马逊公司正式成立，线上图书是其早期发展阶段的主营业务，线下图书行业在 2007 年达到了最大营收规模。现如今在电商领域逐步拓展，对垂直电商和线下企业产生了极大冲击。就市值而言，亚马逊公司在 2018 年底拥有 7344 亿美元的市值，比美国大型传统零售企业的总市值高，位列全球第三。

亚马逊公司自有品牌战略可以划分为两个不同维度：一是通过创新搅动行业格局，如推出 Kindle、Echo；二是学习超市企业向传统品类渗透，提升复购率或毛利率。亚马逊公司创办者贝佐斯于 2004 年在硅谷组建了 126 实验室，该实验室成立的目的是研发电子阅读器，替代原有的线上图书销售业务，在贝佐斯看来，电子书籍是未来社会发展的必然趋势。历经两年多的开发历程，亚马逊公司在 2007 年正式推出了首款电子书产品——Kindle。在电子书领域，亚马逊公司的 Kindle 占据绝对性优势，有研究显示，在电子书销售领域，亚马逊公司在美国市场的占比在 2017 年 2 月达到 79.6%。

纵观亚马逊公司的发展历程，其并购策略一直为其战略目标提供强有力的服务支撑。贝佐斯在 2015 年的《股东告知书》中提出了自己在“理想企业”方面的观点。在他看来，“理想企业”需要符合以下四个要求：受到客户的喜爱、有潜力发展到较大规模、具有较高的资本回报率和较长的存续时间。为成为“全球最大的书店”和“最大综合网络零

① 张梓璇（2020）。

售商”，亚马逊公司制定了多领域并购途径。在细分市场逐步占据领军地位，且能够很好地扩充和完善亚马逊公司品类时，亚马逊公司便率先表示了极大的合作意向，在对方企业不愿意合作的情况下，上线同品类频道，借助价格战方式对对方造成极大冲击，让对方只能选择被收购，确保原管理团队在运营方面享有极强的独立性。在历经长达 3 年的价格战之后，最终以 9 亿美元和 5.45 亿美元的价格收购了 Zappos 和 Quidsi。回顾亚马逊公司 10 余年的并购历程，可以分析出亚马逊公司所奉行的并购战略与背后的逻辑，即防御与攻击并存。其防御性的一面在于，通过并购竞争对手公司，或者在一家公司被自己的竞争对手兼并之前加以收购，以此防止被竞争对手超过。其攻击性的一面在于，通过并购获取自己所需的技术和资源，扩展业务规模，把自己的数字内容业务拓展至产业链的各个环节，并借此获取新的客户资源。

本章学习目标

· 了解企业战略评价与选择的基本原则。
· 掌握企业战略评价和选择的方法。
· 了解企业对战略进行评价的过程。
· 了解企业对战略进行选择的过程。

企业战略对企业经营发展有着重要影响，理论研究虽然起步较晚但成果丰硕，新理论、新观点、新方法不断涌现。面对纷繁复杂的战略管理理论和方法，企业该如何有效选择？

8.1 企业战略评价与战略选择概述

8.1.1 企业战略评价的内涵

企业战略评价（enterprise’s strategic evaluation）是检测战略实施的进展，评价战略执行业绩，不断修正战略决策，以期达到预期目标的过程。企业战略评价包括三项基本活动：检验企业的战略基础；将预期结果与实际结果进行比较；采取纠正措施以保证行动与计划的一致。

企业在制定战略时会准备多种方案以供选择，在众多战略方案中选择哪一种或哪几种较为合适，这就需要企业进行战略方案评价。企业战略评价是战略管理的重要环节，其主要的职能是在战略实施的过程中发现问题和纠正问题。不言而喻，不同的企业战略评价方法，会对这一职能的实现产生不同的效果。因此，应该根据现实需要来选择恰当的企业战略评价的方法。

企业战略评价重点在于判断战略管理的相关内容是否有价值以及价值的大小。企业战略评价有很宽的外延，而不仅仅限于企业战略评价这一个范畴，本章针对企业战略评价进行阐述。企业战略评价的目的是确保企业战略管理的成功进行，它要形成规范的评价标准，同时在其评价的过程中需要坚持评价原则。

8.1.2 企业战略选择的内涵

企业战略选择（enterprise's strategic selection）的实质是企业选择适当的战略，从而扬长避短、趋利避害并且更好地服务顾客。波特认为，“竞争优势归根结底产生于企业为顾客所能创造的价值，在提供同等效益时给出较低的价格，或者以其独特的效益来补偿溢价而有余”。也就是说，企业可以综合考虑内部和外部环境来选择不同的战略以提升自身的竞争优势。

日本战略学家伊丹敬之认为，优秀的战略是一种适应战略，它要求战略适应外部环境因素，适应内部资源，适应组织结构。所以，作为动态控制的战略选择应贯穿于战略管理全过程。企业战略规划过程是通过构建战略选择模型，分析内、外部环境，形成战略目标，制定战略措施，产生战略方案的过程。因此，能否从几种方案中选择出最佳方案，是能否形成科学合理的规划文本的重要一环。同样，在实施战略的过程中，随着形势的变化，也需要对原有的战略做出修正，甚至可以选择新的战略去替换已有战略，以形成最佳的新的战略重点。

企业战略选择从方法论看，源于构建选择矩阵模型，求解战略矩阵，形成多个战略选择方案的过程；从所要解决的问题看，体现于战略目标、战略方案、战略重点的确定；从控制论的角度看，战略管理需要从多方案中择优，其前提就是战略选择。所以，透析战略选择，是有效实施战略管理的前提和基础。

8.1.3 企业战略评价与选择的基本原则

优秀的战略要求战略适应外部环境因素，包括技术、竞争和顾客等；同时，企业战略也要适应企业的内部资源，如企业的资产、人才等；再者，企业的战略也要适应企业的组织结构。企业家在制定优秀的战略时应该权衡七个方面的战略思想：①实行差别化；②战略要集中；③把握好时机；④利用波及效果；⑤企业战略要能够激发员工的士气；⑥战略要有不平衡性；⑦战略要巧妙组合。

战略学家斯坦纳・麦纳认为，评价战略时应考虑六个要素：①战略要有对环境的适应性；②战略要有目标的一致性；③战略要有竞争的优势性；④战略要有预期的收益性；⑤战略要有资源的配套性；⑥战略要注意规避风险。

战略学家鲁梅尔特则认为，对战略进行评价与选择要满足四条基本原则：①战略的一致性；②战略的协调性；③战略的可行性；④战略的优越性。

综合考虑以上战略学家的学术观点，本书认为战略评价与选择要遵循以下五项基本原则。

1. 战略的适应性

适应性是指企业所选的战略方案是否基于对企业内、外部环境的分析上，企业的技术发展战略是否与技术进步、市场需求等的发展变化相适应，能否有效支撑企业整体战略以及与企业的技术能力相协调。评估适应性的重要意义在于预先对技术发展战略的未来适应性做出判断，而不是判断其当前是否适应，以便在发现技术发展战略将不适应时有充足的时间进行调整。战略的适应性具体包括两个方面：一是外部经营环境适应性。主要考虑技术环境是否已经发生或将发生重大变化，尤其是行业技术是否发生重大变革，相关基础技术的发展是否使本企业一直以来的技术丧失先进性；顾客的价值需求是否正在发生转移，新技术有没有潜在的市场需求等。二是内部资源条件适应性。主要考察企业的技术发展战略与整体战略目标是否一致，能否促进整体战略目标的实现；企业的技术、人才、资金能否保障技术发展战略的有效实施。

2. 战略的可行性

可行性是指组织是否有能力成功地实施所选的战略方案。一个好的战略必须做到既不过度耗费可利用资源，也不产生无法解决的派生问题。也就是说，一个可行的战略应该使组织能够依靠当前拥有的内、外部资源和能力顺利实施且能达到既定目标。战略的最终检验标准是其可行性，即企业是否可以依靠自身的物力、人力及财力资源来实施这一战略。它衡量的是可选方案与组织的环境、资源的匹配程度以及该方案能在多大程度上发挥竞争优势。

建立组织战略选择与评价体系是为了应用和可用，所以组织者应该考虑到自身所具有的能力，做到量力选择和评价，而不是勉力选择和评价，做力所能及的评价工作而不是照抄照搬其他组织使用的选择评价模式，“适合自己使用最重要”，这是可行性的基本要求。在评价战略的可行性时，需注意以下问题：①企业是否拥有足够的资源（资金、技术、设备、人才等）支持该战略的实施；②战略执行者是否具有足够的管理能力，如灵活应对环境变化的能力，应对竞争对手的行为的能力；③企业是否能够取得所需的相对竞争地位。

3. 战略的一致性

一致性用来衡量企业的备选战略方案是否与企业的自身情况（包括战略使用情况，目标、资源状况，以及问题的解决程度等）相一致。如果备选方案不能充分利用企业的现有资源以较好地提升企业的市场竞争力，那么放弃是最好的选择。

一致性强调的是一个组织的战略方案中不能出现不一致的目标和政策，即使内部人员发生变化，也不能影响到目标与政策的一致性。目标和政策可以根据现实情况进行适宜的调整，但无特殊情况，对已制定的目标和政策不应该做出否定或原则性的改动，这样才符合战略性的特点。据此进行战略评价时，把握组织战略的一致性与组织战略管理活动的一致性是重要原则，此外，战略评价方法、工具一经确定也不应轻易变动，这样才可以确保战略评价结论的完整和有效。在评估战略的一致性时，应主要考虑以下三点：①该战略是否与组织的使命和目标一致；②该战略是否充分利用了组织的核心优势或环境所提供的机会；③该战略对于战略分析中所发现的问题解决到了什么程度，如是否克服了企业在资源、能力和技术方面的劣势，是否增强了企业的外部竞争力。

4. 战略的可接受性

可接受性与人们的期望密切相关，有更多的主观性。有些人认为“可接受性”的战略对另一些人来说可能是“不能接受”的战略。因此，在很多情况下企业所选定的某种战略方案实际上是不同利益集团讨价还价和折中的产物。在评估战略的可接受性时，应注意以下问题：①实施该战略会使企业或组织的财务状况发生怎样的变化，这种变化对资本结构和利益相关者的利益将产生怎样的影响；②相关的各部门、团体的执行人员或个人是否充分理解企业的战略目标，该目标是否会引起他们之间的矛盾和冲突，这种矛盾和冲突是否易于解决；③该战略是否符合公众的期望，公众是否有能力阻止该战略的实施。

5. 战略的优越性

企业战略的选择必须能够在特定的业务领域使企业创造和保持竞争优势。竞争优势通常来自资源和能力的优越性。在评估战略的优越性时，应注意以下问题：①战略是否会被竞争对手轻易模仿；②企业是否建立起保护自身竞争能力的壁垒；③企业是否能通过提供值得信赖的产品或服务而给企业带来一定的声誉。

8.2　企业战略评价的过程、内容与方法

8.2.1　企业战略评价的过程

对企业战略评价的过程进行分析实际上涉及整个战略的制定和选择，而且不同类型的战略可能使企业战略评价过程呈现出不同的特征。因此，这里以多元化经营企业为例来分析企业战略评价的过程。评价一家多元化经营公司的战略的过程包括评价该公司多元化的动机，评估公司业务的竞争力和绩效潜力，具体步骤如下。

（1）识别当前的公司战略，公司是否在寻求相关或不相关多元化（或二者混合），最近的购并和剥离行动的本质和目的是什么，公司管理层试图创建的多元化公司是横向一体化还是纵向一体化。

（2）应用行业吸引力检验，评价公司所在的每一个行业的长期吸引力。

（3）应用竞争力检验，评价公司业务单元的竞争力以明确在它们各自所处的行业中，哪些是强大的竞争者。

（4）应用战略协同检验，确定现有业务单元中任何价值链关系和战略协同关系的竞争优势潜力。

（5）应用资源匹配检验，确定公司的资源力量是否能满足公司现在业务集合对资源的要求。

（6）在历史绩效和未来预期的基础上将业务从最高到最低进行排序。

（7）根据资源配置的优先权将业务进行排名，并决定每一业务单元的战略姿态应是侵略性的扩张、设防还是保卫、彻底休整和重新定位，或是收割/剥离。为提高业务单元的竞争地位而制定特别业务经营战略的任务由经营层次的经理完成；而在单一经营公司，公司层和经营层是同一层次，公司层经理可以提供建议并最后决定是否通过。

（8）制定新的战略，以提高公司整体绩效。通过购并或剥离改变业务组合的构成，加强相关业务单元的活动协作以获得更大的成本分担和技术转移利益，将公司资源转至有最大机会的领域。

8.2.2　企业战略评价的内容

企业战略评价是战略管理过程的最后阶段。管理者通过企业战略评价识别企业战略实施中出现的问题，及时采取措施，调整战略，快速适应企业内、外部环境的变化。对于制定战略的所有企业，企业战略评价都是必不可少的。企业战略评价包括三项基本活动，即审视潜在战略基础、衡量企业绩效、采取纠正措施，其具体过程如图 8-1 所示。

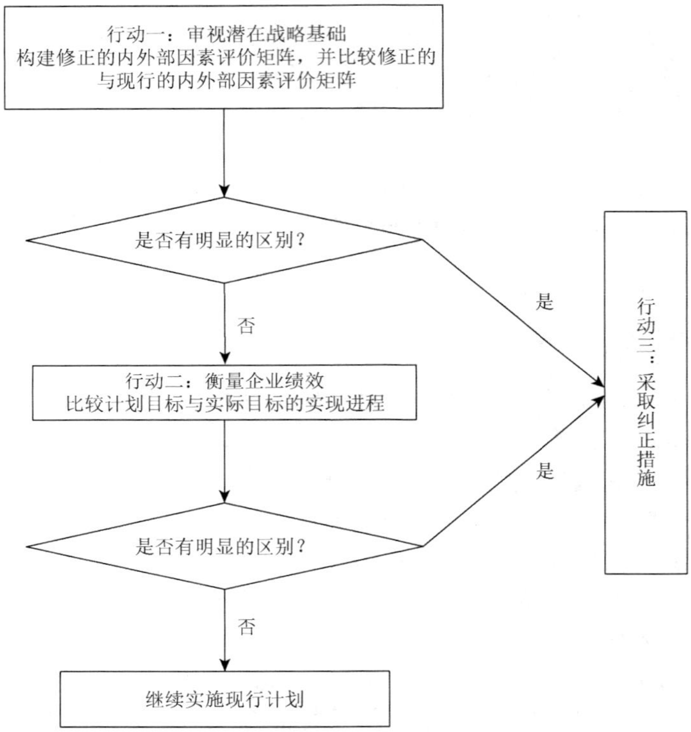

图 8-1　企业战略评价框架图

（1）审视潜在战略基础。用外部因素评价矩阵和内部因素评价矩阵的方法检查企业战略的潜在基础。

（2）衡量企业绩效。衡量企业绩效是企业战略评价活动中的一项重要内容。它包括将预期结果与实际结果进行比较，研究实际进程对计划的偏离程度，评价企业在实现既定目标的过程中已取得的进展。

（3）采取纠正措施。纠正措施，就是通过变革使企业重新进行更有竞争力的战略定位，从而促进企业的长远发展。纠正措施包括调整企业组织结构、制定或修改目标、制定新的政策、重新配置资源等。但无论如何，企业所采取的纠正措施应当能够使企业更好地发挥内部优势和利用外部机会，更好地回避、减少或缓和外部威胁以及更好地弥补内部弱点。采取纠正性行动是保证企业按既定目标前进的必要措施。

8.2.3　企业战略评价的方法

目前，比较有代表性的企业战略评价方法主要是卡普兰与诺顿提出的"平衡记分卡"方法、罗伯特·霍尔的"四尺度"评价法以及德鲁克以改革为核心的观点。此外，乔治·斯坦纳提出了几种衡量战略规划系统效率的方法：根据有效规划系统的要求制作的综合调查表法；用战略制定及实施过程中存在的经验性问题来检查规划系统的方法；用系统应达到的具体目标来评价战略的方法。这些方法多侧重于定性分析，都是通过一系列分析过程，选择适宜的企业战略方案，但这些方法都具有一定的主观性，进而降低了评价结果的客观性。

企业战略的评价结果是根据评价指标综合分析得到的，评价指标包括定量指标和定性指标。定量指标涉及产品生产、市场销售、经营成果等方面，主要指标有销售量、市场占有率、销售收入、实现利润和人均利润率等。定量指标的评价标准一般有三种类型：①以历史数据为基础拟定的标准，如把上年的实际数作为标准，或把历史最高水平作为标准，或者把前几年的平均数作为标准等；②把同行的平均水平、先进水平或竞争对手所达到的水平作为标准；③按照一定的准则把大家所公认的标准作为评价标准。例如，一般认为资产负债率小于 0.6 为宜，销售增长率超过 10%就认为这种产品发展前途良好等。

然而，仅仅依赖定量财务指标来衡量是不够的，新的企业战略实施评价系统在基于财务指标了解企业经营业绩的基础上，还应进行定性分析。企业战略评价定性指标有：①战略与环境的适应性；②战略执行中的风险性；③战略执行中的时间性；④战略与资源的配套性；⑤战略内部的一致性。欧几里得距离（Euclidean distance）是近几年新出现的一种多因素战略选择评价模型，该模型认为环境是影响战略成败的关键，环境对战略产生有利和不利两个方面的影响，通过评价环境对每种战略方案的影响来衡量备选战略的吸引力。这种方法将定性分析和定量评价相结合，具有简单、易操作的特点，是一种很好的战略选择决策工具。

一般来说，战略评价的方法可以分为适应性战略评价方法以及可行性与可接受性评价方法。

1. 适应性战略评价方法

适应性战略评价方法主要对战略逻辑、环境适应性和案例进行研究。

（1）战略逻辑研究可以通过产品生命周期法、价值链分析等方法，在现有业务发展动态的合理性、组织的均衡性、成本结构的合理性、各项管理工作的利润贡献等方面，评价竞争战略对公司现有业务、组织机构、各项管理工作的影响。

（2）环境适应性研究主要研究公司内、外部环境对竞争战略的影响，如竞争战略对用户利益的影响、对社会公众的影响、与公司历史的一致性、与公司使命的一致性、对部门利益的冲击以及对员工的影响。

（3）案例研究主要通过对过去案例的研究分析目前的竞争战略是否可行。例如，通过对市场占有率、相对市场占有率、相对于竞争对手的产品质量、相对于竞争对手的产品价格、相对于竞争对手的员工报酬水平、相对于竞争对手的营销努力程度和市场细分模式等历史数据的分析来评价战略。

2. 可行性与可接受性评价方法

可行性与可接受性评价方法分析主要包括投资收益分析、风险分析、利益相关者分析、资金流分析、盈亏平衡分析和资源配置分析等。

（1）投资收益分析是通过对公司获利、成本/效益、所有者利益等方面的分析，对特定的战略可能产生的收益进行评价。

（2）风险分析主要分析竞争战略可能带来的风险、不同战略选择会使公司资本结构产生的变化，用以评估财务战略引起的各种可能变化对公司的影响。

（3）利益相关者分析主要用于分析与客户利益相关的所有个人和组织，帮助客户在战略制定时分清重要利益相关者对战略的影响。

（4）资金流分析主要预测竞争战略的资本投资、积累收益、运营资本应付税款、红利以及资金的短缺情况。

（5）盈亏平衡分析是一种静态分析方法，分析各种战略对市场占有率的要求、对产品质量和成本的要求、对资金保证的要求，并与竞争对手进行对比分析。

（6）资源配置分析反映各种可能的竞争战略对资源的要求。

8.3 企业战略选择

8.3.1 影响企业战略选择的因素

企业战略选择是企业一项重大的战略决策，是战略决策者通过对若干可供选择的战略方案进行比较和优选，从中选择出一种最满意的战略方案的过程。但很多情况下未必如此，由于企业的实际情况不能支撑所选择的满意方案，从而使企业不得不选择次级满意方案而将最满意的方案作为今后更长远的目标去争取。

企业战略选择是在民主协商的基础上，综合考虑实施战略方案所需付出的成本、所能获得的利益及风险程度三个因素，来选择最适合企业目前发展的战略。在大多数情况下，战略评价过程提供给决策者的方案不是一种，而是多种，战略决策者必须根据自己的专业知识、工作能力、业务水平、实际经验等从中取舍。由于企业制定的经营战略是企业生存发展的关键，所以一个企业在一定时期内必须根据自身的资源等实际情况，有重点地实施一种战略或一种战略组合，如果盲目地实施某一战略，势必会极大地影响企业的经营发展方向，甚至会导致企业的灭亡。

总体而言，影响企业战略选择的因素可以分为外部因素和内部因素。外部因素是一个企业进行战略选择的间接因素，而内部因素却是企业进行战略选择的直接因素。一个企业最终的战略选择往往是内、外部因素共同作用的结果。

1. 企业战略决策者的影响

（1）企业战略决策者对外部环境的态度。没有任何企业能够离开外部环境而独立存在，因此企业的战略选择必然要受到股东、竞争对手、顾客、政府、社会等外部环境的影响。由于外部环境中的关键要素会对企业各战略方案的相对吸引力产生较大的影响，所以企业战略决策者在进行最终战略方案的选择时，不得不考虑来自企业外部环境中各利益集团的压力，考虑顾客、企业的股东及职工、地方社团、一般公众、供应商、政府机构等对企业的期望和态度。

同时，外部环境这一客观因素又依赖于决策者的主观理解，因此决策者对外部环境的态度影响着战略的选择。处于同一环境中的同一公司，如果由不同的决策者来进行战略选择，战略选择方案可能会截然不同。

（2）企业战略决策者对待风险的态度。由于战略是对未来的一种规划，所以未来的不确定性便决定了任何战略在实施完成之前都存在风险。战略决策者对风险的态度也影响着战略选择的决策。

有的决策者不愿意承担风险，而有的决策者却乐于承担风险。不同的风险态度会导致不同的战略选择，对风险持不同态度的公司的特征如表 8-1 所示。如果决策者认为，风险对于成功是必不可少的，并乐于承担风险的话，则企业通常采用进攻型的战略，接受或寄希望于高风险项目，在他们被迫对环境变化做出反应之前就已经做出反应，这类决策者就会考虑较为广泛的战略选择方案；如果决策者认为风险已经实际存在，并敢承担某些风险的话，那么决策者就会试图在高风险战略和低风险战略之间寻求某种程度的平衡，以分散一定的风险；若决策者认为冒较高风险将毁灭整个企业，需要降低或回避风险的话，则他就会考虑很少的战略选择方案，可能采取防御型的或维持型的战略，拒绝承担那些风险项目，乐于在稳定的环境中经营。

表 8-1　对风险持不同态度的公司的特征

风险承担型公司	风险回避型公司
· 适于在变化的环境中运行 · 寻求高风险、高潜力的投资机会 · 倾向于进攻型、快速增长战略 · 选择战略方案的范围较宽 · 喜欢做行业的领先者	· 适于在稳定的环境中运行 · 寻求低风险的投资机会 · 倾向于防御型、稳定（维持）型增长战略 · 选择战略方案的范围较窄 · 喜欢做行业的追随者

资料来源：王平换（2002）

（3）企业战略决策者的需求和价值观。战略决策者的需求和价值观对企业战略选择也起着重要的作用。大部分的管理者尤其是战略决策者都有自己对发展战略的观点和看法，这些观点在很大程度上是与管理者的价值观和需求相联系的。

一个极有吸引力的战略方案如果不能满足战略决策者的需求或违背了其价值观，被选中的可能性就很小；相反，即便是一个较差的战略方案，如果能很好地满足战略决策者的需求或与其价值观相符，也有可能被选中。

2. 企业过去战略的影响

对大多数企业而言，新的战略往往是在过去战略的基础上形成的，由于企业在实施原有战略时，曾投入了大量的时间、精力和资源，所以在选择新的战略时会自然地倾向于选择与过去战略相似的战略。也就是说，过去的战略是新战略的起点，新战略是过去战略的延续。如果不是基于过去的战略而选择新战略，那么决策者不仅要承担历史风险，还会以牺牲企业整体利益以及资源优势为代价，置企业于一个存在极大风险的环境之中。

当然也不排除极少数企业基本否定原有战略而选择一种全新的战略。但它必须满足两个基本前提：一是要有较充足数量和较高质量的资源支持新战略实施；二是组织结构调整和人事变动必须符合新战略的要求。

3. 企业文化的影响

企业所选择的战略方案与企业文化是否能够很好地相互匹配，对于该战略方案能否成功实施关系重大。在定量战略计划矩阵（quantitative strategic planning matrix，QSPM）中权重的确定，既渗透了大量的组织文化的因素，同时也反映了企业对待战略问题的价值观。文化对战略的影响可以归纳为以下三个方面。

（1）文化不仅影响企业在选择战略时所使用的分析方法，也影响企业中流行的思维方式，因而也就影响整个战略的形成过程。具有不同文化的企业在同一环境中会以完全不同的方式来认知环境。

（2）当企业战略得到企业价值观、信仰、仪式、礼仪等文化因素支持时，决策者往往可以迅速而容易地实施变革。如果支持性文化不存在或没有被建立，那么战略的变革可能是无效的，甚至是有害的。

（3）文化因素对战略选择的影响还表现在，文化作为一种重要的战略资源，能够为企业带来某种难以模仿的竞争优势。从这一意义上看，文化不仅是影响战略选择的外在因素，还是战略选择的一个组成部分。

4. 企业利益相关者的影响

企业是一个由多个利益主体组合起来的组织，其战略的选择必然要考虑到企业内外部利益相关者的利益。

从企业外部讲，政府和其他社会团体希望其承担更多的社会责任；顾客希望能够得到物美价廉的产品和服务。

从企业内部讲，股东希望采取扩张型的战略来获得更多的分红；高层管理者希望采取保守型的战略来使企业稳步发展，他们追求的是最大的合理效用，希望付出一分劳动便得到一分报酬；中层管理人员往往受到其个人事业以及其所在单位的目标和使命的影响，通过推荐那些低风险、渐进式推进的战略来获得升迁的机会；职能人员追求的是改善劳动条件，提高工资水平，增加福利，所以他们的选择总是更适合自身的目标，上报那些可能被上司接受的方案而扣下那些不易通过的方案，而且在进行战略评价时，处于不同部门的人也会从自身利益的角度出发来评价战略方案。

事实上，不同的利益主体在一定程度上都会利用自己手中的权力来影响最后的战略选择，最后选定的战略是一个各利益相关者权力均衡的结果。在高度集权的企业里，一个权力很大的高层管理者往往会利用手中的权力来促使其倾向的战略实施方案得以实施，有时很多关键的决定都是由一把手力排众议做出来的；而在分权程度较高的企业中，战略的选择通常都会广泛地参考各方面的意见。

此外，围绕战略决策的关键问题将会存在很多不同的基于共同利益而形成的正式与非正式团体，这些团体在战略的选择上往往倾向于首先关心小团体目标，其次才会考虑企业的整体目标。这样，团体经过对原有的战略方案进行讨价还价，形成一个新的方案，在企业内部便形成了一个新的力量均衡点。最终，各种内外压力都集中在企业战略管理者身上，从而影响他们对战略的选择。

8.3.2　企业战略选择的过程

战略决策者必须从众多的战略方案和实施途径中确定一组具有吸引力的备选战略及其优势、劣势、成本和收益。

在充分掌握公司的内、外部信息后，参加者通过若干次会议来考虑和讨论所建立的备选方案，并根据自己的综合判断来对这些备选战略进行排序，最终得出一个综合的按重要程度排序的最佳战略组合。战略选择过程中的参加者应包括一线员工及先前参与过企业任务制定和企业内、外部分析的管理者。这样不仅可以增进相互之间的了解，而且还可以产生激励作用。

战略制定框架（strategy-formulation framework）可以帮助企业战略决策者在若干个可供选择的战略方案中进行确定、评价和选择。战略制定技术可以整合在一个三阶段的战略制定分析框架之中，如图 8-2 所示。该框架中所包含的方法适用于所有规模和类型的组织，并能帮助战略决策者确定、评价和选择战略方案。

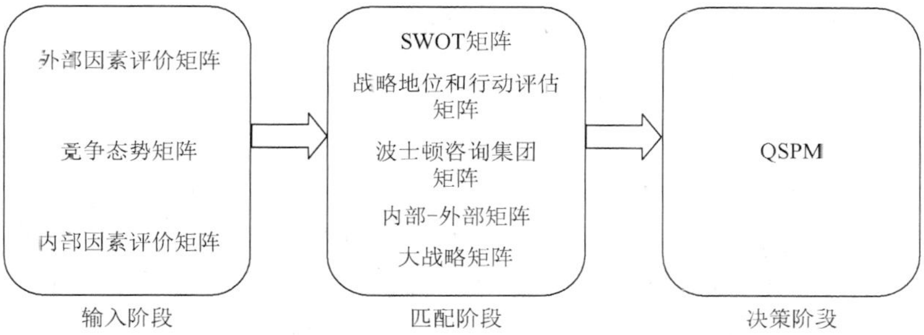

图 8-2　战略制定分析框架①

战略制定分析框架第一阶段主要由如下分析方法组成：外部因素评价矩阵、竞争态势矩阵（competitive profile matrix，CPM）和内部因素评价矩阵。该阶段被称为输入阶段（input stage），它概括了制定战略需要的基本输入信息。第二阶段被称为匹配阶段（match stage），通过关键内部及外部因素产生出可行的备选战略方案，主要分析方法有 SWOT 矩阵、战略地位和行动评估（strategic position and action evaluation，SPACE）矩阵、波士顿咨询集团（Boston Consulting Group，BCG）矩阵、内部–外部（internal external，IE）矩阵和大战略矩阵（grand strategy matrix，GSM）。第三阶段被称为决策阶段（decision stage），主要包括一种技术方法，即 QSPM。QSPM 利用第一阶段的输入信息对第二阶段提出的可行战略方案做出客观评价，它能够揭示出各个备选战略的相对吸引力，从而为选择特定的战略方案提供客观依据。

战略制定分析框架中列出的九种方法，都需要将直觉性判断和分析性判断有机结合。

① 戴维（2006）。

企业中自主经营的各个事业部，通常也会采用上述方法制定战略与目标。事业部层次的分析判断，同时也可以为公司层次战略的制定、评价和选择提供基础。

对战略决策承担责任并负责相关工作的是战略决策者而不是各种分析方法。伦兹（Lenz）强调，文字导向计划向数字导向计划的转变，纠正了人们确定性的错误感受。作为促进理解、检验假设和推动组织学习的工具，数字导向的计划有利于减少对话、讨论和争执。战略决策者必须认识到分析的方法能有效地加强企业内部人员之间的相互了解。如果没有客观的信息与分析作支持，个人偏见、政治因素、情绪、个性及晕轮误差（halo error，过度倚重某一单个因素而导致的错误）有可能会干扰战略的制定。

8.3.3 企业战略选择的方法

企业战略选择的三个阶段有各自不同的分析方法。其中，匹配阶段和决策阶段是战略选择的核心，对方法的选择要求比较高。匹配阶段常用的方法有 SWOT 矩阵、SPACE 矩阵、BCG 矩阵、GSM 等。决策阶段所使用的方法为 QSPM。

1. SWOT 矩阵

SWOT 矩阵分析法是综合考虑了企业所面临的外部环境因素和内部资源、能力因素，进而分析企业的优势、劣势和所面临的机会、威胁的一种方法。其中，优劣势分析主要将注意力放在企业自身的实力与其竞争对手的比较上，机会和威胁分析主要着眼于外部环境的变化或外部环境对企业自身的影响。本书第 3 章有详细介绍，此处不做详细说明。

2. SPACE 矩阵

SPACE 矩阵是战略匹配阶段的又一个重要方法。SPACE 矩阵的轴线分别代表了两个内部因素——财务优势（financial strength，FS）和竞争优势（competitive advantage，CA），以及两个外部因素——环境稳定性（environmental stability，ES）和产业优势（industrial strength，IS）。它们将矩阵分割成进攻、防御、保守和竞争四个象限，如图 8-3 所示。

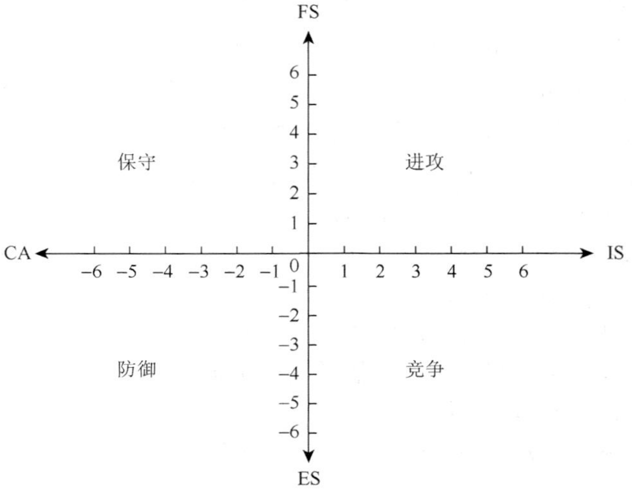

图 8-3 SPACE 矩阵

根据企业类型的不同，SPACE 矩阵的轴线代表多种不同的变量。一些普遍采用的变量如表 8-2 所示。正如 SWOT 矩阵一样，SPACE 矩阵也要根据企业的实际情况来构建。

表 8-2 SPACE 矩阵列入因素实例

内部战略地位		外部战略地位	
财务优势（FS）	竞争优势（CA）	环境稳定性（ES）	产业优势（IS）
投资收益	市场份额	技术变化	增长潜力
杠杆比率	产品质量	通货膨胀率	盈利能力
偿债能力	产品生命周期	需求变化性	财务稳定性
流动资金	用户忠诚度	竞争产品的价格范围	专有技术知识
现金流动	竞争能力利用率	市场进入壁垒	资源利用
退出市场的方便性	专有技术知识	竞争压力	资本密集型
业务风险	对供应商和经销商的控制	价格需求弹性	进入市场的便利性
			生产效率和生产能力利用率

资料来源：黄旭（2019）

建立 SPACE 矩阵通常包括以下几个步骤。

（1）选定构成 FS、CA、ES 和 IS 的影响因素，即构成变量。

（2）对构成 FS 和 IS 的各个变量从 1（最差）到 6（最好）评分；对构成 ES 和 CA 的各个变量从−1（最好）到−6（最差）评分。

（3）分别求出 FS、CA、ES 和 IS 各自的平均分数。

（4）将 CA 和 IS 的平均分数相加，并在 X 轴上标示出来；将 FS 和 ES 的平均分数相加，并在 Y 轴上标示出来。

（5）在 SPACE 矩阵中，在自原点至 X 轴、Y 轴的数值的交叉点画一条向量。该向量所在的象限表明了企业可采取的战略类型，即进攻型、竞争型、防御型和保守型。处于各个象限的企业所适用的战略方案如表 8-3 所示。

表 8-3 SPACE 矩阵中处于各个象限的企业所适用的战略方案

进攻型	竞争型	防御型	保守型
市场渗透 市场开发 产品开发 后向一体化 前向一体化 横向一体化 混合多元化 集中多元化 横向多元化 组合式	后向一体化 前向一体化 横向一体化 市场渗透 市场开发 产品开发 合资经营	紧缩 剥离 清算 集中多元化	市场渗透 市场开发 产品开发 集中多元化

资料来源：黄旭（2019）

SPACE 工具将风险因素从 FS 和 ES 这一对指标中独立出来，对风险给予了特别的关注，所以非常适合风险较大的行业或对风险非常敏感的企业使用。

3. BCG 矩阵

企业各自主经营的业务部门共同组成了企业的业务组合（business portfolio）单元。当企业的业务部门在不同的产业中进行竞争时，每个业务部门都必须分别制定各自的战略。BCG 矩阵就是专门为帮助多部门企业制定战略而设计的。

BCG 矩阵将市场增长率和相对市场份额作为公司内每个业务部门的战略选择的依据，并将它们分为高、低两个档次，进而划为四个象限的矩阵。横轴表示相对市场份额，常以 0.5 为界限分为高、低两个区域，表示公司该产品的市场占有率为最大竞争对手产品市场份额的一半；纵轴表示市场增长率，通常以 0 为高、低市场增长率的分界点。当然，这些数字可以根据实际问题做相应的修改。

BCG 矩阵将公司的业务分为四种类型，即问题（question marks）、明星（stars）、现金牛（cash cows）和瘦狗（dogs），如图 8-4 所示。一个企业的所有业务部门都可以列入任意的象限中，并依据它所处的位置制定不同的战略。

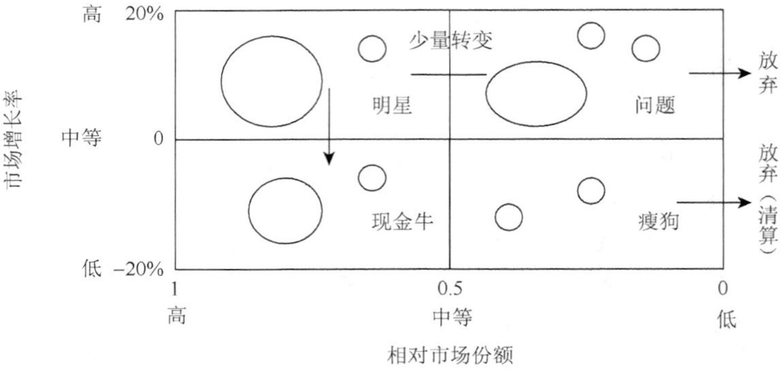

图 8-4　BCG 矩阵

（1）问题。位于第一象限的业务部门，处于高速增长的产业中，相对市场份额较低。通常，这类业务部门的现金需求量大而现金创造能力差。这类业务部门之所以被称为问题是因为公司必须在采用密集型发展战略（市场渗透、市场开发或产品开发）来扶植它们或者将其出售之间做出选择。

（2）明星。位于第二象限的业务部门，表明该业务部门正处于能够长期增长和获利的机会时期。业务在高速增长的产业中，且相对市场份额较高。该业务部门需要得到大量的投资以便保持或提高其在市场上的主导地位。这类业务部门可以采用前、后向一体化，市场渗透，市场开发，产品开发及合资经营战略。

（3）现金牛。位于第三象限的业务部门，相对市场份额很高，但在低增长产业中进行竞争。这类业务之所以被称为现金牛是因为其带来的现金收入超过所需的现金投入，因而往往被“揩脂”。许多今天的现金牛正是由昨日的明星演化而来的。现金牛业务部门应开展有效的管理，以求尽可能长时期地保持其强势的地位。产品开发或相关多元化战略可能有利于增强处于强势地位的现金牛业务部门的吸引力。但是，当现金牛业务部门转而处于弱势时，企业应当考虑采用紧缩或剥离战略。

（4）瘦狗。位于第四象限的业务部门，相对市场份额低，且在低增长或零增长的产业中竞争。它们是企业业务组合中的瘦狗。由于无论在企业内部市场，还是在外部市场，这类业务部门都处于不受重视的地位，所以往往是企业进行清算、剥离或通过紧缩而被削减的对象。如果业务部门首次沦为瘦狗，紧缩战略可能是最佳选择，因为在大规模的资产和成本削减之后，许多瘦狗业务部门往往又获得了新的生命力，成为富有活力的盈利部门。

建立 BCG 矩阵通常包括以下三个步骤。一是将公司分成不同的业务部门，并用圆圈在矩阵中表示出来。圆圈的位置表示这个业务部门的市场增长率和相对市场份额的高低；面积的大小可以用该业务部门的收入占公司总业务收入的比例或业务部门的资产在公司总资产中所占的比例来表示。二是确定每个业务部门的市场增长率和相对市场份额。三是依据每个业务部门在整个业务组合中的位置选择适宜的战略。

BCG 矩阵以两个具体指标的量化分析来反映企业的外部环境与内部条件，与 SWOT 分析相比有了进步，并且有利于业务部门和企业管理人员之间的沟通，及时调整公司的业务投资组合，放弃萎缩业务。但是 BCG 矩阵分析法也存在一定的局限性：一是象限的划分过于简单，不能全面地考虑到企业内、外部的各项影响因素；二是计算相对市场份额时只考虑了最大的竞争对手，而忽视了那些市场份额在迅速增长的较小的竞争者；三是市场份额与盈利率不一定有显著的正相关关系，市场份额低，但盈利率可能高；四是评分等级具有折中性，使很多业务位于矩阵的中间区域，难以确定使用何种战略，同时也难以兼顾两项或多项业务。

4. GSM 分析法

GSM 又称战略聚类模型，是由小汤普森（Thompson）和斯特里克兰（Strickland）根据 BCG 矩阵修改而成的一种战略选择模型。它将市场增长率和企业竞争状况作为评价的参数，把矩阵分为四个象限。各个企业可以按照评价的数值来确定企业所处的象限，从而选择合适的发展战略，如图 8-5 所示。

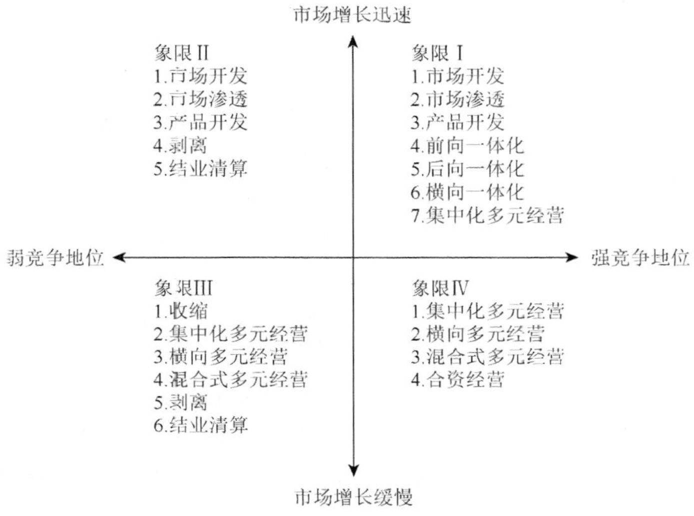

图 8-5　GSM

位于第Ⅰ象限的企业处于最佳的战略地位。对于这些企业来说，继续集中于当前的市场（市场开发和市场渗透）和产品（产品开发）是适当的选择。第Ⅰ象限的公司大幅偏离已经建立好的竞争优势是非常不明智的。当它们拥有过剩的资源时，可以考虑前、后向或横向一体化战略；当它们过分偏重于某一产品时，可以考虑采用集中化多元经营战略来规避单一产品线可能带来的风险。第Ⅰ象限的企业有能力在多个领域充分利用外部机遇，在必要时可以激进地承担风险。

位于第Ⅱ象限的企业需要认真评价其当前参与市场竞争的方法。虽然目前它们所处的市场还是迅速增长的，但是企业的竞争能力较弱。如果企业选择继续加强此类业务的经营，则可以选择加强型的战略（市场开发、市场渗透或产品开发）；如果企业选择放弃此项业务，则可以选择剥离和结业清算的战略。

位于第Ⅲ象限的企业在增长缓慢的市场中处于不利的竞争地位。这类企业需要迅速进行改革，以免情况进一步恶化而不得不面临结业清算。该类企业可以考虑收缩、集中化多元经营、横向多元经营、混合式多元经营、剥离或结业清算的战略。

位于第Ⅳ象限的企业有较强的竞争力，但是它们所处的市场增长缓慢。这类企业有能力在有发展前景的领域进行多元化经营。它们的特点是具有较大的现金流量并对资金的需求有限，从而可以考虑集中化多元经营战略、横向多元经营战略、混合式多元经营和合资经营战略等。

5. QSPM 分析法

QSPM 是战略决策阶段的重要分析工具。它能够客观地指出哪一种战略是最佳的，是分析战略选择的一种定量方法。QSPM 用于战略决策阶段，可以帮助企业根据自身条件的限制以及先前分析过的关键外部、内部因素来客观评价和选择最适合企业发展的战略。

QSPM 的左栏由关键的外部和内部因素（来自第一阶段的外部因素评价矩阵和内部因素评价矩阵）组成，顶行由可行的战略备选方案（来自第二阶段的 SWOT 矩阵、SPACE 矩阵、BCG 矩阵与 GSM）组成，此外还包括关键因素分析的权重及其评分、吸引力评分、吸引力总分等要素。

建立 QSPM 通常包括以下五个步骤：①在 QSPM 的左栏填入企业关键的外部机会与威胁以及企业的内部优势与劣势，并给出各自的权重；②将备选的战略方案填入 QSPM 的顶行；③确定每一组备选战略的吸引力评分（attractiveness scores，AS），根据所考察的关键因素与备选战略的关系给出评分，评分在 1～5 范围内；④吸引力总分（total attractiveness scores，TAS），由关键因素的权重、评分与吸引力评分三者的乘积而得，吸引力总分越高，战略的吸引力越大；⑤计算吸引力总评分（sum total attractiveness scores，STAS），它由 QSPM 中的各个备选战略的 TAS 相加而得，分数越高，表明战略越具吸引力。

QSPM 可以依次或同时审查一组战略，并综合考虑相关的内、外部因素。但它也存在一定的局限性，即矩阵中的权重和吸引力评分完全依赖主观决断，缺乏客观性，并且该方法的应用结果在很大程度上取决于先前的输入阶段和匹配阶段的分析结果，所以与这两个阶段的分析结果差异不大。

本章精要

本章主要介绍了战略评价与选择的相关内容，其中涉及战略评价与选择的内涵、战略评价与选择的基本原则、战略评价与选择的过程、战略评价的方法、影响战略选择的因素。

战略评价与选择的五项基本原则为适应性、可行性、一致性、可接受性和优越性。

战略评价的三项基本活动包括审视潜在战略基础、衡量企业绩效和采取纠正措施。

战略评价的方法分为适应性战略评价方法以及可行性与可接受性评价方法。

战略选择的影响因素包括企业战略决策者、企业过去战略、企业文化和企业利益相关者。

战略选择的过程分为输入阶段、匹配阶段和决策阶段。

战略选择常用的方法包括优势–劣势–机会–威胁矩阵分析法（SWOT 矩阵分析法）、战略地位和行动评估矩阵分析法（SPACE 矩阵分析法）、波士顿咨询集团矩阵分析法（BCG 矩阵分析法）、大战略矩阵分析法（GSM 分析法）和定量战略计划矩阵分析法（QSPM 分析法）等。

思考题

1. 企业为什么要进行战略评价与选择？
2. 战略评价与选择有哪些原则？
3. 企业战略评价与选择的内容是什么？
4. 企业实施战略评价与选择的常用方法有哪些？请分析各种方法的适用范围。
5. 任意选择一家企业，对企业现阶段所面临的战略状况进行评价，并做出合适的战略选择。

综合案例

宝洁与联合利华的战略选择[①]

宝洁与联合利华（Unilever）两家企业从生产日化产品起步，在后来的发展中也以日化产品的研发、生产、销售为主，附带食品生产，因而两家公司才被公认为日化行业的知名企业。

1. 宝洁的战略选择

宝洁始创于 1837 年，由以美国辛辛那提市为中心的民用清洁用品公司发展成为一个全球性的消费性产品公司，涉足美容美发、居家护理、健康护理、食品及饮料等，拥有

① 黄彪虎（2019）。

品牌300多个。宝洁的品牌战略主要包括以下三个。

（1）“细分-定位”多品牌战略。刚进入中国市场的十年间，宝洁深入到数十万中国消费者中，对中国的洗涤、护肤、卫生用品等市场进行细致调研，然后细分市场。通过对各细分市场的价值评估，结合自身资源和优势，选定目标市场，根据不同品牌的功能或档次价格差异进行市场定位。以洗发水为例，“飘柔”使头发柔顺亮泽，“海飞丝”解决头屑问题，“潘婷”使发根到发梢得到营养和滋润，“沙宣”为头发打造垂坠质感的时尚造型，“伊卡璐”则强调其纯天然草本精华护发能产生不一样的功效。

（2）“价值-传播”突显品牌特色战略。针对消费者对产品的不同兴趣和关注点，宝洁在推介特色各异的产品时配以不同特点的广告，使产品更深入人心。例如，在洗发产品的介绍期，其目标消费者是高收入的时尚女性。广告中，多出现青春男女，展示年轻人追求浪漫，崇尚个性的生活画面，既与洗发水所表现的风格相吻合，两相呼应，加深消费者对品牌的印象，又让青年人起引领消费的作用。还运用现代科技手段，在产品包装中突出品牌特色。“飘柔”的草绿色包装给人以青春美的感受；“海飞丝”的海蓝色包装，带来清新凉爽的视觉冲击，“头屑去无踪，秀发更出众”的广告词更使得顾客强化“海飞丝”去头屑的信念。

（3）“人才-研发”品牌创新战略。宝洁前董事长兼首席执行官约翰·白波说过，“通向优质品质和货真价实的产品的途径，就是先人一步地进行发明创造。科研是我们创新和事业的生命线”。宝洁有专门的研发中心，云集了1250位有博士学位的科学家，这个数目高于哈佛大学、麻省理工学院、斯坦福大学、东京大学、伦敦帝国学院的理科专业的科学家总数。宝洁已将12亿美元投向品牌研发，这占其销售额的3.4%，宝洁现拥有2500多项有效专利，250项专有技术产权。人才战略推动品牌创新，宝洁得以奠定其市场领导者的地位。

2. 联合利华的战略选择

英国Lever Brothers公司与荷兰Margarine Unie公司于1929年签订协议，组建联合利华公司。历经90多年的风风雨雨，联合利华在全球100多个国家和地区已拥有163 000多名雇员，成为世界上最大的日用消费品公司之一。联合利华的品牌战略主要包括以下三个。

（1）“品牌-延伸”侧翼进攻战略。作为世界上日用消费品行业两巨头，宝洁走“一品多牌”路子，联合利华则没有简单地模仿，而是从侧翼进攻，实施品牌-延伸战略，引领市场消费新潮，如“多芬”香皂是公司的一个主打品牌，因具有独特的保湿滋润功效而受市场宠爱。联合利华据此实施品牌-延伸战略，推出“多芬系列保湿滋肤沐浴露”，虽进入沐浴露市场较晚，但仍为宝洁争夺市场的强劲对手。品牌-延伸战略为“多芬”今后延伸到除臭剂市场埋下伏笔。在联合利华成功在中国推行的品牌中，70%的品牌源于品牌-延伸战略，而非新创品牌。

（2）“国际-本土”双管齐下战略。联合利华既开拓国际品牌，也贯彻“关注中国消费者，关注中国家庭”的本土化品牌理念。其改换“U”形标志，既赋予标志新活力，更丰富品牌文化内涵。积极收购当地有潜力、有影响的本土品牌，并进行维护和完善，使它们更迎合当地消费者的需要。例如，将中国牙膏第一品牌“中华”收购，为其注入先进的管理经验和技术，并将产品重新包装，使产品形象更鲜明、醒目和时尚。接着又开发出“中华中草药”牙膏新品，使“中华”牙膏得以重生，销量迅速上升。国际品牌与民族品牌携手共进，既迅速提高品牌价值，又与当地文化深度融合，产生“1＋1>2”的集合效应。

（3）“缩减-聚焦”品牌集中策略。据测算，联合利华近 500 种品牌中，对公司盈利贡献最大的只有 100 余种，仅凭这 100 多种优势品牌，公司年利润也是上升的。于是，公司收缩地盘，打出“小即是美”口号，选出“夏士莲”“力士”“中华”等有知名度、有规模和本土化较好的一些品牌，再选出“奥妙”“清扬”等具有市场前景、对消费者吸引力大的品牌聚焦经营，其余品牌则被淘汰。从产品功能上看，宝洁与联合利华大致相同，但是二者的品牌战略却有差异。宝洁选择多品牌战略，联合利华则走以品牌-延伸为主的路线。宝洁多品牌战略的优势在于，能提高总体市场占有率，满足市场差异化需求，品牌形象鲜明，形成公司内部竞争格局，提高工作效率，降低经营风险。不足的是，品牌创建资金投入多，品牌管理难，但利要大于弊；联合利华主要实行品牌-延伸战略，即把现有的成功的品牌，用于新产品或修正过的产品上，既利于丰富公司旗下的产品种类，满足不同消费者的差异化需求，扩大市场份额，降低新产品的市场风险，强化品牌效应，提高公众对联合利华的认知度，同时也利于新产品借助成功品牌的市场信誉，在节省促销费用的情况下迅速占领市场，实现品牌价值增值。

综合案例思考题：

1. 针对上述案例，对宝洁与联合利华的战略选择进行评价和分析。
2. 对于宝洁与联合利华未来的战略选择，你有什么更好的想法和建议？

第 9 章 企业战略实施

战略制定者的绝大多数时间不应该花费在制定战略上，而应该花费在实施既定战略上。

——亨利 · 明茨伯格

引导案例

联想公司的手机业务①

2011 年初，联想正式成立移动互联和数字家庭业务集团。联想在手机领域开始以产品组合的方式抢夺细分市场，正是依靠细分市场策略，并且与电信运营商合作深耕中低端市场，联想手机业务才有了飞速发展。2012 年，联想手机出货量突破 3000 万部，成为中国市场仅次于三星电子的第二大智能手机制造商。

2014 年 1 月 30 日，联想斥资 29.1 亿美元从谷歌公司手中收购了摩托罗拉移动，获得后者全部 3500 名员工，2000 项专利、品牌、注册商标，以及摩托罗拉和全球 50 多家运营商的合作关系。联想 2014 财年业绩报告显示，联想在全球的智能手机销量同比增长超过 50%，共售出手机 7600 万部，联想因而成为全球排名第三的手机厂商。

在此期间，中国的手机行业正处于快速增长阶段。TrendForce 的市场调研数据显示：2015 年国产智能手机在整体出货量上有了长足的进步，出货量高达 5.39 亿部，占全球比重超过四成。但对联想来说，其 2015 年的手机市场份额不增反降，从 2014 年占比 7.9%的国产第一降到 2015 年占比 5.4%的国产第三，短短一年时间市场份额暴跌 2.5%。联想 2015 年的财报显示，联想手机市场份额从 2015 年开始，进入了营收持续下滑的状态。联想智能手机的销量在 2015 年达 2210 万台，在 2017 年仅为 179 万部，两年下降了超九成。同时，联想智能手机 2017 年的市场占有率仅为 0.4%。

联想手机业务市场份额的下降让业内困惑不解，毕竟从整体而言，联想拥有较多优势：收购摩托罗拉移动使联想拥有专利、技术、工业设计能力，使其自身的供应链优势

① 编者根据网络资料整理。

进一步得到保证。企业与企业之间的竞争是系统的竞争，是比较优势的竞争。当企业间战略制定的质量都相对均衡时，企业间的竞争其实也就是战略执行层面的竞争。联想 2014 年的手机市场份额国内第一、国际第三的排名充分表明，联想在资金、发展机会、技术能力上都没有落后于同行，更没有给战略实施带来负面的障碍，所以在战略方向的选择上，联想应该是正确的，并且因战略执行高效而取得了辉煌的业绩。因此，联想手机 2015 年的发展不尽如人意就只能归结为联想在战略执行上没有做好，而不能归结为战略方向选择的错误。因此，战略能否得到有效实施是企业成败的关键。

本章学习目标

· 学习战略实施的概念、基本思路及任务。
· 理解战略实施的基本原则和影响因素。
· 掌握如何进行资源配置。
· 掌握如何构建学习型企业文化。
· 了解战略实施的模式。
· 了解基于流程再造的战略实施模式。

战略学家明茨伯格认为，企业应该重视既定战略的实施，而不是仅仅关注战略的制定，由此可以看出战略实施的重要性。为了更有效地实施既定战略，企业应该了解战略实施的基本思路及任务等内容。

9.1　企业战略实施概述

从 20 世纪 60 年代开始，欧美一些企业开始实行战略管理，自此企业进入了战略管理时代。战略管理已经成为企业在瞬息万变的市场竞争环境中立于不败之地的有效管理工具。制定战略势在必行，但如果制定的战略不能被实施，那么战略制定对企业来说就没有任何价值。

9.1.1　战略实施与战略执行

在很多管理类论著和文献中，经常出现将“战略实施”（strategic implementation）等同于“战略执行”，将两者相互混淆使用的情况。实际上，两者的范畴是不一样的。

1. 战略实施

战略学家安索夫将战略实施定义为管理层为贯彻战略计划所采取的行动，这个定义简明扼要地指出战略实施的核心。战略实施与控制是密不可分、相互交叉的两个方面。实施过程中需要控制手段的配合，控制的目的是保障实施的顺利进行。因此，战略实施可以广义地理解为：通过战略性变革，辅以严密的控制手段将战略计划转化为具体行动，达到战略计划所要求的各项目标，最终达到全局制胜的动态过程。

安德鲁斯区分了战略制定和战略实施，把战略制定看成是分析性的，把战略实施看成是管理性的。但是，由于战略规划没有充分考虑环境变化对战略实施的影响，既定战略的实施变成了一个不断试错的过程。

总之，战略实施是战略管理的行动阶段，是将企业的既定战略转化为实际行动并取得成果的过程。战略实施完全是以行动为导向的，它的全部工作就是要让企业的经营活动在设定的时间和地点按照既定的战略进行。战略实施的关键在于执行能力。战略实施的成败取决于能否把实施战略所必需的组织、资金、人员、技术等资源及各项管理功能有效地调动起来并加以合理配置。在整个战略管理的循环中，战略实施居于核心地位，与制定完美的战略相比，战略实施显得更加困难。

2. 战略执行

按照安索夫对战略管理的分类，战略管理包括战略制定和战略实施。战略制定固然重要，战略实施却是把战略变为现实的战略管理过程。自博西迪（Bossidy）和查兰（Charan）所著的《执行：如何完成任务的学问》中文版本出版以来，中国掀起了一股“执行”风潮，企业界和学术界对“执行”与“执行力”的关注达到了前所未有的程度，2003 年也因此被称为“执行年”，这样看来，战略实施已经逐渐被战略执行所替代。

从学理上讲，战略实施与战略执行是词义相近的一对词，但实际上两者的范畴是不一样的。

战略执行，就是把一个企业的战略规划转变成现实，或者说把企业的愿景变成现实的过程。战略执行的核心流程是人员流程、战略流程、运营流程。战略实施是将战略构想转化为战略行动的过程。战略实施是一项系统工程，处理好战略资源匹配、战略计划细化、战术和策略运用、有效战略沟通以及战略调整与更新等多方面的工作是保证战略实施的关键。

综上所述，战略实施所包含的内容也正是战略执行的必要环节和活动，两者具有相似性。同时，由于战略执行必须顺应环境的变化，具有一定的动态调整能力，即有效的战略执行应不断检测、修订、优化战略，因此战略执行与战略控制也具有密切关联关系。可以看出，战略实施的范围要小于战略执行，也就是说，战略实施是战略执行的一部分。

9.1.2 战略实施的基本原则

企业在经营战略的实施过程中，常常会遇到许多在制定战略时未能预料到的或者不可能完全估计到的问题。因此，为了更好地实施企业战略，在企业战略实施过程中应该遵循以下四个基本原则。

1. 适度合理原则

在战略制定和战略实施过程中，受到信息、决策时限及认识能力等因素的限制，所制定的战略可能不是最优的，而且在实施过程中，企业外部环境和内部条件的不断变化，会使得战略不能完全按照预定计划进行，这时需要遵循适度合理原则。此原则认为只要战略目标基本达到了预定的战略目标，就应当认为这一战略的制定及实施是合理的。

2. 统一领导、统一指挥原则

一般来说，企业的高层领导人员比企业的中下层管理人员以及一般员工掌握的信息要多，对战略意图体会得要深。因此，战略的实施应当在高层领导人员的统一领导、统一指挥下进行，只有这样，所需的战略资源的配备、组织机构的调整、企业文化的建设、信息的沟通及控制、激励制度的建立等各方面才能相互协调，才能使企业为实现战略目标而卓有成效地运行。

3. 权变原则

战略实施的权变原则是指战略的实施进展与原来预想的进展可能会有所偏离，并且如果这种偏离不可避免时，企业应该对原有的战略进行调整。权变的观念要求管理者识别战略实施中的关键变量，并对其进行灵敏度分析，指出当这些关键变量的变化超出一定范围时，应当对原有战略进行适当调整，并准备相应的替代方案。战略权变贯穿于整个战略实施过程，不仅战略目标可以进行权变调整，战略实施的方式、时间、人员及资源的配置等也需要视情况的变化而进行权衡变通。

4. 阶段目标原则

阶段目标原则就是把企业的总体战略或长期目标分解为一个个具体而又明确的短期目标，并且明确实现这些目标所需的时间和目标应该达到的标准，以便对其进行评估、检查和纠正偏差。在目标分解时应该注意各个分目标之间的协调性与连贯性。此外，制定阶段目标有利于激励员工。奇瑞公司总裁尹同跃曾经说过，如果将研发人员的研发时间一开始就定为一年，那么研发人员可能没有研发完一个模块就已经没有了动力。针对这种情况，我们应该将整个研发分解为一个个小模块，在员工完成每一个模块时就进行激励。这样，可以持续地发挥员工的积极性和创造性，从而有利于企业整体战略的实施。

9.1.3　战略实施的基本思路

企业战略实施过程可以分为四个阶段，即战略发动阶段、战略计划阶段、战略实施阶段和战略控制与评价阶段，如图 9-1 所示。

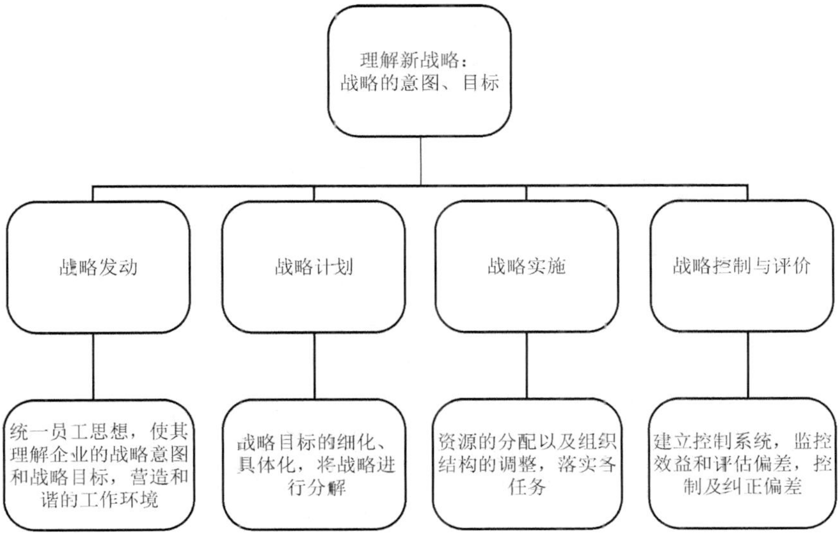

图 9-1　战略实施的基本思路

（1）战略发动阶段的主要任务是统一企业员工的思想，使他们充分理解企业的战略意图和战略目标，为新战略的实施营造和谐的工作环境。

（2）战略计划阶段的主要任务是将战略目标进行细化、具体化，将战略分解成几个具体的、可以操作的子战略。每个分阶段都有自己的政策措施、策略及方针、进度。但应该注意的是，各个分阶段要统筹安排、相互衔接。

（3）战略实施阶段主要涉及战略资源的分配、组织结构的调整以及落实各职能部门的任务及策略等。

（4）战略控制与评价阶段的主要任务是建立控制系统，监控效益和评估偏差，控制及纠正偏差，主要目的是对战略的实施过程进行控制以及对实施结果进行反馈，从而找出偏差，及时纠正，保证战略目标的顺利实现。

每个战略实施阶段，都需要有明确的阶段目标、实施计划及部门分工，从而保证战略执行过程的长期性、完整性和系统性。

需要强调的是，战略发动是战略实施中的重要步骤。许多企业忽视了战略发动，使得战略的责任人和执行部门缺乏统一的战略思想，这也是导致战略实施缺乏有效性的重要原因之一。

9.1.4　战略实施的任务

尽管每个企业的战略实施过程千差万别，但每个企业的战略实施都要完成八项基本任务（图 9-2）：①建立一个具有成功实施战略所需的能力、实力和资源力量的组织；②给具有战略关键性的活动分配大量的资源；③制定支持战略的政策；④开展最佳实践活动，并不断改善；⑤安装信息和运作系统以使公司员工可以更好地完成战略任务；⑥将激励机制同战略目标相关联；⑦使工作环境、企业文化与战略相匹配；⑧实行促进战略实施工作所需的战略领导。

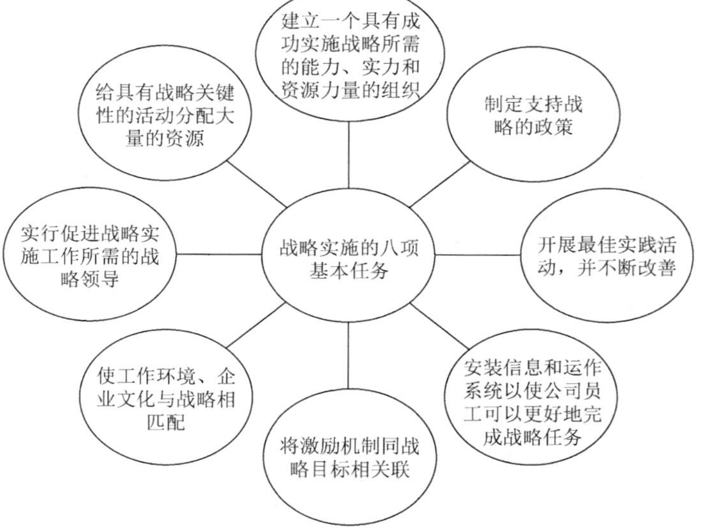

图 9-2　战略实施的八项基本任务

不论企业的战略如何特殊，以上八项基本任务都会反复出现在战略实施过程中。同时，由于企业的实际情况和需要的不同，这些任务中的一项或几项通常比其他任务显得更加关键。

9.2　企业战略实施的影响因素

企业战略实施是贯彻既定战略的实践活动，它是将战略转化为有组织、有领导地落实战略计划、完成战略任务、实现战略目的的实际行动，最终将战略构想转化为现实的生产力过程。企业战略实施的影响因素主要有战略的自身因素、外部因素和内部因素。

9.2.1　战略的自身因素

1. 战略本身的错误

企业战略是企业在一定时期的各种活动和决策的基本指导，它涵盖了企业的组织目标和行动方向。在竞争越来越激烈的市场中，可行的战略是企业走向成功的第一步。谋定而后动，成功的概率自然大大增加。战略是企业的灯塔，战略实施的成功是企业最大的成功，战略的失误往往使企业陷入困境。在中国，企业战略的缺位直接表现为战略的趋同性，即如果把企业的名字抹去，那么各个企业的战略几乎不用修改就可以彼此互换使用。这也是联想、金蝶等企业把战略放在最重要的位置的原因。

2. 战略制定与战略实施的脱节

借助“外脑”制定企业战略是当前国内企业的主要做法，但在项目咨询过程中，高层管理者通常认为企业战略就是撰写战略方案和咨询报告，从而对咨询团队过分依赖、不能真正深入思考本企业所需要的战略，容易产生企业对战略方案“拥有感”不足的问题，结果在对战略方案达成共识时，忽略了对战略实施的深入考虑。尤其是在战略制定与实施的责任主体分离时，战略目标很难实现。企业经营目标的制定和战略的选择并不能确保企业经营的成功：只有经过战略实施，目标才能变为现实。企业成功经营最终依靠的是其自身的内在修炼，外部咨询公司只是“助动者”，只能起到锦上添花的作用，如华为与毕马威国际有限公司的合作就是典型的例子。

3. 战略目标分解的不当

战略目标具有宏观、全面的特点，它本身构成了一个有机整体。战略目标作为企业的总目标、总任务，可以分解成某些具体目标和具体任务。管理者只有把战略目标加以分解，才能使其成为可操作的具体目标。这样，战略才能得以逐步实施。然而，企业在分解战略时，往往只注重分解的结果，而不重视战略分解的过程，致使每个具体目标之间脱节，结果是 $1+1<2$。整体战略没有得到有效的实施，企业也就不能完成既定的战略目标。

9.2.2 战略的外部因素

企业作为经济运行的主体，在进行战略实施时并不会一帆风顺，会受到各种外部因素的影响，如宏观经济环境、政府政策环境、产业政策环境、市场竞争环境及客户的新需求等。

1. 宏观经济环境

宏观经济环境是企业赖以生存的外在条件。它的变化会影响企业战略的实施。有利的宏观环境有助于企业战略的实施，反之则会对企业战略的实施产生阻力，甚至使企业的既定战略失败，如受金融危机和新冠疫情的影响，国内经济环境受到一定的冲击，进而使得许多企业的发展受到阻碍，导致许多中小型企业破产。当然也有成功的例子，如20世纪70年代初，西方石油危机对汽车行业产生了影响，然而日本丰田汽车公司早在20世纪60年代就预测到未来世界能源的紧张可能对汽车需求产生的影响，从而致力于发展排量为1.5升左右的小型车。在20世纪70年代初西方石油危机爆发时，美国、英国、法国的汽车工业在石油危机的冲击下节节败退，而丰田车的销量却直线上升，并成功进占西方汽车市场，成为世界三大汽车公司之一。

2. 政府政策环境

中国特殊的市场经济体制使得政府在经济运行中发挥着重要作用，也可以说在中国，企业和政府都是经济中的主角，如政府出台的政策法规会影响甚至左右企业的战略决策和实施。

3. 产业政策环境

在实施战略的过程中，各种产业政策，如提供政府补贴、促进出口、改组产业结构、推进企业国有化、修改税法、建立环保标准及建立进口配额等这样一些内容与措施的变迁，会对企业既定战略的有效实施产生不同程度的影响。例如，中国提出的碳达峰、碳中和目标倒逼了大批高耗能企业进行低碳技术改造和绿色战略升级，同时，一系列绿色税收优惠政策从侧面推动了新能源产业、节能环保产业的企业战略实施。

4. 市场竞争环境

随着国内市场的国际化，企业面临的竞争环境、竞争对手以及竞争规则都发生了巨大的变化，其竞争结果必然也不可避免地发生意想不到的变化。这使所有企业都面临一种两难的窘境：一方面，企业有了前所未有的接触新市场的良机；另一方面，传统的市场正在经历巨大的转型，要么竞争空前激烈，要么疲软萎缩。此外，消费者越来越挑剔，越来越追求高质量的产品和服务，导致经营者的利润越来越少，这也给企业的生存带来沉重的压力。同时，对企业战略的实施也会产生不确定性的影响，也就要求企业在实施战略的过程中全面把握市场环境，最大可能地利用有利因素，克服不利因素，保证战略的有效实施。

5. 客户的新需求

客户是企业最重要的资源，然而要赢得这一宝贵资源是很困难的，尤其是在剧变的市场环境下，顾客行为更难把握。随着现代科学技术的飞跃发展，技术周期、产品周期、企业生命周期在逐渐缩短，企业竞争的残酷性在加剧，管理的反应与行为正在趋向同步，对交货期的要求越来越短，这些变化都要求企业准确把握消费者需求和市场变化，以便做出更敏捷的反应。企业需要积极与顾客保持联系，敏锐地洞察顾客的需求，提高对需求的响应能力。要做到这一点，就要求企业在实施战略的过程中，根据客户的新需求及时调整战略、完善战略。例如，海尔研发“小神童洗衣机”的概念就来自商务人员这部分特殊群体的需求。

9.2.3　战略的内部因素

通过实践人们认识到，只有当企业的各种因素相互适应和匹配时，战略才有可能取得成功。企业想要有效地实施战略，实现既定的战略目标，就应使企业内部各种资源与战略相匹配。这些影响因素与战略的匹配程度越高，就会为战略实施提供越充分的实施条件，战略就越能顺利地实施。按照小沃特曼的观点，企业的战略匹配包含七个因素，如图 9-3 所示，这七个因素又称麦肯锡 7S①模型。麦肯锡 7S 模型表明，只有当这些因素相互匹配时，企业才能有效地实施既定的战略。

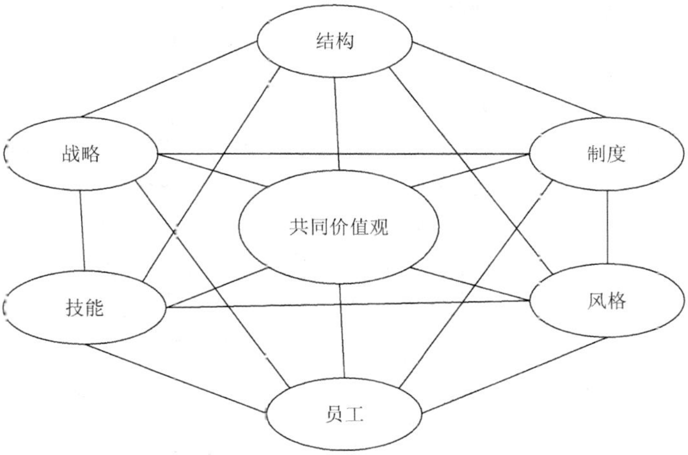

图 9-3　麦肯锡 7S 模型

1. 领导能力与战略的匹配

能力不匹配、企业文化不匹配、资产配置不完善、执行力度不够等因素都会影响到企业战略的实施，会阻碍企业战略目标的实现。但更为重要的是企业领导能力与所执行的战略的不匹配性，可能会使一个成功的战略走向失败。如果企业缺失一个合适的领导，即便是最好的战略，也可能失败。企业领导与企业战略的匹配显得尤为重要。在战略实施中，战略与领导的匹配构成战略与企业内部要素配合的一个主要方面。由于不同的战略对战略实施者的知识、技能及个人素质等方面有不同要求，所以战略要发挥出最大的

① 7S 指结构（structure）、制度（system）、风格（style）、员工（staff）、技能（skill）、战略（strategy）、共同价值观（shared values）。

功效就要任用与企业战略相匹配的领导，这样才能发挥带动战略实施所需的内部作用，不断提高实施战略的水平。因此，战略实施要求做到领导能力与战略有效匹配。

2. 组织结构与战略的匹配

战略的成功实施需要组织保证。组织结构的功能在于分工和协调。合理的组织结构是保证战略顺利实施的必要手段。企业组织结构是实施战略的一项重要工具，一个好的企业战略需要通过与其相适应的组织结构去完成。实践证明，一个不合时宜的组织结构必将对企业战略实施产生巨大的阻碍作用，它会使完美的既定战略变得无济于事。因此，企业组织结构是随着战略而定的，它必须根据战略的变动而进行变革，必须按照目标的变化而进行及时的调整。在战略实施过程中，采取何种组织结构，主要取决于企业决策者和执行者对组织战略结构含义的理解，同时，组织结构的调整必须结合企业自身的条件和企业所要实施战略的类型。

3. 企业文化对战略的支撑

这里所指的企业文化也就是麦肯锡 7S 模型中的共同价值观。企业文化与战略密不可分，要求企业要有与战略实施所需要的价值观和行为准则相一致的文化，这样就有助于发挥员工的积极性，进而支持企业战略的顺利实施。总之，企业文化会影响实施战略的主体——员工的行为和决策，从而影响企业战略的实施进度和效果。

4. 人力资源和企业战略之间的匹配

不同的企业战略对人力资源有不同的要求，根据战略构筑人力资源，实现企业人力资源和战略之间的匹配，是创造和保持竞争优势、保证企业战略顺利实施的核心所在。无论企业战略是成本领先战略还是差异化战略，企业目前是处于增长开拓阶段还是处于收购兼并阶段，都需要不同的人力资源管理战略与之相对应。人作为战略执行的主体，在进行企业人力资源分析时，要对企业是否具有执行战略能力的人才进行专项分析。最后，可能会出现两种结果。一是现在企业中没有具备此能力的人才。在这种条件下，企业需要补充或挖掘所需人才。如果挖掘不到执行战略的人，即使其他物质资源投入再多也无法有效地实施战略。战略规划不会去自动完成，因为战略必须由人去执行。二是具备相应的人才。在这种情况下，企业应该让合适的人做合适的事，从而保证战略得以有效实施。由此可以看出，为战略配备合适的执行者远比开发一项新战略重要得多、困难得多。

5. 企业能力与战略的匹配

企业能力是战略目标顺利实现的重要基础。企业能力与企业有效地利用各种资源，从而有效地实施企业战略是密切相关的。企业能力能够对影响企业发展的所有战略因素起到放大或缩小的作用。优越的战略执行力能够优化企业各种资源和其他因素的结构，从而起到效应上的放大作用。相反，如果企业的战略执行力不强，企业的各种资源和要素就如同一盘散沙，企业的竞争力也就大打折扣。资源要通过能力去实现增值，如果企业能在现有资源的基础上发现并抓住机会，而且能够利用现有资源去创造机会，这样就能够对战略的实施起到推动作用。企业能力往往首先体现在职能领域，如营销能力、制造能力、研究开发能力等。例如，海尔的研究开发能力强，长虹的生产制造能力强，三株在市场上遭受重创前的营销能力也广为世人认可。

影响企业战略实施的因素中，外部因素对战略实施的影响具有不确定性，企业不能控制外部环境，只能趋利避害使企业的行为适应客观环境的状态。企业内部因素的利用是依靠人的能动性的，这类因素是可控的，企业可通过调整、控制来实现其与既定战略的高度匹配，为既定战略实施准备充分的条件，从而使其有利于战略的顺利实施。

9.3　企业战略实施的资源配置

企业在实施战略时，除了按计划推行战略和适时调整战略的组织之外，战略资源的配置优劣将直接影响到战略目标的实现。企业战略资源是指企业用于战略行动及其计划推行的人力、财力、物力等资财的总和，其中也包括时间与信息，因为它们是无形的，因此很少被人关注。时间和信息在某种条件下可能会成为影响企业战略实施的关键性战略资源。企业的这些战略资源是战略转化行为的前提条件和物资保障。

9.3.1　企业战略实施的资源保障

资源配置是战略实施过程中的一项重要的管理活动。资源配置不合理会阻碍企业战略的顺利实施。所有企业至少拥有四种用来实现预定目标的资源，即财力资源、物力资源、人力资源和技术资源。将资源配置到特定的事业部或职能部门，并不意味着战略就可以成功实施。因此，合理配置资源在战略实施过程中具有重要作用。

1. 战略资源的特点

为了更好地进行资源的配置，企业应该了解相应战略资源的特点，进而从资源方面对战略的实施提供保障。具体来说，战略资源有以下四个特点。

（1）战略资源的流动方向和流动速度取决于战略规划的决定。

（2）企业中可支配的资源总量和结构具有一定的不确定性，在战略实施的过程中，资源的稀缺程度、结构会发生各种变化。

（3）战略资源的可替代程度高。由于战略实施周期长，随着科学技术的进步，原来稀缺的资源可能会变得十分丰裕，但是有些资源也可能发生相反的变化。

（4）无形资源的影响程度难以准确地预计，如企业的信誉资源对企业获取公众的支持、政府的帮助会产生很大的影响。正因为如此，企业的战略管理者在实施战略时，必须充分了解这些战略资源的内在特质，并做出适当的预防措施。只有这样，才能保证战略的平稳运行。

2. 战略资源的种类

从企业角度来看，战略资源主要涉及采购与供应实力、生产能力与产品实力、市场营销与促销实力、财务实力、人力资源实力、技术开发实力、管理经营实力，以及时间、信息等无形资源的把握能力。

（1）采购与供应实力，主要是指企业是否具备有利的供应地位；与自己的供应厂家关系是否协调；是否有足够的渠道保障；是否能以合理的价格来获取所需的资源，即企业的议价能力。

（2）生产能力与产品实力，主要是指企业的生产规模是否合理；生产设备、工艺是否符合产品的生产要求；企业产品的质量、性能是否具有竞争力，以及产品结构是否合理。

（3）市场营销与促销实力，主要是指企业是否具备了开发市场的强大实力；是否有一支精干的销售队伍；市场策略是否有效等。

（4）财务实力，主要是指企业的获利能力与经济效益是否处于同行前列；企业的利润来源、分布及趋势是否合理；各项财务指标及成本状况是否正常；融资能力是否强大等。

（5）人力资源实力，主要是指企业的领导者、管理人员、技术人员等的素质是否是一流的；其知识水准、经验技能是否有利于企业的发展；其意识是否先进；企业的内聚力如何等。

（6）技术开发实力，主要是指企业是否具备产品开发和技术改造的能力；企业与科研单位、高校的合作是否广泛；企业的技术储备是否能在同行业中处于领先地位等。这些都会影响企业战略的实施。如果具备了较强的技术开发实力，那么会为企业战略的顺利实施奠定坚实的基础。

（7）管理经营实力，主要是指企业是否拥有一个运行有效、适用范围广泛的管理体系；企业对新鲜事物的灵敏度如何，反应是否及时、正确；企业内是否有良好的文化氛围，是否形成了良好的分工与合作，能否进行有力的组织等。

（8）时间、信息等无形资源的把握能力，主要是指企业是否能充分去获取、储备和应用各种信息；企业对时间的管理是否合理等。这些都会影响企业战略的实施步伐。

3. 战略与资源的关系

影响战略顺利实施的因素有很多，不能有效、合理地配置资源是原因之一。同时，资源和战略之间相互促进的关系使合理地配置资源显得更加重要。

（1）资源对战略的保障作用。战略与资源相适应的最基本的关系，是指企业在战略实施的过程中，应当有必要的资源保障。在现实中，没有资源保障的战略，也没有充分认识到其危险性的企业不在少数。其原因主要有以下三点：一是战略制定在思考程序上存在缺陷，没有把资源作为战略的支撑点，从而制定了“空洞”的战略；二是必要的资源难以预测而导致偏差，预测不准而导致战略缺乏资源保障；三是没有全面把握本企业的资源，尤其是忽视对无形资源的管理。

（2）战略可以促使资源的有效利用。即使企业拥有充足的资源，也不是说企业可以为所欲为。过度滥用企业资源，会使企业丧失既得利益，也会使企业丧失应该得到更多利益的机会。因此，为了顺利实施企业战略，管理者不得不充分利用现有资源，并发挥其最大效用。另外，在实施战略的过程中，战略可以促使企业充分挖掘并发挥各种资源的潜力，特别是人力资源方面的看不见的智力资本。

（3）战略可以促使资源的有效储备。由于资源是变化的，所以企业在实施战略的过程中，通过对现有资源的良好组合，可以在变化中创造出新资源，从而为企业储备更有效的资源。有效储备，是使企业以低成本、快速度，在适宜的时机储备必要的资源。战略可以通过两种类型来实现这一目的：战略推行的结果可以附带产生新的资源；这些新资源可以作为其他战略实施中必要的资源而被使用。

9.3.2 企业战略资源的分配

企业战略资源的分配是指按战略资源的原则方案，对企业所属战略资源进行的具体分配。企业在推进战略过程中的战略转换往往就是通过资源分配的变化来实现的。由于在企业战略资源中，无形资源很难把握，而除人力资源之外的有形资产均可以用价值形态来衡量，所以企业战略资源的分配一般是指人力资源和资金的分配。

1. 人力资源的分配

人力资源就是企业所拥有的人才队伍及其人才和未来要发展的业务之间的匹配程度。人力资源的多少和人力资源与战略匹配程度的高低，将在很大程度上影响企业发展的趋势和速度。人力资源的分配一般包含三个方面的内容。

（1）为各个战略岗位配备管理和技术人才，特别是对关键岗位的关键人物的选择。正如前钢铁大王卡耐基所说的，你可以把我的工厂、设备以及资金全部拿走，但只要保留我的组织人员，那么四年后我将仍然是个钢铁大王。从这句话中可以看出卡耐基对人才的重视。因此，为了更好、更有效地实现战略目标，企业应该重视人才的作用，在战略实施过程中，在影响战略成败的关键岗位设置合适的人才，从而为战略的顺利实施提供保障。

（2）为战略实施建立人才及技术储备，不断为战略实施输送有效人才。一个完美的战略，如果没有与之相匹配的人才实施，那么这个战略也将是个失败的战略。因此，在战略实施过程中，企业应该注意对人才的培养，使其更好地实施战略。

（3）在战略实施的过程中，注意整个队伍的综合力量的搭配和权衡。战略的实施往往会涉及团队合作，在合作中如何使用和搭配人才将会影响到团队的效能。

2. 资金的分配

企业中一般采用预算的方法来分配各种资金资源，预算是一种通过财务指标或数量指标来显示企业目标、战略的文件。企业通常采用的预算方式有以下四种。

（1）零基预算。零基预算不是根据上年度的预算编制的，而是将一切经营活动都从彻底的成本-效益分析开始，以防止预算无效。

（2）规划预算。规划预算是按规划项目而非职能来分配资源的。规划预算的期限较长，常与项目规划期同步，以便直接考察一项规划对资源的需求和成效。

（3）灵活预算。灵活预算允许费用随产出指标的变动而变动，有助于克服“预算游戏”及提高预算的灵活性。

（4）产品生命周期预算。产品在不同生命周期中有着对资金的不同需求，而且各阶段的资金需求有不同的费用项目，这时产品生命周期预算就可以根据不同阶段的特征来编制各项资金的支出计划及原则。

在资金的分配中，企业应该遵循两项基本原则：一是根据各单位、各项目对于整个战略的重要性来设置资金分配的优先权，以实现资源的有偿高效利用；二是努力开发资金在各战略单位的潜在协同功能。

小案例思考

索尼的战略调整与转型①

"建立在坚实技术基础上的创意娱乐公司"索尼，始终以"人"为本，在前沿技术领域不断探索进取。后疫情时代，索尼黑科技正式确立了3R战略，即真实（reality）、实时（real-time）和远程（remote），致力于为内容创作赋能，共同开创前所未有的娱乐表达方式。"索尼黑科技"专栏将定期为用户介绍最具代表性的索尼技术创新成果，探索如何"用创意和科技的力量感动世界"。根据索尼中国董事长兼总裁高桥洋的介绍，索尼从2020年开始进行战略调整和转型，当前企业的发展方向是"贴近人"，这包括三个方面。

第一是连接人，一边是创作者，一边是消费者，中间要有高品质的硬件黑科技产品，包括电视、音频、相机、传感器、手机等。

第二是感动人，索尼拥有丰富的IP内容，可以直接接触到消费者，传递感动。

第三是支持人，包括以传感为基础的自动驾驶、医疗和金融方面，以技术贡献社会。

以技术为基础、以人为本，是索尼发展战略的基本思想。同时，索尼CEO吉田宪一郎先生非常关注社会价值和可持续发展，2022年9月，索尼连续第二年发布了环境、社会和治理（environmental，social and governance，ESG）报告，并提出了2025环球管理目标。在中国，高桥洋先生本人也参加了"蔚蓝世界索以行动"清洁活动。同时，索尼也积极实施针对欠发达地区的教育支援活动，获得了广泛的认可。

9.3.3 企业战略与资源的动态组合

企业在不同的发展阶段需要对其战略进行推陈出新，对相应的战略资源也需要不断地积累，这样才能保证企业战略的顺利实施。在制定现行战略时，企业需要充分预测未来环境、资源的变化，并对资源进行必要的、合理的配置。在这个过程中应当注意，资源的配置并不是单纯的资源配置，而是依托战略，根据企业战略在实施过程中的实际需要进行配置。因此，这里所提及的战略资源的配置实际上就是指企业战略与资源的动态组合。

随着战略的实施，资源被不断储备，新的资源与现有资源的储备交织在一起，形成了未来的战略资源储备。企业的这些新储备为企业战略的顺利实施奠定了坚实的基础。因此，处于现有战略和未来战略之间的这些新的资源储备，也就成了连接这两个战略的桥梁。当现有战略为未来战略进行有效的资源积累时，未来战略在实施过程中也能够有效地利用这些积累的资源，这就形成了企业中的战略与资源的动态组合过程。为了实现这个动态过程，企业必须先考虑两个问题：一是企业现在应该选择什么样的战略；二是未来战略应该是怎样的。然后企业才能在二者之间进行有效的资源调配。所需的战略资源在这个过程中将会实现动态相辅和动态相乘两个效应。

① 《索尼黑科技——眼感应光场显示技术》，https://www.sony.com.cn/content/sonyportal/zh-cn/cms/newscenter/techonology/2021/2021-06-01-1.html.html，2021-06-01。

1. 动态相辅效应

动态相辅效应可以划分为物的动态相辅效应和资金的动态相辅效应两部分。物的动态相辅效应是指企业的现有战略与未来战略能在多大程度上共同利用物的资源，或者现有战略运行中所储备的战略资源能在多大程度上作用于未来战略。从这个意义上讲，有转化可能的物的资源储备是较好的。企业在选择现有产品和市场战略等基本战略时，应预先设定能使这种转化成为可能的某个相关的未来战略，这时采取与未来联系较多的战略是十分必要的。为了实现资金流动的动态相辅效应，要求企业在现有产品和市场机制基础上，必须同时具有不同类型的资金流动产品与市场领域，以此实现资金的流动平衡。

2. 动态相乘效应

动态相乘效应，是指企业的未来战略能有效地利用现有战略运行中所产生的无形资源的效果。也就是说，企业现在在某个领域中使用并产生无形资源的期间，如果能够和将来领域利用此资源的期间重叠，就能够形成强有力的动态相乘效应。

9.4 企业战略实施与企业文化的关系

企业文化是企业员工普遍认同的价值观念和行为准则的总和。企业文化的形成同企业的战略目标和具体的战略有关，对企业战略实施有着极为重要的影响力。

9.4.1 企业文化的类型

根据企业战略实施与企业文化的一致性程度，可以把企业文化分为三类，即战略支持型文化、战略制约型文化和战略非相关型文化。

（1）战略支持型文化，即企业文化的导向和战略完全一致，企业员工的基本假设、价值观念和行为准则与企业的战略目标十分和谐。可以说每一个成功的企业都有一个战略支持型文化。因为只有这样，企业的全体员工才能精诚合作，自觉献身于企业的战略目标。此外，企业的文化氛围能够使员工产生亲和力、自豪感和责任感。

（2）战略制约型文化，是指企业文化与企业战略相抵触，成为战略实施的一个障碍。这种情况在企业实施新战略或进行战略转变时尤为明显。因为企业若要实施一项新的战略，必将引起组织结构、考核机制等一系列管理制度的变化，而企业的行为、价值准则却是在过去形成的，这样的企业文化往往会成为新战略实施的制约因素。这一情况在中国企业转型的时期表现得尤为突出。在传统的计划体制下，中国企业已形成了很多与市场经济格格不入的文化因素，这些因素已构成了旧体制下的企业文化，在一定程度上增加了企业文化变革的困难，这也是国有企业改革困难的原因之一。

（3）战略非相关型文化，即企业文化对企业战略的影响不明显。这里有两种原因：一是企业比较年轻，还未形成一种主导型文化；二是管理层忽视对本企业文化的培育，使企业文化的作用力非常弱小。在这种情况下，企业文化有可能向战略支持型发展，也有可能向战略制约型发展。因此，为了形成战略支持型文化，企业高层管理者应该加强对企业文化的培养、倡导及管理，从而塑造与本企业战略相一致的企业文化。

企业文化既可能成为战略成功的动力，也可能成为战略实施的阻力。因为企业战略支持型文化可以以其深层性、统一性、普遍性和潜在的规定性成为激发人们热情、统一员工群体意志的重要手段。同时，企业文化的特征也会影响企业战略实施的效果。例如，将节俭作为共同价值观的企业文化可能非常有利于低成本战略的实施，以革新、变化为特点的企业文化则可以使追求技术革新、创建技术领先地位的战略得以顺利实施。企业文化与战略的有效匹配对于战略的实施来说是非常关键的因素。当然，企业文化并不总是适应战略的。当企业制定了新的战略，并要求企业文化与之相配合时，却往往因企业文化的刚性、连续性和继承性而导致企业员工难以很快适应新战略并做出相应的调整。这时，原有企业文化就可能成为企业实施新战略的主要障碍，战略制约型文化得以形成。因此，企业内部新、旧文化的更替和协调是战略实施获得成功的保证。

9.4.2 企业战略实施与企业文化的关系

企业战略实施与企业文化的关系如图 9-4 所示。在矩阵上，纵轴表示企业在实施一个新战略时，企业的结构、技能、核心价值、企业经营哲学等各种战略资源要素所发生的变化；横轴表示战略实施与企业目前文化的匹配程度。

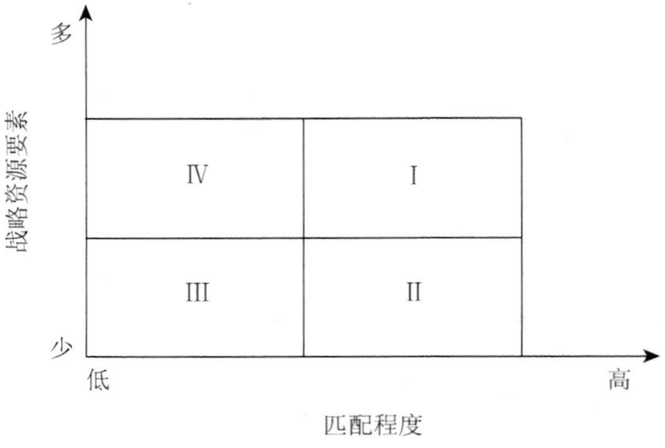

图 9-4 企业战略实施与企业文化的关系

1. 以企业使命为基础的管理

在第Ⅰ象限里，形成的是战略支持型文化。企业实施一个新战略时，重要的战略资源要素会发生很大的变化，但这些变化大多与企业目前的文化有潜在的一致性。这种企业多是那些以往效益比较好的企业，可以根据自己的实力，寻找可以利用的机会，或者试图改变自己的主要产品和市场，以适应新的要求。这种企业由于有企业固有文化的大力支持，实施新战略没有很大困难，一般处于有前途的地位。处理企业战略与文化关系的重点如下。

（1）企业进行重大变革时，必须考虑与企业使命的关系。在企业中，企业使命是企业文化的基础。高层管理人员在管理过程中，一定要注意企业与企业使命的内在的不可分割的联系。

（2）要发挥企业现有人员的作用。现有员工之间有着共同的价值观念和行为准则，可以保证企业在文化一致的条件下实施变革。

（3）在调整企业绩效考核系统时，必须注意与企业组织目前的奖励行为保持一致。

（4）要考虑与企业组织目前的文化相适应的变革，不要破坏企业已有的行为准则和价值观念。

2. 加强协同作用管理

在第Ⅱ象限里，企业实施一个新战略时，战略资源要素发生的变化不大，战略实施也与企业目前的文化相一致。处于这种地位的企业要考虑两个问题：第一，利用企业目前的有利条件，巩固和加强企业战略与企业文化的匹配度，加强各职能部门之间的合作与协调，顺利开展各项活动，特别是那些对企业战略的实施至关重要的职能活动，从而有效地促进企业战略的成功实施；第二，利用企业文化相对稳定的有利时机，解决企业经营活动中的问题。

3. 按照企业文化的要求进行管理

在第Ⅲ象限里，在企业实施一个新战略时，主要的战略资源要素变化不大，但战略实施与企业组织目前的文化不太一致。此时，企业需要研究这些变化是否有可能给企业带来成功的机会。处于这种情况的企业，要处理好以下两个问题。

（1）企业可以根据经营的需要，在不影响企业总体文化一致的前提下，对某种经营业务实行不同的文化管理措施。例如，美国的梅西百货公司是一家长期以来专门为高收入阶层服务的百货企业，但在 20 世纪 70 年代，企业决定开拓收入较低的中下层利益相关者市场，而这个市场的文化要求与企业以往取得成功的价值观念和行为准则极不一致，因此阻力很大。为此，企业决定在零售业中新开一个独立商店，培育不同的企业文化，独立经营。结果，企业在两个市场上都获得了成功。究其原因，就是成功地变战略制约型文化为战略支持型文化，使企业的新战略得以有效实施。

（2）企业在对组织机构这样与企业文化密切相关的因素进行变革时，也需要根据企业文化进行管理。

4. 重新制定战略

在第Ⅳ象限中形成的是战略制约型文化，由于新的战略的实施，战略资源要素会发生重大变化，而这种变化又与目前的企业文化不一致，或者受到现有文化的强有力抵制。在这种情况下，企业在处理战略与文化的关系时会遇到极大的挑战。为了解决这一问题，企业首先要考察是否有必要实施这个新战略，如果没必要，企业需要考虑重新制定战略。这就是说，企业在现实中能够实施的战略应是与企业现有行为准则和实践相一致的战略。反之，在企业外部环境发生重大变化，企业的文化也需要相应做出重大变化的情况下，企业应考虑自身长远利益，不能为了迎合企业现有文化而将企业新的战略修订成与现行文化标准相一致的战略。为了处理这种重大变革，企业需要从以下四个方面采取管理行动。

（1）高层管理人员要痛下决心进行变革，并向全体员工阐明变革的意义和重要性。

（2）为了形成新的与战略相适应的企业文化，企业需要从外部招聘或从内部提拔一批与新的企业文化相适应的管理人员。

（3）改变企业原有的考核机制，使奖励的重点放在具有新文化意识的事业部或个人身上，促进现有企业文化的转变。

（4）有效措施使管理人员和员工明确新的企业文化所需要的行为，使其形成一定的规范，保证新战略的顺利实施。

在战略实施过程中，企业需要明确自己新制定的战略与目前企业文化的关系如何，看两者是否匹配。如果战略实施和企业文化不一致，会危害企业的经营绩效，并有可能导致战略实施的失败。因此，企业高层管理者应充分认识到改变组织的基本要素，特别是企业文化，是一个循序渐进的过程。这就要求企业抓住每一个可以促成变革或有利于形成新的企业文化的机会，同时要从心理上和态度上使员工理解新的战略，最终使新战略的使命与员工的价值观达成一致，这样才能保证企业战略的有效实施。

9.4.3 构建学习型企业文化

当企业进行战略调整，新的战略与企业现有文化不相适应时，企业就应主动地改变企业既定的文化，使其满足新战略实施的需要，提高企业的战略适应力。但是值得注意的是：有些企业在被动地改变企业文化时存在一定的风险和阻力，同时所产生的结果有可能是无效的。但是如果一个企业的文化是学习型的，当企业的战略调整后，企业的员工就会以一种积极的态度去应对这种改变，努力改变自己的战略行为方式，顺应企业的战略调整，从而形成企业的战略适应力，而不是以一种消极、抵触的情绪来抵抗这种改变。因此，为了降低风险、减小阻力、提高员工的战略适应能力，企业必须打造学习型企业文化，变被动为主动，保证企业在不同时期的各种新战略实施的成功。

人们可以从不同的角度去理解学习型企业文化。首先，企业文化所倡导的价值观念和行为准则必须有利于企业组织及其成员的学习；其次，企业文化本身就是企业不断学习、进行长期积累的文化积淀，企业文化所体现的不再仅仅是企业组织过去的成功经验，同时也是能够适应企业战略调整以及战略实施的企业核心价值观念或战略思维方式；最后，随着企业国际化进程步伐的加快，学习型企业文化应该具有开放性和包容性，这有利于企业实施国际化经营战略。

打造学习型的企业文化，要求对与企业文化密切相关的企业组织结构进行相应的变革。目前，中国大多数企业的组织结构仍是直线制、事业部制等层级结构。这种层级结构可以保证企业行动的迅速开展，促进企业效率的提高以及企业活动的有序性。但是这种组织结构却阻碍了企业战略的有效性学习。例如，分工细致使员工知识面狭窄，正式的角色关系限制了组织成员的沟通。因此，为了促进组织的学习，适应新战略的要求，企业应该采用网络结构来改造现行的层级结构，让层级结构中的基层单位成为具有相当自主权的网络中的节点，同时，使同一层级以及不同层级节点之间保持广泛的联系。在这种经过网络化改造的组织中，层级支持着组织活动的有序性，网络则促进着网络节点上各组织成员的个人学习，同时也有利于这些节点共享组织成员已经形成的知识。

此外，学习型企业文化应该是多元的，应该在强调主导价值观和行为准则的同时，允许异质价值观和行为准则的存在，这对企业战略的实施是非常重要的。不同的企业战略需要不同的企业文化支持，如果一个企业的文化是多元的，当企业根据内、外部环境的变化调整自己的战略时，就比较容易获得文化的支持。因而，企业在塑造学习型的企业文化时，应该容忍、允许，甚至鼓励多元价值观的存在。这是繁荣企业文化、构建企业的战略适应力、顺利实现企业战略的必要前提。

建立战略支持型文化，要求我们必须在企业组织内部建立基于战略支持型的战略实施组织，使企业自身的文化成为执行组织成员所共享的价值观念、组织信念和战略实施行为的规范，使企业愿景成为执行组织成员不懈努力的动力。在执行力强的组织中，企业的经营哲学、企业家精神以及企业的战略影响着员工的战略行为，同时也影响着战略实施过程中的企业整体战略适应能力。因此，在塑造学习型文化的同时，企业需要建立战略支持型的组织。

9.5 企业战略实施的模式

9.5.1 企业战略实施的五种模式

战略实施模式是指企业管理人员在战略实施过程中所采用的手段。一般来说，在企业的战略经营实践中，战略实施有五种不同的模式，分别是指挥型模式、变革型模式、合作型模式、文化型模式和增长型模式。

1. 指挥型模式

在指挥型模式里，企业管理人员运用严密的逻辑分析方法重点考虑战略制定问题。高层管理人员或者自己制定战略，或者授权于战略计划人员去决定企业所要采取的战略行动。一旦企业制定出满意的战略，高层管理人员便让下层管理人员去执行战略，而自己并不介入战略实施的过程。这种模式的运用有以下四个约束条件。一是企业高层，特别是总经理要有较高的权威，靠其权威发布各项指令来推动战略的实施。二是指挥型模式只能在战略比较容易实施的条件下运用。一般要求企业组织结构高度集权，企业环境稳定，能够收集大量信息，多元化程度较低，且处于强有力的竞争地位。三是指挥型模式要求企业能够准确有效地收集信息，并能够及时有效地汇总到企业高层管理者手中。四是指挥型模式要有较为客观的计划人员。因为在权力分散的企业中，各业务单位常常因为强调自身的利益而影响企业总体战略的实施。因此，企业需要配备一定数量的、有全局眼光的计划人员来协调跟进业务单位的计划，使其更加符合企业的总体战略要求。

指挥型模式的优点是在原有战略或常规战略变化的条件下，企业在实施战略时即使没有较大的变化，实施的结果也会比较明显。缺点则是员工认为自己在战略制定上没有发言权，处于一种被动执行状态，因此不利于调动企业员工的积极性。

2. 变革型模式

与指挥型模式相反，在变革型模式中企业高层管理人员重点研究如何在企业内实施战略。为此，高层管理人员在其他各个方面的帮助下，进行一系列变革，如建立新的组织结构、新的信息系统，合并经营范围，以增加战略成功的机会。变革型模式实施的条件和路径是：①建立新的组织结构和信息系统，同时需要变更人事；②兼并或合并经营范围；③建立战略规划系统、效益评价系统及激励机制。

变革型模式的优点是从企业行为角度出发考虑战略实施问题，可以实施较为困难的战略。但是，这种模式也有它的局限性，即只能应用于稳定行业中的小型企业。如果外部环境变化过快，企业来不及改变自己内部的状况，这种模式便发挥不出作用，同时这种模式是自上而下地实施战略，同样不利于调动职工的积极性。

变革型模式在许多企业中比指挥型模式的应用更加有效，但这种模式并没有解决指挥型模式存在的一些不足。例如，如何获得准确的信息，各业务单位与个人利益对战略计划的影响，以及战略实施的动力问题。而且，在这种管理模式下，还会产生一些新的问题，即企业通过建立新的组织结构以及信息系统来支持战略实施的同时，也会失去战略的灵活性，在外界环境变化时，战略的变化更为困难。从长远来看，在环境具有不确定性的企业中，应该避免使用变革型模式。

3. 合作型模式

在合作型模式里，负责制定战略的高层管理人员，通过启发其他管理人员利用集体的智慧去考虑战略制定与实施的问题。管理人员可以充分发表自己的意见，提出各种不同的方案。在此模式中，高层管理人员的角色是一个协调员，其主要任务是确保其他管理人员所提出的好的想法都能够得到充分的讨论分析和调查研究。

合作型模式的优点是可以克服指挥型和变革型两个模式的不足之处。这是因为高层管理人员在做决策时，可以直接听取来自基层管理人员的意见，并将他们的意见加以讨论并综合分析，形成比较一致的意见，从而保证了在决策过程中所使用信息的准确性。在这个基础上，企业可以提高战略实施的有效性。在使用合作型模式时，总经理的任务是组织好一支合格并且能够胜任制定以及实施战略的管理人员队伍。

合作型模式的缺点是，战略是不同观点、不同目的的参与者相互协商折中的产物，有可能会使战略的经济合理性有所降低。同时，仍然存在着制定者与执行者的区别，因此不能充分调动全体管理人员的智慧和积极性。

4. 文化型模式

文化型模式扩大了合作型模式合作的范围，将企业基层的员工也包括进来。在这种模式里，负责战略制定与实施的高层管理人员首先提出自己对企业使命的看法，然后鼓励企业员工根据企业使命去设计自己的工作活动。

在文化型模式下，企业总经理考虑的是如何动员全体员工都参与战略实施活动，即企业总经理运用企业文化的手段，不断向企业全体员工灌输战略思想，以建立共同的价值观和行为准则，使所有成员在共同的文化基础上参与战略的实施活动。由于这种模式打破了战略制定者与执行者的界限，力图使每一个员工都参与制定、实施企业战略的过程，所以企业各部分人员都在共同的战略目标下工作，使企业战略迅速实施，而且风险小，从而使企业迅速发展。

文化型模式的优点是：高层管理人员的作用就是指引企业总的方向，而在战略执行上则放手让每个人做出自己的决策，这是前三个模式中所没有的特点。但是，这种模式也有它的局限性。它要求企业里的员工有较高的素质，受过较好的教育，否则很难使企业战略获得成功。同时，企业文化一旦形成自己的特色，又很难接受外界的新生事物。

5. 增长型模式

在增长型模式里，为了使企业获得更好的增长，企业高层管理人员鼓励中下层管理人员制定与实施自己的战略。这种模式与其他模式的区别之处在于它不是自上而下地灌输企业战略，而是自下而上地提出战略。这种战略集中了来自实践第一线的管理人员的经验与智慧，而高层管理人员只是在这些战略中做出自己的判断，并不将自己的意见强加在下级身上。这种模式比较适合大型的有多种经营模式的企业。因为在这些企业里，高层管理人员面对众多的部门，不可能真正了解每个部门所面临的战略问题和作业问题，不如放权给各部门，以保证成功地实施战略。

增长型模式的优点是给中层管理人员一定的自主权，鼓励他们制定有效的战略并使他们有机会按照自己的计划实施战略。同时，由于中下层管理人员和员工更直接面对战略，可以及时地把握时机，自行调整并顺利执行战略，因此，这种模式适合于变化较大的行业中的大型联合企业。

在 20 世纪 60 年代以前，企业界认为管理需要绝对的权威，在这种情况下，指挥型模式是必要的。钱德勒的研究指出，为了有效地实施战略，需要调整企业组织结构，此时变革型模式应运而生。合作型、文化型及增长型三种模式出现较晚，但从这三种模式中可以看出，战略的实施充满了矛盾和问题，在战略实施过程中只有充分调动各种积极因素，才能保证完成既定的战略目标。五种战略实施模式各有自己的优缺点，并且在制定和实施战略上的侧重点不同，指挥型和合作型更侧重于战略的制定，把战略实施作为事后行为，文化型及增长型则更多地考虑战略实施问题。实际上，在企业中，上述五种模式往往是交叉或交错使用的。

值得注意的是，每种战略的实施所关注的内容是有所差别的，战略实施成功的条件也是千差万别的。同时，由于每个企业的实际情况也存在差异，所以企业应该根据具体的内外部环境，尤其是企业内部环境，结合自身的有利条件，选择采用哪种模式来实施企业的战略，这样才能更有效地保证企业战略的顺利实施，从而有利于企业实现预期目标。

9.5.2 战略实施模型的新发展

随着竞争环境愈发动态复杂和不确定性因素日益增加，企业在实施战略的过程中迫切需要根据多变的环境及时做出相应的战略调整。然而，受到复杂竞争环境的影响，许多企业不能有效地实施既定战略。但是，为了能快速应对市场的变化，增强企业的竞争力，实现企业的可持续发展，企业必须有效地实施自己的既定战略。在这个过程中，将企业战略转化为实际结果的基石并不是最终的产品和市场，而是流程，企业能否成功取决于组织的关键流程转换为向顾客提供较高价值的能力。

1. 流程再造的含义

迈克尔·哈默和詹姆斯·钱皮首次提出了业务流程再造的概念，并将其定义为：对企业业务流程进行根本性的再思考和彻底性的再设计，以便企业在成本、质量、服务和速度等衡量企业绩效的关键指标上取得显著性的进展。

企业流程再造刚刚兴起的时候，企业管理者和学者普遍认为，流程再造是一种深层次变革，彻底从零开始重新构造是其核心观点之一。后来，部分学者对业务流程再造的思路进行了反思，提出了不同于哈默和钱皮的业务流程再造的路径。其中，比较有代表性的有佩伯德和罗兰，他们认为业务流程再造有两种途径：一是激进地改革，即从零开始彻底抛弃原有流程，重新设计新流程；二是系统地改进，即在现有流程的基础上不断地进行改善。关于流程再造的两种途径企业界有不同的观点，如海尔内部对于选择哪种途径进行流程再造就存在很大的争议。

2. 流程再造对战略实施的作用

（1）通过流程再造建立与战略实施相匹配的组织结构，既是战略实施的内容，也是战略实施的保障。按照流程导向进行组织架构的设计和调整，可以促使组织架构扁平化，减少管理层级，让流程在最大限度上运作顺畅，提高企业组织的效率。

（2）流程再造为我们提供了提高和管理企业绩效的强有力的杠杆。对企业来说，内部流程是提高企业绩效的最有力的驱动因素。因此，考核每个流程的绩效是衡量企业绩效的一个重要方面。企业运用基于流程的绩效考核方法考核每个流程的绩效，可以更直观地考核每个流程输出的结果，从而更好地对企业战略实施效果做出评价。

3. 基于流程再造的战略实施模式

流程再造可以促使组织结构设计得更加合理，组织结构是战略实施的保障。同样，绩效考核机制是战略控制的手段，对战略实施起着反馈和调控作用。考虑到流程再造、组织结构调整、绩效考核机制与战略实施的关系，本书认为基于流程再造的战略实施模式有着非常重要的意义。在此简单介绍此模式，如图 9-5 所示。

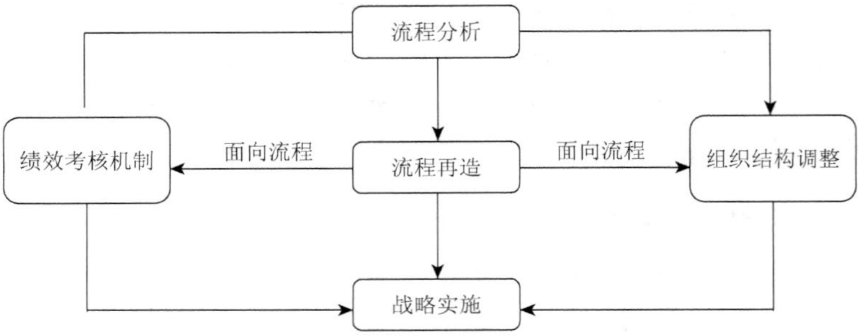

图 9-5　基于流程再造的战略实施模式

流程再造的目标简单地说就是：推动组织战略的实现，提高组织绩效，满足顾客多样化的需求，适应日益激烈的竞争和快速变化的环境，最终构建基于流程导向的企业战略实施模式。

企业在运用流程再造模式时应该注意以下两点。

（1）流程再造应该是以企业战略为前提和基础的，流程再造实际上是战略制定后指导企业达成战略目标的工具。

（2）流程再造是持续的，并不是一次性方案。企业再造方案的实施并不意味着企业流程再造的终结。在“互联网 +”时代，企业总是不断面临新的挑战，这就需要企业不断地对再造方案进行改进，从而适应新形势的需要，进一步保持企业的持续竞争能力。

本章精要

本章主要介绍了影响战略实施的自身因素、外部因素和内部因素。战略实施就是解决“由谁做”和“怎么做更好”的问题。由于外部因素是不可控的，所以企业的主要工作就是分析内部因素。内部因素主要有领导能力、组织结构、企业文化、人力资源、企业能力，只有当这些因素与企业战略相匹配时，战略的实施才会更有效。这里的资源配置主要是指人力资源的分配及资金的分配。

企业文化是指企业员工普遍认同的价值观念和行为准则的总和。根据企业战略实施与企业文化的一致性程度，企业文化主要分为三种类型，即战略支持型文化、战略制约型文化和战略非相关型文化。

企业战略实施的五种模式是指挥型模式、变革型模式、合作型模式、文化型模式和增长型模式。企业应该根据具体的内、外部环境，选择采用哪种模式来实施企业的战略。

流程再造的目的是：推动组织战略的实现，提高组织绩效，满足顾客多样化的需求，适应日益激烈的竞争和快速变化的环境，最终构建基于流程导向的企业战略实施模式。

思考题

1. 战略实施的概念是什么？它与战略执行有何异同？
2. 战略实施的影响因素有哪些？
3. 在战略实施过程中怎样配置资源？
4. 企业文化与企业战略实施有什么样的关系？
5. 如何构建学习型企业文化？
6. 战略实施的五种模式是怎样的？
7. 流程再造对战略实施有何作用？

综合案例

云南白药的发展之路[①]

云南白药集团股份有限公司（简称云南白药）成立于 1971 年，其前身是云南白药厂，并于 1993 年在深交所挂牌上市。云南白药的经营范围涉及药物生产与销售、医疗

① 张画眉（2019）。

器械、日化用品、房地产以及经济技术咨询等领域，是一家多元化发展的大型医药企业。公司产品以云南白药系列和田七系列为主，产品远销东南亚、日本及欧美地区。1993 年，云南白药完成了现代企业制度改革，并成立了云南白药实业股份有限公司。在医药地位随着新医改愈发复杂化的今天，以国家层面要求高质量发展为背景，云南白药在医药研发领域中一直占有一席之地，并且依靠其独有的竞争优势维系其战略发展至今，其核心在于在正确分析市场环境与自身财务结构的基础之上实施了与之适应的企业战略。

随着买方市场的形成，盲目的多元化经营越来越不适应国内市场环境的变化，云南白药开始转变其内部资本市场的功能定位和运作方式，逐渐由多元化战略向归核化战略演化。近年来，通过归核化战略的实施，云南白药建立了战略导向型的资本管理模式，引领产业的发展，获取行业发展的话语权，从而确立了企业的核心竞争力。

1. 多元化战略

2004 年，云南白药首次突破单纯的药品行业，跨入日化领域寻求多元化发展，推出云南白药牙膏进军牙膏市场，并获得巨大成功。云南白药于 2005 年提出“稳中央、突两翼”的新战略，其中“中央”是指白药胶囊等高增长、高利润的传统白药产品，“两翼”是指云南白药创可贴、云南白药膏等透皮产品和云南白药牙膏等健康品。云南白药将“两翼”作为新的利润增长点，并不断进行其他领域的多元化尝试。云南白药牙膏最初只有 3000 万元的销售收入，上市后凭借品牌支撑和技术支撑迅速占领市场，不到十年跃升成为线上销售收入第一的牙膏品牌，实现牙膏总收入 17 亿元。在尝到了多元化发展的甜头之后，云南白药进一步扩张产业。在牙膏行业内，先后推出了专注于无药护理的金口健系列、专注于吸烟人士口腔护理的朗健系列、专注于儿童口腔健康的益生菌系列。在日化行业内先后发展了沐浴露、洗发水及面膜产品，还为洗发水产品单独设立了独立的生产销售团队。自此云南白药的产品不再只局限于药品行业，而是实现了药品和日化的多元发展。

2006 年医药行业发展陷入低谷，云南白药完成股改，积极探索新的利润增长点。由于集团经营业绩连续多年保持了健康发展的良好势头，因此公司现金较充裕。此时恰逢国内实行住房改革，房价在波动中稳步上升。在 21 世纪初，国内许多公司看到了房地产行业的发展机会，纷纷投身房地产行业，导致国内出现“炒房热”。作为医药行业的龙头企业，云南白药也没有禁得住诱惑投身房地产行业，在 2006 年 4 月成立全资子公司云南白药置业有限公司，开始其在房地产行业内的探索。云南白药置业有限公司主要业务收入为房地产开发、城市建设投资以及相关项目开发。

云南白药早在2002年借助原有的检测仪器及技术成立了普洱茶检测中心。在2010 年正式进军传统茶产业，云南白药控股有限公司为进军云南茶产业建立了全资子公司云南白药天颐茶品有限公司，收购了云南省凤庆茶厂并在此基础上成立了云南省凤庆茶厂有限公司。公司秉承着“以制药的标准来制茶”的原则，对茶的产地、原料、污染限量、农药残留限量等都有严格的要求。云南白药走茶产业高端茶品路线，天颐茶品旗下的红茶品牌“红瑞徕”已成为中国高端红茶品牌的标杆。

2. 归核化战略

2011 年，医药行业迎来新的发展机遇：新药审评、新医保改革等政策相继出台，行业内政策压力降低；老龄化加剧，医药消费市场需求扩大。面对这种情况，云南白药提出以公司核心主业中药为根本，在稳固这一公司发展根基的同时，布局与健康产业有关联性的相关产业拓展业务，开始进行“新白药、大健康”新发展战略转型，以确保公司适应大健康市场的发展。期望依托公司传统中药的竞争优势，将中药与现代生活融合，在医疗卫生、营养保健等领域有所建树，成就大健康产业的美好梦想。

云南白药实施“新白药、大健康”战略后，针对核心业务展开了一系列的扩张与升级，这主要包括回归主业中药及日化和升级大健康产业两个阶段。

1）第一阶段（2011～2015 年）：回归中药和日化主业

（1）非核心业务收缩。云南白药通过剥离房地产业务，对非核心业务进行了收缩，实现了企业组织结构的精简。多元化水平的降低，使企业管理链条复杂度随之降低，使云南白药多元化期间的过度发展对企业造成的信息成本、管理成本提升等障碍得以清除，企业的经营效率得以提升。另外云南白药置业有限公司的出售为云南白药带来了大量投资收益，这部分资金能够流向集团的核心业务，有助于核心业务的规模扩张和品类扩张。2013 年，在“新白药、大健康”发展战略的指引下，云南白药剥离了旗下的房地产业，并通过产权交易所公开转让所持有的全资子公司云南白药置业有限公司 100%的股权。云南白药置业有限公司是云南白药出资 1000 万元创立的全资子公司，并持有该公司 100%的股权，股权转让价格为 6.47 亿元，云南白药转让该股权形成的投资收益为 6.37 亿元。

（2）核心业务扩张。为提升核心产品的竞争力，云南白药加大了投资力度，对核心业务的研发能力、质量控制水平、生产能力等进行了提升。2013 年，云南白药整合了七甸分厂、中药饮片分公司、武定种源公司、丽江公司和文山公司，成立中药资源事业部，建立中药资源完整产业链。2013 年，云南白药与全资子公司云南省药物研究所共同出资 2000 万元，设立云南天正检测技术有限公司，进一步提高公司整体产品质量控制水平。2013 年 10 月，云南白药收购了其控股下的全资子公司云南省药物研究所 100%的股权，并进一步整合无锡新型给药系统工程技术中心、云南白药研究院和云南省药物研究所等科技资源，成立云南白药集团创新研发中心，进一步提高云南白药的基础研究水平。2014 年，云南白药收购云南白药清逸堂实业有限公司 40%的股权，并将其整合进健康产品事业部，加快打造云南白药健康产品板块。随着归核化战略的实施和深入，到 2014 年云南白药的子公司增加到 19 个，如云南白药清逸堂实业有限公司、云南省药物研究所及云南天正检测技术有限公司等，增加的子公司均属于药品和日化行业。

2）第二阶段（2016 年至今）：升级大健康产业

云南白药通过第一阶段的发展，形成了一个较为完善的产业链，在“新白药、大健康”战略的指导下，对大健康产业有了初步构建。在此之后，云南白药开始了新一轮的核心业务升级，进行混合所有制改革，通过引入民企股东，利用新股东的新资源实现大健康产业的进一步发展，核心业务的产品种类更加丰富，质量也得到了提升。

（1）不断提升云南白药治理水平。2019 年底，云南白药不仅面对医药大环境的短期下行压力，还面对国内政策的持续施压，二次议价、两票制、环保法、药品集中采购等政策的落地，对集团的发展提出了更高的要求。云南白药在此时，顺应当下国企混改的大形势，开始进行混改，引入第三方战略投资者。云南白药的此次混改，极大地推进了归核化的发展进程。混改结束后的云南白药股权结构更加扁平化，管理层级的缩减使得管理效率得到提升。

（2）通过数字化赋能云南白药产业链。云南白药在这一阶段对其产业链进行了进一步升级。异质性股东的引入在生产和销售等方面都为云南白药注入了新的资源。江苏鱼跃科技发展有限公司的加入从研发资源方面为云南白药提供了技术支持，加快了云南白药传统生产方式与智能化工厂的结合。新华都实业集团股份有限公司凭借自身的一百余家零售终端为云南白药日化产品的销售提供了新的零售渠道，“互联网＋”的线上销售模式也提升了日化产品的销售效率。除此之外，云南白药还与外部公司合作，对产业链各个环节进行数字化赋能，提升关键环节的运作效率与运作质量。

（3）不断加大云南白药的科研投入。云南白药在开始归核化战略后，第一阶段的研发支出远高于多元化时期的平均水平。在实现了国企混改后，随着异质性股东的进入，新的管理层提高了对研发的重视程度，云南白药的创新能力得以增强。到2018年，云南白药整体的负增长趋势被扭转，2019年，同比增长率达到50%。2019年10月底，云南白药还认购了中国抗体制药有限公司的股份，该公司主要经营以单克隆抗体为基础的生物药。云南白药未来将与中国抗体制药达成合作，在单抗体领域有进一步发展。

总的来说，在此阶段云南白药的战略制定与实施主要是在核心产业方面进行了多项并购和重组，构建了药品事业部、健康产品事业部及中药资源事业部。对核心产业进行了扩张，对非相关行业房地产等进行了剥离，将资本集中于“大健康”领域。着力提升核心能力，提高核心竞争力，加大研发力度，加强品控。云南白药以白药类业务为核心，加大对核心产业的资源倾斜，对相关业务，包括大健康产品、日化产品、中药资源等产品进行了产业数字化升级。

综合案例思考题：

1. 云南白药是如何进行战略实施的？
2. 云南白药向归核化战略转型成功的关键因素是什么？
3. 云南白药战略的成功实施，对同类企业有什么启示？

第 10 章 企业战略控制

企业如果固守过去曾行之有效的战略，那么它必将败于竞争对手。

——威廉·科恩

引导案例

“书店的未来在乡村”①

于 1996 年创立的南京先锋书店（简称先锋书店），如今有十多家店，疫情之前依然保持着每年数百万元的净利润。先锋书店能在中国千万家书店的倒闭潮中，依旧成长，在创始人钱小华看来，一定程度上得益于 2014 年起，先锋书店开始转型做乡村书店。

主动把书店开到农村去？当时团队内就有不同声音。为了给团队吃下“定心丸”，钱小华表态，“我们不会徒劳无功做这个事”，不论从社会效益、文化教育角度来看还是从经营角度来看，这个事情肯定是有价值、有意义的。事实也正如钱小华所说的。近些年，先锋书店在乡村开出了安徽黟县碧山书局、浙江桐庐云夕图书馆、浙江松阳陈家铺平民书局、福建屏南厦地水田书店、云南大理沙溪白族书局，除了厦地水田书店外，其余书店均已实现盈利。2021 年，先锋书店又开出了江苏南京的汤山矿坑书店和园博园筒仓书店。

乡村书店的一大特色，是文创产品，图书在营业额中占比不过三成。钱小华和团队结合当地民俗特色、历史沿革等，创造符合当地实际的文创产品。比如，在陈家铺平民书局，销售量较大的，肯定是书店内“松阳文创专区”的江南秘境笔记本、松阳诗词布包、方言徽章等，这些都是书店团队多次考察当地民俗后，设计出的文化衍生品。先锋书店乡村拓展计划负责人、董事长助理张瑞峰透露，在 2009 年，他们开始探索自主的文创产品开发之路，并在 2011 年申请到了“独立先锋”文创品牌，如今文创产品已成为书店的主要盈利点，销售额约占总销售额的一半。他们正为文创产品打造网上渠道，网上销售额已占到文创营收的近一半。

① 任俊锰（2021）。

本章学习目标

- 了解企业战略控制的内涵与特征。
- 理解企业战略控制的类型与原则。
- 掌握企业战略控制的过程与系统。
- 理解企业战略调整。

战略的基本假设是所选定的战略能实现公司的总体目标。然而在战略的实施过程中，一方面企业缺乏必要的能力、认识和信息，从而导致结果和目标出现偏差；另一方面，外部环境的不确定性和复杂性，造成战略的局部或整体不适合于企业。这时，一个完整的战略管理过程就必须具有战略控制，以保证完成的实际成果符合预先的目标要求。

10.1　企业战略控制概述

战略制定的有效性并不能保证战略的有效实施，也不能保证企业组织的高效运行。外部环境的变化以及战略方案的局部或整体调整与内部条件的不符等各种不确定因素的存在，使得企业战略的实施面临众多问题。那么为了保证企业战略的有效实施，使企业在既定的战略轨道上顺利运行，企业必须进行战略控制。在企业战略的实际管理过程中，随着外部环境的变化，此时的企业战略何去何从？如何保证企业既定战略按照正确的轨道前行？这些都涉及战略控制的内容。

10.1.1　企业战略控制的内涵

控制的实质，在于使企业的行动和一般的经济活动转入正常的运行轨道。然而，战略控制不同于一般的经营控制，它不是具体地去对战略执行的情况进行检验，而是关注战略实施的有效性、战略前提制定的可靠性、战略方案修正的必要性、优化的可能性及战略方案调整的重要性等问题。成功控制的一个关键部分是可行的企业战略的制定和实施。企业战略提供了方向、目的和期望的结果。战略控制确保战略实施按照正确的轨道前行，以保证企业获得持续竞争优势。

战略控制中的基本矛盾是既定的战略与变化着的环境之间的矛盾。在战略实施过程中难免会出现一系列问题，使得企业战略实施的结果并不一定与预定的战略目标和绩效标准相一致。战略控制主要受环境、战略自身以及实施者等因素的影响，在战略控制的执行过程中不仅要处理不确定性因素，还要处理不可预知因素。在制定企业战略时，没有哪位分析家能精确地预测所有有关的因素将如何相互作用，从而影响企业战略的制定。因此，任何战略都只有相对的适应性。也正因为这样，战略控制就显得尤为重要。

战略控制，是指在企业经营战略的实施过程中，将企业经营过程中反馈回来的结果同既定的战略目标和绩效标准进行比较，发现问题，分析问题产生的原因，纠正偏差，使企业战略实施更好地与企业当前所处的内、外部环境以及企业既定目标协调一致，最终使企业战略得以实现。它实际上是对企业经营范围、经营模式、组织结构、激励制度、重要人事调整和长期投资所进行的具有全局性、长期性特点的控制，是战略管理的最后一个步骤。企业战略控制模式如图 10-1 所示。

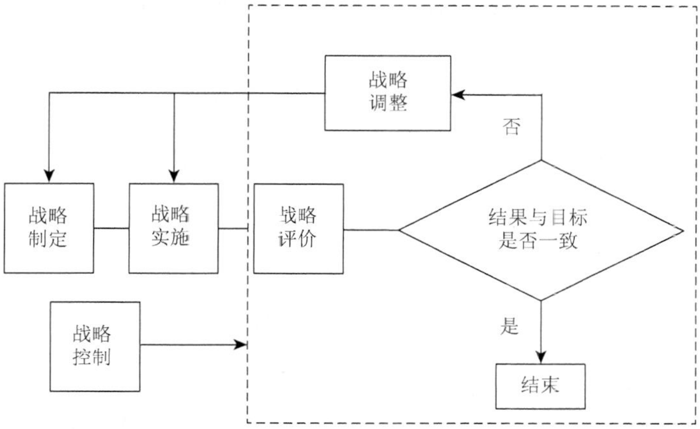

图 10-1　企业战略控制模式

10.1.2　企业战略控制的特征

企业战略控制的基本特征就是对企业战略控制的基本要求，主要体现在以下六个方面。

（1）战略控制的开放性。由于企业的既定战略与外部环境是紧密联系的，战略控制必须考虑到企业外部环境对企业所造成的影响，并根据这些外部条件的变化来调整企业战略，以使企业能够适应新的环境变化，保证企业的健康发展。

（2）战略控制的阶段性。战略控制的标准应该与其经营目标具有一致性，同时战略控制必须分阶段进行。每一阶段的控制标准应该是这一阶段的经营实施目标，只有最后阶段的标准才是最终的战略目标。

（3）战略控制的灵活性。战略控制在一定时间范围内有其相对稳定性，但同时在必要的时候需要对战略进行必要的调整和修正。尤其在某些外部环境发生变化的情况下，企业的原来战略可能丧失了其正确性和可行性。在这种情况下，企业战略就需要做出相应的改变来适应新的环境。

（4）战略控制的多样性和不确定性。美国著名管理学家罗伯特・沃特曼认为战略具有不确定性。在他看来，战略是一个方向，其路途曲折多变，这时的战略也就具有多样性。同时，虽然经营战略应当是明确的、稳定的且权威的，但在实施过程中由于环境变化，企业必须适时地调整和修正战略，因而也必须因时因地具体提出控制措施，也就是说战略控制具有多样性和不确定性。

（5）战略控制的双重性。战略控制的双重性可以从两方面解释：一是允许在一定的范围内，实际情况与预期目标之间有一定的差异，从而需要对战略进行调整；二是当外部环境的变化使得实际情况与预期目标之间的差别较大，即超过了一定的允许范围时，就需要放弃原有的战略，重新制定新的战略。

（6）战略控制的弹性与伸缩性。战略控制并非层层控制、级级控制，如果频繁干预已经制定的战略，可能会起到消极作用。因此，战略控制有时需严格，有时则应适度，具有相应的伸缩性。只要能够保持与战略目标的一致性，其伸缩性是比较大的。因此，战略控制的要点在于保持战略方向的正确性，在稳定范围内，应尽可能地减少干预，在小范围内，尽可能地授权，对于低层次、小范围的问题不要在高层次、大范围上解决，这样会取得更佳的控制效果。

10.2 企业战略控制的类型与原则

10.2.1 企业战略控制的类型

企业战略控制的类型，从不同的角度有多种不同的分法。

1. 从战略控制的状态角度，可划分为避免型控制和开关型控制

（1）避免型控制。即采用适当的手段，使不适当的行为没有产生的机会，从而达到不需要进行控制的目的。例如，通过自动化，工作的稳定性得以保持，执行者能够按照企业的预期目标正确地工作；通过与外部组织共担风险减少控制；转移或放弃某项战略活动，以此来消除有关的控制活动。

（2）开关型控制。开关型控制又称行与不行的控制。其原理是：在战略实施过程中，按照既定的标准检查战略行动，确定行与不行，类似于开关的接通和停止。开关型控制方法的具体操作有多种形式。例如，直接领导：管理者对战略活动进行直接指挥和指导，发现错误及时纠正，使其行为符合既定标准。自我调节：执行者通过非正式、平等的沟通，按照既定的标准自行调节自己的行为，以便和协作者配合默契。共同愿景：组织成员对目标、战略宗旨认识一致，在战略行动中表现出一定的方向性、使命感，从而达到殊途同归、和谐一致，实现目标。开关型控制方法一般适用于实施过程标准化的战略实施控制，或者某些过程标准化的战略项目的实施控制。

2. 从战略控制的时间和进程角度，可划分为事前控制、事中控制和事后控制

（1）事前控制，又称前馈控制、跟踪控制。其原理是：在战略实施过程中，对战略行动的结果趋势进行预测，并将预测值与既定的标准进行比较和评价，发现可能会出现的偏差，从而提前采取纠偏措施，使战略推进始终不偏离正确的轨道，保证企业战略目标的实现。

事前控制是在战略行动成果尚未实现之前，通过预测发现战略行动的结果是否会偏离既定标准。因此，管理者必须对预测因素进行分析与研究，一般有三种类型的预测因素：一是投入因素，即战略实施投入因素的种类、数量和质量将影响产出的结果；二是早期成果因素，即依据早期的结果可预见未来的结果；三是外部环境和内部条件的变化对战略实施的制约因素。

事前控制对战略实施中的趋势进行预测，对其后续行动起调节作用，能防患于未然，

因而是一种卓有成效的战略控制方法。

（2）事中控制，又称过程控制。它指的是企业高层管理者要对企业经营过程中的关键过程予以控制，并随时纠正这一过程中所出现的偏差，从而引导企业朝着正确的方向发展，这种控制方式主要是对关键性的业务流程进行实时控制。事中控制具有监督和指导两项职能。监督是按照预定的标准检查正在进行的工作；指导是管理者针对工作中出现的偏差，根据制定的工作标准和自己的经验指导下属改进工作，管理者可以在发生重大损失之前及时纠正问题。

（3）事后控制，又称后馈控制。其原理是：在战略推进和转移过程中首先要对行动的结果与期望的标准进行衡量，然后根据偏差大小及其发生的原因，对行动过程采取矫正措施，以使最终结果符合既定的标准。事后控制方法在战略控制推进过程中控制、监测的是结果，纠正的是资源分配和人的战略行动；根据行动的结果，总结经验教训来指导未来的行动，将战略推进保持在正确的轨道上。但是，事后控制往往由于纠偏不及时，会给战略带来一定的损失。其运用大都局限在企业经营环境比较稳定的条件下的战略实施控制。事后控制方法的具体操作形式有以下两种。一是联系行为，即对员工的战略行动的评价与控制，直接同他们的工作行为挂钩。他们比较容易接受，并能明确战略行动的努力方向，使个人行为导向和企业经营战略导向接轨；同时，通过行动评价的反馈信息修正战略实施行动，使之更加符合战略的要求；通过行动评价，实行合理的分配，从而强化员工的战略意识。二是目标导向，即让员工参与战略行动目标的制定和工作业绩的评价，既可从工作业绩的评价中看到成绩的不足，又可看到个人行为对实现企业战略目标的作用和意义，从中得到肯定和鼓励，为战略推进增添动力。

3. 从战略控制的组织体制角度，可划分为集权控制和分权控制

（1）集权控制也称直接控制。它指的是高层管理者接触下级的层次多，亲自到下面甚至现场检查指导工作的次数多，几乎所有的事情都亲力亲为。

（2）分权控制也称间接控制。其特点是该层管理者对下级予以授权，只接触直接领导的下级，听取汇报的内容也比较粗，一般不直接到基层指导工作。

4. 从战略控制的程序角度，可划分为结果控制和过程控制

（1）结果控制。它指的是对工作的结果进行控制，并将最终的结果作为考核评价的依据。

（2）过程控制。其侧重点在于在工作的每一阶段，过程控制比结果控制更加详细、具体和深入，它不仅要对工作的结果进行控制，而且还要对产生结果的全过程进行控制。

10.2.2 企业战略控制的原则

企业战略控制的原则是战略控制的基本要求，企业战略控制主要有以下六个方面的原则。

1. 确保目标原则

企业的战略目标是根据企业使命、战略理念和经营方针规定的在一定期限内应达到的预期目的。企业战略目标由市场商品构成目标、组织构造目标、企业规模及设备投资

目标、业绩目标四个方面构成。企业战略目标为企业在一定时期内达到一定水准的经营目标指引方向，在战略控制过程中，控制必须与企业的战略目标、总体目标相一致。公司的生产、财务、市场等战略控制必须以实现企业的长远目标为导向，提升企业的核心竞争力，使企业高效有序地运行。

2. 适度控制原则

战略控制的基本思想应该是在问题发生或变得严重以前，提醒管理者去注意现实问题或潜在问题。就战略实施过程中的控制而言，是将实际的战略执行情况与预先确定的目标和绩效标准相比较，发现二者之间的差距，并及时采取相应措施来纠正这种偏差，适度的控制有利于战略实施，而过度的控制则会对战略实施产生不利的影响。

这种过度的控制被称为“控制陷阱”，在许多情况下，管理人员越是试图对组织中的其他人的行为实施控制，产生的结果越事与愿违，往往会反过来削弱他们的控制能力。适时控制既有利于战略实施的有效性，也有利于组织的高效运行。

3. 渐进性原则

真正的战略是在公司内部的一系列决策和一系列外部事件中逐步得到发展和控制，在高层领导班子中的主要成员有了对行动的新的共同看法和观念时才逐步形成的。在管理规范的企业中，管理人员会积极有效地把这一系列行动和实践逐步概括成思想中的战略目标。另外，由于外部环境的不确定性，常有某些事件影响企业未来战略的决策，一旦外部发生突发事件，公司也就没有足够的时间和能力来进行正规的战略分析。基于上述情况，高层管理人员经常有意识地采用渐进的方法来进行战略控制。为了改善战略控制过程，实践证明应谨慎地、有意识地以渐进的方法加以处理，以便尽可能推迟做出战略决策，使其与新出现的必要信息相吻合。因此，在战略控制过程中，要按照渐进性原则来逐步实施控制以确保战略控制的成功实施。

4. 互动性原则

企业面临的外部环境的不确定性和相互依赖性，决定了企业必须与外界信息来源进行高度适应性的相互交流。对企业战略而言，首要条件是确定明确的目标，以便确定主要的行动范围，然后要使外界公众对企业形成积极评价。要达到此目标就需要公司积极地、源源不断地投入各种资源，与外界形成互动，确保对各种信息的收集、分析，为企业进行战略控制提供各种有利的信息。

5. 系统性原则

有效的战略一般是由各个子系统的有机结合产生的。子系统主要是指为实现某一重要的战略目标而相互作用的一系列活动和决策。每一子系统均有自己的限制因素，但这些子系统往往在某些方面同其他子系统相互依赖。子系统各自有组织地针对全公司的某个具体问题（如技术革新、产品的多元化经营、与外界公众的公共关系、国际化战略之路等）做出科学、具体的战略决策，且逻辑形式十分完善，这是企业总体战略有效实施的保证。然而每个战略子系统在时间等要素上往往很少能同时满足其他子系统的需要，因此必须采取有目的、有效果的管理技巧把各个子系统整合起来，使其产生协同作用。

6. 层次性原则

战略控制系统中有三个基本控制层次，即战略控制、战术控制与作业控制三个层次。战略控制以企业高层领导为主体，涉及企业对外部环境关系的基本战略方向的控制，从企业总体考虑，着重于长期（一般是一年以上）业绩；战术控制是指企业的主要下属单位，包括战略经营单位和职能部门两个层次，主要处理战略规划实施过程中的局部、短期性问题，着重于短期（一般是指近期）业绩；作业控制则是对具体负责作业的工作人员的近期活动进行控制，由各级主管人员进行控制，如日常的产品质量控制。这三个控制层次存在以下四项基本区别。一是执行的主体不同，战略控制主要由高层管理者进行控制，而战术控制和作业控制则由中层管理者进行。二是战略控制具有开放性，战术控制和作业控制具有封闭性；战略控制既要考虑外部环境因素，又要考虑企业内部因素，而战术控制和作业控制主要考虑企业内部因素。三是战略控制的目标比较定性，不确定、不具体，而战术控制和作业控制的目标比较定量，确定、具体。四是控制目的不同。战略控制主要解决企业的效能问题，战术控制及作业控制主要解决效率问题。

10.3　企业战略控制的过程

企业战略控制的对象一般都是人员、财务、作业、信息及组织的总体绩效，无论哪种控制对象，企业所采用的控制系统和控制技术实质上都是相同的。企业战略控制过程有四项基本要素：一是确定评价标准；二是衡量工作绩效；三是反馈；四是采取纠正措施。战略控制过程的四个基本要素相辅相成、缺一不可，对于保证有效的战略控制是必不可少的。企业战略控制过程如图 10-2 所示。

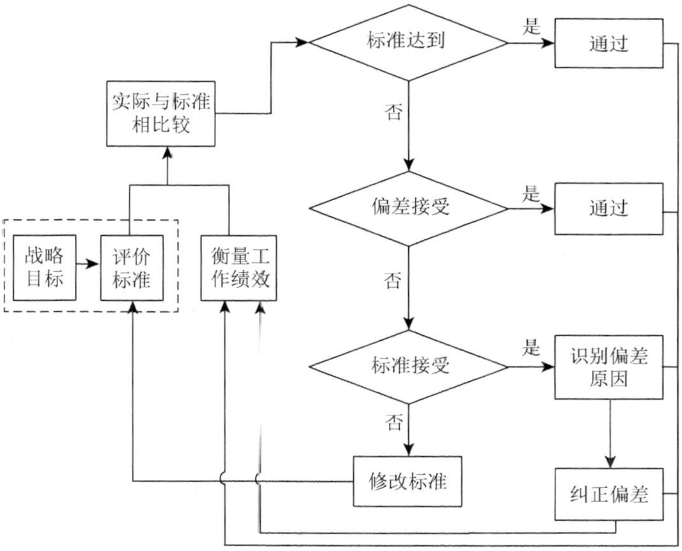

图 10-2　企业战略控制过程

10.3.1 确定评价标准

评价标准是企业工作的规范，它用来确定战略措施或计划是否达到预先指定的战略目标。评价标准必须从计划中产生，计划必须先于控制。换言之，计划是管理者设计控制工作和进行控制工作的准绳，所以控制工作的第一步是制订计划；同时由于计划的详细程度和复杂程度各不相同，而管理人员不可能事事过问，因此就要制定战略评价标准。标准，就是衡量实际工作绩效的尺度。

然而由于不同的企业和不同部门存在特殊性，并且有待衡量的产品与服务种类不同，所以控制的衡量标准也不是唯一的。但标准大致可分为实物标准、成本标准、资本标准、收益标准、计划标准、无形标准等，然而不论采取何种类型的标准，都需要根据控制对象的特点来决定。

10.3.2 衡量工作绩效

衡量工作绩效是指将实际的工作成绩（即控制系统的输出）与事先确定的评价标准相比较，找出实际工作成绩与评价标准的差距及其产生的原因。衡量工作绩效的目的是发现战略实施过程中存在的问题以及产生这些问题的原因，在接下来的过程中也能够控制此类问题的发生。

在评价工作绩效时，企业不仅应将实际工作绩效与评价标准或目标相比较，而且也应将自己的实际工作成绩与竞争对手相比较，目的是更好地发现自身的缺点和优点，以便采取适当的措施。对于竞争对手以及同行业的平均业绩水平，可以从统计年鉴或行业协会所发表的年度报告中获得。

衡量工作绩效的主要问题是确定评价的时间、地点以及间隔时间的长短。为了给管理层提供充分而及时有效的信息，应该经常评价工作绩效。但是评价工作也要适度，如果过度进行评价，员工可能觉得评价工作过于频繁，可能会产生负面影响。另外，如果评价过于频繁，评价过程的费用变得太高，也会导致资源浪费。因此，应根据所评价问题的性质及对战略实施的重要程度，确定合理的评价频率。此外，紧迫性也是衡量工作绩效的另一个重要问题，必须及时地识别并加以纠正。

10.3.3 反馈

对于衡量绩效工作过程中所发现的问题，必须针对其产生原因采取纠正措施，这是战略控制的目的之所在。反馈的目的是向企业战略控制管理层提供第一手信息，使得战略管理层能及时采取相应的措施来控制问题。管理层在执行过程中通过信息反馈回来的实际效果进行有效控制。

实际工作成绩与评价标准产生偏差的原因有很多，下面是某些可能产生偏差的原因：①战略目标不合适；②为实现确定的战略目标而选择的战略错误；③战略与组织结构不匹配；④战略实施人员或管理层不负责任导致战略实施失败；⑤缺乏必要的激励措施；⑥环境具有不确定性；⑦信息通道不顺畅导致决策失误。

上述原因表明，战略控制过程的输出结果影响着战略过程的其他阶段。例如，某一汽车销售单位某月的销售利润低于预期水平，则需要重新检查该销售单位的战略目标制定及实施过程；如果是销售人员或主管人员玩忽职守，在此种情况下必须撤销这些人员；如果是战略目标制定得不合适，则应及时修正战略目标。这样，整个企业的战略管理过程实际上是一个反馈系统，管理层必须根据外部环境及时进行调整，采取纠正措施。

10.3.4 采取纠正措施

控制的最后一个步骤就是根据衡量和分析的工作绩效问题采取适当的措施。管理者应该在维持原状、纠正偏差、修订标准的方案中选择一个。当衡量的工作绩效比较满意时，可以选择第一种方案；如果衡量的工作绩效与事先确定的战略目标存在很大差距，这时就要分析偏差产生的原因，有可能是人员的不负责造成的，也有可能是技术条件的落后造成的，对不同的情况应采取不同的更正行动。此处重点介绍后两种方案。

（1）纠正偏差。如果偏差是由某些可控因素导致的绩效不足产生的，这时管理者就应该采取纠正措施。具体方式可以是调整管理策略、调整战略目标、及时采取补救措施、进行人事调整等。

（2）修订标准。工作中的偏差也可能是因为制定的标准不合理导致员工无法完成预定的任务产生的，这时应进行标准调整而不是绩效调整。

控制过程可以被看作整个管理系统的一个组成部分，并且和其他管理职能紧密相连。控制活动和其他管理职能交错重叠，说明了在管理者的职务中，各项工作是统一的，管理过程是一个完整的系统。

10.4 企业战略控制系统

战略控制系统以企业高层领导为主体，它关注的是与外部环境有关的因素和企业内部的绩效。本章主要介绍传统企业战略控制系统和复杂环境中的企业战略控制系统，并对两者进行比较。

10.4.1 传统企业战略控制系统

战略控制是指企业在战略执行过程中将所产生的实际效果与预定的战略目标和评价标准进行比较，评价工作成绩，发现偏差，采取措施以达到预期战略目标的过程。传统战略控制的特征是根据预先确定的控制标准，对实际工作结果进行比较、分析和评价，然后采取行动纠偏或修正不适当的标准。所以，传统战略控制活动过程是由“确定战略控制目标—制定战略控制标准—衡量工作绩效”三个基本要素构成的。传统企业战略控制系统如图 10-3 所示。

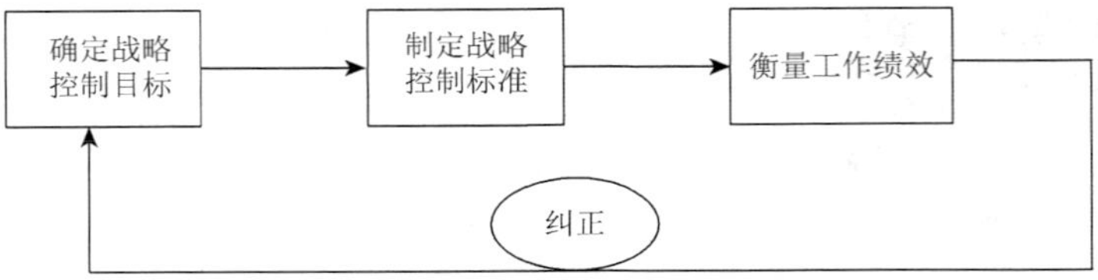

图 10-3　传统企业战略控制系统[①]

传统企业战略控制系统存在两个明显的缺陷。第一，它假定指定的战略目标是正确的。但事实上，许多企业开始制定战略时，可能会由于一些失误而出现战略决策上的错误。这时战略实施和控制越有效，企业偏离正确方向的程度会越远，付出的代价也会越大。即使初期的战略目标是正确的，但在后期也有可能由于环境的变化而丧失其正确性。

第二，需要测量结果，并将实际执行结果与事先制定的战略目标进行比较，然后找出并控制偏差。这一做法对短时间的操作性任务或质量控制是适应的，但战略管理过程往往时间比较长，因此有的需要很长时间才能提供可供评价的结果，这样就很难对战略目标进行及时评价和及时纠偏。

传统战略控制主要采用反馈手段进行事后控制，这一控制方式不再适合于迅速变化的、不确定性日益增加的复杂环境，因而需要采用反馈与前馈相结合的方法进行战略控制。为了克服传统战略控制的缺陷，战略控制应从源头抓起。在环境预测的基础上，重点控制战略制定的前提条件；通过评价企业所处的内、外部环境因素的变化，来调整原有的企业战略和制定新的企业战略，从而保证企业平稳健康的发展。

10.4.2　复杂环境中的企业战略控制系统

传统战略控制的基点是企业所处的环境相对稳定，强调的是企业战略与环境的适应性，且多属事后控制。但是外部环境并不是客观、独立的，而是由主要参与者相互作用交织而形成的综合复杂体系。随着经济全球化的迅速发展，受到政府解除管制等因素的影响，企业所处的环境越来越复杂，而且越来越难预测，必须重视对战略控制的前瞻性思考。因此，构造面向复杂环境的战略控制系统迫在眉睫。

但目前理论界尚未对此问题形成系统的研究成果，现在的战略控制不确定性研究大多限于特征分析，指出这些特征可以用什么方法来解决。例如，可以借鉴分岔理论、吸引子理论、分形原理、奇异性理论的观点，结合已有的战略研究成果，建立适合复杂系统的战略控制研究框架等，但是这些研究目前尚未处于人事层面，实际指导意义并不大。

借鉴西蒙斯的管理控制杠杆系统的分析框架，构造在复杂环境中的战略控制系统。其主要思想是通过管理控制杠杆调整与改善组织战略，实现管理目标。西蒙斯管理控制杠杆系统的分析框架有四种管理控制杠杆，即信念控制杠杆、边界控制杠杆、诊断控制杠杆和交互控制杠杆。每一种杠杆都有能力调整或改变企业的战略，由此产生了四种管理控制系统，即信念控制系统、边界控制系统、诊断控制系统和交互控制系统，如图 10-4 所示。

① 王玉等（2013）。

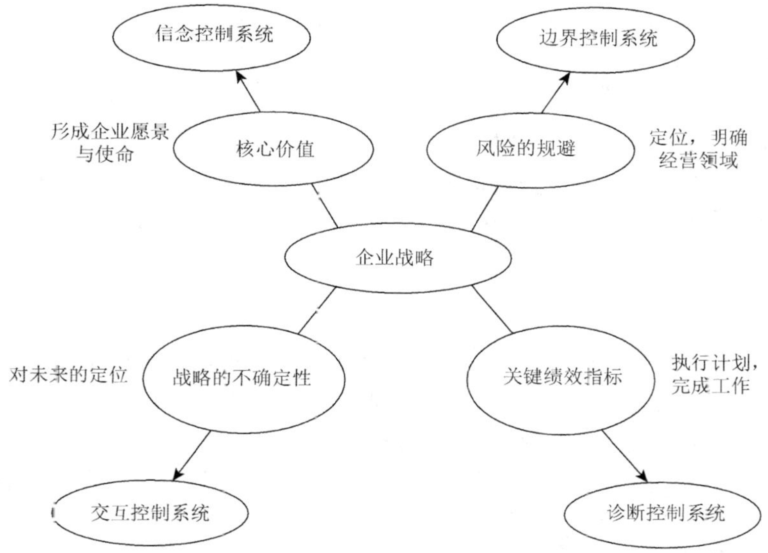

图 10-4 复杂环境下的企业战略控制系统①

1. 信念控制系统

信念控制系统是管理者以任务宣言及政策方式表达的愿景和使命等，激励员工不断寻找和创造机遇，以实现企业的目标。

信念系统源于组织成员固有的愿望，是员工必须共同遵守的一系列核心价值。核心价值是对基本原则、目标和指导的明确定义。核心价值明确规定了管理人员如何在短期行为表现和长期责任之间进行取舍，也为普通员工提供了规范，以确保员工行动的准确性。由于员工可以通过信念控制系统理解企业的目标以及为实现目标而做出贡献的方式，所以信念控制系统是一种能激励员工创造新机会、寻求创造价值的新方法。

构建信念控制系统的核心是企业文化建设，企业文化的核心部分是企业员工在长期合作过程中所形成的共有价值观、道德风尚与行为准则，其中价值观是人们对事物的深层次认识，是形成企业文化的基石。

任何战略的制定和执行过程都在一定的企业文化环境和氛围中，企业文化系统会在一定程度上影响企业愿景和使命的形成，进而影响到企业战略的制定质量乃至战略实施效果。在复杂多变的环境中，为解决企业文化与环境的适应性问题，可以选择两种不同的方案。

一是形成文化柔性，即通过不断改变企业价值观、经营理念等文化因素，以适应企业战略赖以形成和实施的多变环境。文化柔性的核心是企业价值观及经营理念在动态环境下的不断创新。企业中各利益主体的观念和利益也要进行调整，以形成相应的企业愿景和使命。尽管企业文化是可以改变的，但由于企业文化具有根深蒂固的特性，变革期相对较长，而且原有文化仍可能会继续产生影响，所以构建文化柔性的努力可能会在一定程度上影响企业愿景和使命的形成乃至战略实施的效果。

① 卡普兰和诺顿（2017）。

二是建立一种具有高度柔性的文化系统，该系统的价值观和管理氛围等有利于企业愿景和使命形成的因素是与动态变化环境相匹配的。柔性文化系统不再刻意强求不断变革和创新的文化，而注重与现有系统保持和谐的文化。柔性文化系统强调和鼓励个体创新和企业学习，以使系统保持一定的开放度和宽容度，为随时而至的变革准备应变空间，并为创造变革提供前提条件。一种强调学习、鼓励学习的企业文化，有利于发现变化、适应变化、利用变化，甚至创造变化，以不变的学习和适应能力来应对千变万化的环境挑战。

2. 边界控制系统

边界控制系统阐明了公司所要避免的特殊风险。边界控制是保证企业中所有人员都明确哪些是不能做的事，哪些是有助于企业战略目标实现的正确的事。边界控制系统的主要目的是进行战略定位，确保战略的实现处于既定环境和企业可接受的风险水平之内，避免寻找创新机会的行为和试验耗费企业过多的资源。边界控制就像是企业的刹车，发展速度越快的企业，越需要有更好的控制。

边界控制系统由两部分组成。一是企业的战略边界。有效的战略边界就是通过目标市场定位阐明和宣传企业的战略选择，随着企业的发展壮大，这种宣传和沟通也必须逐渐正规化。消费者类型、竞争地位、财务状况、技术要求等条件是保证企业战略决策正确性的前提条件，应由高层管理者定期进行检验。二是企业的行为边界，包括法律、行业或专业委员会行为规范、企业行为规范等，规定了所有员工必须执行的行为准则。这里不存在例外政策，有利于企业建立良好的信誉。在中国，90%的大中型企业都有自己正式的公司行为准则，这些准则就是为了防止员工从事一些损害公司利益的行为和违法的行为。

设计边界控制系统可以找出能够被规避的风险并减少可能使企业风险大到不可控制的行为，有效的边界能够保证战略前提的正确性，有利于规避战略决策风险。

根据对边界控制系统的认识，有效的边界控制主要来源于两个方面。一方面要重视环境扫描。环境扫描是指获取关于事件、趋势以及企业与环境关系的信息，确认那些将引发重新思考战略的环境趋势、问题、事件或信号，这些信息将有助于高层管理者识别、理解战略性的威胁与机会。环境扫描的重要性产生于所涉及的战略决策的重要性，由环境扫描所获取的信息对战略和长期计划决策有重要作用。频率和范围是环境扫描的两个重要属性。扫描频率是指在一定时间内企业进行环境分析活动的次数；扫描范围表示受企业跟踪的不同环境因素的数目。在复杂多变的环境下，对环境的大范围频繁扫描能为企业提供最新的信息，使企业能检验信息的准确性，更快地识别出有利的机会以适应不断变化的环境条件，同时还能使企业及时了解威胁其生存的环境事件与变化趋势。但随着扫描频率的提高和范围的增大，尽管所获取信息的准确性有所提高，但所需付出的成本也增大了。只要扫描频率和范围超过一定幅度，所产生的成本就将超过信息准确性带来的价值。因此，环境扫描的频率和范围并非越大越好，必须在成本与信息准确性之间进行适当的权衡。另一方面要加强内部管理制度建设，如基础管理工作规范、操作流程等，以确定企业的行为边界。

3. 诊断控制系统

诊断控制系统是被用于监督结果、纠正偏差的控制系统，是将预期战略转变为已实现战略的重要管理工具，侧重于经营目标和企业内个人目标的实现。企业经营中运用诊断控制系统，可以帮助管理者追踪各部门和员工的行为，判断其是否背离预定轨道，从而监控企业战略目标的实现。诊断控制系统的工作如同飞行驾驶室的仪表刻度盘，飞行员通过它观察不正常迹象，及时操作以保证飞机不偏离正确航线。

诊断控制系统的实质是传统企业战略控制系统的原型，因而要求具备以下条件：①预先确定目标；②评估产出；③分析偏差；④纠偏及调整有关的输入或过程参数，使业绩回到预先设定的目标和标准。

为了有效操作诊断控制系统，管理者首先应设定业绩指标，特别是影响企业战略的关键业绩指标，作为企业资源和员工精力的投入方向，这是诊断控制系统的基础。其次，确定业绩评价标准，保证业绩评价标准能够正确反映战略目标和优先领域，保证与企业战略的“对接”。再次，设计激励机制，将员工的最终业绩和奖惩联系在一起，使员工关注战略实施。最后，关注和跟踪重大例外事件。如果业绩评价系统和激励系统的设计恰当，并得到严格执行，管理者只需快速扫描大量的例行报告，重点关注重大例外事件及发展态势，就可以迅速采取行动，使事态尽快回归正常。

4. 交互控制系统

交互控制系统是一种战略反馈系统，重视未来的发展和变化。交互控制系统追踪的是企业战略的不确定性，使高层管理者保持头脑的高度清醒，交互控制系统还注重收集与战略不确定性相关的、持续变化的信息，使高层管理者不断考虑潜在战略的制定和调整。随着控制环境的迅速变化，交互控制系统会出现新的机会和威胁，这为管理者制定新战略或进行战略调整奠定了基础。因此，交互控制系统不仅是战略执行的控制，也是调整战略的控制。

交互控制系统具有三方面的特征：一是要求企业中各层次管理人员重点控制关键指标；二是要通过上下级及同事间面对面的讨论来理解控制过程所涉及的数据；三是要不断挑战和争论相关的基本数据、假设和行动方案。因此，交互控制实质上是一种团队学习与对话机制，它将高级管理层面对的诸如竞争对手的行动、新技术带来的潜在威胁和机会等压力，分解到企业的基层，通过经常性的对话与沟通，将学习与信息流从基层反馈到高层，从而将自上而下与自下而上的战略管理过程结合在一起，一定程度上克服了传统战略控制模式中存在的控制僵化问题以及平衡计分卡中因果关系控制滞后问题。

有效的交互控制可以借助于战略审视加以实现。任何一个企业都处在复杂的环境中，其战略决策不可避免地受到环境的制约。企业所处的战略环境发生变化，可能会导致战略决策本身是错误的或不合理的，所以企业应根据前期战略实施的结果，结合环境的变化，进行战略审视，评估战略失效的可能性，及时采取适当的应对措施。战略审视常采用因素评价法，即针对企业内、外部环境列出评价表，将企业内、外部环境因素的变化与战略制定时的环境因素进行比较，必要时适当调整战略或者制定新的战略。

信念控制系统源于企业的核心价值观，价值观是形成企业文化的基石，企业文化会在一定程度上影响企业愿景和使命的形成，进而影响企业战略的制定质量（边界控制系统）乃至战略实施效果（诊断控制系统）。企业文化的变化还可能会影响企业战略的不确定性。交互控制系统注重收集与战略的不确定性相关的、持续变化的信息，为管理者制定新战略或进行战略调整提供基础资料和依据，交互控制系统不仅仅是对战略执行的控制，也是对战略调整的控制。这不仅会影响企业战略的制定和实施，甚至还会影响企业价值观的变化。

总之，随着企业战略地位的提高及外部环境的不确定性的加剧，战略控制将成为新型管理控制的导向，研究复杂性环境中的战略控制将更具有实践意义。四个系统之间相互依存、相互影响，在战略控制的过程中，只有同时运行、互为补充，才能发挥出最佳效果。

10.5 企业战略调整

10.5.1 企业战略调整的影响因素及其路径依赖特征

任何事物的产生、发展和灭亡都有其决定因素。然而外部环境的复杂性和动态性、企业的内在成长需求和企业的文化等因素，要求企业战略必须适时进行调整。企业在复杂和动态的环境寻求成长的过程中会受到许多未知因素的影响，这时只有深刻地了解战略调整的决定因素并选择合适的方法和措施，才能保证战略调整的成功。

战略调整是一种特殊的决策，是对企业过去决策的追踪。这种追踪决策受到企业的核心能力、企业家的行为倾向以及企业文化等因素的影响；企业经营过程是某种核心能力的形成和利用过程，企业核心能力的形成及利用不仅决定着企业活动的效率，而且首先决定着企业的战略调整方向与线路的选择；决策的本质特征决定了战略调整也是在一系列的备选方案中进行选择，这种选择在一定意义上来说是经营者行为选择的直接映照，企业文化则对上述选择过程以及选择确定后的实施过程中人的行为产生重要的影响。这些影响企业战略调整的决定性因素又明显地表现出路径依赖特征，而这种特征的存在会使该体制沿着既定的方向不断自我强化。一般来说，影响企业战略调整的决定性因素及其路径依赖特征可以分为以下三个方面。

1. 企业的核心能力

改变或调整企业的经营领域或方向，应先分析企业已经形成的核心能力及其利用情况。在市场经济条件下，同一种产品的生产与销售通常是由多家企业完成的，企业面对的是竞争性的市场。在竞争市场上，企业为了及时实现产品化并不断扩大自己的市场占有份额，必须形成并充分利用某种或某些竞争优势。是什么因素决定了企业能够形成某种竞争优势？普拉哈拉德和哈默尔认为是企业的核心能力。核心能力是企业“在一系列产品或服务中必须依赖的那些能力”。这种能力不局限于个别产品，其对一系列产品或服务的竞争优势都有促进作用。核心能力的生命力要比任何产品或服务都长。由于核心能力可以增强一系列产品或服务的竞争优势，所以能否建立比竞争对手领先的核心能力会对企业的长期发展产生根本性的影响。核心能力的刚性与这种能力的改变或调整的难度有关。不论企业具体的核心能力是什么，其载体无非包括企业的人力资本以及作为非人力资本的企业无形资产和企业有形资产。企业非人力资本的刚性特征是非常明显的。作为有形资产的机器设备总是有一定的专用性，企业投资形成的、物化为一定机器设备的生产能力，总是和特定产品的生产制造联系在一起，经营或市场服务方向的调整可能意味着对这些有形资产的完全放弃；表现为品牌、商誉的无形资产也总是和一定的产品或至少是特定领域的产品相联系。索尼使人想起电器；可口可乐使人想起饮料；康柏则更多地使人想起电脑。如果可口可乐去开发电脑，或索尼去生产饮料，消费者可能是很难适应的。实际上，不仅非人力资本，人力资本也表现出类似的特征，即在某个领域的长期经营实践使得企业经营管理人员、技术人员及生产作业人员形成了与特定领域相关的知识与技能。这种知识与技能的专门性也决定了企业经营领域、方向或线路调整的困难。产业经济研究的理论告诉我们，人力资本和非人力资本的专门性决定了企业在特定领域的退出障碍。实际上，这种障碍反映的正是我们所说的企业核心能力的刚性特征。

企业战略调整的路径依赖特征与企业核心能力的刚性成正比。企业核心能力的刚性越强，战略调整受其过去选择的影响程度越高；反之，战略调整受企业过去选择的影响程度越低。

2. 企业家的行为倾向

企业在企业家的领导下从事某种生产经营活动，企业家的行为选择对企业的绩效和发展有着至关重要的作用。这种作用主要体现在两个方面。

首先，企业家行为选择直接制约着企业的行为选择，企业行为选择不仅是企业家行为选择的直接映照，甚至还是企业家行为选择的直接结果，从而直接决定着企业未来的行动是否有意义。从某种意义上说，企业经营领域与方向的选择或调整主要是企业家的事。企业家行为对企业经营绩效以及战略调整的影响还可以从企业家行为特点对企业行为选择影响的角度来进行分析。这种影响主要表现在两个方面：其一，企业家行为的长期化或短期化特征的影响；其二，企业家的价值观念导致的行为偏好的影响。企业家行为长期化或短期化的特点会影响企业是强调对现有生产经营能力的利用，还是偏重未来经营能力的再造或创造，从而影响企业的持续发展；企业家的价值观念和行为偏好不仅会影响企业对不同经营领域或方向的评价与选择，还会影响企业在既定方向下的技术路径与水平，以及对职能活动重点的选择，这不仅影响企业对市场环境的适应性，而且影响企业在适应过程中开展活动的效率。

其次，由于企业家行为具有路径依赖特征，所以企业家行为受过去经验的制约，企业行为选择是企业家行为选择的直接结果。企业战略调整是企业家为企业所确定的。企业战略调整需以变化后的外部环境特征以及企业内部可调动的经营资源为依据。但影响企业经营的，从来都不是客观的环境或资源，而是人们所认识到的环境和资源。企业家正是根据他们对环境特征及其变化的认识，根据他们对企业拥有的经营资源的质和量的认识来制定和比较不同决策方案的。企业家的职能背景和经验背景在企业战略调整决策的制定与选择中起着非常重要的作用。

作为人的集合体，企业过去的战略总会以不同的形式影响着企业现在的战略调整或将来的战略选择。这种影响可以从两个层面去分析。首先，企业战略调整可能是通过原先决策实施过程中的微调来实现的。这些微调经常是由一些突发事件所引起的。解决突发事件通常对时间要求非常高，决策的时间要求越是紧迫，决策时人们根据直觉进行判断和选择的成分越大。企业家的直觉在很大程度上是受到其职能背景和经验背景影响的。其次，即便企业有足够的时间去分析事件并做出战略调整的决策，受职能背景和过去经验所影响的企业家的价值判断在调整方案的制定和选择中也会起到非常重要的作用。不同方案可以从不同角度去评价，这些方案在不同目标的实现过程中有着不同的贡献。因此，企业家的价值偏好影响着他们对不同方案的评价和选择。

3. 企业文化

企业文化是企业员工普遍认同的价值观念和行为准则的总和，这些观念和准则的特点可以通过企业及其员工的日常行为表现出来。

企业文化对企业经营业绩以及战略发展的影响主要体现在它的三个基本功能上，即导向功能、协调功能及激励功能。企业文化的导向功能是指共同接受的价值观念引导着企业员工，特别是企业的战略管理者，自觉地选择符合企业长期利益的决策，并在决策的组织实施过程中自觉地表现出符合企业利益的日常行为；企业文化的协调功能主要是指在相同的价值观念和行为准则的引导下，企业各层次和部门员工选择的行为不仅符合企业的长期和短期利益，而且必然是相互协调的；企业文化的激励功能主要是指员工在日常经营活动中自觉地根据企业文化所倡导的价值观念和行为准则的要求调整自己的行为。企业文化的这些功能影响着企业员工，特别是影响着企业高层管理者的行为选择，从而影响企业战略调整方向的选择及其组织实施。从这个意义上说，企业文化是企业战略管理最为经济的有效手段。正如前面所提到的，企业文化经常被定义为“企业成员广泛接受的价值观念，以及由这种价值观念所决定的行为准则和行为方式”，这种价值观念和行为准则可能未被明确宣布，但它们通常隐含于企业成员作为其行为前提的思维模式的假设中，已经被企业成员无意识地普遍认可。由于企业文化组织记忆特征的存在，企业成员的行为会自觉地甚至不自觉地受到这些价值观念和行为准则的影响。

20 世纪 70 年代末，在对日本和美国企业经营方式及美国不同企业经营方式进行比较研究的基础上，美国的一些学者得出了“凡成功的企业都有一个强有力的企业文化起支持作用”的结论，但这些成功的企业文化都不是企业刻意追求的结果，而是企业经营者甚至是几代经营者在企业实践中通过自己的领导风格与行为方式对企业员工的行为产生了潜移默化的影响，从而促成了一种被企业员工广泛认同的价值观念和行为准则。

企业家在企业文化形成过程中的这种作用，使得企业文化基本上反映了企业组织的记忆。企业文化是一个历史的概念，是在企业经营的过程中经过岁月流逝逐渐积累而成的。在历史上形成的企业文化，是在企业经营过程中被实践证明的一种成功的行为方式，以及这种行为方式所体现的行为准则和价值观念。因此，用企业文化来引导员工的行为，实际上是用过去的经验来指导员工今天的行动。

企业文化所倡导的价值观念和行为准则是企业员工普遍认可和广泛赞同的，异质价值观念基本上是不被接受的。企业文化越强有力，价值观念与行为准则的统一性越被强调，异质价值观念则越受排斥。显然，作为组织记忆的一元企业文化，制约着企业员工的思维方式，并通过对员工思维方式的影响，限制着企业员工以及企业的行为选择，从而制约着企业经营战略的调整。

小案例思考

路径依赖的实验[①]

科学家将 5 只猴子放在一只笼子里，并在笼子中间吊上一串香蕉，只要有猴子去拿香蕉，就用高压水教训所有的猴子，直到没有一只猴子再敢动手。

然后科学家用一只新猴子替换出笼子里的一只猴子，新来的猴子不知这里的“规矩”，竟伸出上肢去拿香蕉，结果触怒了原来笼子里的 4 只猴子，于是它们代替人执行惩罚任务，把新来的猴子暴打一顿，直到它服从这里的“规矩”为止。

试验人员如此不断地将最初经历过高压水惩戒的猴子换出来，最后笼子里的猴子全是新的，但没有一只猴子再敢去碰香蕉。

起初，猴子怕受到“株连”，不允许其他猴子去碰香蕉，这是合理的。但后来人和高压水都不再介入，而新来的猴子却固守着“不许拿香蕉”的“制度”不变，这就是路径依赖的自我强化效应。

10.5.2　企业战略调整的原则

企业作为市场的主体，其所处的环境具有不确定性，那么企业在这种环境下进行战略调整应遵循的原则有以下四种。

（1）及时反应原则。由于环境不断变化并且具有不确定性，企业必须针对环境变化及时进行战略调整。企业战略调整的这种决策能力不同于一般的决策能力，它不仅要求保证决策的正确性，而且要求有较大的决策范围和较快的速度，滞后的战略调整会让企业遭遇较高的风险。

（2）有效控制原则。企业的控制性是指在一定环境变化条件下，企业能通过控制内部管理系统的方法，影响和控制环境系统，以达到预期企业战略目标的能力。因为企业与环境实际上是相互影响、相互制约的关系。当企业对自己进行积极改变时，企业在变化的环境中将处于比较主动的位置，对环境的变化将有更好的预测，进而有助于企业战略调整的成功。

（3）动态适应原则。在战略调整过程中，增加战略决策的柔性，可以使其根据新信息加以修正。环境的快速变化使企业不断地接受新的信息，这就要求企业战略既有一定的稳定性，又有一定的适应性，进而要求战略具有动态适应的能力，即战略方案具有一定的柔性。

① 白学军等（2017）。

（4）局部调整原则。企业可以根据具体的需要对战略进行局部调整。由于战略决策本身要求具有较强的稳定性，随时进行全面的调整将使企业的工作完全陷入战略调整之中，无法进行正常的经营活动。同时，各种环境因素对企业的影响往往也是从方方面面开始的，因此企业应该先对影响最大的方面进行调整，如企业的战略可以分为总体战略、竞争战略和职能战略。企业可以先对其职能战略进行调整，当需要调整的内容增加，并达到了一定的程度后，再对其竞争战略和总体战略进行调整。

10.5.3 企业战略调整的目标

战略目标是企业在实现其使命过程中所追求的长期结果。战略目标的设定，同时也是企业宗旨的展开和具体化，是企业宗旨中确认的企业经营目的、社会使命的进一步阐明和界定，也是企业在既定的战略经营领域展开战略经营活动所要达到的水平的具体规定。然而，由于受环境变化等因素的影响，企业需要不断进行战略调整。总的来说，企业战略调整的目标有以下两个方面。

（1）获取持续竞争优势。企业为了在日趋激烈的未来竞争中获取持续竞争优势，保持“基业长青”，适时进行恰当的战略调整是一种明智选择。企业成功的战略调整能够克服植根于自身现有战略中的惯性力量，获取和保持自身的持续竞争优势。为了实现这一目的，企业高层管理者必须经常监督偏离组织战略目标的活动和信息，及时纠正偏离的活动和信息，这样可以使公司适应于积极变化的外部环境，获得持续竞争优势。不同性质的企业可能存在着不同的战略调整策略，且不同战略调整策略各自的背景因素相应也有所不同。因此，企业在寻求持续竞争优势时，应视其自身的业务特点、发展阶段以及所处环境的不同，采取不同的战略调整策略，以获得持续的竞争优势。

（2）实现企业价值最大化。从动态性角度来考察，更全面、更综合、更深刻的企业目标应该是实现企业价值最大化。因为企业价值是企业资产存量与增量之和，同时包含了时间价值和风险因素。企业价值最大化目标能够较好地兼顾企业中各相关利益主体的目标和企业的其他目标，是一个综合性的目标。企业价值最大化并非仅指利润最大化，因为在利润最大化目标中，利润仅指经济利润，在现代市场经济条件下，这种目标是狭窄的。价值最大化目标则能较好地涵盖和综合每股盈余最大化、收入最大化、市场份额最大化及履行社会责任等目标。企业只有在追求上述具体目标的过程中才能不断提升自己，最终实现企业价值的最大化，从而保证企业战略调整目标的正确性，实现企业的长远发展目标。

10.5.4 企业战略调整的策略

核心能力的刚性特点限制着企业调整方案的制订与选择，企业家的技能或经验背景可能使其自觉或不自觉地将过去的经历作为现在行为选择的参照系，作为组织记忆的文化则对上述因素起着综合的作用，企业的战略调整可能因此而表现出明显的路径依赖特征。要超越影响因素在战略调整过程中表现出的路径依赖特征，使企业成长与发展摆脱过去的阴影，必须在遵循战略调整的原则和目标的前提下采取一系列行之有效的措施。超越路径依赖特征的措施具体分为以下五个方面。

（1）建立战略预警机制，提高战略调整的预见性。企业对环境的变化做出正确的反应并正确感知环境的变化是需要一些时间的，这就需要企业建立战略预警机制。战略预警机制是企业管理和决策的一个重要组成部分，它的建立有助于减弱不确定性环境给企业战略实施带来的影响。

（2）组织知识创新，更新和发展核心能力。竞争优势的基础是核心能力；核心能力是某种独特知识运用的结果。为了有效克服企业战略调整中的路径依赖问题，需要不断更新和发展企业的核心能力。核心能力的发展是以企业的知识创新为基础的。以核心知识为基础形成的竞争优势的维持与发展，要求企业有效组织知识创新。知识创新是企业学习的结果，企业学习是生成与企业生产经营有关的知识，并对其利用、创新和积累的过程。这个过程是与企业生产经营活动本身交织在一起的，甚至就是这种活动本身。因此，组织企业进行知识创新，并不是要另建一套系统，而是要以有利于知识创新的方式来组织企业学习，或更准确地说，是要组织企业的经营与管理活动。

（3）改造企业文化，促进组织学习。发展核心能力需要组织知识创新；知识创新是组织学习的结果。因此，为了促进企业核心能力的发展，克服战略调整中的路径依赖特征，必须塑造学习型的企业文化。学习型的企业文化可以从两个不同角度去理解。首先，企业文化所倡导的价值观念和行为准则必须有利于企业组织及其成员的学习；其次，企业文化本身必须是不断学习的产物，文化所体现的不再仅仅是企业组织过去的成功经验，而是与战略调整所需适应的当时的企业内、外部环境中的价值观念或思维方式相一致。倡导学习型的企业文化必须是允许失败的文化。人类是在失败中不断总结经验和教训、不断提高技能、不断前进的，错误和教训可能使人变得更加聪明。允许失败的文化是一种鼓励尝试的文化。在这种文化中，人们强调的可能不是结果，或至少不仅仅是结果，而是努力的过程。与这种文化相适应的报酬制度不仅鼓励成功的创新，而且奖励那些结局虽是失败的但在过程中不懈努力的探索行为，只要组织中的每一个人都孜孜不倦地去探索创新，那么所希望的结果最终必然会出现。

（4）完善公司治理结构，促进经营者行为合理化，保证经营者的正常更替。同企业中的其他决策一样，企业战略调整是企业经营者行为选择的结果。经营者行为偏好对企业战略调整的影响可以从两方面去考察：是否需要调整；如何进行调整。作为战略调整对象的过去决策可能是经营者以往行为选择的结果，由于不愿承认过去决策对目前环境的不适应，或者出于对自己决策能力及其应用的过于自信，经营者不愿意对过去决策进行调整，或者没有认识到这种调整的必要性。在已经认识到调整的必要性并进行决策调整的情况下，企业经营者对企业战略调整方向与内容的选择仍然可能受到其过去的职能背景或经验背景的影响。因此，为了克服经营者个人行为特征对企业战略调整可能带来的不利影响，首先需要改进企业的激励制度以诱导经营者表现出符合企业和个人利益的合理行为，同时更要求完善公司的治理结构，以使企业能够在经营者不愿意进行必要的战略调整时及时对经营者进行更换。其次，要通过完善公司治理结构，对经营者及其行为实施有效的控制和约束。公司治理结构解决的主要是决策权在企业所有者与经营者间的配置问题。完善公司治理结构就是要通过相关权力在股东大会、董事会及企业经营管理机构间的分配，一方面使经营者有足够的行动空间自主组织企业日常的经营活动；

另一方面要保证股东对经营者的有效监督和控制。因此，当企业战略必须进行战略调整，而经营者一味坚持原先的战略选择时，所有者或其代表需要能够借助公司治理结构对其进行及时的撤换，以保证企业的健康成长与发展。

（5）运用平衡计分卡，构建战略管理系统。平衡计分卡是指从财务、客户、内部业务流程、学习和创新四个方面来考察企业战略绩效的系统，利用它可以对关键过程进行有效控制，对资源进行优化配置，使考评和战略有效衔接起来，解决传统管理体系中公司长期战略与短期行为脱节的问题。企业运用平衡计分卡构建战略管理系统：首先，可以在现有资源和外部因素的基础之上制定企业的愿景规划和战略目标，然后把战略目标转化为关键成功因素和关键业绩指标，根据这些指标来制订战略行动方案；其次，根据战略行动方案，依据各部门工作的重要性分配资源，并尽量使部门间的资源产生协同效应；最后，在外部环境发生变化时，对战略进行反馈和调整，并调整其考核指标体系。通过以上各个环节的实施，确保企业的战略目标、战略行为、战略资源和绩效管理成为一个联系紧密的整体，使企业的战略调整和战略决策获得成功。

本章精要

本章讲述了企业战略控制的内涵、特征、类型、原则、过程、系统及战略调整的相关内容。

战略控制包括对企业经营范围、经营模式、组织结构、激励制度、重要人事调整和长期投资所进行的具有全局性、长期性特点的控制，是战略管理的最后一个步骤。传统战略控制多属事后控制。但是，企业所处的环境越来越复杂，而且越来越难以预测，企业必须重视对战略控制的前瞻性思考，因此构造复杂环境下的信念控制系统、边界控制系统、诊断控制系统、交互控制系统对于企业战略控制具有重要意义。

企业经营战略实施的控制还可以促进企业文化等企业基础建设，为战略决策奠定良好的基础，对于提高战略决策的适应性和水平具有重要作用。战略调整保证了战略实施方向的正确性，使企业在战略轨道上顺利运行，保证企业总体目标的实现。

思考题

1. 战略控制实施的原因是什么？
2. 战略控制的类型及原则是什么？
3. 战略控制的实施过程涉及的内容有哪些？
4. 传统企业战略控制系统和复杂环境中的企业战略控制系统有什么异同？
5. 在中国，战略控制和调整对战略实施的重要意义是什么？请实地调查当地一家企业所实施的战略控制对企业有什么巨大作用？

综合案例

三星电子全球战略调整①

1. 三星电子战略的调整

三星电子工业（1984 年更名为三星电子）是三星集团旗下最大的子公司，成立于 1969 年。成立初期，尽管主要承接日本转移的家电产品，但三星电子很早就意识到芯片的重要性，并开始涉足相关产业，进而很快走上追赶之路。20 世纪 90 年代，三星电子在技术创新上不断取得突破，如研制出世界上第一个 64M 动态随机存储器（dynamic random access memory，DRAM）、率先开发出 256M DRAM 等，从而实现了核心业务的国际赶超。进入 21 世纪，三星电子在芯片产业的上、中、下游环节多点发力，迅速成为全球芯片领域的创新引领者。近年来，为巩固自身竞争优势，三星电子主要在技术、业务、布局等层面加快了战略调整的步伐。

1）技术层面的战略调整

一是加大研发投入，推动技术创新。从 2015 年开始，三星电子研发投入连续多年下降，直到 2018 年开始逆转，2021 年研发费用进一步提高至 22.6 万亿韩元。与竞争对手相比，2021 年三星电子的研发费用高于英特尔、台积电和中芯国际；研发强度尽管落后于英特尔和中芯国际，但高于台积电。

二是加强技术合作。近年来，三星电子与包括竞争对手在内的国际众多企业签订了一系列合作协议，如为消除专利争端和诉讼风险，与高通、微软、爱立信、华为等公司签订专利交叉许可协议；为扩大以 14 纳米先进制程工艺技术为基础的产品市场，三星电子与格罗方德半导体签订生产技术授权协议；为获取智能手机、平板电脑等移动设备的图形设计专利及其他与标准相关的专利，三星电子与超威半导体、交叉指型科技、诺基亚等公司签订专利授权协议；为使用基于安卓系统的数字媒体商店中的 App，三星电子与谷歌签订授权协议。

三是建立技术保护壁垒。三星电子致力于探索芯片制造领域的先进生产技术，2021 年 3 月全球首发基于 3 纳米制程工艺技术的芯片产品，2022 年 6 月开始量产基于全环绕栅极技术的芯片产品，在芯片制造技术上实现了对台积电的赶超。与此同时，三星电子还通过加强芯片及其他相关领域的研发以获得大量专利，进而提高了知识产权保护壁垒。截至 2021 年底，三星电子在世界范围内掌握了 21.64 万件发明专利，其中《专利合作条约》（Patent Cooperation Treaty，PCT）专利申请 3093 件，在世界知识产权组织公布的当年 PCT 专利申请排名中位列第二。

四是扩大应用范围。三星电子在产业链上游加大力度开发更高性能的系统级芯片处理器（Exynos），广泛应用于智能手机、平板电脑等移动终端上。不仅如此，三星电子还在产业链下游智能终端环节频频发力，如依托芯片先进制程工艺技术，结合柔性显示技术，于 2019 年发布 Galaxy Fold 折叠屏智能手机，创造出了全新的智能手机产品种类，随后推出的

① 王海兵（2023）。

Galaxy Z Flip、Galaxy Z Fold 等系列产品也使其迅速成为该细分市场的领导者。

2）业务层面的战略调整

一是兼并收购。三星电子在虚拟助理服务、高级音响产品、半导体材料、半导体设备、半导体封装等领域频繁开展股权交易，以布局并拓展芯片产业链，同时强化在众多环节的竞争优势。2017 年，三星电子收购专注于虚拟助理服务的科技公司 Viv Labs，开发人工智能助手 Bixby，成为苹果 Siri、微软 Cortana、谷歌 Assistant，以及亚马逊 Alexa 的直接竞争对手；2017 年，三星电子收购专注于个性化智能回复功能的科技公司 Fluenty；2018 年，三星电子收购专注于人工智能搜索引擎的科技公司 Kngine。在此基础上，三星电子构建了完全交互的物联网生态系统，并逐渐将 Bixby 应用到智能手机、智能音箱、智能电视等各类终端产品上，不仅加强了相关产品的竞争优势，还带动了其他芯片产品的制造与销售。

二是出售资产。三星电子加快清理信用卡、打印机及软件、医疗设备、液晶面板等非核心部门业务，从缺乏竞争优势的业务中退出。代表性案例包括将三星信用卡公司 37.5%的股权出售给三星生命保险公司，将以打印为核心业务的子公司出售给惠普公司，将以医疗设备为核心业务的 NexusDx 公司出售给 SphingoTec GmbH 公司。与此同时，三星电子为全力向量子点发光二极管（quantum dot light emitting diode，QLED）、有机发光二极管（organic light emitting diode，OLED）技术和产能转型，逐渐降低 LCD 面板的产能。

三是内部整合。三星电子大力推动组织流程再造，调整部门分工和业务构成，整合有效资源，加强不同单元间的内在联系，提升管理效能，增强经营活力。三星电子早在 2005 年就成立了晶圆代工业务，2017 年将其从系统大规模集成电路（large-scale integrated circuit，LSI）业务中独立出来，以增强芯片产品的生产能力。2021 年 12 月，三星电子对业务架构与相应人事进行了大调整，形成了新的四大业务部门。

3）布局层面的战略调整

一是减少子公司数量，经营布局由规模扩张期进入结构调整期。2015 年，三星电子在世界范围内的子公司有 159 家；2017 年增至 270 家；到 2021 年，则减至 228 家。从地区分布看，三星电子子公司数量减量主要发生在韩国国外，而增量则主要发生在韩国。从业务结构看，三星电子运营中心数量减量主要发生在生产领域，增量则主要发生在研发与设计、销售与服务领域。

二是员工布局随经营布局的调整而发生相应变化。2013 年，三星电子在世界范围内的员工数量为 28.63 万人；2017 年增至 32.07 万人；到 2021 年，则降至 26.67 万人。从地区分布看，三星电子员工数量增量主要发生在韩国，2021 年比 2017 年增加了 1.47 万人；而减量则主要发生在亚洲国家（地区）（除韩国），2021 年比 2017 年减少了 6.8 万人。从员工类型看，三星电子员工数量增量主要发生在产品开发岗位和经理职级岗位，2021 年比 2017 年分别增加了 0.97 万人、1.83 万人，而减量则主要发生在生产制造岗位和普通职级岗位，2021 年比 2017 年分别减少了 5.64 万人、7.23 万人。

三是发明专利数量呈加速上升趋势，表明三星电子技术布局开始进入高质量发展期。2015 年，三星电子在世界范围内掌握的发明专利数量为 11.01 万件，2017 年增至

11.93 万件，2021 年则进一步增至 21.64 万件。从地区分布看，三星电子发明专利数量增量主要发生在美国、韩国、欧洲国家（地区），2021 年比 2017 年分别增加了 3.81 万件、2.3 万件、2.03 万件；相比之下，在中国与日本的增量较少，2021 年比 2017 年分别增加了 0.9 万件、0.25 万件。

2. 三星电子战略调整的原因

1）国际环境发生深刻变化

近年来，全球经济始终在低迷处徘徊，意味着消费者整体收入水平和消费能力将出现下降趋势，进而会在传导机制和乘数效应的作用下使企业产生市场前景趋悲观的预判。在此背景下，三星电子加快了在业务范围收缩、经营模式转变等方面的战略调整进度。2008 年国际金融危机爆发后，发达国家提出“再工业化”战略，试图通过推进制造业回流、建立新型高端工业体系等方式，重塑国际分工秩序。近年来，随着技术、劳动力、资金、土地、能源等要素成本的显著变化，国家间比较优势再次呈现动态梯度演变特征，进而倒逼企业做出技术合作、资源整合、产能迁移等决策。尤其自新冠疫情发生以来，众多国家及企业已深刻认识到现有国际分工秩序下全球价值链分割、供应链断裂、产业链封闭所产生的安全风险与经营危机。在此背景下，三星电子加快了在生产线搬迁、非核心资产出售、内部资源整合等方面的战略调整进度。

与此同时，国际贸易争端呈不断加剧的态势。例如，在国际规则框架内，世界贸易组织数据显示，2015～2017 年成员诉诸世界贸易组织争端解决机制的案例有 47 件，2018～2020 年上升到 63 件。在国际规则框架外，尤其在芯片领域，美国联合部分国家和地区组成所谓的“反华联盟”，酝酿并采取了一轮又一轮制裁措施，不断加大对中国相关企业在设备、软件、零组件、人才、资金、市场等方面的限制力度。2019 年，日本与韩国的贸易争端再起，并不断升级，范围已从芯片产业扩大到汽车、零售、旅游等众多产业。在此背景下，三星电子加快了在芯片产业链的原材料供给保障、生产能力增强、核心人才保障等方面的战略调整进度。

2）韩国国内环境发生较大变化

近年来，受全球经济复苏乏力、贸易保护主义盛行、新冠疫情冲击等因素影响，韩国进出口贸易面临较大下行压力，已对国内经济增长造成显著负面冲击。世界贸易组织的数据显示，2017 年韩国货物出口额和进口额在 GDP 中的比重分别降至 35.35%和 29.48%，2020 年进一步降至 31.28%和 28.54%；而韩国 GDP 实际增速从 2017 年的 3.16%降至 2020 年的–0.85%。受此影响，韩国政府提出对外经济合作新方略，试图通过降低对美国、中国、日本的贸易依存度，提高进出口市场的多元化程度等方式，为国内经济增长提供新动能。在此背景下，三星电子加快了在经营布局、技术布局等方面的战略调整进度。2017 年，韩国政府换届，经济政策发生转变。新一届政府推行以“收入主导增长”“公平经济”“革新增长”为核心的“以人为本的经济增长”模式，在一定程度上激发了国内经济活力。与此同时，为应对与日本的贸易争端及新冠疫情冲击，韩国政府出台了一系列政策措施，促进原材料、零部件、装备等领域内战略物资的国产化。面对海外企业“回流”效果不理想的现状，韩国政府一方面加大“回流”补贴政策的实施力度，扩大覆盖范围，另一方面鼓励大企业“回流”，带动配套企业“回流”，以实现国内投资扩大、就业增加、经济增长等目的。在此背景下，三星电子加快了在技术创新、产能转移等方面的战略调整进度。

与此同时，随着美国、欧盟、日本等国家或地区加强对芯片产业链主要环节的非对称管制，韩国芯片产业竞争力有所削弱。为扭转这一局面，韩国政府越来越倚重产业政策，如为应对日本的出口管制，韩国政府出台研发扶持计划，加强官产学协同机制，制定鼓励外资企业加大投资、促进国内企业跨国并购等措施；为缩小芯片产业链上薄弱环节差距，韩国政府先后提出“系统芯片产业愿景和战略”“制造业复兴发展战略蓝图”“人工智能半导体产业发展战略”等。2021年，韩国政府公布“半导体强国战略规划”，在连续性资金扶持、高级人才培养、大幅度税费减免等方面推出了一系列举措，力图构建规模庞大的半导体产业带。在此背景下，三星电子加快了在技术创新、业务重组等方面的战略调整进度。

3）企业经营发生严重危机

2016年8月，三星电子发布Galaxy Note7手机。然而，在不到一个月的时间里，全球范围内就发生了数十起电池缺陷导致手机爆炸的事故，2016年10月，三星电子最终决定永久停止生产和销售Galaxy Note7手机。这一事件被三星电子认为是其历史上“最耻辱的事件之一”。在应对这一事件的过程中，由于存在“地区差别对待”等问题，三星电子受到市场的广泛质疑与消费者的强力抵制，这不仅导致其智能手机业务下滑、品牌形象受损，也使其他相关业务受到负面冲击。在此背景下，三星电子加快了在产品研发、内部资源整合等方面的战略调整进度。2016年10月，韩国爆发总统“亲信干政”事件。随着该事件愈演愈烈，三星电子也深陷其中，副会长李在镕最终被判刑。此外，李在镕还被卷入“不正当交易”“操纵市场”“违反上市公司外部审计相关法”“违反《毒品类管理法》”等事件。2022年8月，尽管李在镕获得韩国政府特赦和复权，但这些事件已经对企业形象产生负面冲击，更给三星电子的日常经营带来巨大挑战。在此背景下，三星电子加快了在业务重组、资源整合、产能转移等方面的战略调整进度。

3. 三星电子战略调整对企业的影响

作为世界500强企业之一，三星电子的战略调整是一种“变革”，能指引企业对内部价值创造活动进行优化重组，进而在商业模式、市场份额、品牌价值等方面形成更强的竞争优势，最终实现转型升级。从商业模式看，三星电子近年来在芯片产业链上游、中游、下游兼并收购关联性较强的资产，进一步强化了整合制造模式的优越性。尤其在新冠疫情冲击所引起的芯片“荒”背景下，拥有设计、制造、封装、测试、销售等多产业链环节的芯片企业的优势十分突出。从市场份额看，三星电子的电视、DRAM、智能手机、智能手机面板等与芯片相关的产品，市场占有率已连续多年保持全球第一，2021年上述产品的市场占有率分别为29.5%、43%、20%、51.1%。三星电子为追赶台积电的先进制程工艺技术和芯片产品制造的市场占有率，采取了比较“激进”的扩张策略。这一策略尽管能巩固并显著增强三星电子在产品研发、设计与制造等环节上的竞争优势，但也在一定程度上降低了晶圆代工业务中的芯片良品率，使其饱受市场质疑。在区域发展方面，过度重视韩国本土及美洲市场，已导致三星电子在其他地区市场发展中陷入“进退维谷”的境地，特别是在中国市场，其收缩态势明显。

综合案例思考题：

1. 谈谈三星电子如何结合市场变化进行战略控制和调整。

2. 三星电子的战略调整方式有何特色？结合三星电子的案例，分析企业战略控制和调整对于企业发展有什么作用。

3. 运用战略控制理论，分析三星电子的战略实施和调整对我国相关企业的借鉴意义。

第 11 章 企业国际化战略

企业国际化成功了，才能迈向世界级的公司。

——张忠谋

引导案例

世界那么大，我（微信）想去看看①

2016 年春节，在美国纽约时代广场上，在美国工作的华人小陈又一次深刻感受到了技术与全球化的力量，即使站在具有“世界的十字路口”之称的时代广场，依然可以在这个属于全球华人的节日里，享受来自中国传统深处的节日福利——红包。小陈惊奇地发现，在使用微信抢红包的时候，他并不孤单，因为许多美国人的手机竟然跟自己一样，也安装了这款来自中国的社交应用平台——微信。

2012 年 4 月，微信开始了国际化的尝试。为了使微信更容易在世界各地推广，腾讯公司将微信 4.0 英文版定名为“WeChat”，之后推出了各种语言的版本。2014 年世界杯前，阿根廷足球巨星梅西成为微信的全球代言人，在一个 30 秒的广告短片中，梅西利用微信同自己的奶奶视频聊天，顺便秀了一把球技。梅西显然带动了一大帮球迷对微信“路转粉”。此外，微信还与世界上最大的职业社交平台 LinkedIn 合作，使其在美国本土账户的“联系方式”中添加微信 ID 等。

针对海外不同地区的文化和用户习惯，微信进行了差异化运营。在意大利，微信与当地最具影响力的时尚杂志合作，推出时尚资讯栏目来吸引用户。在印度，微信举办的贴纸大赛吸引了来自 1800 所艺术院校的学生参加。这些“本土化”的推广方式让微信迅速在当地扎根，使其成为当地用户喜爱的社交应用平台。

对比国外的产品，Facebook 和 Twitter 专注于社交，WhatsApp 专注于通信服务，而

① 石畅和卢泽华（2016）。

微信则试图通过平台化的模式，搭建一个集电子商务、资讯、生活服务等功能于一体的生态系统。有评论认为，功能繁多的微信在海外难免会有“水土不服”的现象。相对于产品设计上的差异，文化壁垒的存在是微信海外市场拓展的最大障碍。因此，作为中国吸引世界目光的少数应用平台，拥有多项创新功能和成功经验的微信面临这样一个选择，就是在用户习惯和文化差异面前，是通过适应性改造来获得更多的用户，还是通过一定的时间，让自己的创新重塑用户的使用习惯甚至是生活方式。从这个意义上讲，正在飞速发展中的微信，的确存在这样的问题，微信该怎么做？

本章学习目标

- 了解企业国际化战略的内涵。
- 掌握企业国际化的动因。
- 了解企业国际化战略的类型。
- 了解企业国际化经营的环境与国际化战略的风险。
- 理解企业所能选择的国际化经营战略和进入模式。
- 了解国内先驱企业国际化过程的经验教训。

面对全球化进程的推进，国与国之间的经济关系正在摆脱原来那种相互隔离、相互闭塞的局面，正逐渐以竞合的方式融合成为一个相互依存的全球性经济体系。中国经济在世界经济格局中所处的特殊地位——大国经济，使得中国企业国际化与发达国家和其他发展中国家的国际化具有不同的特征。处于国际化初级阶段的中国企业，必须掌握国际化战略的理论，了解国际化先驱者的经验教训，充分发挥和利用已有的比较优势，形成中国特色的国际竞争力，才能使自身的国际化得到稳定、健康的发展。

11.1　企业国际化战略概述

企业国际化战略是在国际化理论的基础上产生的，了解企业国际化的相关理论有助于更好地理解国际化战略。

11.1.1　企业国际化战略的内涵

企业的国际化战略，从广义上讲，是指企业针对国际业务活动制定的战略的统称。从狭义上讲，企业的国际化战略是微观经济组织根据自身的条件选择在国际市场中创造独特优势的路径，通过对企业内、外部资源的有效整合与协同，并按照国际市场的要求构建和实施其经营战略，在充分获取规模经济的基础上，实现企业价值最大化。

在经济全球化条件下，企业为建立和维持自身的全球竞争优势，必须实现三个战略目标：一是必须在其所有活动中建立全球规模效率；二是必须培养多国适应能力来处理不同国家的特殊风险和机遇；三是必须培养从其他国际经营实践和机遇中学习的能力，以及在全球范围的基础上利用所获得的知识的能力。

在培养每一种能力时，企业可以利用三种不同的工具和方法：一是可以利用在多个国家经营的不同的资源和市场机会；二是可以投资于多样的经营活动以实现协同作用和范围经济；三是可以从它不同的全球活动中获得潜在的规模经济。

11.1.2 企业国际化相关理论

企业的国际化经营方式因阶段和驱使因素的不同而千差万别，由此所形成的国际化理论各具特色。其中具有代表性的理论有垄断优势理论、区位理论、内部化理论、国际生产折中理论、产品生命周期理论。比较分析各种国际化理论，对于认识企业国际化内在规律、为投资寻找理论依据，促进中国企业国际化发展具有重要意义。

1. 垄断优势理论

20 世纪 60 年代，海默（Hymer）通过对美国 1914～1956 年对外直接投资（foreign direct investment，FDI）进行统计分析，发现对外直接投资与对外证券投资存在显著差异，率先提出了垄断优势理论，并且明确地将对外直接投资与国际间接投资区分开来，从市场的不完全竞争假设出发，分析研究对外直接投资的发展规律，后经其导师金德伯格（Kindlbeerger）发展，形成“海默–金德伯格传统”，成为西方对外直接投资理论的先导。

该理论认为，美国企业拥有的技术与规模等垄断性优势，是美国企业在国外进行直接投资的决定性因素。其理论的主要特点包括以下两个方面。

（1）将理论建立在市场的不完全竞争假设的基础上。市场的不完全竞争假设是垄断优势理论所依据的基本理论前提。市场的不完全性是指一种商品虽然存在众多的买者和卖者，但卖方的产品在实际上或在买方看来是具有差异的。产品的差别性使得市场偏离完全竞争结构，这是导致对外直接投资生成的前提条件。海默认为，传统国际资本流动理论说明的是证券资本的国际流动，它不能解释发达国家之间相互直接投资的现象。如果美国公司对外直接投资的原因是海外的高利率，那么为什么当时美国企业大量在海外借款投资建厂？这与传统理论相矛盾。海默认为，对外直接投资的形成不是以资本的利率为导向的，而是以投资的利润率为导向的。正是市场的不完全性导致了企业垄断优势的形成。

企业的垄断优势来源于：①在不完全竞争产品市场上形成的垄断优势，如产品的差异性、营销技能或定价策略等；②在不完全竞争的要素市场上获得的垄断优势，如专利的拥有、融资的便利性等；③由规模经济带来的垄断优势；④由政府干预带来的垄断优势，如政府干预造成的市场进入壁垒的提高。也正是企业具有的这些垄断优势，使其能获得比东道国企业更高的垄断利润。

（2）将对外直接投资与国际间接投资区分开来加以分析。直接投资企业对海外子公司有不同程度的控制，母公司与子公司在技术和管理上都有密切的联系。对海外经营进行控制，不仅是为了利用它们的各种资产，也是参与东道国国内企业竞争的一种战略行动。直接投资不同于证券资本流动。直接投资的投资者往往在东道国当地资本市场融资；直接投资也可以实物形式进行，如通过交换工业产权、技术或机器设备等进行投资；这些投资都没有发生通过外汇市场或资本市场的资本流动。再者，直接投资常常双向流动，如美国企业可以在日本投资，日本企业也可以在美国投资，因此直接投资的资本流动并不都是从资本供给充裕的低利率国家流向资本稀缺的高利率国家。于是，海默主张应以市场的不完全竞争假设为前提，将对外直接投资与国际间接投资区分开来加以分析。

2. 区位理论

区位选择是企业国际化过程中的重要问题，很多主流对外直接投资理论都包含了区位选择的思想，已成为对外直接投资领域的研究重点。对外直接投资的区位理论以发达国家企业为研究对象，从母国的角度考虑传统的比较优势因素对对外直接投资的影响。20 世纪 80 年代中期后，发展中国家对外直接投资有了很大发展，于是相继出现了许多研究发展中国家对外直接投资的理论。

阿勃利兹・若伊利（Abriz Ruoeli）的观点很具代表性。他提出，发展中国家往往存在传统落后的农业部门与采用较新技术的现代工业部门，同时存在的“二元经济结构”在技术水平、劳动生产率、经济组织形式上的差距使产业间联系减弱。同时，传统农业部门在供给和需求上的低弹性，无法对现代工业部门提供的经济发展机会做出及时有效的反应，使产业间的差距进一步扩大。这样，发展中国家的现代工业部门在远远未达到规模效益要求的情况下，出现了结构性供给过剩乃至个别行业或企业的相对资本积累过度或相对资金富余的情况，于是对外投资就成为可能。

小泽辉智（Tereto Ozawa）提出动态比较优势理论，认为各国经济发展水平具有阶梯形的等级结构，跨国投资的模式选择应能激发各国现有和潜在的比较优势，并使其最大化。因此，发展中国家的跨国投资模式必须结合工业化战略，将经济发展、比较优势和跨国直接投资作为互相作用的三种因素结合起来分析。他认为，提高经济竞争力的动机是发展中国家从纯吸引外资转变成向海外投资，并把这种转换过程分为四个阶段：第一阶段是吸引外商直接投资；第二阶段是外资流入并向海外投资转型；第三阶段是由劳动力导向的对外投资贸易支持型向技术支持型过渡；第四阶段是资本密集型的资金流入和资本导向型的对外投资交叉发展阶段。

3. 内部化理论

巴克利（Buekley）、卡森（Casson）和拉格曼（Ragman）等共同创立和发展了内部化理论。公司在其经营活动中，面临各种市场障碍。企业为了克服外部市场障碍或弥补市场机制的内在缺陷必须付出高昂的交易成本，为了保障自己的经济利益，企业不得不将交易改在公司所属各个企业之间进行，从而形成一个内部化市场来取代外部市场。当内部化过程超越了国界，跨国公司便产生了。因此，出于内部化的动机，企业开展对外直接投资。内部化理论来源于科斯（Coase）的交易成本理论，科斯的理论曾被广泛应用于对企业国内行为的分析，巴克利和卡森将这一理论引入跨国公司的对外直接投资领域。

4. 国际生产折中理论

国际生产折中理论由邓宁（Dunning）提出。该理论指出，如果一个企业拥有所有权特定优势、内部化优势和区位特定优势，就会产生对外直接投资。

所有权特定优势是指企业特定的垄断优势，如技术优势、管理技能、市场营销技能等。内部化优势是指为了避免市场不完善给企业带来负面影响，企业存在对其优势进行内部化的强大动力，包括所有权资产使用的内部化、市场信息的共享、内部市场的创造等。区位特定优势是指由于存在贸易壁垒、政府政策的差异、市场模式及其发展的差异等，企业把其生产的一部分转移到国外进行，往往比在国内有利可图。

国际生产折中理论可以概括为：对外直接投资=所有权特定优势 + 内部化优势 + 区位特定优势。企业具备三种优势的多少可以决定其采取何种方式（对外直接投资、出口贸易、非股权资源转让），如表 11-1 所示。

表 11-1　国际生产折中理论方式与优势表

优势	所有权特定优势	内部化优势	区位特定优势
对外直接投资	具备	具备	具备
出口贸易	具备	具备	不具备
非股权资源转让	具备	不具备	不具备

5. 产品生命周期理论

1966 年，弗农教授提出了国际产品生命周期概念，将新产品的生命周期划分为产品创新、成熟和标准化三个阶段。随着产品生命周期三个阶段的此消彼长，国际化活动在各个不同的国家展开。

第一阶段，发达国家制造出新产品，产品以高利润进入市场，开拓国内市场。这一时期，以国内市场为主、外销为辅。

第二阶段，该产品在发达国家进入成熟期，国内市场趋于饱和，企业目标转向国外市场，发展中国家成为商品进口国并开始仿制。

第三阶段，发展中国家逐渐成为这种产品的世界市场供应者，直到这一产品为更新的产品所替代，如图 11-1 所示。

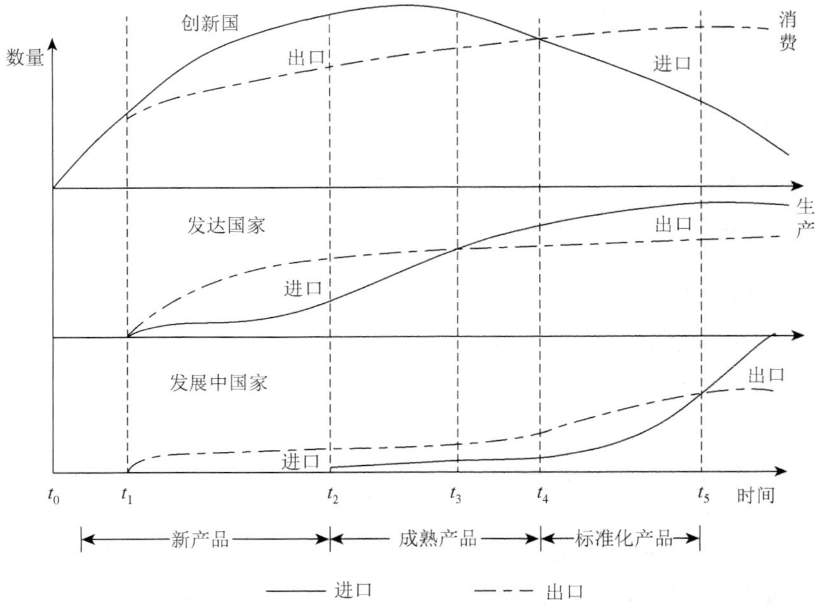

图 11-1　贸易方式与产品生命周期

上述理论是企业国际化战略理论的基础，为国际化战略理论的产生和发展做出了贡献。

11.2　企业国际化的动因

经济全球化以及世界范围内的产业转移推动了国际化经营的迅速发展，使得国际化经营成为全球范围内进行生产要素组合的最佳配置方式和活动。根据企业国际化驱动因素的不同，可将其分为资源导向、市场导向、效率导向、分散风险导向。

11.2.1　资源导向

来自国家、产业等各方面的压力迫使企业必须不断寻求稳定的低成本资源供应，以维持生存和发展。这使得企业必须积极地到世界各地去寻求成本最低的资源，如更便宜的原材料、更廉价的劳动力、不需要补偿的环境资源等。当前最有效的方式就是到国外去直接从事生产经营活动，直接获得廉价的资源、较低的生产经营成本，提高自己在世界范围的竞争力。

11.2.2　市场导向

竞争是商品经济的本质属性，它迫使企业必须不断提高品质，扩大规模，提升竞争实力。当存在超越本国市场容量的规模经济时，企业为降低成本、取得规模经济带来的效益，必须向新的市场渗透。实践经验表明，首先，国际范围内的纵向一体化是实现规模经济的关键；其次，当产品品牌在国内具有良好的声誉时，企业通常会在全球范围内逐步地设立生产营销系统；最后，由于同一产品在不同市场上的市场生命周期不一样，当企业的产品在国内市场上逐渐失去其独特性和竞争优势时，企业通常会将这种产品向国外市场推广，继续保持和利用产品技术领先的地位，延长对技术和设备的使用时间。

国际经济发展的格局也为企业国际化提供了有利条件，众多发展中国家正处于资金、技术的稀缺阶段，因此会提供一系列优惠政策以吸引外资进入本国市场，政策的优惠程度自然成为企业选择投资目的地的重要因素之一。

11.2.3　效率导向

各国经济发展不平衡，使得国际经济的分工有利可图。各国经济相互依赖与补充，加速了国际贸易与国际经济的发展。全球的企业都可以利用市场规模的扩大，参与国际分工，促使生产要素更自由地进行趋利性组合，实现经营效率的提升。

11.2.4　分散风险导向

企业经营中时时刻刻都会面临一些不确定风险。如果企业长期将发展中心放在一个国家，这样必然存在风险过于集中的问题。一旦这个国家出现政局动荡、经济萧条或者重大经济决策变化等都会带来不可估量的风险，造成巨大的损失。通过国际化经营，企业能够和当地的合作伙伴结成战略联盟，进一步分摊风险。即使该国政治稳定、经济发展平稳，也会面临市场份额逐渐饱和、竞争日趋激烈的问题。“不要把鸡蛋放在同一个篮子里面”的谚语在商业投资领域非常适用。许多企业国际化的动机实质上是希望使投资结构更加多元化，最终实现平稳经营。

11.3 企业国际化战略的类型

在全球市场竞争的企业通常要面对两种相互冲突的竞争压力，即成本降低的压力和适应当地需求的压力。对成本降低的压力做出反应要求企业将生产活动建立在最有利的低成本地区，向全球市场提供标准化的产品，从而有助于企业把开发一种产品的固定成本分摊到尽可能多的产量上，降低其产品的平均单位成本，获得规模经济。

对适应当地需求的压力做出反应则要求企业针对不同的国家提供不同的产品和营销战略，以满足由国家差异带来的不同需求，这些差异广泛存在于消费者的口味和爱好、商业实践、分销渠道、竞争条件以及政府政策方面。因为按不同国家的需要制定的产品可能包含大量的重复，并且缺乏标准化，其结果可能会提高成本。根据这两种相互冲突的压力的高低，企业有以下四个不同的国际化战略选择。

11.3.1 国际战略

采用这种战略的企业关注于在全球基础上对创造和创新能力的利用，并使用所有不同的方法来实现这一目标。它通过把自己有价值的技能和产品转移到当地竞争者缺乏该种技能和产品的外国市场而创造价值。大部分国际企业是通过把在国内开发的独特产品转移到新兴的海外市场来创造价值的。因此，它们往往把产品研发集中在国内进行。

采用这种战略的企业虽然也会在有商业活动的国家开展生产、营销，甚至少量的研发活动，采取一些适应当地顾客需求的产品生产和销售战略，但这种行为的规模是有限的，总部始终保持着对营销和产品战略的严格控制。当一个企业拥有国外市场的当地竞争者所缺乏的有价值的核心竞争力，以及面临相对较弱的当地需求响应和成本降低压力时，采用国际战略是比较明智的，它会给企业带来丰厚的利润回报。例如，通用电气（General Electric，GE）、微软、IBM 等跨国公司都是通过利用其创造和创新能力建立起相对于当地竞争者的绝对优势的。但当企业面临更大的对当地需求反应的压力时，采用这种战略的企业就会输给把重点放在按顾客需要提供产品及根据当地条件确定销售战略的企业。例如，宜家在美国、宝洁在波兰的案例都说明针对不同的压力，需对当初采取的国际战略做出有效的调整，以对当地的需求的变化做出及时的反应。在全球经济日益一体化的趋势下，面对全球消费趋同和当地需求的多样化，企业在战略制定过程中如何根据其产业特征和需求的变化，在各种战略中取得某种“平衡或综合”变得至关重要。

11.3.2　多国战略

采用这种战略的企业关注于由国家差异带来的需求的多样性，并最大限度地对此需求的多样性做出及时的反应。与采用国际战略的企业相同的是，多国战略型企业也倾向于把在本国所开发的技能和产品向海外市场转移，并在有业务的主要国家开展一整套的价值创造活动，包括生产、营销和研发活动。

然而与国际战略型企业不同的是，多国战略型企业需不断地根据客户要求调整所提供的产品和销售战略，以适应各国不同的条件。由于最大限度地满足当地需求意味着成本的必然上升，所以成功运用此战略最大的挑战在于如何在两个相互冲突的压力之间求得平衡。企业通常不能从经验曲线效应和区位经济上实现价值，通常面临着较大的成本压力。当企业适应当地需求的压力较大而成本降低压力较小时，采用多国战略是适合的。但由于生产设施的重复性建设会造成高成本，这种战略不宜在那些成本压力很大的行业中使用。这种战略的另一个缺点是很多多国战略型企业最终都发展成为由较为独立的各国子公司组成的松散联盟，在对其当地环境拥有相当高的灵活性和敏感性的同时，也不可避免地存在着在利用其他国家经营单位的知识能力方面低效和无能为力的问题。

11.3.3　全球战略

采用全球战略的企业关注于通过实现经验曲线效应和区位经济利益来降低成本、提高盈利能力，即低成本战略。采用该战略的企业通常把它们的生产、营销和研发活动集中在几个最有利的地方进行。全球战略型企业往往不会根据当地条件调整其产品生产和销售策略，因为按当地顾客要求生产会提高成本（这涉及更短的生产流程及职能的重复），因此全球战略型企业更愿意在全球范围内销售其标准化产品，从而获得规模经济的最大好处。它们还倾向于利用自身的成本优势来支持在世界各地市场上强有力的定价策略。在有很强的成本降低压力和对当地需求响应压力较小时，采用全球战略是可取的。在许多工业品行业，这些情况越来越盛行。例如，在半导体行业，全球化标准创造出了对标准化全球产品的大量需求。因此，像 Intel、摩托罗拉、德州仪器、中国的格兰仕等企业都采用了全球战略。但对于适应当地需求的压力很大的行业，如消费品行业，这种战略就不适用了。

11.3.4　跨国战略

全球战略型公司倾向于集中所有的资源，常常是将其集中于母国，以获取存在于每一经营中的规模经济；多国战略型公司将它们的资源分散于不同国家的经营中，以使其能够对当地需求做出反应；国际战略型公司倾向于集中那些对发展创新极为重要的资源，而分散其他资源，以使其创新适应于全球范围；跨国战略公司关注的则是提高全球效率，发展多国适应能力和全球范围的学习能力。因此，跨国战略要求企业必须创造一个更为精致且多样化的资产和能力的组合。跨国战略强调，企业的经营才能和产品的流动不应该只是像国际战略型企业那样单向地从母国流向海外子公司，相反，经营才能和产品应该从海外子公司流向母国，流向另外一个子公司，以发展全球学习能力。

另外，为同时取得低成本和产品多样化的优势，在企业结构和资源分配上，跨国战略型企业应确定哪些重要资源和能力集中在母国，以保护其核心能力；哪些资源在国外，以同时获得低成本和适应当地需求。这些公司通过其强有力的内部依赖特征使这些分散而专业化的资源结为一个整体。例如，在中国或墨西哥的全球规模的组件工厂可为设在新加坡、德国和美国的专业化制造厂供货；英国子公司依靠法国子公司获得一系列最终产品，同时法国子公司也依靠英国子公司提供其他一些产品或零部件等。通过这样一个复杂的组合，跨国战略型企业能利用比多国战略型企业、国际战略型企业和全球战略型企业更多的途径来建立自己的竞争优势。由于同时获得较高的成本效率、较强的全球学习能力以及对当地需求的响应对组织结构提出了极高的要求，所以成功实施跨国战略的最大挑战在于建立能够支持跨国战略态势的组织结构。

以上就是国际化战略的四种类型，为便于比较，将其特点总结如表 11-2 所示。

表 11-2 国际化战略的类型及特点

项目	国际战略	多国战略	全球战略	跨国战略
降低成本的显著性	较为显著	最不显著	最为显著	较为显著
适应当地需求程度	不太适应	最为适应	最不适应	较为适应

11.4 企业国际化经营的环境分析

导致企业国际化经营失败的一个最主要的原因是企业缺乏对海外市场的了解和充分的准备。国际化经营环境包括政治、法律环境，经济环境，社会、人文和地理环境，技术环境，以及国际贸易体制。与国内相比，企业国际化的经营环境具有更大的不确定性、不可控性和风险性。为保证企业国际化经营的顺利进行、降低国际化经营的风险，企业必须对国际化经营环境进行深入的分析与评估。

11.4.1 政治、法律环境

关于国家的政治、法律环境是否有利于外国商品进口和外国投资，各国有相当大的差别。国际化经营的企业如果决定在某一国家扩展经营业务，必须考虑该国以下三方面的因素。

（1）对外国企业的态度。有的国家对外国企业表示积极欢迎，鼓励外国企业投资，积极为外国企业准备工业布局条件和基础设施等。有的国家对外国企业并不持友好的态度。这反映在许多方面，如对外资企业的投资比例设置上限，政府控制外国企业返还母公司的利润数额以及货币种类等。

（2）政治的稳定性。国际化经营的企业不仅要考虑交易对象所在国家政治形势的现状，还应该考虑将来的不稳定性，如政局不稳、领导人频繁更迭，可能对外国企业有没收财产、征用和收归国有的行为。在这样的情况下，与其对外直接投资，不如选择出口贸易。反之，如果政局比较稳定，则可考虑直接投资。

（3）贸易、投资条约和协定。这些条约和协定是两个或两个以上国家为确定彼此之间的经济关系而缔结的书面协议。这些条约和协定内容比较广泛，如关税的征收、海关手续、船舶航行、双方企业在对方国家所享受的待遇和保护、特种所有权（专利权、商标权等）处理和商品转口等。

11.4.2　经济环境

企业在进行海外经营的时候还必须研究该国的经济状况和动向，如了解一个国家的经济发展水平。一个国家总体的经济发展水平应决定着出口该国家商品的种类，也影响着投资类型和方向。国内生产总值的总量反映了一个国家的总体经济实力，从国内生产总值的增长率来看，更能说明一个国家的经济运行状况及其前景。公司进行国际化经营还必须考虑所在国的国际收支状况。因为一方面，国际收支影响该国的本位货币的币值，一个国际收支严重逆差的国家往往会使本国货币贬值、扩大出口；另一方面，国际收支影响该国政府的经济政策和对外来资本的态度。

11.4.3　社会、人文和地理环境

跨国经营环境与国内经营环境存在着巨大的差异，跨国经营面临着比国内经营更为复杂、不确定性更高的环境，因此企业对海外经营环境中的文化、政治、法律和宏观经济等因素的分析和调研显得尤为重要。社会、人文和地理环境主要包括下列因素。

（1）人口状况，包括人口总量规模、人口增长情况、人口密度，以及按年龄、性别、受教育程度、职业、城乡和地理位置划分的人口分布状况及变化趋势。

（2）基础设施，包括交通运输条件、能源供应设施、通信设施和商业设施。商业设施包括广告、销售渠道、银行的信贷机构。

（3）教育水平。人们受教育程度不同，对商品的需求和鉴别接受能力也不同。

（4）宗教信仰。不同的宗教信仰有不同的文化倾向与戒律，影响人们认识事物的方式、行为准则和价值观念，对商品需求，包括商品结构、外形、颜色等，都有特殊的要求。

（5）地理环境，主要是指一个国家的地形与气候条件以及这个国家的自然资源的位置、质量。

对于上述指标，目前世界范围内应用较广的评估方法有“冷”“热”国家法、环境风险指数法和评分法。环境风险指数法是汉纳尔（Hnaer）提出的，该方法根据一国实际情况对经营环境的各项指数分别予以评分，最后根据各项评分及其相应权重进行汇总，指数越高，经营环境越好。其评价指标主要包括政治稳定性、经济增长率、货币自由兑换、工资与劳动生产力、短期贷款供应、长期贷款与资本筹措、对外国投资与利润的态度、企业国营政策、通货膨胀、国际收支平衡、履行合同习惯、官僚作风迟缓、会计师等专业服务、交通状况、当地企业和合伙人方面。汉纳尔认为评分在 40 以下的国家，除非有特殊的条件与必要，否则不可进行投资，评分在 40～55 的国家，风险较大，但可获得的利润也较大。

11.4.4　技术环境

在激烈的竞争中，掌控稀缺资源是取得胜利的关键之一。当今社会是信息和知识社会，人才和技术成为企业发展乃至国家发展的最重要资源，印度凭借软件人才优势一跃

成为世界软件产业的外包中心之一，美国以强大的科研实力成为各大企业研发中心所在地的首选。这些事实都说明技术环境已成为影响世界范围内的高新产业转移的重要因素。技术环境包括人才数量、人才质量、高校及科研院所数量等，北京、上海等地成为外商在华集中投资的目的地的一个重要原因就是其拥有数量众多的一流高校及科研院所。

11.4.5 国际贸易体制

国际化经营的企业的目标是国际市场，因此应先了解国际贸易的格局和体制。

（1）关税。关税是一国政府对进出该国的产品所征收的税金。各国的关税制度不完全相同，一种为单列税制，即一个国家的关税对各国同一类商品采取相同税率，无优惠待遇；另一种为双列税制，即一个国家对同一种商品采取两种以上的不同税率，对享受最惠国待遇的国家实行低税率关税。各国一般根据商品重量、体积或价格来规定税率。

（2）非关税壁垒。它是指除关税以外的限制商品进口的各种措施。其名目繁多，据统计已有 850 多种。其中，主要有进口配额、进口许可证制度、外汇管制、最低限价和禁止进口、技术标准及检验制度、卫生检疫规定、商品包装和标签的规定、繁杂的海关手续、政府的采购政策等。其中最常用的是进口配额，是指输入国对某一产品领域同意进口，但对进口商品总量规定限额，目的是保护国内某些产品和就业。

（3）国际贸易的支付方式。国际贸易需要将一国的货币兑换成另一国的货币。由于各国货币价值经常波动，所以汇率就会带来一定的问题。事实上，汇率的改变可能会使国际贸易所得的收益化为乌有。由于销售和交货与收回货款的时间滞后问题，汇率的变动对进口商和出口商的影响更为突出。

11.5 国际化战略的风险

国际化的经营环境中都潜藏着巨大的风险。本节将重点分析国际化战略中的政治风险（political risk）和经营风险（operational risk）。

11.5.1 政治风险及防范

政治风险是指各种政治力量使一个国家的经营环境发生超过某种程度的变化的可能性，此种变化将影响某个企业的经营目标的实现。政治风险分为宏观政治风险、微观政治风险以及意外事故风险。

宏观政治风险有国有化风险、联合政治抵制风险、法律冲突风险等。意外事故风险包括战争、恐怖活动、经济危机等。作为影响特定经济部门和外国企业的微观政治风险主要来自以下两个因素。一是政府的产业法规、土地政策、对特定类型商务活动的税收政策以及东道国的国产化法规等，如秘鲁将其铜矿开采业国有化、美国对进口纺织品征税等。二是国际化经营管理的难易程度。如果海外企业可以从别处轻易地得到必要的技术，该企业被东道国政府征收的可能性就大，风险相应就高；反之，如果海外企业需要不断从国内总部得到新技术以保持其竞争优势，风险就会降低。

政治风险是一种国家风险，一旦发生就很难规避。中国企业在国际化初期应对特定风险进行有效的预测与评估，并采取必要的措施加以防范。跨国企业用于防范政治风险的策略很多，主要有一体化策略以及保护和防卫策略。

一体化策略的目的在于帮助跨国公司成为东道国经济结构中的一个组成部分，即尽可能使企业与当地环境融为一体，使其不再是引人注目的“外国公司”。最为简单的方式是采用本地化的公司名称，在收购当地公司时，保留原当地公司的名字，如在美国加利福尼亚州的银行中，有近 25%的资产为日本人所有。这种策略转移了公众的视线，可减轻人们的抵触情绪。

一体化策略另一种常用的方式是与东道国政府和其他政治集团建立良好关系。企业在东道国的生产和经商活动中遵纪守法，制定合理的价格，获取适当的利润，尊重当地的风俗习惯，积极参与各种公益事业等，以获取东道国政府的支持与信任。

与一体化策略相反，保护和防卫策略旨在阻止东道国政府干预企业经营。其可以采取的方式有以下几种。一是控制技术或市场经营与分销渠道；二是将当地人员安排在非重要部门；三是从东道国政府和当地银行筹措资金；四是在多国分布自己的生产体系，以分散风险。企业在东道国以外地区进行研究与开发，有效控制新技术输入，即使东道国政府突然没收企业的设施，企业的研发基地也不会受到损失；另外，可将市场经营和分销渠道设在东道国以外，这样，东道国政府接管企业后也不能有效进入国际市场，从而弱化东道国接管企业的能力。

11.5.2　经营风险及防范

经营风险包括宏观市场经营风险和微观市场经营风险。

1. 宏观市场经营风险

宏观市场经营风险主要包括市场供求风险、市场竞争风险、市场结构风险和市场秩序风险。

（1）市场供求风险。市场供求风险是指目标国市场的供求状况给企业带来的风险。盲目生产市场上过剩的产品，必然会给企业带来灾难性的经济损失，甚至使企业破产，而推出市场上短缺且具有一定发展潜力的产品，能为企业的国际化经营带来成功。

（2）市场竞争风险。市场竞争风险是指目标国市场的竞争规模、竞争方式和竞争程度给企业带来的风险。竞争规模主要是指竞争者投入竞争的成本规模，成本规模大，风险就大；竞争方式主要是指竞争者所采取的竞争策略，如降低成本、提高质量、广告促销等正常竞争手段，竞争风险一般可以预测和防范，若竞争者采取倾销、垄断等不正当竞争方式，则风险就大；竞争程度主要是指竞争对手之间相互抗衡的力量对比，若双方势均力敌，则竞争比较激烈，风险就大。企业应尽量在东道国市场寻求市场的缝隙，避免与竞争对手开展激烈竞争。

（3）市场结构风险。市场结构风险是指目标国宏观市场中要素市场的不协调给企业带来的风险，这种不协调表现在规模、容量、发育程度和行为方式等方面。例如，要素市场在规模上的不协调导致企业无法合理配置资源，以致无法实现其经营目标；在容量上的不协调导致企业因资源或产品成本的上升而亏损；在发育程度上的不协调导致资源的短缺；在行为方式上的不协调导致企业经营困难等。

（4）市场秩序风险。市场秩序风险是指目标国市场的各种法律、经济体系和行政管理制度构成的不规范的市场秩序给企业带来的风险。混乱的市场秩序，如不公平竞争、市场信息失灵等都会给企业国际化经营带来较大的风险。中国企业是在市场秩序复杂的环境中成长起来的，在进行国际化经营时尤其需要对东道国，特别是与中国条件类似的国家的市场秩序有充分的认识与把握。

2. 微观市场经营风险

微观市场经营风险主要是指生产风险、销售风险、价格风险和信誉风险。这里主要讨论价格风险和信誉风险。

（1）价格风险。该风险主要源于市场的供求状况、东道国政府对价格的干预和企业的定价策略三个方面。中国企业在海外市场面临的风险主要来自后两者。近年来，中国企业在海外市场屡遭倾销指控的一个主要原因就是在定价策略上的失误，由于没能形成有效的产业集群优势，加上国内各地方政府为了本地出口创汇的利益，中国企业在海外市场竞争中一味降低价格，最终导致东道国政府出面干预（如中国彩电企业在美国遭遇反倾销），对企业乃至整个产业群体造成不可估量的经济损失。

（2）信誉风险。该风险主要是指信誉模糊风险、信誉下降风险和信誉丧失风险。产生信誉风险的因素有如下两种：一是不严格履行交易合同，不遵守商业道德和商业惯例，或不遵守法律法规、进行越权经营或非法经营等；二是产品的质量、数量、价格、包装或服务等方面存在缺陷，导致产品不能满足消费者需要。前些年中国温州鞋在俄罗斯遭遇的“清关事件”都是上述原因所导致的，中国企业的形象、信誉因此而严重受损，遭受了重大损失。企业的信誉是企业生存与发展的根本，是企业的无形资产。因此，中国企业在国际化经营中尤其应注意树立企业形象，创造并维护企业信誉，从根本上规避企业国际化经营的信誉风险。

11.6 企业国际化经营战略选择

进行国际化经营的企业具有多种可供选择的战略方案。以下是经常应用的战略方案。

11.6.1 产品标准化战略

这种战略实质是开发标准化的产品，将这种标准化的产品在世界范围内以同样的方式进行生产和销售。采用这种战略的理由是充分利用在生产这种产品以及建立一个强大的世界分销网络等方面所存在的规模经济。通过产品标准化，就可以大批量地生产同一产品，降低产品生产成本，从规模经济和经验效益中获益。此外，还可从大量采购、大量的同一化促销手段中获得规模经济所带来的好处。最成功的采用产品标准化战略的公司是美国的可口可乐公司，它在世界各地所销售的可乐饮料、饮用水及橘子水等都具有同一口味，而且为国际消费者所接受。

11.6.2　广泛产品线战略

采取这种战略的目的是在行业的所有产品线范围内进行国际化的竞争。在采取这种战略时，企业可在世界市场的范围内，取得产品差异化和成本领先的战略地位。在广泛产品线战略中，重要的是建立一个强大的世界范围内的分销系统。采取这一战略的益处在于，所有产品之间可以共享技术方面的投资以及分销渠道。当然，实施这一战略需要大量资源以及长远的战略眼光。

11.6.3　国际集中化战略

这种战略是企业选取行业中某一特定的细分部分，并在世界范围内针对特定的部分进行竞争。这个战略的思路是，选择行业的特定部分，在此部分企业可取得产品差异化的地位，或成为最低产品成本的制造商。同样，在国际集中化战略中也可采用产品标准化战略。

11.6.4　国家集中化战略

这种战略是企业为了利用不同国家市场的不同特点，将其经营活动集中于特定的国家市场。在服务于这一特定国家市场的独特需求方面，企业既可获得产品差异化的地位，又可成为成本领先者。

11.6.5　受保护的空位战略

这种战略寻求那些东道国政府的政策可以排除许多国际竞争者的国家市场。该国政府排除国际竞争者的方式可能有多种，如要求产品有较高的国产化水平、征收高关税等。为了保证该国政府的保护政策继续有效，采取这种战略的国际企业必须在政府的限制范围内来经营，而且必须与该国政府保持紧密合作关系。对于任何一个国际化经营的企业来说，选择一个有效的国际战略是一项复杂而困难的决策。但是可以结合国家的比较优势和企业的竞争优势来做出选择。当一个国家较其他的国家更便宜地生产某些商品时，可以说这个国家就具有了该商品的比较优势。生产要素决定了一个国家的比较优势、自然资源、劳动力、资本、技术，以及缔结资源的相对成本等。具有竞争优势的企业所拥有的独特性的特点包括品牌名称、专利、商业秘密等。竞争者如果不进行大量投资以及不冒很大风险的话，是不能模仿出其他企业所具有的那些独特性特点的。

国家的比较优势影响着企业在哪里生产以及在哪里销售产品的决策；竞争优势则影响企业沿着附加价值链，将其资源集中于什么样的活动和什么样技术的决策。

11.7　企业进入国际市场的模式

国际市场进入模式是指企业为最大化企业价值而将其业务拓展至海外的一种最佳形态或制度安排，也就是企业将产品、技术、人力、管理经验和其他资源转移到外国的方式。从经济学的角度看，企业进入国外市场有两条道路：第一，在目标国家以外的地区生产产品并向目标国家出口；第二，向目标国家输送技术、资金、工艺，直接或者采用联合方式利用当地的资源，特别是劳动力资源、自然资源、环境资源，生产产品并在当地销售。

企业有五种主要模式可供选择，即出口、许可、特许、合资公司和全资子公司。每种进入模式都有优势和劣势，企业家必须在决策前仔细权衡。

11.7.1 出口

绝大多数制造企业以出口创汇形式进行全球扩张，出口有两项独特优势：避免在东道国建立制造设施的重大成本；同获得经验曲线效应和区域经济利益的需求相一致。通过集中制造然后向其他国家出口，企业可以通过规模经济效益在全球进行销售。这也是索尼公司主导全球电视机市场、松下公司主导全球录像机市场和许多日本汽车企业进入美国市场时采取的战略。

出口也有缺点。第一，如果海外有更低成本的制造商，则从本国制造并出口的模式并不理想。特别是对于追求全球化和跨国战略的企业，最优战略应当是选择有利于价值创造的地点进行制造，再从那里向世界各地出口。例如，许多美国的电子公司将部分制造业务转移到亚洲地区，利用越南高性能、低成本的劳工。第二，运输成本可能导致出口缺乏经济性，特别是大中型产品。解决这一问题的方法之一是进行地区性制造，在获得一定程度规模经济的同时控制运输成本。政府实施关税壁垒的威胁也令这一模式的风险极大。事实上，美国国会对日本进口汽车征收关税的协议直接导致日本汽车公司做出在美国设厂生产的决定。

11.7.2 许可

国际许可是指许可方按照协议价格许可被许可方在本国制造产品的权利。在许可协议下，被许可方将负责绝大部分海外运营所需要的资本投入。许可的优势是不必承担开发海外市场的成本与风险。对于缺乏开发海外市场所需资本的企业来说，许可是一种有吸引力的选择。

许可也有三项缺陷：首先，企业无法严密控制外国市场制造、营销和战略职能，实现经验曲线效应和区域经济利益，就像追求全球标准化战略和跨国战略的企业那样。通常情况下，每家被许可方都会建立自己的制造部门，因此，许可企业很难通过集中化制造实现经验曲线效应和区域经济利益。其次，全球化竞争要求企业协调不同国家间的战略行动，从而可以用在一个国家的利润支持在另一个国家的竞争性攻击。许可在本质上严重地限制了企业以这种方式协调战略的能力。被许可方不可能允许国际化企业拿走自己的利润去支持另一个国家里毫无关系的运营。最后，向外国企业许可技术诀窍的风险。对于许多国际性企业来说，技术诀窍是竞争优势的基础，它们希望保持对此的控制。实行技术许可之后，企业可能很快失去这种控制。例如，美国无线电公司（Radio Corporation of America，RCA）曾经向许多日本企业许可彩色电视机技术。后来，日本企业很快吸收了这种技术，并且利用这一技术进入美国市场。企业可以采取一些办法降低这一风险。其中一种办法是同外国公司签署交叉许可协议（cross licensing agreement）。在交叉许可协议下，企业将某些有价值的无形资产许可给外国合作方。但是除了许可费之外，企业还要求外国合作方将某些有价值的技术诀窍许可给自己。这样的协议旨在降低许可技术诀窍的风险，因为被许可方认识到如果它违反许可协议的精神，许可方也可以做同样的事。从另一个角度看，交叉许可协议可以降低针对对方采取机会主义行动的可能性。例如，美国的生物技术公司 Amgen 将自己的关键药物之一许可给日本制药企业麒麟公司。许可协议授予麒麟公司在日本销售该药品的权利。作为回报，Amgen 公司可以获得许可费，而且通过许可协议它还获得了在美国销售某些麒麟公司产品的权利。

11.7.3　特许

从许多方面来看，特许类似于许可，尽管特许在长期承诺方面比许可更多。特许基本上是一种特殊的许可形式，特许方不仅将无形资产（通常是商标）出售给被许可方（亦称加盟店），同时还要求被特许方同意严格执行特许方的经营规则。特许方还经常持续帮助被特许方的经营业务。同许可一样，特许方可以按被特许方收入的某一百分比获得特许费。许可方式主要为制造业企业所采用，特许主要由服务业企业实行。麦当劳是通过特许经营成长的好例子。麦当劳对加盟店的经营制定了严密的管理规范。这些规范包括菜单内容、烹调方法、雇员政策、餐馆设计与地点。麦当劳还帮助加盟店组织供应链，提供管理培训和财务支持。

特许的优势与许可类似，特许方同样不需要承担在海外市场运营的成本和风险，因为被特许方通常会承担这些成本和风险。利用特许战略，服务业企业可以低成本快速地构建全球性网络。就特许方企业所采用的战略，特许方不必考虑协调指导工作实现经验曲线效应和区域经济利益。不过，特许的形式可能抑制企业实现全球战略的协同能力。特许模式更严重的缺陷是缺乏品质控制。特许协议的基础是认为仅凭企业的品牌就足以向消费者传达企业产品的品质信息。因此，在韩国预订希尔顿酒店的旅行者可以合理地预期将会获得同他在纽约一样的房间、食品和服务的品质，希尔顿的品牌就是产品品质的保证。然而，如果外国的被许可方没有履行应尽的义务，不良品质不仅不利于企业在外国市场上销售，还会导致企业的全球声誉受损。例如，如果旅行者在韩国的希尔顿酒店受到不理想的接待，他可能再也不会入住该酒店，并且会劝说周围的人做出同样的选择。为了缓解这一问题，企业可以在它所扩张的每个国家里建立一个分支机构，这一分支机构可以是全资的子公司，也可以是同外国公司合作建立的合资企业，再由它来执行在该国或地区建立对特许企业的权利和义务。地理上的接近，再加上有限的需要监督的独立被特许方的数目，可减少出现品质控制的问题。此外，由于分支机构至少是部分属于企业的，企业可以将自己的经理指派到那里保证它所期望的品质控制。这种组织形式在实践中是非常普遍的，如麦当劳和肯德基在进行国际化扩张时都是这样做的。

11.7.4　合资公司

同外国企业建立合资公司向来是进入新市场时的优先选择。最著名的长期合资公司是富士-施乐公司合资建立的复印机制造企业。最典型的合资公司是双方各持 50%股份的公司，其运营权利由双方派出的经理共享。有些企业寻求建立可以获得主要持股权的合资企业，从而使主导合作的一方可以更严密地控制企业。合资企业有许多优势，具体如下：首先，企业可以通过本地合作方对东道国的市场竞争、文化、语言、政治体系和商业体系做进一步的了解；其次，当外国市场开发成本和风险很高时，企业可以通过同本地合作方合作来分担成本、风险和利益；最后，在某些国家里，政治因素使合资公司成为唯一可能的经营方式，如美国公司早就发现，在进入日本市场时，同日本本地公司建立合资企业比独立进入更容易。但有两个原因会导致合资公司很难建立和运营：第一，就像许可一样，建立合资公司的企业将面临自己的技术流失到合作方的风险，为了将这一风险最低化，它可以寻求在合资公司中占大股，作为主导合作方，以便更有效地控制其技术，问题是很难找到愿意接受持有少数股份的外国合作方；第二，合资公司在控制程度方面尚不如子公司，难以实现经验曲线效应和区域经济利益，或者不可能加入全球性的攻击对手的行动。

11.7.5 全资子公司

全资子公司是母公司拥有百分之百股份的公司。在外国市场上建立全资子公司可以采取建立新机构和收购东道国企业并用它在东道国市场上推广产品两种形式。建立全资子公司可以获得三项优势。首先，如果企业的竞争优势是基于技术能力的，全资子公司一般会成为较好的选择，因为这样可以降低技术流失的风险，因此，许多高技术企业偏好全资子公司而不是合资或许可的模式。其次，全资子公司为企业提供了在不同国家运营的严密控制，特别是在它希望进行全球战略协调的时候，可以从一个国家提取利润去支持另一个国家的竞争性攻击。最后，对于希望实现区域经济利益和经验曲线效应的企业，全资子公司是最佳选择。在成本压力很大的时候，企业对供应链的管理应当追求每一阶段价值增加的最大化，因此，一个国家里的分支机构可能专长于制造最终产品的一部分或产品线中的一部分，它将同全球体系中其他国家里的分支机构交换产品与部件。建立这样一个全球制造体系要求企业对各国的分布进行高度控制。各国的分部必须准备好接受总部指导的关于如何制造、制造多少、产出在不同分公司间转移以及如何定价的决策。绝大多数的被许可方则不会甘心扮演这样的角色。

此外，建立全资子公司是开发国外市场成本最高昂的选择，母公司承担建立海外分部的所有的成本和风险，而在合资公司里，成本和风险是由各方分担的，在特许的形式中则由被特许方承担绝大多部分成本和风险。不过，如果企业收购东道国已建成的企业，则在新的文化环境中学习经营业务的风险就会小得多。

11.8 中国企业国际化先行者的不足与经验

11.8.1 中国企业国际化过程中的不足

中国企业国际化目前呈现出比较好的发展势头，特别是沿海省份的企业已经取得了很大的成绩。但是中国企业在国际市场上属于后发展型企业，无论在管理水平上还是在技术经验上与发达国家的企业都存在着一定的差距，在国际化进程中有着十分明显的困难和问题。

（1）信息渠道狭窄、信息成本高和信息不对称。在外贸出口方面，虽然中小企业是中国出口贸易的重要力量，但由于资金、规模等方面的限制，企业难以像大企业那样建立广泛的营销渠道与网络，对国际市场的需求信息难以及时、准确获取。许多企业只能将区域市场作为生存空间，即使有产品出口，也是“借船出海”，依附于专业外贸公司。这不仅在出口效益方面受制于人，而且由于工贸脱节现象的长期存在，企业对国际市场知之甚少，生产经营和对外贸易处于被动局面。

（2）总体技术水平落后，产品技术含量和附加值低。这是制约中国企业进一步扩大出口、增强产品国际竞争力的根本原因。这种局面如不迅速改变，多数企业显然将被新品迭出、竞争激烈的信息时代的世界市场淘汰出局。

（3）资金、人才的缺乏是企业国际化的瓶颈，这也是中国企业发展面临的最为现实和迫切的问题。在资金问题上，由于金融体制改革难以到位，资本市场发育完善尚待时日，风险经营机制的建立面临种种困难，企业融资难的问题将在一个较长时期内存在。在人才问题上，企业应该认识到，决定企业竞争力以及能否实现国际化经营的关键，既不是原材料，也不是资金，人才才是赢得竞争优势的关键，因为当代经济正从资金投资急剧向知识资本投资转化，拥有了具有创新思维和创新能力的人才，企业国际化经营的其他问题都会迎刃而解。

（4）企业过度分散。企业之间、中小企业与大企业之间缺乏必要的联系与协调，企业之间竞相压价、恶性竞争，扰乱了外贸经营秩序，同时还使贸易利益大大受损。出口效益低下甚至亏损，又制约了企业结构升级的资金来源，限制企业进一步国际化发展的后劲。

11.8.2 中国企业国际化的成功经验

尽管在国际化进程中有这样那样的问题，但中国企业也积累了不少成功经验，已经有许多中国企业在国际化的过程中摸索出自己的道路，如表 11-3 所示。中国企业应该且能够较好地利用后发优势，通过借鉴国际化先行者的经验和教训，发展出具有普遍性又兼具中国特色的国际化战略模式。

表 11-3 中国企业国际化战略模式概览

模式	代表企业	特点
国内名牌自建销售网络走出国门	红塔集团	产品在境内生产直接销往海外，减少中间环节，了解市场需求，积累经验
并购下游企业获得海外销售渠道	万向集团	迅速获得销售渠道，经历重组整合的考验
国内优势企业先建销售网络，再建生产基地，开拓国际市场	海信	在境外生产，可以绕过贸易壁垒，降低成本，适应当地市场
自建研发基地，开发适合当地市场的产品	海尔	充分利用境外技术资源，实现设计、技术的本土化
国内领先企业并购重组跨国公司业务，成为跨国公司	TCL 汤姆逊公司	整合全球资源，获得技术、品牌、渠道、人力资源，以及包括欧美发达国家在内的全球资源，风险非常高

续表

模式	代表企业	特点
产业集聚：小产品做出大市场	温州打火机行业	生产同类产品及上下游产品的企业高密度聚集在一起，提升产品的国际竞争力
工程承包和劳务输出	中国铁道建筑总公司	以工程承包为主体、大型项目为依托，深化合作，多元并进，实施全球化发展战略
以境外投资应对贸易壁垒	TCL 等彩电企业	境外直接投资建厂绕过贸易壁垒
高新技术企业通过跨国并购获得技术，进入新领域	京东方、华为	适合技术要求高、建设周期长、产品生命周期短、成长性好，尤其是技术进步快的企业
技术型企业境外收购或建立研发机构，不断引进新技术和新产品	惠州侨兴	自主设立研发机构，吸引人才，收购其他企业的研发机构，与具有技术优势的境外企业、大学、研发机构合资或合作
高新技术优势企业境外建立研发机构，实行研发业务的全球化运作	中兴通讯	采取自建、收购、合资、合作方式加深参与国际分工的深度
大型国企海外上市融资	青岛啤酒	大型国企在特定背景下，采取改制、融资和国际化结合的特殊模式，采取境内注册公司海外上市，或境内公司在海外注册并上市的方法进行融资
新技术公司与海外资本共成长	新浪公司	新技术公司拥有成为海外资本市场热点的商业概念，从创立起就获得了海外的风险投资，从创立、运营到海外上市始终借助海外资本力量

通过对中国企业国际化经营的案例分析，可以总结出四方面中国企业国际化的经验。

1. 立足国内，放眼全球

中国是全球发展潜力最大的市场，拥有全球最庞大的消费群体，中国企业多数会选择从国内市场起步，在做好国内市场的基础上逐步实施国际化战略。做好国内市场对中国企业有以下意义。首先，中国市场有着巨大的容量，又是中国企业熟悉的市场，企业更容易在国内市场获得利益。其次，国内市场能够为国际化发展提供支持。国际化不是短期的行为，需要大量的人员、资金、资源的支持，国内市场无疑是获取这些支持的重要平台。再次，中国市场已经成为全球各大企业竞争的舞台，国内市场的国际化程度加深，可以说中国市场本身就已经是一个国际市场。中国企业可以通过国内市场的运作了解国际竞争对手和国际市场规则，获取技术、信息，增强企业核心竞争力。最后，国际化尝试不应该以放弃或削弱国内市场为代价。国际化的风险相对较高，如果国际化战略失败，国内市场是中国企业的生存保障。中国市场的竞争日益激烈，很多行业市场已经基本饱和，如果要夺回丧失的市场需要巨大的投入，因此，中国企业一般都会选择在两个市场共同发展的战略。

改革开放初期，中国的技术引进方式只有两种：一是直接购买国外技术或设备；二是吸引外商投资，获取外资企业技术溢出效应。随着中国企业实力的不断增强和国际化经验的积累，中国企业的技术获取战略呈现多元化的态势。企业将研发环节转移到海外，以适应多样化的全球市场，充分利用当地科研资源，降低产品研发、推广的成本和风险。目前，全球研发战略包括以下几点。一是企业自建或收购境外研发基地，直接进行技术研发。这种战略的好处是能够充分利用当地技术人才、环境、研发资源的比较优势。二是企业在海外建立生产基地并设立与之配套的研发机构。研发可以根据当地市场的实际情况和特定需求进行，形成个性化技术，实现设计、技术、生产的本土化。三是通过资本运作，以收购、并购海外公司的方式直接获取公司的技术。这种技术引进的方式更为直接、迅速，适合技术要求高、建设周期长、产品生命周期短、成长性好的行业，如高科技行业，但是需要企业有较强的资金实力。四是以合资、合作或战略联盟的方式分享合作伙伴的技术。由于合作伙伴已经有技术的运作经验，故此类战略的风险较小，但是合作伙伴可能对提供的技术有所保留或对技术的使用进行限制与控制。此外，对已引进的技术，中国企业采取的是学习吸收、消化创新和技术再输出的发展模式，使技术得以升值。

2. 形成从产品到品牌的战略眼光

随着对国际市场认识程度的逐步加深，中国企业已经将开拓国际市场的重点从追求产品竞争力转移到追求品牌竞争力。目前，中国企业的品牌国际化战略大体可以分为两类：一类是直接品牌战略，另一类是迂回品牌战略。

（1）直接品牌战略。该战略就是企业将自主品牌的产品在国际市场上推广销售。中国很多企业都采取这种品牌推广方式，根据企业品牌知名度的不同，企业一般会选择品牌主导市场或市场带动品牌的战略。品牌主导市场的战略要求品牌本身具有一定的知名度，中国很多知名企业，如酒行业中的茅台、五粮液，中药行业的达仁堂系列成药等，这些产品历史悠久，具有中国传统文化底蕴，本身多次在国际大赛上获奖，在国际市场上有一定的知名度。这些企业采取了在全球建立营销网络，借助产品品牌的知名度争取市场，并凭借国际市场扩张提升品牌价值的国际化战略。

中国大多数的企业在国际化初期品牌国际知名度低，对产品支撑力度不足。企业一般会通过国际市场运作、国际研发、生产等方式逐步打响品牌。海尔著名的国际化“三步走”战略就是市场带动品牌发展的典型案例。海尔将品牌国际化分为三个阶段：一是品牌本土认知阶段，以“创牌”为目标，将产品直接出口到海外主流市场，获得品牌知名度；二是品牌本土化扎根阶段，建立海外研发基地和生产工厂，进入国外主流渠道，销售主流产品，形成品牌信誉度；三是本土化名牌阶段，实行“三位一体”的本土化战略，成为当地市场的主流品牌。通过实施“三步走”战略，海尔的品牌价值不断提升，根据全球顶级品牌研究与评测机构——世界品牌实验室（World Brand Lab）发布的“2022年中国500最具价值品牌”排行榜，海尔以4739.65亿元的品牌价值，连续第19年蝉联中国物联网生态行业榜首。

（2）迂回品牌战略。该战略就是企业向国外知名品牌借力，实现走出去的目标，并逐步完成自主品牌的国际化。中国企业采取的迂回品牌战略可以分为两种。一是以合资、合作、收购等方式借助国际知名品牌的影响力。中国汽车制造行业中的很多企业都是采取这种方式逐步形成具有国际影响力的品牌的。例如，南京汽车集团有限公司（简称南汽）收购英国名爵罗孚（Morris Garages Rover，MG-Rover）后，为了把握名爵罗孚原有的成功品牌体系，不仅在英国设立汽车研究机构和生产基地，还与英国汽车制造商协会、欧洲汽车销售商协会、名爵罗孚的供应商和销售商充分合作，通过挖掘名爵品牌原有的英伦文化内涵，结合中国文化传统，打造出“现代绅士”南汽名爵品牌。二是企业以给国外知名企业 OEM 加工的方式进入国际市场并逐步培养自主品牌。目前，中国产品出口大部分还是依靠价格优势，由于受到技术、质量、营销能力、品牌影响力等因素的限制难以单独进入国外高端市场，OEM 入门门槛低、资金回收快，通过与国际知名企业合作，产品可以迅速进入国际市场，所以不少中国企业选择以 OEM 的方式走出去。其中，最为成功的当属格兰仕的 OEM 战略，1997 年格兰仕从法国翡罗利公司的 1000 台微波炉 OEM 订单起步，以良好的质量控制、专业的产品生产、科学的管理逐步成为美国 GE、日本三洋、意大利德龙等著名品牌的 OEM 合作伙伴，成功打造出“全球微波炉制造中心”。从以标准化 OEM 和原始设计制造商（original design manufacturer，ODM）的方式服务欧美消费者，到以自主品牌输出中东、非洲等新兴市场，格兰仕不断与有行业先进技术和有实力的国外品牌进行深度合作，并通过建立海外营销分公司、和客户合资等多样化的形式进行自主品牌的开拓。通过把当地品牌转化为格兰仕制造，格兰仕在北美市场站住了脚跟。除了北美市场，格兰仕在欧洲市场也逐步亮出自主品牌，其在中东市场的自主品牌占比达到 40%，在东南亚、非洲市场以自主品牌为主，到 2022 年，其自主品牌已销往全球 150 多个国家和地区。对于绝大多数中国本土品牌，具有较高性价比的产品是我们的竞争优势所在，因此无论采取什么样的方式，产品质量是中国品牌参与国际竞争制胜的关键，也是塑造品牌的一种有效方式。

3. 资本战略更为灵活，资本运作的目的更为多样化

尽管中国企业“走出去”已经具有相当规模，但多数仍停留在产品出口层面上，缺乏资本支持，没有形成国际资本链条。以 2020 年为例，中国货物出口总额已达到 179 326 亿元，而对外非金融类直接投资仅为 7597.7 亿元，多数企业的境外投资，也仅仅是在境外设置了出口“窗口”，单纯的产品运营导致中国企业抗风险能力较差。很多企业已经意识到了这个问题，利用资本运营获取资源，为国际化发展保驾护航已经成为中国企业国际化发展的新动向。中国企业进行海外投资一般会选择境外直接建厂或跨国并购模式。

（1）境外直接建厂。境外直接建厂就是“绿地投资”，是企业进入目标国市场并扩大市场份额，获取目标国资源的有效手段之一。建立跨国公司需要企业有一定的产品优势、雄厚的资金实力和高度的国际化运作。由于建立跨国公司存在着比较大的风险，企业还需要做好充足的准备，对目标国的宏观、微观条件进行充分调查，了解当地政策、法规、风土民情等，对合资方的背景、实力、财务状况也要充分掌握。在海外建厂方面，海尔的成功经验是值得肯定的，目前海尔已在海外拥有 4 大研发基地、7 个工业园、24 个制造工厂、24 个贸易公司，初步形成了设计、制造、营销“三位一体”的本土化发展模式，其海外本土化水平已达到行业领先地位，海外生产海外销售的占比已接近海外终端销售额的 50%，冰箱的海外本土化水平更是达到了 70%，2022 年，海尔全球营业额实现 3056 亿元，实现利润 252 亿元。境外直接建厂的劣势在于耗费的时间比较长，需要选址、建厂、购买和安装生产设备、招聘培训员工，可能无法跟上国际市场的变化。

（2）跨国并购。通过并购海外的成熟产品，利用该产品已有的渠道、人才、生产能

力、品牌效应进入国际市场，是一种比较快捷的国际化战略。但是，跨国并购存在着政治、管理、财务等诸多方面的风险，并不适合每一个中国企业。企业最好是选择自己比较了解的行业，选择有能力成功整合和实现文化磨合的企业，选择能为企业带来发展前景的战略目标。以吉利收购沃尔沃为例，吉利 1997 年进入汽车领域，实行低价策略以占据市场。1997～2001 年，吉利处于产品模仿阶段，2002～2007 年，进入汽车核心零部件的自主研发阶段，但此时品牌核心是在低价基础上保持良好的质量，缺乏产品种类和品牌影响力。想要向全球化公司转型，就必须扩展海外市场，拥有良好的知名度和技术创新优势，由此一来，并购一家世界知名汽车企业就成为吉利打破他国市场进入壁垒和技术壁垒的最好方式。2010 年吉利耗费 18 亿美元收购了瑞典汽车品牌沃尔沃的 100%股权及有关技术资产，并在中国国内建立了 3 家加工制造基地，通过吸收沃尔沃先进的技术，吉利突破了多年来在发动机、变速箱等方面的壁垒，成为我国自主创新汽车品牌的典范。在吉利收购沃尔沃以后，沃尔沃成为吉利的子公司，仍具有独立法人地位，与此同时，吉利将承担沃尔沃对外的一切债务。并购后，吉利和沃尔沃独立运作，工厂、研发中心、经销网络和工会协议保持不变，采用“沃人治沃，放虎归山”的策略；在产品市场上采取多品牌并存策略，坚持吉利是吉利，沃尔沃是沃尔沃；双方独立核算和结算，保持品牌相对独立和差异化；明确品牌定位，以占据市场份额。2014 年后，沃尔沃汽车销量迎来了爆发式增长，2021 年上半年营业利润与汽车销量均创历史新高。吉利以小搏大的资金运作能力，帮助吉利成为国内汽车行业首个并购汽车品牌的企业。如今，吉利已成为以中国为核心，覆盖世界大多数国家和地区的全球集团化企业，2022 年底资产总值超 5100 亿元。

4. 采用一体化战略增强企业国际竞争力

国际化并非仅表现为大企业的个体行为，也可表现为众多中小企业通过纵向或横向一体化集聚形成产业集群的共同行为。借助产业集群，中小企业可以实现专业化分工、降低成本、形成规模优势，以增强国际竞争力，实现国际化。以制鞋业为例，中国制鞋业多由中小企业构成，大约有 20 000 家皮革企业和 160 万名从业人员，通过一体化，中国制鞋业已逐步形成具有从制鞋、鞋机、鞋材、皮革、合成革到皮革化工等完整产业链的四大产业集群：以广州、东莞等地为代表的广东鞋业基地，主要生产中高档鞋；以温州、台州等地为代表的浙江鞋业基地，主要生产中档鞋；以成都、重庆为代表的西部鞋业基地，主要生产女鞋；以福建泉州、晋江等地为代表的鞋业生产基地，主要生产运动鞋。如今，中国已经成为世界最大的鞋业制造基地（每年生产各种鞋 60 亿双，占世界制鞋总量的 60%）和最大的鞋类出口国（鞋类出口占世界出口总量的 53%以上）。

本章精要

在市场经济这个大环境中，企业要想做大做强，不能仅仅局限于国内，应该放眼于国际，充分利用国内、国际两个市场。当企业开发国际市场时，如何选择和实施自己的国际化战略就成为关键。

企业的国际化战略是指企业根据自身的条件选择在国际市场中创造独特优势的路径，通过对企业内、外部资源的有效整合与协同，并按照国际市场的要求构建和实施其经营战略，在充分获取规模经济的基础上实现企业价值最大化。

企业不能盲目地采用国际化战略，在采用国际化战略之前，应该全面、系统地进行评价，如时机是否成熟，是否有充足的人力、物力及财力支持国际化战略。

企业应该根据自身条件，选择适合本企业的国际化模式。刚刚采用国际化战略的企业，应该吸取其他企业失败的教训和借鉴成功企业的经验，从而促进企业的健康发展。

思考题

1. 企业为什么要进行国际化经营？
2. 企业进行国际化经营与国内经营有什么区别？
3. 企业如何选择国际化战略？
4. 企业如何确定进入国际市场的合适方式？
5. 企业在进行国际化经营时，通常考虑的最主要因素有哪些？
6. 日本企业的国际化历程有哪些特点？
7. 分别以一个成功的和一个失败的中国企业国际化战略为案例，鉴别它们国际化的动机以及成功和失败的原因。

综合案例

滴滴出行“出海梦”：共享经济下海外市场的探索①

2012 年 6 月 6 日，小桔科技在北京中关村 e 世界成立并推出嘀嘀打车 App，并于 2015 年 9 月 9 日更名为滴滴出行科技有限公司（简称滴滴出行）沿用至今。滴滴出行从 80 万元起家的初期创业企业到 2020 年估值 3700 亿元的移动出行领军企业，业务范围从出租车在线叫车服务扩大到横跨出租车、专车、快车、单车、公交、代驾、豪华车以及小巴等多种出行服务，海外市场包括巴西、日本、墨西哥、澳大利亚、智利、哥伦比亚、哥斯达黎加、巴拿马、俄罗斯、秘鲁、新西兰、阿根廷、多米尼加和厄瓜多尔等国家。

1. 强势来袭，合纵连横

滴滴出行在共享出行领域的领军地位与其在 2014～2016 年采取的同快的打车和优步（Uber）中国进行“价格补贴，市场争夺”的方式是分不开的。2015 年 2 月 14 日之后，滴滴出行收购快的打车不仅宣布了国内两大移动互联网出行平台之间“市场之争”的结束，而且产生了前者在国内移动出行市场份额中占据绝对优势的结果。滴滴出行创始人

① 马鸿佳和韩姝婷（2021）。

程维在 2017 年回忆道："Uber 三年前来中国，我们就知道我们低 Uber 一个纬度，他像八爪鱼一样，头在美国，伸了一个触手到中国，所以只攻击一个触手是没有用的"。于是，在 2015 年，滴滴出行决心走出国门，一方面是为了缓和 Uber 进入给中国市场带来的压力，另一方面也是为了侧面围攻 Uber 伸向其余国家的触手。

2015 年 12 月，滴滴出行宣布与 Lyft、Grab、Ola 缔结全球战略合作伙伴框架，打造服务全球 50%人口的多元出行网络。该框架提出之际，Uber 首席执行官拉维斯还曾经表示"他们的合作只是个想法而已，他们可以考虑每周日一起喝咖啡"。然而，事态并未如其所预料的那样发展。仅仅在该框架提出后的四个多月的时间里，即 2016 年 4 月 12 日，"滴滴海外"正式上线，滴滴出行已经完成与 Lyft 产品的跨界连通，这一重大突破意味着滴滴出行的服务空间范围从中国扩展到了美国境内，极大地便利了外出旅游的国人或者在美国境内对滴滴出行感兴趣的民众体验滴滴出行所提供的服务。

2. 初露头角，精诚合作

程维在滴滴出行 2017 年的年会上确定了四个发展关键词：修炼内功、智慧交通、专车制胜、国际化。其中在海外拓展方面具有直接指导意义的是修炼内功与国际化，这一战略表明了滴滴出行国际化的决心，其在 2017 年的海外进入模式仍然会是相对较为保守的：谨慎寻找能够直接进入市场的机会以及继续投资试水。

程维在谈及国际化思路时曾经表明，"我们的国际化不是以竞争为导向的，而是以合作为导向的。我们希望，我们到了当地，不是去和当地竞争，不是去颠覆当地的传统行业，而是把中国过去几年在解决交通问题上的创新模式、技术和经验输送出去……"。

与上一阶段在与 Uber 竞争国内市场的海外投资相区别的是，滴滴出行对巴西出行企业 99、Taxify 和 Careem 除了在资金方面提供大力支持以外，还深入落实了在技术、产品、运营经验以及业务规划方面的战略支持，鼓励它们分别在巴西以及拉美、欧洲、中东、非洲市场继续为当地用户提供很好的客户体验从而实现扩张。共享经济以在不转移所有权的情况下分享使用权为特征。在此背景下，滴滴出行通过互联网技术获取并操作数据资源，整合线下分散的车辆以及人力资源，借助其平台确保了需求方能够以租赁的形式实现对供给方闲散资源的充分利用。为了实现共享模式，滴滴出行的相关技术支持需要囊括等待时间估计、智能分单、供需预测、运力调度以及涉及拼车的算法估计等。在技术方面，2015 年 5 月机器学习研究院（现为滴滴研究院）成立；2017 年 3 月滴滴美国研究院成立。滴滴研究院将研究成果快速应用到其产品上，与业务线紧密配合为用户创造更大价值。通过这一阶段的出海，滴滴出行初步探索出了共享经济时代平台企业的海外市场进入方式——输出资金 + 核心技术。通过资本的投资以及在技术方面的精诚合作，一方面为当地出行企业的发展注入活力，另一方面滴滴出行也能够从中习得本地用户的出行模式以及当地民俗风气等。

3. 全面出击，因地制宜

程维表示，"网约车竞争在 2016 年就结束了，2017 年滴滴出行的重点是修炼内功，2018 年我们会全面出击"。2018 年以来，滴滴出行不断推进国际化进程。一方面在 2018 年年会上重新调整其组织结构，将原来隶属于其他事业部的国际化事业部调整为国际业务事业部，隶属战略事业群；另一方面，滴滴出行在经历了前期国际投资、本地融合的海外市场阶段之后，开始尝试团队和品牌出海探索策略。

2018年1月3日，滴滴出行收购先前在海外投资的99，这一事件是滴滴出行通过直接收购进入海外市场的初次尝试，合并后的滴滴出行与99将进一步合作，不断探索智慧交通方案的创新，深入推进全球交通与汽车行业的变革。

2018年2月9日，滴滴出行与软银公司宣布将在日本成立合资企业，并进入日本出租车市场，计划秋季最先进入大阪，以此为基础在京都、福冈和东京等主要城市开展相关业务。但是进入日本的过程充满了坎坷。首先，发生于2018年5月的滴滴顺风车事件，对滴滴出行的国内外业务的展开都施加了压力，顺风车业务直接暂停运营，其他的滴滴出行业务也遭遇了信任危机，国际化进程被迫延缓；其次，日本法律对私人开展网约车服务的限制，使得滴滴出行与软银需要与当地政策机构以及出租车公司沟通协商。终于，同年7月19日，两家企业宣布成立合资公司；9月27日，滴滴出行宣布出租车叫车服务在大阪上线，滴滴出行用户可以通过海外版滴滴出行App在日本直接叫车。

随着“出海”经验的积累，滴滴出行在熟悉的拉美市场开始尝试用一种新的方式为墨西哥市场提供出行服务。2018年4月初，滴滴出行在墨西哥托卢卡开始招募司机试运营，初步探索市场，受到了当地居民的普遍好评。在此阶段滴滴出行主要是通过司机和用户双方的反馈，发现当地市场的独特需求以本土化自身产品和服务，最大限度地匹配当地的“痛点”，从而助力得到本地市场的认可与接受。4月23日，滴滴出行宣布正式进军墨西哥市场，在托卢卡推出快车服务并引入中国安全科技。

2018年6月25日，滴滴出行在澳大利亚第二大城市墨尔本正式上线，提供快车业务。上线初期，为了快速推广业务，滴滴出行一方面积极招募司机，另一方面针对新用户推出了享受3次最高20元澳元的免费行程等优惠活动。在试运营阶段，华人司机发挥了相当重要的作用，如原先在Uber开网约车的司机说道，“如果滴滴出行和Uber同时有单子，华人司机肯定会接单滴滴出行，不仅仅是因为福利多，更加深层次的原因在于滴滴出行是中国人自己的产品，能够在异乡为祖国的品牌助力是一件令人高兴的事情”。在吸取国内顺风车事件教训的基础上，滴滴出行在墨尔本制定了严格的市场准入机制，同时并行的有“号码保护”和“行程分享”等安全措施。滴滴出行进入澳大利亚市场的方式也是和前三者存在差异的，采用的模式是在当地运营全资子公司，这是其首次尝试在海外独立建厂运营。滴滴出行计划与当地政府就人工智能和智慧城市项目的合作进行商谈。

随着滴滴出行出国方式的“深化”，其海外业务的目标用户已经由上一阶段的中国境外出行的旅客转移到了海外当地居民。作为共享经济下平台企业的典型代表，滴滴出行通过出海的方式提高了自身的品牌影响力，同时广阔的海外市场也能够推动滴滴出行进一步利用网络效应，充分发挥其技术优势。滴滴出行不断拓展其海外版图，更长远的计划是能够构建全球智慧出行、一站式出行平台。

4. 蒸蒸日上，势如破竹

自2019年以来，滴滴出行的海外市场发展进入突破阶段，在2018年的顺风车事件和2020年的全球新冠疫情的影响下，滴滴出行的国际化板块仍然在不断扩大。其海外市场进入方式经过前期的经验积累，已经逐步成熟：选定目标市场，派出团队和品牌出海探索，在当地招募司机，试运营，正式宣布在当地提供服务。此阶段进一步深化了本地化的宗旨，更加突出的表现是将当地团队与品牌出海探索战略相结合。例如，在进入中美市场哥斯达黎加期间，滴滴出行在网上公开召集本地经理并且鼓励将在巴西、墨西哥市场培养出来的本地人才引入哥斯达黎加的运营中；同样在进入俄罗斯市场时，在喀山建立了办事处并且组建了当地团队。

2019 年滴滴出行的海外进入重点集中于拉美地区。6 月，滴滴出行宣布进入智利和哥伦比亚市场，这两地不仅是拉美经济转型和创新的中心，也是我国提出的“一带一路”倡议的积极参与者。2020 年，滴滴出行相继在巴拿马和秘鲁两个市场运营快车业务。至此，滴滴出行自 2017 年初战略投资 99 开始布局拉美市场，到 2021 年 4 月已经进入拉美 9 个国家，拉美市场在其总进入海外国家的占比高达 62%。此外，滴滴出行在新西兰上市前夕承诺滴滴出行司机会比 Uber 司机赚取更多的钱，同时用户也能得到更大的优惠，所以滴滴出行在上线伊始，便受到了大量司机与用户的追捧，现在网约车司机在滴滴出行平台上的注册比率已经超过了 80%。

综合案例思考题：

1. 结合上述案例内容，思考滴滴出行为什么要启动国际化。

2. 总结滴滴出行的国际市场进入模式和战略、选择原因及其效果。

3. 结合滴滴出行“成为全球最大的一站式出行平台”的愿景，分析滴滴目前的国际化活动是否有利于全球竞争优势的构建。对滴滴出行以后的国际化之路，还有哪些建议？

第12章 企业危机管理

每一次危机既包括导致失败的根源，又孕育着成功的种子。发现、培育，以便收获这个潜在的成功机会，这就是危机管理的精髓。

——奥古斯丁

引导案例

携程的危机管理策略[①]

携程集团有限公司（简称携程）作为中国最大的旅游在线服务平台型企业，集聚了8000多家旅游供应商和约3亿注册会员，是中国最具影响力的互联网平台型企业之一。携程自成立以来一直重视危机管理，早在2005年就设立了旅游行业首家重大灾害旅游体验保障金，每年拿出100万元放入保障金账户，以应对突发性危机。新冠疫情暴发后，携程一方面启动危机预警、成立新冠疫情应急指挥小组，另一方面迅速启动重大灾害旅游体验保障金，先于国家政策提出免费退改措施，积极保障消费者权益。

在2020年新冠疫情初起之时，携程高管提出，“旅游体验不仅仅来自旅游行程之中，其贯穿从购买决策到行程结束的全过程，退改损失也是影响旅游体验的一部分，还没出行就先损失预付款，这对旅游者来说，体验是非常不好的。为了配合国家疫情防控的整体需要，为了能给旅游者最佳的体验，携程愿意承担也应该承担起这些损失”。在这一指导思想下，携程积极主动承担起无损退改的责任，比国家出台无损退改政策提早了48小时，这48小时内产生的退单损失都由携程承担。在地区退改政策出台后，携程投入大量人力与供应商进行沟通协调，向全球酒店发起“安心取消保障协议”“健康守护联盟”，要求商家在保障客人安全方面具备必要的抗疫防疫健康条件。“在推动平台商户积极履责的同时，我们也推出很多扶持性政策，共拨付上亿元的营销款项、启动数万元的支持资金，为积极履责的酒店贴上‘爱心酒店’荣誉称号，帮助平台商户止损、缓冲。只有平

① 张琰等（2022）。

台上的商户都活下去，行业才有恢复的希望”。在确保供应链稳定的同时，携程发挥其平台影响力引导供应商履行社会责任，加强国家公共危机管理的政策倡导。

作为“社会资源配置者”，携程在优化平台资源的整合与配置，促进平台资源共享方面积极承担社会责任。面对国内外严峻的疫情，携程启动应急机制，让领队与“携程全球旅行 SOS 平台”24 小时待命，并积极地与全国 4 大领区的 117 个领馆和使馆进行沟通，帮助海外旅客回国；租车事业部依托平台和渠道优势，联合平台上的优质供应商共同发起了“携手战疫”公益行动，推出 2000 辆公益用车；在重点疫情区还为用户提供了点对点送车上门、发放手套和口罩等服务。国内新冠疫情缓和后，携程与旅游目的地开展合作，通过 Boss 直播等活动支持旅游企业复工复产，不仅向顾客投放了涉及万家酒店、1000 多条旅游线路、100 多条航线和 300 多家景区的“白菜价”旅游产品，还为游客提供了促销产品“安心退”服务。携程这些举措不仅降低了外部危机对企业信誉造成的损失，提升了自身的资源配置效率，还创造了极大的社会价值。

本章学习目标

- 了解企业危机的含义。
- 学习什么是企业危机管理及其特点。
- 了解企业危机产生的原因。
- 掌握企业危机预防管理的方式。
- 理解企业危机管理应对方法与企业危机处理策略。
- 了解企业危机的恢复管理过程。

金融海啸迅速席卷全球，雷曼兄弟的轰然倒塌，引发了多米诺骨牌效应；“寒冬”之下中国企业未能幸免……如何“过冬”、如何应对危机已成为摆在企业面前的当务之急！

其实，伴随着现代经济的发展和企业经营环境的变化，企业面临随时都可能发生的各种危机，面临管理和经营决策等方面的风险与挑战，处理得得当与否直接关系到企业的存亡和发展。

12.1　危机管理概述

危机管理是指组织或个人通过危机监测、危机预防、危机决策、危机控制和危机处理，以避免或减轻危机产生的危害为目的，甚至将危机转化为机会的一系列管理过程。

12.1.1　企业危机概述

1. 企业危机的内涵

企业危机是指所有可能对企业的运营、信誉、形象等造成负面影响的事件或状态。

它既包括已经向企业发出了警告信号却并未引起管理者充分注意的潜在危险因素，也包括一些不可预测的突发事件。正如人体会感染疾病一样，一个企业在发展中，随时都有可能因外部和自身的原因遭遇危机，对企业的发展造成障碍。近年来，中国很多企业在发展中也遭遇到了各种各样的危机，有的企业因此而陷入发展困境。可见，企业管理者必须重视对企业危机的管理。

2. 企业危机的特点

从管理的角度看，企业危机一般具有如下六个特点。一是普遍性。它是指危机存在于每个企业、存在于企业活动的每时每刻。二是突发性。它是指企业的内部环境或外部环境突然发生了变化，如政策变化、重要人事变动及自然灾害等给企业带来了危机。三是紧迫性。它是指企业所遭受的危机不仅来得突然，而且发展迅猛，如不能及时制止，则损失巨大。四是危害性。危机的发生总会轻重不同地影响和涉及企业的生产经营活动，威胁到企业的既定目标，甚至会导致企业破产。五是不可预测性。危机的出现及其后果具有不确定性，在正常生产条件下不可预测，特别是那些由企业外部原因造成的危机，如自然灾害、国家政策的改变和科技新发明带来的冲击等，往往是企业始料不及、难以抗拒的。六是舆论关注性。现代社会，大众传媒和新媒体十分发达，企业的任何危机都会引起舆论的广泛关注，成为焦点和热点，使企业的一举一动都处于众目睽睽之下，无孔不入的媒体还有可能推波助澜，使危机升级。因而，有效的沟通便成了危机处理的一个主要组成部分。正是这些特点使得对危机的认识与管理显得十分重要。

3. 企业危机的类型

企业可能出现以下五种类型的危机。一是产品质量危机。企业由于在产品质量或功能上和消费者产生纠纷甚至对消费者造成重大损失，进而被提出赔偿，甚至被责令停产的事件，是企业危机中最常见的一种。二是人力资源危机。人员是企业发展的支柱，企业部分高级职业经理人或主要技术人员由于行为不当给企业经营带来危机，如企业原技术开发人员，将企业持有的知识产权产品带走或出卖给他人，导致企业经营困难或声誉急剧受损。三是品牌信誉危机。品牌信誉意味着高附加值、高利润和高市场占有率。如果企业被指控侵害他人名誉权或知识产权，将面临巨额赔偿，或者企业商标被对手抢注，从而严重影响企业的经营。四是财务管理危机。良好的财务管理是企业成功的必要条件之一。企业债务难以偿还，银行一时拒绝贷款，可导致企业资金断流、生产瘫痪。巨人集团、汕头高新区爱多实业有限公司的失败就是因缺乏财务管理危机意识导致的。五是公害危机。企业一些行为严重损害了自然生态环境、社会公共设施或违背了起码的公德，从而导致公众不满，企业形象受损。

此外，企业还会遇到犯罪、事故、天灾和战争等突发性危机，这类危机不以人的意志为转移，严重影响企业的生产经营活动和业务开展。

12.1.2 企业危机管理的内容

一个企业有没有生命力，有没有竞争力，能不能可持续地发展，关键在于这个企业能否对危机进行恰当的管理。可以说，企业危机管理就是企业在具备了一定的危机意识的前提下，针对可能发生的危机和正在发生的危机，进行事先预测防范、事中妥善解决和事后学习提升的一种战略管理手段。每一次危机的爆发，既包含导致失败的根源，又孕育着成功的种子。发现、培育以便收获这个潜在成功的机会，便是危机管理的精髓。

因此，管理危机的能力是企业非常重要的也是最根本的能力。企业危机管理要求建立应对危机的有关机制，对突发性危机事件进行有效控制和管理。具体是指，企业为避免或者减轻危机所带来的严重损害和威胁，从而有组织、有计划地学习、制定和实施一系列管理措施和应对策略，包括危机的预防和规避、危机的控制、危机的处理与危机处理后的复兴等不断学习和适应的动态过程。企业危机管理可以分为事前危机管理、事中危机管理和事后危机管理三个动态阶段。

从某种意义上说，任何防止企业危机发生的措施、任何消除危机产生的风险的努力，都属于企业危机管理，但我们更强调企业危机管理的组织性、学习性、适应性和连续性。企业危机管理就是要在偶然性中发现必然性，在危机中发现有利因素，把握危机发生的规律性，掌握处理危机的方法与艺术，尽量避免危机造成的危害和损失，甚至能够缓解矛盾、变害为利，推动企业的健康发展。

12.1.3　企业危机管理的重要性和迫切性

科学技术越来越发达，社会生产力越来越进步，利益群体越来越多元化，目标对象构成越来越复杂，信息传递越来越快捷，全球范围内的联系越来越紧密，于是任何一点风吹草动都可能使企业陷入危机。对企业来说，“危机”像隐藏在丛林里的恶虎，总是出其不意地发动攻击。产品销售危机、资金危机、市场危机、合作危机、环境与公害危机、人力资源危机等往往会使企业骤然进入紧急状态，甚至直接威胁到企业的生存和发展。

然而在目前，中国企业或人们的危机管理意识正如 20 年前人们的保险意识那样，非常淡薄，这就导致危机爆发后破坏巨大，往往使整个企业命悬一线。正如张瑞敏所说，永远战战兢兢，永远如履薄冰。几乎所有企业都处于一定的危机之中，而且多数企业在危机来临时采取的措施普遍不力。因此，学会预防和处理危机对企业来说也是一堂“必修课”，而且是一堂迫在眉睫的“必修课”。

企业发生危机，是企业面对危险与机遇的分水岭。因为“危机”同时蕴涵了“危险”与“机遇”两个层面，此时，如果能够把握住危机来临时那转瞬即逝的机会，不仅“亡羊补牢，为时未晚”，还可能“塞翁失马，焉知非福”。从这个意义上说，危机是一块试金石，是一次对企业的管理能力和应对危机能力的测试，测试的结果是，要么在危机中灭亡，要么在危机中涅槃。

在危机尚未来临前预测危机，在危机处于萌芽状态时发现危机，在危机带来危害时消除危机，甚至在危机中发现机会，驾驭危机，利用危机。只有这样，企业方能高枕无忧，化险为夷，立于不败之地。

12.1.4　企业危机管理中应坚持的原则

一般地说，危机事件具有发生突然、影响面大的特点，因此处理起来难度较大。企业要妥善地处理危机事件，必须灵活遵循以下九个原则。

（1）迅速主动原则。危机的解决，速度是关键。企业遭遇到的危机，无论大小都会对企业造成负面影响，而且时间越长，危机的危害就越大。因此，危机发生后，不管危机的责任在何方，企业都要主动地承担责任，迅速地采取措施，有效控制局势，将危机产生的负面影响降到最低限度。

（2）真诚坦率原则。一般情况下，任何危机的发生都会使公众产生种种猜测和怀疑，甚至新闻媒体也有夸大事实的报道，因此，危机一旦发生，企业要想取得公众和新闻媒体的信任，必须采取真诚、坦率的态度。一个组织如果有诚意，那么对或错就变得不重要，重要的是公众能感受到它的诚意，而且事实上，人们感兴趣的往往不是事情本身，而是当事人对事情的态度。从心理学的角度讲，人们的感觉胜于事实。

（3）维护信誉原则。企业的信誉是企业的生命，而危机的发生必然会在不同程度上给企业信誉带来损失。因此，企业在危机管理的全过程中，要努力减少危机给企业信誉带来的损失，千万不可只算金钱账而不算信誉账。

（4）核心立场原则。危机一旦爆发，企业便应在最短的时间内针对事件的起因、可能趋向及影响（显性和隐性）做出评估，并参照企业一贯秉承的价值观，明确自己的“核心立场”。在危机事件管理的过程中，在各发展阶段，各工作部门均不可偏离初期确定的这一立场。换句话说，对核心立场的坚持应贯穿危机事件处理的始终。核心立场原则强调的是企业对危机事件的基本观点和态度。这种立场不应是暂时的、肤浅的和突兀的，而应是持久的、深思熟虑的并与企业长期战略和基础价值观相契合的。无论危机的来势多么凶猛，企业在危机处理之初都应向内外受众和盘托出自己的核心立场。核心立场应简单（不会产生歧义）、明确（能够清晰准确地表述出来），同时，所有参与危机管理的人员都需深入理解并始终贯彻这一立场。

（5）单一口径原则。单一口径原则不仅包括了企业对外的言论发布，也涵盖了企业对内的解释说明。危机事件管理者既需遴选圈定信息通路，还要切实保障信息内容的一致性和信息发布形式的一贯性，即使借助强制手段也在所不惜。应尽量采用单一发言人制度，倘若因种种原因，需要不同层次的企业人员扮演信息发布者角色，那么一定要事先审核并协调统一对话口径。

（6）全方位原则。企业围绕危机事件所做的一切管理决策都应以企业、受众和危机波及者为决策之基准点，进行全方位的考虑和筹谋。全方位原则所考验和彰显的是企业决策者和危机管理者的战略能力、大局观意识以及企业作为社会公众的责任感。此原则旨在从危机“相关度”的层面平衡企业利益（包括投资人、员工和企业自身的福祉）、客户利益、合作伙伴利益乃至舆论界（传播者与受众）利益。危机来袭，应尽可能将影响危机发展趋向的各方因素都考虑周详，在此基础上部署管理过程，确定管理方式。

（7）企业领导重视并参与原则。企业高层的直接参与和领导重视是有效解决危机的重要措施。危机处理工作对内涉及从后勤、生产和营销到财务、法律和人事等各个部门，对外不仅需要与政府和媒体打交道，还要与消费者、客户、供应商、渠道商、股东、债权银行和工会等方方面面进行沟通。如果没有企业高层领导的统一指挥协调，很难想象这么多部门能做到口径一致、步调一致、协作支持并快速行动。因此，企业应组建企业危机管理团队，担任危机管理团队队长的一般应是企业一把手，或者是具备足够决策权的高层领导。

（8）信息对称原则。从操作的层面看，信息对称原则的操作原则有四。首先，谨记“有信息比没信息好、充分的信息比片面的信息好”。其次，无论如何也不可让内、外受众在失控状态下胡乱猜测。放任不实信息流传等同于“往伤口上撒盐”，危机后期，企业还不得不担负起向内、外受众解释真相的义务，这往往是浪费资源且事倍功半的。再次，保证对内、对外发布的所有信息都是经过精心准备、严格审核的。最后，不仅是对外，对内也应保持信息对称。信息不对称易使内部受众无法领会企业领导者、危机管理者的意图，于是会高估危机的影响，即便危机顺利解决，上下之间产生的隔膜也可能长期存在，这有损于企业的长远利益。

（9）留白原则。虚与实、亏与盈、疏与密之间其实体现了某种深刻的人生哲学，因此国画大抵留白甚多。企业危机事件管理的“留白”，则是指在危机处理中，不能盲目封闭自己的回旋空间，不能轻易放弃自己的回旋余地。在对外沟通时，留白法则尤显重要。必须安排足够的空间，为不可测度的事态、无法预言的前景预留进退趋避的余地。企业危机管理是一个综合性、多极化的复杂问题。当企业面临各种危机时，不同的危机管理指导原则将会给企业带来截然不同的结果，因此明确并灵活遵循危机管理的指导原则，是企业正确进行危机管理的必要前提和基础。

12.2 企业危机成因分析

企业危机的产生受多种因素的影响，如政治经济环境、战略规划等，具体来说，可以分为外部因素与内部因素。

12.2.1 企业危机外部因素分析

（1）宏观的政治、经济、法律政策变化。宏观战略环境剧变会使企业陷入危机。例如，2020 年新冠疫情突然暴发，以旅游康养、住宿餐饮、交通运输、批发零售等服务业为主的第三产业遭受严重冲击，大量民营中小微企业面临着生产经营停顿、资金链断裂以及法律风险激增等危及企业生存的问题；2020 年以来不断升级的中美贸易战使得中国高技术企业面临更大的竞争压力和技术安全风险，对其核心产品的稳定生产和销售产生了巨大挑战。

（2）市场经济中的竞争与风险。市场经济的主要特点就是通过市场机制调节经济活动，配置生产要素，使之趋向最优，以促进生产率和生产水平的不断提高。市场机制中包含了竞争机制和风险机制。市场经济中的竞争是无情的，其结果必然是优胜劣汰；风险是无处不在的，伴随着企业前进的每一步。中国企业已逐步被推向市场，参与市场竞争。市场机制本身的作用加之其他社会条件，如快捷的信息传播、大众媒体的影响力等，对企业发展的影响越来越大。再者，中国市场经济环境尚未健全，企业又缺乏市场经济管理经验，致使现代企业危机发生的可能性要比过去大得多。从这个意义上来说，危机是市场经济下企业竞争和风险的必然产物。

（3）世界贸易组织的挑战和冲击。中国已经加入世界贸易组织，中国经济将进一步与世界经济融通，市场将进一步与世界市场接轨，整个经济贸易将面临新的国际环境，企业经营的复杂性和不稳定性加剧，中国企业面临着前所未有的生存压力和风险。虽然改革开放以来，中国在外向型经济建设方面取得了很大的成就，积累了一定的经验，但加入世界贸易组织后还会遇到许许多多新的问题。例如，与世界先进水平相比，中国企业普遍市场意识淡薄，在许多方面产品性能质量差，技术层次低；经营观念陈旧，管理水平低；生产规模小，势单力薄；质量缺乏保证，服务意识差。

（4）企业管理理论研究滞后。理论的作用在于指导实践。目前，中国企业管理水平之所以滞后，主要原因之一就是忽视了理论研究，特别是在实践和理论的结合上缺乏深入研究，具体表现在：一是研究方法基本上还停留在教训的吸取、经验的总结上，往往是实践中出现了问题，大家才来思考治理对策；二是研究内容基本局限在物流和信息流的管理上，并且是微观层次和亚微观层次上的管理，如生产管理、质量管理、设备管理等，而对宏观层次的管理程度较低；三是研究对象基本上是封闭式的，管理研究始终受到旧体制运行惯性的影响。

（5）不可抗拒的外部因素。这里的不可抗拒因素主要包括自然灾害，如地震、洪水、台风、冰雹等；人为因素，如恐怖事件、电脑病毒、投毒等；流行疾病的蔓延，如流感、天花、霍乱、鼠疫等。

12.2.2 企业危机内部因素分析

（1）企业缺乏中长期的战略规划。对于任何一家公司，不论其规模大小，企业的目标和发展方向是企业的灵魂所在，企业的一切管理经营活动都是围绕发展目标和方向所展开的。因此，企业必须有自己的中长期发展规划，它决定了企业生产经营中人、财、物诸要素的投向，产、供、销等企业行为的组织与实施。但是中国的很多企业，从创业之初便没有明确的目标和发展方向，缺乏战略性规划，只是靠一时的高投入和市场机遇而在短期内迅速膨胀。还有一些企业，在发展成大企业之前，一般来说都具有自己的发展战略规划，并且为实现这一目标不惜付出艰苦的努力。可一旦发展成为大企业，阶段性的目标达到以后，企业的管理者往往会沉醉于过去的成绩并感到满足，只相信自己的感觉，容易忽略企业总体目标和中长期发展战略规划，没有对企业未来可能遇到的有利和不利的情况进行预见和分析。这样的企业在市场中往往处于被动地位，跟不上市场环境的变化，最终必定会危机四伏。

（2）企业内部管理混乱，效率低下。企业是全体员工的一个集合体，企业要想迅速而有效地实现所预定的目标，必须建立完善的组织结构、科学先进的管理机制，规范各种行为准则，充分发挥全体人员的力量，通过职能分工、密切配合、彼此支援，发挥团队力量，同心协力地为企业的未来共同努力。但是中国企业普遍缺乏健全完善的组织体系，职能部门组织庞杂、职能不清、机构重叠，内部职权和责任划分不明确，缺少分工协作，部门之间互相推诿，员工之间缺乏合作，管理随意性很大，使企业内部不能形成一个高效统一的指挥体系。

另外，许多企业机构臃肿，人浮于事，缺乏公平竞争机制，员工的积极性和创造性难以调动，凝聚力不强。加之企业缺乏完善的公司规章制度，不能做到事事有章可循，内部管理控制不严，财务管理失控，信息流通不畅，导致信息的时滞和不对称，等等。这些企业管理中的不善和失控，不但会降低企业的决策、管理效率，而且必然会降低企业的经济效益。一旦企业内部遇到一些风吹草动和突发事件，这些企业就很难抵御随之而引发的种种危机。

（3）企业过度扩张，盲目多元化。一个企业在经历了初创期、成长期之后，企业的实力比较雄厚，产品趋于标准化，并占据了相当的市场份额。在这种情况下，企业的发展速度明显下降，单一化的经营风险和竞争对手的挑战以及过去的成功为企业家带来的过度自信，无不为企业的多元化扩张创造了机遇。但是，企业在进行多元化经营时盲目扩张，结果只会引发增长乏力、周转不灵、管理滞后、债台高筑等一系列后遗症，从而陷入多元化经营的误区。

另外，还有一些企业，尤其是民营企业，大都是在短期“暴发”起来的，是在不规范的市场经济中成长起来的，在很大程度上是利用了经济体制转轨提供的有利机会，在不长的时期里创造出公司发展的奇迹，取得了在正常的市场竞争中几乎不可能取得的发展速度。这种奇迹般的增长，使得这些企业的管理者形成了一种强烈的增长欲。但是，这种极强的增长欲是很危险的，它会将企业置于高风险之中。过度的增长和盲目的多元化会与企业成长到一定阶段后的要求相矛盾，这种矛盾一旦被激化，企业就会难以收拾。

（4）企业危机管理体系不健全。第一，对危机管理的认识不够深入。危机的发生往往具有隐蔽性，因此很多企业的管理者没有把企业危机管理作为企业理论的重要组成部分，总认为危机管理应是在危机爆发后进行的。在企业危机管理的三个阶段中，危机的事前管理是最重要的，因为无论危机的大小如何，只要危机爆发，企业就要动用资源和人力去解决它，这必然增加企业的经营成本，给企业带来一定的经济损失。因此，危机管理最好的方法就是阻止危机的爆发，也就是要注重危机的事前管理。第二，中国企业普遍缺乏危机管理组织结构。在中国企业危机的事前管理中，预先建立起危机管理通用的组织结构对于迅速转变企业危机形势，解决企业危机至关重要。中国企业都具有一定的组织惯性，而且如果企业由上至下的层级越多，又缺乏必要的危机管理组织结构，那么当危机发生时，随着时间的推移，内部信息过多和滞胀的问题就会越来越严重，沟通能力也会每况愈下。这样不仅不利于企业整合跨部门的协作，及时应对危机，而且还可能导致新的危机产生。第三，中国企业普遍不重视对危机的预测。“冰冻三尺，非一日之寒”，大多数危机发生前都必然会隐约显现出某种警告信号，如一场事故等。中国企业的员工如果具备高度的危机意识和敏感性，则不仅容易而且也能够及早从这些迹象中透视到企业存在的深刻危机。同时，中国企业也只有识别出管理过程中的薄弱环节，才能预先制订科学周密的危机应变计划，针对可能发生的危机配置处理该危机所需的人力、财力和设施，使企业处变不惊，掌握主动权。另外，当企业所处的宏观环境出现变化时，企业要预测和鉴别这些变化是否是危机因子以及是否会对企业构成威胁。

12.3 企业危机预防管理

华为总裁任正非认为，企业必须树立强烈的危机感和对危机未雨绸缪的前瞻意识，最好的危机处理艺术就是把危机消灭在萌芽之中。正是他良好的危机感，才使华为良好地运营，不断壮大。

中国企业危机管理的首要途径就是建立完善的企业危机预防体系，争取在危机爆发前找出危机根源，消除危机，这样企业受到的危机的影响才能最小。

12.3.1 树立危机防范意识

在企业的危机管理中，防范危机同样胜于处理危机，危机防范是成本最为低廉的危机管理方式。危机预防是指企业对危机隐患及其发展所做的监测、诊断和预防的一种危机管理活动。在企业危机管理体系中，预防危机显得尤为重要。从企业危机的特性可以看出，危机一旦爆发将对企业的运行甚至存亡都构成巨大威胁。在企业经营过程中，无形资产对企业具有巨大的辐射杠杆效应。企业危机的发生大多数都会直接或间接地损害企业品牌形象。在知识经济下的企业更应时刻注重自身的信誉形象，防患于未然永远是企业危机管理最基本和最重要的要求。

预防与控制是成本最低、最简便的方法。因此，建立一套规范、全面的危机预防系统是十分必要的。有些危机具有突发性和不可预知性，而有些危机却可能源于对企业日常生产和经营活动中的不足或失误的积累。前一种危机具有一定的不可预防性，而后一种危机如果能及早得到重视却是可以避免的。在日常的经营运作中，对企业的薄弱环节或潜在问题给予足够重视并对其可能造成的危害形成正确认识，是危机防范的主要方法之一。

中国企业要在思想上树立危机意识。“生于忧患，死于安乐。”如果没有强烈的危机意识，那么所有的危机预警机制都形同虚设。张瑞敏的“我每天的心情都是如履薄冰，如临深渊”，小天鹅公司实行“末日管理”，目的就在于让企业内部从高层管理者到基层员工意识到他们时刻面临着潜在危机。将危机意识融入企业文化之中，时刻强化危机意识，能够提高企业抵御危机的能力，有效地防范危机的发生。超前的、无形的、全面的危机意识才是企业危机防范中最坚固的防线。

12.3.2 制订危机管理计划

虽然说预先识别出危机并将危机扼杀于无形是成本最低的危机管理方式，但是任何一个企业即便防范措施做得再好，也不能保证万无一失，不能保证危机绝对不会发生。因此，企业应该未雨绸缪，超前决策、精心策划出全面的危机管理计划，以便在危机来临时能够从容面对。很多企业意识到了危机管理计划的重要性，在制订年度经营计划的同时会制订出一份完整的危机管理计划。危机管理计划与一般计划之间最大的区别在于，一般计划在制订后就要努力使之付诸实现，而危机管理计划在制订之后，人们并不希望该计划有实现的机会，并且在现实中确实有许多危机管理计划并没有实施。这就使得有些管理者存在侥幸心理，不愿意花费人力、物力、财力来思考和制订危机管理计划。

中国企业应当根据有可能发生的不同类型的危机制订一整套危机管理计划，明确怎样防范危机，一旦危机爆发又应如何做出有针对性的反应等。这样可以使企业在危机处理的过程中，减少危机决策所需时间，降低决策时的压力，增强处理危机的信心，并合理利用一切所需资源使危机处理行为更加科学、合理、有序、高效，避免出现危机处理时的盲目性、随意性和顾此失彼的现象。

12.3.3　设立危机管理团队

虽然危机管理并非只是特定部门或特定人员的职责，而是企业内各部门的联合责任，但在企业内设立危机管理团队还是完全应该且必需的。一些现有调查发现，中国很多企业内尚没有设立危机管理团队。危机管理团队应该是企业的常设机构，因为危机类型繁多，一个有效的危机管理团队应该包括决策层负责人以及企业各部门（如公关部、人事部、保卫部、财务部、技术部等）的主管或优秀人才，还可外聘公关专家，组成一个智囊团。这些人才在企业常态时除了干好本职工作外，还起着防范和预警企业危机的作用。企业一旦出现危机，他们就应该在高级管理人员的组织和协调下起到快速处理危机的作用。

当企业出现危机时，高层管理人员应该具有快速直接调用相关专业人员的权力和能力。例如，出现财务危机，可以调用财务专家；出现公关危机，可以调用公共关系专家；出现产品或技术问题，可以调用技术专家等。在危机出现时，能否快速组建成一个高效的危机管理团队，很大程度上取决于企业平时的人才资源储备情况。中国很多企业总是在危机发生时匆忙组建一个危机管理小组来协调和控制危机及其产生的影响，但这种小组是临时组建的，不具备行使完成一些特定任务所必备的各种技能，同时，慎重挑选小组成员也要花费很多时间，以至于延误时机。

12.3.4　危机管理培训与演习

企业进行危机管理教育应从树立科学的危机观、营造企业危机文化和建立危机管理培训机制三个方面展开。

（1）树立科学的危机观。要想科学有效地解决企业遇到的各种危机，首先就要对企业危机有透彻而深入的认识，树立起科学的危机观。科学的危机观应包含以下两个方面的内容：一是树立“危机无时不在、无处不有”的危机意识，使每一个员工从思想上做好应对各种危机的准备，以便及早发现危机并采取相应措施；二是树立“危机是一种企业常态”的新观念，降低、消除员工对危机的恐惧心理，使员工立足于本职工作，将危机管理融入企业的日常经营管理。

（2）营造企业危机文化。树立科学危机观的关键是在企业内部形成危机防范的企业文化，让员工了解危机的特征和危害，增强他们的危机意识，提高危机防范和转化能力，帮助员工优化自身行为，具备应对危机的应急能力。许多成功的企业都有自己的危机文化，如微软声称距离破产永远只有 18 个月等，其目的都是强化企业的危机文化意识。

（3）建立危机管理培训机制。通过危机管理培训可以检验企业管理者的快速反应能力，强化企业整体的危机管理意识和能力，也可以检验企业在物资、人员管理、操作，甚至战略上是否存在不足之处，以便在今后的管理中进一步完善、改进和提高。因此，企业应根据自身具体情况建立相应的危机管理培训机制，并通过练习和演示来提高员工对危机管理的重视程度，培养其科学的应对经验。危机管理培训的内容包括下列六个方面：①针对企业全体员工（包括高层在内）进行危机意识和危机知识（危机识别、防范、处理、恢复等方面的科学知识）的培训；②强化员工（尤其是危机应对专门机构的员工）应对危机的基本技能（如公关、沟通）培训，特别是收集、分析、准确接收信息和与公众有效沟通的技能；③对企业高层人员进行危机识别、预控、指挥处理及应对媒体等能力的专项培训；④强化全体员工对企业危机预警系统中各项指标的预测、分类、整理和运用的实际能力培训；⑤强化全体员工尤其是高层管理者的综合业务素质培训；⑥用本企业或其他组织曾经发生的危机和本企业可能发生的危机进行危机管理的模拟训练，包括心理训练、人员与机构协调、应急措施实施、危机后的公关宣传管理和企业形象重塑等。

另外，企业应注重学习国外危机管理实践及教育的经验，改进企业危机管理及教育的方式方法。

12.4 企业危机管理应对方法与原则

企业危机管理应对是指企业组织调动各种可利用的资源、采取各种可能的或可行的针对性措施，预防、限制和消除危机以及由危机产生的消极影响，从而使潜在的或现存的危机得以化解，使危机造成的损失最小化。危机处理主要是企业组织在公共关系理论和管理学理论的指导下，适时运用公共关系策略、措施和技巧，来改变因突发性事件而造成的组织危机局面的过程。

一般而言，企业比较重视危机的预防，但对于危机的处理，即危机发生后如何应对，企业往往心理准备和措施准备都远远不足。因此，可以说危机是对企业组织公共关系工作最富挑战性的考验，企业组织对危机事件的处理、策划，能集中地反映企业的综合实力和整体素质。各种类型的危机虽然有不同的处理方法，但整体的处理策略是基本一致的。

12.4.1 企业危机处理的一般方法

（1）成立危机处理小组。成立危机处理小组的目的是使企业在面对危机时有一个强有力的指挥核心。危机处理小组是危机处理的领导部门和办事机构，以企业最高管理层以及企业各职能部门负责人为主，兼收一部分基层员工，最好还应有外聘的高级公关顾问。根据事件的情况，可设领导小组和办公室，还可设专人或专门小组负责事故调查、处理及接待工作。小组成员应是善于观察、长于沟通、勇于创新和敢于承担责任的人。他们必须能够在第一时间了解事件真相及原委，密切监控事态发展，了解事件相关公众信息，包括新闻媒介反映、受害公众、社会团体、政府反映、内部员工情绪等；将上述信息整理分析，形成处理方案，实事求是、及时准确地上报给企业管理核心，并将经过决策层认定的处理方案迅速付诸实施；处理、发布相关信息，对不实、有害的传闻进行纠正，控制舆论导向。

（2）调查情况，掌握事实。企业在遇到危机时，不能听之任之，而要立即调查情况、制订计划以控制事态的发展，这是危机处理中最为关键的第一步。为了显示企业对危机的关心和重视，企业的主要管理者不但要马上对外发表声明，而且条件允许的还要亲自出马，这样容易缓和企业与公众的对抗情绪，得到公众和媒介的谅解与尊重。

（3）专家介入，制定对策。在危机处理时，首先应该组织有关人员，尤其是专家参与，成立危机处理小组，对危机的状况做一个全面的分析：危机产生的原因何在？危机发展的状况及趋势如何？受影响的公众有哪些？危机信息对外扩散的发布渠道和范围是怎样的？综合以上问题，制订危机处理的方案，即如何对待公众、如何对待媒介、如何具体行动等。

（4）安抚公众，缓和局面。企业出现严重异常情况，特别是出现重大责任事故，使公众利益受损时，企业必须勇于承担责任，安抚受害公众并给予公众一定的精神补偿和物质补偿，真心诚意地取得他们的谅解，使危机更有可能顺利化解。例如，只要顾客或社会公众是由于使用本企业的产品而受到伤害的，企业就应该在第一时间进行道歉以示诚意，不惜代价迅速收回有问题的产品，及时改善产品质量和服务，而且还要向消费者及时说明事态发展情况。如此才能平息公愤，博得公众的好感。

（5）联络媒介，引导舆论。危机事件发生后，各种传闻、猜测都会随之而来，媒介也会纷纷报道。这时，企业组织应设立“发言人”，在危机事件出现后及时举行新闻发布会或记者招待会，向企业内外公众介绍真相以及正在进行的补救措施，做好同新闻媒介的联系工作，使其及时、准确报道，以影响公众、引导舆论，使不正确的、消极的公众反映和社会舆论转化为正确的、积极的公众反映和社会舆论。只有进行有效的传播管理，才能进行有效的危机管理，因为外部公众对危机的看法主要依赖于他们的所见所闻。在西方国家，现代企业一般要委托一些类似咨询公司公关部门的中介机构，与媒体长期维持一个良好的合作关系，一旦企业发生危机，可以迅速及时地组织和调动媒体，开展企业的宣传攻势，将有可能蔓延开的危机减至最小。

（6）多方沟通，共同化解。其主要是指争取其他公众、社团、权威机构的合作，协助解决危机。这是提高企业组织在公众中的信任度的有效策略和技巧。

12.4.2　企业危机处理原则

对于企业危机处理的原则，国内外很多专家学者都有阐述。根据前人的研究结果，本节总结了七项危机处理的原则。

（1）时间性原则。大量企业危机案例表明，如果在危机爆发初期企业积极采取行动，其各方面的损失就会减小很多。结合危机的特征，企业危机往往是突发性事件，发展势态难以预料，破坏性强，涉及范围大，因此企业一旦发生危机必须在尽可能短的时间内采取果断措施，从而减缓危机蔓延速度或消除危机。

（2）权益保障原则。利益相关者是指和企业有各种相互利益关系的人群或组织，主要有顾客、企业员工、投资者、供应商、各类服务机构、政府组织、社区、媒体和社会公众等。这些利益相关者和公司有不同的利益关系。危机管理的核心目的就是要保护利益相关者的权益，其出发点就是尽一切可能满足危机中利益相关者的权益要求。

（3）预防原则。预防原则是指危机管理者要在危机管理中始终保持危机防范意识，积极进行危机防范准备、危机征兆识别和预警机制建设，力争将危机发生的概率降到最低限度。

（4）协同原则。企业危机时期是特殊时期，也是考验企业各方面是否有能力协同渡过难关的时期。为了生存，企业参与危机处理的人力、物力、财力资源配置以及各项经营活动必须得到统一指挥、合理安排，各方面分工负责，以便做到协同一致、有序运作，从而防止局势恶化。

（5）沟通原则。危机沟通是指以沟通为手段，以避免危机、化解危机、解决危机为目的的过程。危机沟通原则是指企业在危机管理中，必须自始至终坚持按照危机沟通的要求，有效运用各种沟通工具，与所有利益相关者就其利益需求点进行互动交流，以降低危机对企业的冲击。

（6）转化原则。危机本身蕴含着机遇，如果企业发生危机而放任不管，危机必然进一步扩大，导致严重的后果。积极行动、正确反应、科学决策，就可以控制危机，甚至消除危机的影响。因此，转化原则就是要求企业管理者主动、积极进行危机转化，将被动转化为主动，把危机化解在萌芽状态，通过更大努力进行危机沟通，寻求外部公众的支持，甚至创造性地获得机会来重新提升企业形象。

（7）学习原则。学习原则是指企业的管理者和全体员工在危机预防、危机处理和危机善后整个过程中不断积累经验，降低危机成本，提高危机管理能力的原则。

12.5 企业危机处理策略

在企业危机处理过程中，策略是针对公众心态、需求的不同而进行的决策定位。它不仅要为维护、恢复和改善企业形象服务，同时还要适应公众的心理特征、个性背景。

12.5.1 危机处理的整体策略

企业危机的处理除必须按照一定的程序进行外，还必须重视有关的策略。企业危机处理的策略是指具体进行企业危机处理所需采取的对策与方式及相应的原则。重视企业危机处理的策略，对于尽快平息企业危机、有效重塑企业形象、迅速改善经营状态具有十分重要的作用。

（1）积极主动。无论面对的是何种性质、何种类型的危机，企业都应主动承担义务，积极进行处理，即使责任属于受害者一方，也应首先消除危机事件所造成的直接危害，以积极的态度去赢得时间，以正确的措施去赢得公众，创造妥善处理危机的良好氛围；而不应一开始就采取消极、被动态度，追究责任、埋怨对方，从而耽误处理密集的事件，造成处理的被动局面，引发更大的危机。

（2）反应迅速。尽管企业危机具有潜伏性的特征，但许多事情还是可以预测的，只是不知道在什么时间、什么地点。这一策略就是指企业要通过经常的调查分析，及早发现引发危机的线索和原因，预测将要遇到的问题以及事件发生后的基本发展方向，从而制订多种可供选择的应变计划。对一切显著的问题要积极采取措施，及早处理。

（3）注重后效。注重后效是指既要着眼于当前企业危机事件本身的处理，又要着眼于企业组织良好形象的塑造。不能采取权宜之计和视野狭窄、鼠目寸光的短期行为，而应从全面的、整体的、未来的高度进行企业危机事件处理。

12.5.2　企业常见的危机处理策略

企业可能出现的危机种类很多，对各种危机事件的处理方式及侧重点也不同。企业必须高度重视，努力保证危机处理的针对性和有效性。

1. 事故性事件的处理

企业发展过程中会遇到各种各样的困难，或者管理工作出现疏漏，或者产品质量出现问题，由此引发的危机事件会使企业形象受到严重破坏。由于这种事件的责任完全在于企业自身，所以企业必须态度诚恳，承担相应责任，迅速做出反应，将不利影响控制在一定范围内。

因此，企业应果断采取措施有效防止事态扩大，真诚接受公众批评，及时向公众及新闻界披露真情、公开致歉，以期迅速获得公众的宽容和谅解；组织专门人员，立即采取善后措施，尽量减少公众损失，主动提出合理的赔偿方案；要认真检查，切实做好改进工作。适当宣传，把事态的发展情况、改进措施、对公众的承诺和服务等内容，通过适当的媒体、传播方式公之于众，以消除公众的不良印象，恢复公众的信任，并借此对全体员工进行教育，避免今后再出现类似的问题。

2. 公众误解事件的处理

企业发展过程中，有时自身的工作、产品质量没有任何问题，经营中也没有发生损害公众利益的事件，但由于种种原因被公众误解，受到公众无端的指责，企业因此陷入危机之中，这就是误解性危机事件。独立的社会舆论导向、社会流言、竞争对手误导乃至造谣破坏都是误解性危机事件发生的外部诱因。处理此类事件时要注意以下三个方面：①调查此类事件发生的原因、误解性信息的传播范围、公众对误解性信息的相信程度、误解性信息对企业已造成的不良影响以及潜在影响；②运用公共关系手段，及时公布事实真相，澄清事实，消除误解性舆论的不良影响；③反省企业在传播工作中存在的问题，做好企业公共关系宣传工作。从企业方面来说，危机的发生说明企业平时与公众沟通不够，没有让公众了解到具体情况，导致公众不相信企业。因此，全面审视企业公共关系工作和对外宣传工作，强化企业与公众之间的沟通与信任机制，是避免此类事件发生的有效途径。

3. 失实报道事件的处理

失实报道是指新闻媒体或有关部门发布出来的与客观事实不相符的一些新闻、消息、评论等。从性质上，失实报道可分为片面报道和虚假报道两种。片面报道是媒体或相关部门有意或无意发布的不完整信息，这些不确凿的信息，导致公众对企业形象的片面理解。虚假报道则是新闻媒体发布的信息失真，从而诱导公众对企业形象产生负面理解。

处理失实报道时要注意以下三个方面。一是要充分重视新闻媒体在危机管理中的作用。企业要慎重对待媒体的宣传报道，尽量减少自身在新闻报道中的失误，在源头上杜绝失实报道的出现。二是要认真对待新闻媒体。要协助媒体做好新闻报道工作，为其提供各种条件和便利，帮助澄清事实真相，把客观实在的信息传递给公众。不管这些报道是正面的，还是负面的，企业应端正态度、消除不良心态，有则改之无则加勉。注意加强与新闻媒体的日常交往，沟通感情，在可能的情况下帮助媒体解决一些难题，树立企业的良好形象，能够最大限度地防止有关的失实报道。三是要及时化解不利报道的新闻效应。在媒体报道出现错误时，企业的行动关键在于采取正确的公关措施，迅速行动，查清事实真相，借助记者之口挽回声誉损失。

12.6 企业危机恢复管理

危机中存在危险与机遇，如何利用危机中的有利一面是危机恢复管理所关注的主要内容。

12.6.1 企业危机恢复的目的

危机恢复工作的全面展开应该从危机持续阶段开始。在危机的持续阶段，危机已经基本上得到控制，不再继续造成明显的损害，此时危机管理的重点应该转向危机恢复工作，使企业尽早从危机中恢复过来，进入品牌发展的正常状态。其目的包括以下两个方面。

1. 维持企业的连续性和品牌的生存

危机造成的损失会打断品牌的正常运营，影响品牌运作的连续性。危机恢复管理首先要将品牌的业务活动恢复正常，维持品牌的功能连续性和存在连续性。如果弥补危机造成的损失对于品牌的生存有着关键作用，那么企业就应该恢复危机造成的损失，维持品牌的连续性，甚至可以牺牲企业未受危机影响的部分；如果恢复危机造成的损失对于品牌的生存没有太大的作用，企业应该放弃危机恢复，着重搞好品牌的正常业务。

2. 使品牌获得新的发展

危机虽然对品牌造成了损失，但是也可能给企业品牌的发展带来新的机会。这些机会表现为品牌创新的机会、企业内部的团结、品牌自我反省的机会、展示品牌形象的机会等。

12.6.2 企业危机恢复的策略

在危机恢复管理中可以采用如下五种策略。

（1）转用策略。美国商界巨子洛克·菲勒曾说："我总是试图将每一次灾难转化为机会。"企业可利用危机事件促进工作手段和管理方式的改进，以此获得多重效果和长期效应。

（2）合并策略。与和本企业在经营关系、技术关系上比较密切的单位合并，输入其他企业的资源或管理技术，使企业得以生存和发展。

（3）保全策略。将受到不利影响的产品暂时或永久停销、减产或停产，尽可能保存技术实力和能力很强的员工，全力维持几个盈利的产品项目，逐渐蓄积能量，东山再起。

（4）成长策略。推出新产品，开发新市场，采用新设备或新工艺，实施新的促销方式，构建新的促销渠道。

（5）重整策略。对企业进行组织结构调整，更换负责人和高层管理团队，重建企业文化，实施员工激励计划，以全新的面貌迎接未来发展。

12.6.3　企业制订危机恢复计划

危机恢复计划的具体内容主要是指导危机恢复工作的开展，规定如何对危机恢复对象采取行动，一般包括以下四方面内容。

（1）总结经验教训，防止类似危机再次发生。其具体包括：对危机事件发生的原因、处理措施等进行系统调查和全面回顾；对危机管理工作进行全面评价，包括对预警系统的组织和工作内容、危机计划、危机决策和处理等各方面的评价，详尽列出危机管理工作中存在的各种问题；对危机管理工作中存在的问题综合归类，提出整改措施，责成有关部门逐项落实；建立危机档案，将产生危机的原因、经过、处理措施及其效果、经验和教训都记录在案，为企业提高经营管理水平、预防和解决新的危机事件提供参考。

（2）保持同社会公众的联系。继续向社会公众传达企业信息，以实际行动表明企业重振雄风的决心和期待今后公众支持帮助的愿望，如建立公众建议制度、征询社会各界的批评意见等。

（3）开展公关活动，消除不良影响。危机结束后，企业生存压力得到暂时缓解，但危机给企业带来的不良影响有可能长期挥之不去，甚至拖垮企业。因此，企业需要及时地、有针对性地开展各种公关活动，消除危机带来的不良影响，如召开新闻发布会、请技术监督部门重新对产品进行鉴定、参加各种公益活动等。

（4）利用危机契机，提升企业形象。危机总是与机遇并存，危机事件的发生，既然已引起社会的关注，企业就要善于利用这一契机，重塑和提升企业形象。

12.6.4　企业危机恢复时期的主要工作

（1）修正品牌的发展计划。品牌之所以发生危机，是由品牌自身的弱点所决定的。危机过后，第一，应对品牌的内外信息环境进行分析，提炼出引发危机的原因，并进行分析，尽快制订解决方案并加以实施，以防止其再次引发危机；第二，要对危机预警和预控系统进行修改，分析品牌现有的行为是否能真正阻止或遏制危机的再次产生，以使品牌尽快走上良性发展的道路。

（2）重塑品牌形象。危机发生时，即使企业采取积极有效的措施处理了危机，品牌的形象也仍然有可能受到一定的负面影响。因此，在危机过后，企业要采取一定的措施，进一步完善管理体制，调整组织机构，使之更精干、更有工作效率，同时还要以诚实和坦率的态度安排各种交流活动，加强与社会公众的沟通和联系，及时告知他们危机后的新局面、新进展，消除危机给企业形象带来的后果，恢复或重新建立品牌的良好声誉，再度赢得社会各界的理解、支持与合作。

（3）利用经验和教训强化品牌抵抗危机的能力。危机不能笼统地被认为是只对品牌起破坏作用的事件。事实上，品牌可以利用危机来培养和强化品牌自身的抵抗危机能力。与危机相联系的学习过程依赖于对提供危机知识的有关事件进行全面的分析，危机学习的三个重要来源包括过去品牌经历的危机、曾经发生的危机和类危机事件。类危机事件是指如果没有采取品牌干预措施以限制它的效应，这些事件就会产生重大危机。不过，增加的危机知识不会自动形成品牌的抵抗危机能力，这仅仅是第一个条件；第二个条件是变革和转换，它在两个层次上进行操作，首先是重新调整和开发新的企业组织规则，其次是企业组织规则鼓励品牌对在危机冲击下已失效的组织做出转换。因此，如果企业管理者运用各种防卫机制来使危机合理化，并把危机的发生归因于品牌的外部因素，那么这对品牌来说等于错失了一次构建抵抗危机管理能力的机会。

（4）利用经验和教训提升企业的竞争优势。对危机的管理是企业学习和培养新的竞争优势的独特机会。抵抗危机能力已成为品牌的一种重要资源，它代表着品牌竞争优势的一种源泉。管理危机的能力可以作为一种战略资源加以分析。危机管理不仅要维持原来的状态，而且强调企业组织要整合组织行为与环境的建设和破坏效应。现代企业面对不稳定和不利环境的可能性越来越大，不利的环境会使企业陷入阶段危机，但也正是这些危机的存在，促使企业进行持续变革，不断反思它们的运作模式、控制机制和基础假设，把危机作为商业经营中正常的现象来对待。危机能使企业和环境的复杂关系明朗化，它可以检验企业反应能力的限制因素，包括弱点、结构、关系和态度，而企业的所有这些限制因素在正常情况下都是隐秘的，难以为企业所察觉。危机过后，企业就要“亡羊补牢”，加强对这些限制因素的管理。

本章精要

任何事物的发展都不是一帆风顺的，企业也不例外。企业在发展的同时，也会面临危机。如何看待和处理企业的危机，不仅关系着企业的未来发展，更决定着企业的存亡。因此，企业应该做好危机管理。

危机管理，是指要在偶然性中发现必然性，在危机中发现有利因素，把握危机发生的规律性，掌握处理危机的方法与艺术，尽力避免危机造成的危害和损失，缓解矛盾，变害为利，推动企业的健康发展。

当企业面临危机时，不能回避，应该分析企业危机产生的原因，找到危机产生的根源，从而进一步制定解决危机的策略和应该采取的方法，尽可能地降低危机给企业造成的损失。

当企业呈现良好态势时，也不能掉以轻心，应该树立危机意识，从源头上制止危机的产生，从而使企业健康发展。

思考题

1. 什么是危机管理？

2. 企业危机管理的内容是什么？
3. 企业危机的成因有哪些？
4. 如何应对企业危机？有哪些应对原则和程序？
5. 企业危机预防管理有哪些要点？
6. 企业如何从危机中尽快恢复？
7. 编写一个企业危机案例，根据所学内容分析该企业在危机管理中的得失。

综合案例

"有质量地活下来"：华为的危机生存策略①

华为技术有限公司（简称华为）成立于 1987 年，总部位于广东深圳，是全球领先的信息与通信技术解决方案供应商。2013 年，华为超越爱立信成为全球第一的电信设备商；2021 年，华为连续第六年蝉联中国民营企业 500 强首位。华为的 5G 技术等成为国家建设数字中国战略的组成部分，直接与欧美企业竞争，并取得了一定优势，由此受到美国的关注和敌视。"孟晚舟事件"名为扣押华为高管，实为打压中国高新技术企业，作为近年来中美外交博弈的焦点之一，当选 2021 年十大国内新闻。毫无疑问，无论是制裁等"极限施压"，还是"孟晚舟事件"，都是企业危机管理的典型。一部华为成长史就是一部危机管理史，对于各种危机，华为一直在苦练内功，依靠产品和技术实现对对手的超越，争取在通信设备领域做到世界第一。

1. 经济危机

华为第一次遭遇经济危机是在 2001 年到 2002 年间。华为业绩第一次出现负增长，2001 年的业绩目标是 330 亿元，但只完成 220 亿元，还有 1/3 没有完成。面对现金流的负增长，很多员工人心浮动，有的要求退股，有的要求离职并兑现股权，还有的甚至要求股权重组。这次经济危机最后的解决办法是艾默生公司投入 60 亿元购买华为的通信电源业务，使得华为从危机中死里逃生。这场危机过后，华为痛定思痛，于是"活下来"成为最低也是最高的战略目标。反思的结果之一是纠正企业原有研发战略过于保守、使企业错失大好的市场机遇的错误。同时发现企业的管理体制的弊端，即任正非作为老板，其个人决策给企业带来的经营风险。因此，企业从 2003 年开始搭建真正的经营管理团队，即经营管理团队（executive management team，EMT），继而实行董事长轮值制度，最后定为 CEO 轮值制度，实现以集体决策取代个人决策，都是吸收了这场经济危机的启示和教训的结果。

2. 技术危机

2019 年 5 月初，美国将华为企业加入了实体管制名单，并禁止美国芯片、软件企业向华为提供原材料或软件应用，甚至在全球范围内使用美国的零部件或软件达到 25% 及以上比例的企业，都被限制与华为合作。"2020 年，我们力争活下来，明年还能发

① 蔡宁伟等（2022）。

布年报。”2020 年 3 月 31 日，华为发布年报时，华为轮值董事长徐直军说出了这番话，虽是调侃，却可以看出华为的艰难。2020 年，华为全年处于实体清单之下，加上疫情的突然暴发，华为的处境比 2019 年更为艰难。徐直军直言，这是华为最艰难的一年。此外新冠疫情在全球的蔓延，对产业链产生了巨大影响，导致 5G 网络的建设和 5G 手机的推广节奏都被延缓。华为消费者业务覆盖了美国之外的所有主要市场，中国、中东、欧洲等华为核心市场，先后成为疫情重灾区，给原本就处境艰难的华为雪上加霜。

华为多年来一直很重视技术研发的投入，十年前就开始自主研发芯片和操作系统，及时推出了海思系列芯片、HMS 鸿蒙操作系统等产品，因此，华为得以成功化解这场技术危机。2020 年第一季度，华为 5G 智能手机的出货量为 800 万部，这相当于全球 5G 智能手机市场份额的 33.2%。围绕技术“自主性”和“领先性”的追求，是华为多年来一贯的变革目标。“只有拥有核心技术知识产权，才能进入世界竞争，我们的 C&C08 数字程控交换机之所以能进入世界市场，是因为我们的核心知识产权没有一点是外国的……在电子信息产业要么领先，要么就灭亡，没有第三条路可走。”可以说，华为多年来对信息产业优势瞬息万变的清醒认识，并将其转化为“无路可退”，争取世界领先地位的不懈努力是其应对危机的重要基础。

3. 政治危机

华为在近年国际化扩张中，做出了诸多努力，如提高产品的性价比、提高服务质量等，但在某些市场收效甚微，如美国。反而，不断受政界的打压和制裁屡见报端，及至“孟晚舟事件”的发生意味着这种政治介入已是登峰造极。这对于华为的开放心态是一种严酷的考验。以华为第一份声明为例，从“华为并不知晓孟女士有任何不当行为”这一句可见华为在危机管理中的表达水平。考虑到孟晚舟作为任正非女儿的特殊身份，华为在声明中反而将公司和孟晚舟做了适度切割，并未表现出受到了巨大的冒犯和损害。之后，华为开始在声明中表明态度，反应及时迅速，立场坚定清晰，但依然很克制。华为应对政治危机的态度始终坚持克制、理性和开放的心态。华为首先区分美国企业与政客，仍坚持向 IBM、HAY 等美国企业学习，并与美国合作伙伴保持良好关系。任正非曾多次说：“我们要学习美国先进的东西，才可能超越美国同行。在这个过程中，要把美国少数的政治家与伟大的美国人民区别开来，不能因对个别政客反感，而放弃向美国学习。”其次，反对华为内部民粹主义的倾向，杜绝将政治危机演化为盲目的爱国愤慨，同时加快企业替代品的研制，以帮助企业渡过危机。最后，有理有力地进行反击，利用法律武器控诉美国政府，既指出事情的本质是政府的干预和介入，同时也声明华为没有违法。可以说，华为的做法展现了中国的跨国企业化解政治危机的成熟、自信、开放的风度。

与华为官方声明相似，孟晚舟对各方诉求和态度都比较明确；与华为官方声明最大的不同在于，孟晚舟根本不提及华为官方声明涉及的加拿大政府、美国政府等相关涉事主体，完全避而不谈，既不做评论也不表明态度，转而交给更专业、理性的企业和律师团队来表达，与公司处理策略形成了互补。同时，华为对“孟晚舟事件”的声明发布得非常及时，符合面对危机事件企业应在第一时间披露信息的观点，以满足投资者的信息需求，更好地把握危机沟通管理中的主动权。华为创始人任正非同样扮演了重要角色。

正如任正非在《华为的冬天》中所要表达的那样：华为就是在危机与忧患中一步步走向强大的。“孟晚舟事件”发生后，他以宽广的格局、坚忍的意志、宏大的叙事、超人的毅力前所未有地连续接受国内外几十家重要媒体的采访，不厌其烦地解释华为的战略定位、业务安全，实事求是地分析孟晚舟的影响有限，以壮士断腕的勇气坚定了华为的业务发展，推动事件妥善解决。

2022 年 8 月，华为内部论坛 22 日下午上线了一篇文章——《整个公司的经营方针要从追求规模转向追求利润和现金流》，任正非在文内提到，全球将面临经济衰退、消费能力下降的情况，华为应改变思路和经营方针，从追求规模转向追求利润和现金流，保证渡过未来三年的危机。“把活下来作为最主要纲领，边缘业务全线收缩和关闭，把寒气传递给每个人。”“我们对未来过于乐观的预期情绪要降下来，2023 年甚至到 2025 年，一定要把活下来作为最主要的纲领活下来，有质量地活下来，每个业务都要去认真执行。”对于各个业务，任正非提到，华为云计算要踏踏实实以支撑华为业务发展为主，走支持产业互联网的道路。数字能源在战略机会窗上加大投入，创造更大价值，收缩机关，加强作战队伍建设，加强商业闭环研发，要走模块化的道路，越是在艰苦时期，越不能动摇。

综合案例思考题：

1. 华为在处理危机中遵循了哪些原则？
2. 结合上述案例，分析华为的危机处理策略的内容有哪些。
3. 为推动华为未来发展，试分析华为如何尽快从危机中恢复和取得新的发展。

参考文献

巴顿 L. 2002. 组织危机管理. 符彩霞，译. 北京：清华大学出版社.
白学军，等. 2017. 实验心理学. 2 版. 北京：中国人民大学出版社.
波特 M. 2014. 竞争战略. 陈丽芳，译. 北京：中信出版社.
布朗 S L，艾森哈特 K M. 2001. 边缘竞争. 吴溪，译. 北京：机械工业出版社.
蔡宁伟，葛明磊，张丽华. 2022. 危机管理中组织和个体叙事特征与互补策略：以华为“孟晚舟事件”为例，管理案例研究与评论，15（6）：595-605.
陈传明. 2002. 企业战略调整的路径依赖特征及其超越. 管理世界，（6）：94-101.
陈荣秋，马士华. 2021. 生产与运作管理. 5 版. 北京：高等教育出版社.
达夫特 R L. 2022. 组织理论与设计. 13 版. 王凤彬，石云鸣，张秀萍，等译. 北京：清华大学出版社.
大前研一. 1985. 策略家的智慧. 黄宏义，译. 北京：中国友谊出版公司.
戴维 F R. 2006. 战略管理. 10 版. 李克宁，译. 北京：经济科学出版社.
戴维 F R. 2017. 战略管理：概念部分. 15 版. 李青，译. 北京：清华大学出版社.
德鲁克 P. 2007. 管理：使命、责任、实务. 王永贵，译. 北京：机械工业出版社.
丁宁. 2019. 企业战略管理. 4 版. 北京：清华大学出版社.
段兴民. 2009. 西部可持续发展的人力资源开发战略. 中国人力资源开发，（1）：75-78.
方欣. 2008. 企业战略管理. 北京：科学出版社.
傅元略. 2009. 公司财务战略. 北京：中信出版社.
高敬. 2003. 哈佛模式：公司危机管理. 北京：中央民族大学出版社.
高雷. 2003. 中国中小企业国际化战略研究. 武汉大学硕士学位论文.
郭朝阳. 2002. 策略群组与企业盈利水平的差异. 中国工业经济，（6）：86-94.
郭鹏军，安波，郭鹏辉，等. 2009. 基于 EFE 和 IFE 矩阵的医院战略分析. 医院管理论坛，26（4）：21-24.
赫斯特 D K. 2000. 危机与振兴. 王恩冕，等译. 北京：中国对外翻译出版公司.
胡笑寒，万迪昉. 2003. 战略控制方法的沿革与探析. 管理工程学报，（4）：95-99.
胡雄飞. 1996. 企业组织结构研究. 上海：立信会计出版社.
环球科技. 2014. 联想集团宣布以 23 亿美元收购 IBM x86 服务器业务. https://m.huanqiu.com/article/9CaKrnJE43t[2014-01-23].
黄彪虎. 2019. 宝洁与联合利华品牌战略比较分析. 合作经济与科技，（24）：104-105.
黄丹. 2020. 战略管理：研究注记·案例. 3 版. 北京：清华大学出版社.
黄旭. 2019. 战略管理：思维与要径. 3 版. 北京：机械工业出版社.
金润圭. 2007. 企业战略与管理. 上海：立信会计出版社.
卡明斯 T，沃里 K. 2003. 组织发展与变革精要. 李剑锋，等译. 北京：清华大学出版社.
卡普兰 R S，诺顿 D P. 2017. 战略中心型组织. 上海博意门咨询有限公司，译. 北京：北京联合出版公司.
卡斯特 F E，罗森茨韦克 J E. 2000. 组织与管理：系统方法与权变方法. 傅严，李柱流，杜莹芬，等译. 北京：中国社会科学出版社.
柯林斯 J C，波勒斯 J. 2009. 基业长青. 4 版. 真如，译. 北京：中信出版社.
雷如桥，陈继祥. 2004. 战略管理理论的沿革最新进展及发展趋势. 商业研究，（12）：27-29.

李佳. 2006. 因果模糊与持续竞争优势的形成. 中国工业经济，(4)：122-126.
李金茹，刘子涵，董燕，等. 2023. 资源编排：京东百亿鲸吞德邦. 中国管理案例共享中心.
李晓晖. 2023. 技术变革压力背景下比亚迪如何实现投资战略转型：基于组织刚性理论视角. 山西财经大学硕士学位论文.
李奕滨. 2007. 邮政储蓄银行市场定位的 SWOT 分析. 金融研究，(11)：172-179.
廖能成，张友棠，覃永强，等. 2006. 财务战略策划. 武汉：武汉理工大学出版社.
刘戒骄. 2003. 产业生命周期与企业竞争力. 经济管理，25（8)：19-23.
刘丽文. 2016. 生产与运作管理. 5 版. 北京：清华大学出版社.
刘睿智，胥朝阳. 2008. 竞争战略、企业绩效与持续竞争优势：来自中国上市公司的经验证据. 科研管理，（6)：36-43.
刘炫. 2023. "互联网＋"背景下生鲜电商商业模式对比分析：以盒马鲜生与每日优鲜为例. 商业经济研究，(1)：160-163.
罗宾斯 S P，库尔特 M. 2013. 管理学. 11 版. 李原，孙健敏，黄小勇，译. 北京：中国人民大学出版社.
罗辉道，项保华. 2005. 战略集团研究综述. 科研管理，26（6)：7-12，17.
马鸿佳，韩姝婷. 2022. 滴滴出行出海梦：共享经济下海外市场进入模式探索. 中国管理案例共享中心.
明茨伯格 H，阿尔斯特兰德 B，兰佩尔 J. 2006. 战略历程. 魏江，译. 北京：机械工业出版社.
牛明俊，谢雨萌. 2023. 小米公司多元化竞争战略的优化研究. 中国商论，(5)：97-102.
逄咏梅. 2008. 供电企业内部价值链分析与运用. 会计之友（下旬刊），(8)：32-34.
琼斯 G，乔治 J. 2015. 当代管理学. 6 版. 李建伟，严勇，周晖，译. 北京：人民邮电出版社.
曲小昀. 2022. 家电企业的多元化转型之路：以格力电器为例. 经济研究导刊，（15）：7-9.
任俊锰. 2021. "书店的未来在乡村". http://www.ce.cn/culture/gd/202106/23/t20210623_36663964.shtml [2021-06-23].
芮廷先. 2016. 管理决策分析. 北京：清华大学出版社.
圣吉 P. 2003. 第五项修炼：学习型组织的艺术与实务. 2 版. 郭进隆，译. 上海：上海三联书店.
石畅，卢泽华. 2016-03-28. 世界那么大，微信国际化. 人民日报（海外版），(9).
石冠峰，刘学民，姚波兰. 2019. 韩都衣舍：小组制团队创新成就了一个电商品牌. 中国管理案例共享中心.
斯坦纳 J F，斯坦纳 G A. 2015. 企业、政府与社会. 12 版. 诸大建，许艳芳，吴怡，等译. 北京：人民邮电出版社.
孙爱萍. 2009. 企业集团财务战略管理的实施. 中外企业家，(11)：72-73.
孙锐. 2008. 战略管理. 北京：机械工业出版社.
孙先定，杨锡怀，李颖. 2002. 基于企业价值的我国家电上市公司的战略集团与绩效关系研究. 中国管理科学，10（3)：77-81.
孙寅贵. 1999. 总裁的检讨. 北京：作家出版社.
谭力文，田毕飞. 2005. 战略视角下企业与环境的关系. 经济管理，（4）：13-19.
唐跃军，何锐邦. 2008. 基于流动壁垒的 IT 产业战略群组间竞争战略分析. 经济管理，30（14)：10-16.
万晶. 2019. 基于 SWOT 分析物流企业的发展战略：以顺丰为例. 物流工程与管理，41（8)：54-56.
王方华，陈继祥. 2003. 战略管理. 上海：上海交通大学出版社.
王海兵. 2023. 三星电子全球战略调整分析. 东北亚学刊，(1)：134-144，150.
王洪生，周琳，李慧，等. 2023. 伊利的数字化转型：全产业链布局. 中国管理案例共享中心.
王洁. 2015. 浅析国产手机的品牌管理：以华为为例. 商场现代化，(5)：88-89.
王平换. 2002. 企业战略管理. 重庆：重庆大学出版社.
王喜凤. 2022. 零售自有品牌实现高质量发展的路径与案例分析：以屈臣氏为例. 商业经济研究，（9）：120-124.
王逸涵. 2023. 企业雇主品牌管理的程序和方法探讨：以海底捞为例. 商展经济，（2）：61-63.

王玉，王琴，董静. 2013. 企业战略管理教程. 4 版. 上海：上海财经大学出版社.
希斯 R. 2001. 危机管理. 王成，宋炳辉，金瑛，译. 北京：中信出版社.
希斯 R. 2004. 危机管理. 2 版. 王成，宋炳辉，金瑛，译. 北京：中信出版社.
席酉民. 2001. 企业外部环境分析. 北京：高等教育出版社.
肖狄虎，董昊东. 2009. 工业设计及产品差异化与企业竞争战略. 求索，(7)：30-31，223.
邢乐斌，王旭. 2008. 新产品开发过程中的战略均衡研究. 科技进步与对策，25（3）：17-19.
熊胜绪. 2007. 企业战略管理. 南京：南京大学出版社.
徐佳宾. 2004. 企业战略管理. 北京：经济管理出版社.
徐君. 2013. 企业战略管理. 2 版. 北京：清华大学出版社.
许芳. 2004. 如何进行危机管理. 北京：北京大学出版社.
杨晨. 2016. 华为公司发展战略调整趋势及其对国内石化公司的启示. 当代石油石化，24（3）：35-39.
杨倩，杨玉娇，赵先德. 2022. 从“世界工厂”到“中国智造”：格兰仕“智慧平台 + 创新生态”的战略转型之路. 中国管理案例共享中心.
杨锡怀，王江. 2010. 企业战略管理：理论与案例. 3 版. 北京：高等教育出版社.
叶秉喜，庞亚辉. 2005. 考验：危机管理定乾坤. 北京：电子工业出版社.
余明阳. 2016. 市场营销战略. 北京：清华大学出版社.
袁泽沛，陈珉. 2008. 企业战略管理：形成组织竞争力的科学. 北京：科学出版社.
张画眉. 2019. 归核化战略下企业内部资本市场运作：以云南白药为例. 财会通讯，(26)：8-11.
张会恒. 2004. 论产业生命周期理论. 财贸研究，(6)：7-11.
张敏. 2008. 企业文化刚性对战略调整影响的内在作用机理分析. 财贸研究，19（5）：104-108，143.
张敏，陈传明. 2006. 文化刚性与企业战略调整. 江苏行政学院学报，(4)：49-54.
张维迎. 2019. 博弈论与信息经济学. 上海：格致出版社.
张魏伟. 2021. 新零售背景下宜家中国营销策略研究. 山东大学硕士学位论文.
张小兵. 2021. 危机管理. 北京：应急管理出版社.
张新国. 2010. 企业战略管理. 2 版. 北京：高等教育出版社.
张琰，李国琼，欧丽慧，等. 2022. 公共危机中平台型企业的社会责任治理：基于携程的案例研究. 管理案例研究与评论，15（1）：10-22.
张阳，周海炜. 2001. 管理文化视角的企业战略. 上海：复旦大学出版社.
张志红，刘潼潼，宋艺. 2023. 触底反弹：东阿阿胶的用户创新之路. 中国管理案例共享中心.
张梓璇. 2020. 浅析电子商务企业的成功经营战略：以亚马逊为例. 中国管理信息化，23（12）：160-161.
赵伟杰. 2021. 家电企业成本领先战略分析：以美的集团为例. 技术与市场，（7）：163-165.
赵耀. 2007. 人力资源战略. 北京：中国劳动社会保障出版社.
郑诗航，李宇罡，刘培慧. 2014. 顺丰快递的战略优势与瓶颈. 商场现代化，(19)：76.
周常宝，林润辉，李康宏，等. 2018. 跨国企业董事会资本与国际化战略的演化机制：基于联想集团的纵向案例研究. 管理案例研究与评论，11（1）：54-73.
周永生，蒋蓉华，赵瑞峰. 2003. 企业危机管理（ECM）的评述与展望. 系统工程，21（6）：19-23.
周翼翔，姜文杰. 2021. 战略创业如何推动 AI 新创企业跨越式发展？——基于云从科技的案例研究. 管理案例研究与评论，14（3）：278-294.
邹统钎，周三多. 2011. 战略管理思想史. 天津：南开大学出版社.
Ansoff H I. 1965. Corporate Strategy：An Analytic Approach to Business Policy for Growth and Expansion. New York：McGraw-Hill.
Barney J. 1991. Firm resources and sustained competitive advantage. Journal of Management，17（1）：99-120.
Buckley P J，Casson M C. 1998. Models of the multinational enterprise. Journal of International Business Studies，29（1）：21-44.

Caves R E. 1980. Industrial organization, corporate strategy and structure. Journal of Economic Literature, 18 (1): 64-92.

Caves R E, Porter M E. 1977. From entry barrier to mobility barriers. The Quarterly Journal of Economics, 91 (2): 241-251.

Dunning J H. 2015. Explaining International Production. London: Routledge.

Gort M, Klepper S. 1982. Time paths in the diffusion of product innovations. The Economic Journal, 92(367): 630-653.

Hill T, Westbrook R. 1997. SWOT analysis: it's time for a product recall. Long Range Planning, 30 (1): 46-52.

McGee J, Thomas H. 1986. Strategic groups: theory, research and taxonomy. Strategic Management Journal, 7 (2): 141-160.

Moore J F. 1993. Predators and prey: a new ecology of competition. Harvard Business Review, 71(3): 75-83.

Moore J F. 1996. The Death of Competition: Leadership and Strategy in the Age of Business Ecosystems. New York: Harper Business.

Mosakowski E. 1997. Strategy making under causal ambiguity: conceptual issues and empirical evidence. Organization Science, 8 (4): 414-442.

Newman H H. 1978. Strategic groups and the structure-performance relationship. Review of Economics and Statistics, 60 (3): 417-427.

Porter M E. 1979a. How competitive forces shape strategy. Harvard Business Review, 57 (2): 137-145.

Porter M E. 1979b. The structure within industries and companies' performance. Review of Economics and Statistics, 61 (2): 214-227.

Porter M E. 1980. Competitive Strategy. New York: The Free Press.

Porter M E. 2008. The five competitive forces that shape strategy. Harvard Business Review, 86 (1): 78-93, 137.

Vernon R. 1966. International investment and international trade in the product cycle. The Quarterly Journal of Economics, 80 (2): 190-207.

Wernerfelt B. 1984. A resource-based view of the firm. Strategic Management Journal, 5 (2): 171-180.